诸葛亮治政方略

《便宜十六策》解读

殷雄 著

新华出版社

图书在版编目（CIP）数据

诸葛亮治政方略：《便宜十六策》解读/殷雄著
北京：新华出版社，2015.1
ISBN 978－7－5166－1491－4
Ⅰ.①诸… Ⅱ.①殷… Ⅲ.①诸葛亮（181～234）—军事思想—研究
Ⅳ.①E092.362
中国版本图书馆 CIP 数据核字（2015）第 013839 号

诸葛亮治政方略：《便宜十六策》解读
作　　者： 殷　雄

出 版 人： 张百新　　**封面设计：** 李尘工作室
责任编辑： 贾允河　　**责任印制：** 廖成华

出版发行： 新华出版社
地　　址： 北京石景山区京原路 8 号　　**邮　　编：** 100040
网　　址： http：//www.xinhuapub.com　http：//press.xinhuanet.com
经　　销： 新华书店
购书热线： 010－63077122　　**中国新闻书店购书热线：** 010－63072012

照　　排： 新华出版社照排中心
印　　刷： 北京凯达印务有限公司

成品尺寸： 170mm×240mm
印　　张： 27.25　　**字　　数：** 430 千字
版　　次： 2015 年 2 月第一版　　**印　　次：** 2015 年 2 月第一次印刷

书　　号： ISBN 978－7－5166－1491－4
定　　价： 49.00 元

序

殷雄同志作为理学硕士、法国工商管理博士，目前从事核电管理工作，工作之余在政治、历史、经济乃至古典文学诸领域都不乏研究和硕果。由此，足见他是一个对人生和精神生活有向往和追求的人；是一个勤奋学习，愿意将自己的思想汇入社会精神价值，对时空能有所穿越的人；是一个立足现实又注重研究历史，并守望理想，善于思考，面向未来的人。从他身上，既可以看到一个学者，也可以看到一个行者的价值追求和精神品格。我与他，因为广东核电和核电产业发展而结缘，也因为相似的文化“基因”而相缘。我读过他的诗词集，也读过他的经济学读书札记。现在摆在我面前的，是他半年前与我谈起的一部研究诸葛亮治政方略的书稿。我对此没有研究，是殷雄同志让我进入了这个不仅在我国古代历史上，而且至今还影响着我们的伟大政治家的历史活动和思想之中。读罢书稿，深为殷雄同志孜孜不倦的追求所打动，深为他的博学和智慧而感叹，深为他作为学者和行者融为一体的精神所感染。因此，不能不把一些想法写出来，以作为此前我对他的承诺。

他的这部书稿，史论结合，以论为主；历史和现实结合，在夹叙夹议中穿越时空；文中透现着诸葛亮的智慧，又折射出作者对现实的思考。总的来看，有如下三个主要特点给人印象深刻：

一是内容的厚重感。书中处处可见作者的开阔视野和渊博知识。他在后记中说，对于从事管理工作的人来说，没有哪一种学问和知识是多余的。作者撰写著作，并不是一种单纯的学术研究，也不完全是出于兴趣，而更像是出于其社会抱负和责任感。正如其自己所言，治国没有偏方，核心是吏治。吏治的方法不少，重点在加强制度建设和提高当政者的自我修养。这个道理大家都懂，但实行起来则非易事。这就好比一个球队参加一场足球比赛，这次输了，回来后要总结战略战术和加强训练；下次赢了，回来后怎么办？还是要总结战略战术和加强训练。要说有什么“偏方”或“秘诀”，就是总结得更深刻，训练得更刻苦、更有效、更有成果。作者在前言中说，解决中国的问题，只能在中国大地上探寻适合自己的道路和办法。这个观点有一定的道理。前人走过的路，不会白走，总会对后人有所借鉴。当然，吸收借鉴不应限于中国，而应放眼世界文明。作者这种思维大开大合，历史和现实的厚重感，就在这种开合中让人明显有所感悟。

二是论述的深刻感。作者说，这本书是“六经注我”，就是所表达的观点不是对前人著作进行一般化的解读。他在书中提出了很多问题，可以说对每一个问题都没有浅尝辄止，而是认真深究。他在十几年的时间里，几经反复，数易其稿，力求把问题钻深研透。这主要是源于他的长期工作实践和坚持不懈的学术研究所积淀的功底。在我与他交往的印象中听他说过，他自1988年参加工作以后，二十多年来，几乎总在夜里十二点钟后睡觉，而且除偶尔参加一些必要的应酬外，几乎都把时间用来读书、查找资料和撰写文稿。古人有“三上”（马上、枕上、厕上）和“三余”（冬者岁之余，夜者日之余，阴雨者时之余）的说法，作者是这些古训的实践者，其博学和思想的深刻就在这种“诗外功”中闪亮。

三是文字的流畅感。全书包括前言、正文和后记，加起来共五十篇。细细品味，每一篇似乎都可独立成文。每篇读起来，既像政论文，又有散文的韵味，不仅犀利，而且流畅。我想，散文的本质，其实就是形散而神聚，且魂在聚中。从书中可以看到，有些论述表面上似乎是闲笔，其实不然。包括许多注释也是这样，往往一语中的，射向靶心。这一方面表现了作者驾驭文字的功底，另一方面也是作者深刻思想的精当表述。古人说“言而不文，其行未远”。书中为了达到“六经注我”的效果，引用了大量的古文经典。这对于有些读者来说，也许读起来会有生涩感。这不能不说是一个不足。当然，事物总有两面性，假如把所引用的经典都翻译成现代汉语，可读性或许增强了，但历史的厚重感也可能会有所削弱。这或许是作者的苦衷所在。当然如果读者细细品味，或许就会感到引用的经典正好把作者的思想表达得更恰到好处而又不乏流畅。

除了这部《诸葛亮治政方略》外，作者还有一部《诸葛亮治军方略》。作者把诸葛亮这个在中国古代历史上著名的杰出人物作为研究对象，把治军与治政这两个十分严肃的课题作为研究内容，反映了作者的一种价值取向，就是把古代历史学家的经典之语与社会现实和我们的使命相联系。其价值取向和深刻意义就在这种联系中，似有让读者眼前一亮之感。

有人说，现在富人没有远见，知识分子缺乏良知。这个说法肯定以偏概全。其实，现实生活中，许多富人富有远见，知识分子富有良知。这是我们中华民族不断的血脉精神，也是我们国之强盛、梦之成真所必有的基础。不过实事求是地看问题，时下确实存在一种普遍的浮躁，而且有些人还有一种迷茫。解决这种浮躁和迷茫，读书思考，修心修行，不失为一种好的途径。正如马克思说过的，教育改造人。多读书，勤读书，读好书，联系实际读书思考，就是受教育，就可以匡正心性。在这个意义上，读殷雄同志这部著作，应该会有所收获。

毕竟历史、现实和未来是十分复杂的，而历史、现实和未来可能发生的过程逻辑与思想和理论逻辑的统一，就更复杂无比。但人的认识和思考能力又总是有限的。因此，作者在这方面存在一些不足是难免的，读者不应苛求于作者。我相信，作者以后自己会解决这样的问题，同时作者也会在更深入的研究中写出更好的力作。

是为序。

钟阳胜
二〇一四年冬月
於廣州东山

（钟阳胜，广东龙川县人，哲学硕士，经济学博士，教授，博士生导师。曾经担任广东省委常委、省政府常务副省长、广东省核电领导小组组长。阅历丰富，长于思考，富于思想，出版专著六部，获全国性著作奖 4 项，省部级优秀著作和科研成果奖 10 项，是一位具有理论家品格的实干家，于 2009 年入选“影响新中国 60 年经济建设的 100 位经济学家”。）

前言：治国没有偏方

当一个历史人物太有名时，后世也许只关注他的名字，偶尔会记住他说过的几句话和做过的几件事，而对他著过什么书，也许就不大注意了。其实，文字才是人生，或者更准确地说，文字是人生的载体和缩影。要了解一个历史人物，应当读其人的作品，这是最为直接的第一手资料，所谓“论出于史”。

诸葛亮其人是中国历史上文武兼备、出将入相的标志性人物，知名度是没得说的。历史上关于他的智慧传说已经流行了快两千年了，后人熟悉他的《隆中对》和《前出师表》，但对他的另外两部著作《心书》和《便宜十六策》就不那么熟悉了。其实，历史人物的行为不可复制，惟有他们的思想能够为后人带来启迪和借鉴，这也就是思想总会战胜利剑的原因。如果想了解一个全面的诸葛亮，他的这两部著作是不可不读的。

诸葛亮生活的年代，是诸侯争权夺利的乱世。他本人在刘备集团中占有核心位置，不是出将，就是入相，根本没有时间和精力整理自己平时的著作。诸葛亮去世后不久，西晋著作郎陈寿编辑《诸葛亮集》并上奏晋武帝司马炎，这是最早的有关诸葛亮的著作集。陈寿上奏的集子中，并没有《心书》和《便宜十六策》，也没有流传后世的《后出师表》，这就使后人对这些著作的真伪产生怀疑。我不是历史学家，没有精力和能力专门去做相关的考证工作，但还是可以根据一些常识做出自己的判断。

第一，陈寿撰写《三国志》，总要挑他认为重要的人物、事件作为写作对象。诸葛亮作为三国时期响当当的重要人物，他的事迹应当是很多的，但陈寿要写在书上，则不得不经过一番严格的筛选。例如，诸葛亮第一次北伐是中国历史上的一件大事，但陈寿在《诸葛亮传》中只用了几百个字，很多细节都没有涉及。后人总不至于因为陈寿写得简单，就认为战争也是简单的吧。至于陈寿为何选这个而不选那个，这或许是根据他自己的原则来确定的，只有他自己心中有数，后人永远也不会知道了。

第二，陈寿生活在三国统一前后，尽管西晋建立了，但战乱的后果仍然存在，许多历史文献散落于各处，有的甚至永远丢失了。蜀汉政权是被曹魏集团的军事力量打垮而投降的，在乱糟糟的情境之中，官府的“资料室”也不可能保全，加之当时蜀汉政权并没有为诸葛亮专门编文集，陈寿后来收集到的著作不可能全面，这是可以想像和理解的。许多文献在《三国志》完成之后，陆续以各种方式出现于世，但此时的陈寿已经无法再进行修订了。这也正是陈寿没有把诸葛亮的这两部著作列入他所编辑的《诸葛亮集》中的原因。

第三，也是最重要的推论，诸葛亮前期主要协助刘备征战四方，承担着为前线“足食足兵”的重任。刘禅继位后，“政由葛氏，祭则寡人”，诸葛亮是事实上的蜀汉“一把手”，可以想像他的工作繁忙程度。第一次北伐失败之后，诸葛亮回到汉中，主要的工作就是总结失败的经验教训，当时肯定开办了各种各样的“培训班”、“研讨班”和“总结会”。这个时候，他有一项重要工作，就是在各种定期或不定期的班上为部下讲课，或者在大会上做总结讲话，与各级将领进行个别谈话更是日常性的工作。既然要讲课，就要有讲稿；要写讲稿，就要收集资料。这时候，他过去读过的书，诸如《孙子》、《吴子》、《六韬》、《左传》、《诗经》以及儒家、法家等各个流派的经典著作就派上了用场，成为他的丰富的“资料库”。这就是这两部著作中引述前人观点较多的重要原因。诸葛亮年轻时读书“观其大略”，脑子里的存货不少，因此在讲课时引经据典，信手拈来，想必是经常性的镜头。

第四，诸葛亮的“学员”们在听课之后，应该会进行一些听课笔记的整理工作。比如姜维和蒋琬这类蜀汉政权的重要人物，他们不会不做这类工作的，这就好比现代社会中领导干部讲完话后，秘书人员和办公室的领导会对讲话记录稿进行整理并发文件，或者归档保存。后来由于国破家亡，这些文件或个人听课笔记散落了，后世的有心人慢慢收集整理，渐渐地会把资料收集整理齐全，并且再帮着给起一个名字，于是，就有了我们现在看到的东西。

以上就是我对诸葛亮这两部著作的来源和真伪的推断，事实到底如何，有待于专家们的考证。退一步讲，即使这些著作真是后人假托诸葛亮之名的伪作，那又怎么样呢？我的看法是，既不能因言废人，更不能因人废言。撇开真伪不说，只论对错。也就是说，不管作者是谁，我们只看内容，哪些对我们有启示、有作用，我们就吸收；哪些是过时的、错误的，我们就扬弃。这才是历史唯物主义的正确态度。

生活在民主开放时代的现代人，该如何对待生活在封建皇权专制统治的两千年前的古人的著作，这是一个绕不开的话题。即使以今天的眼光来看，诸葛亮这部《便宜十六策》也堪称论述安邦治国的经典与精品。诸葛亮是一位杰出的政治家，却未必是一位杰出的军事家。关于这一点，陈寿说得很清楚，诸葛亮的特点就是“治戎为长，奇谋为短；理民之干，优于将略”。这就是说，诸葛亮的政治才能优于他的军事才能；军事才能中，治军又优于用兵。因此，让他治国，绝对一流；让他治军，也没有问题；但要说设奇谋、出奇兵，那就不是他的强项了。陈寿的这些观点，我们通过这部《便宜十六策》可以强烈地感受得到。

这就引出另外一个话题：治国有没有偏方与秘方？传统思想文化根源于社会生活本身，是人们思想观念、风俗习惯、生活方式、情感样式的集中表达，古代思想文化对今人仍然具有很深刻的影响。我国古代主张民惟邦本，政得其民；礼法合治，德主刑辅；为政之要莫先于得人，治国先治吏；为政以德，正己修身；居安思危，改易更化，等等。这些治国安邦的理念，有错误吗？与今天的时代格格不入吗？现实告诉我们，这些东西本身并没有错误，而且经过了千百年来实践的严格检验。今天的问题，恰恰出在我们没有把这些正确的理念“一以贯之”地付诸实践，在运用方法上要么简单化地照搬，要么简单化地丢弃。

著名哲学家冯友兰有诗云：“若惊道术多迁变，请向兴亡事里寻。”我们不是历史虚无主义者，也不是文化虚无主义者，不能数典忘祖，妄自菲薄。解决中国的问题，只能在中国大地上探寻合适自己的道路和办法。诸葛亮这部著作的名称是“便宜十六策”，其实把该讲的话、该用的策都讲了。所谓智欲其圆、行欲其方、刚柔相济、方圆皆修，远远超过了“十六策”的范畴，简直可以成为一部治国安邦的“葵花宝典”了。假如我们对这个宝典置之不理，则是最为可惜的事情。

近代文学家、翻译家林纾说："守法度，有高出法度外之眼光；循法度，有超出法度外之道力。"我们学习古人，不是简单地照搬与模仿，而是要有更高的修为与见识。这就有一个坚持原则与灵活运用的关系问题。原则是经，是轨道；变通是权，是方法。固守原则，未必是件坏事；不知变通，未必是件好事。只有依照情况变化加以变通，原则才不会束缚自己的手脚。如果墨守成规而不懂得变通，不但窄化了我们的视野，而且局化了我们的人生，我们的路就会越走越窄。假如碰到实际问题时，总想要诸葛先生授予我们一个装着妙计的"锦囊"，他在九泉之下大概会发出无奈的苦笑。

治国没有偏方，更没有秘方。这就是诸葛亮的这部《便宜十六策》告诉我们的"秘笈"。

目　录

治国第一

君权神授：独裁专制制度的理论基础
家国一体：天下观念衍生的朝廷意识
政治圣人：华盛顿成就不朽的几分钟

【原文】

治国之政，其犹治家。治家者务立其本，本立则末正矣。夫本者，倡始也；末者，应和也。倡始者，天地也；应和者，万物也。万物之事，非天不生，非地不长，非人不成。故人君举措应天，若北辰为之主，台辅为之臣佐，列宿为之官属，众星为之人民。是以北辰不可变改，台辅不可失度，列宿不可错缪，此天之象也。故立台榭以观天文，郊祀、逆气以配神灵，所以务天之本也；耕农、社稷、山林、川泽，祀祠祈福，所以务地之本也。庠序之体，八佾之乐，明堂辟雍，高墙宗庙，所以务人之本也。故本者，经常之法，规矩之要。圆凿不可以方枘，铅刀不可以砍伐，此非常用之事不能成其功，非常用之器不可成其巧。故天失其常，则有逆气；地失其常，则有枯败；人失其常，则有患害。经曰“非先王之法服不敢服”。此之谓也。

【译文】

治国与治家的道理是一样的。治家必须确立根本，根本确立了，其他细枝末节也就自然树立了。所谓本，就是事物的源头；所谓末，就是由源头所产生的结果。在自然界里，天地就是本，万物就是末。没有天，万物就不会产生；没有地，万物就不会成长；没有人，万物就不会发展。因此，治理国家所采取的各项政策、措施，也要遵循天象：一国之君就像居于中间的北极星，辅佐大臣就像列于左右的台辅星，普通官员就像散布周围的二十八星宿，黎民百姓就像分布天宇的众星辰。因此，北极星不可以更改失中，台辅星不可以违法失度，二十八星宿不可以错乱失序，这是天象所表现出来的自然规律。有鉴于此，夯筑高台楼阁以观天象，举行郊祀大典以敬神灵，这是顺应天时的根本。在耕作时不忘祭祀主宰土地与五谷的神灵，根据山川地形而设立祈福的祀祠，这是彰显地利的根本。设置地方学校以施行礼乐教化，建立宫室宗庙以祭祀祖先神灵，这是调节人和的根本。因此，所谓本，是指永恒的法度和普遍的准则，正如圆形的榫眼不可以插入方形的把柄，铅制的钝刀不可以用作砍伐的工具。也就是说，使用不恰当的工具便不能够成功，采取不适当的方法便不足以生巧。因此，如果天失去法度，就会产生抵触的戾气；地违背法度，就会出现衰败的征兆；人不守法度，就会遭遇临头的祸害。《孝经》中说"如果不是根据先王的礼法而制作的服饰，就不敢随便穿戴"。说的就是这个道理。

【解读】

诸葛亮把"治国"作为这部《便宜十六策》的开篇，可谓抓住了治政的根本。"治国在齐其家"①，这是中国古代比较早的将"国"与"家"联系在一起的论述。诸葛亮在本篇中表达了两个核心的治国理念：其一是"治国之政，其犹治家"，就是把"国"比作"家"，将二者紧密地联系在一起，继承了《礼记》的精神；其二是君臣之间的礼法是"经常之法，规矩之要"，是治国的根本。治国是一个大课题，世界各国的历史传统不同、文化理念不同、民族特性不同、地理环境不同，决定了"治世不一道，便国不法古"②，不可能有一个什么统一的标准。本文循着诸葛亮在文中提出的治国理念，对这些理念的理论基础及其产生的影响进行一些探讨。

---

① 《礼记·大学》。

② 《商君书·更法》。

君权神授：独裁专制制度的理论基础

在本篇中，诸葛亮把治国比作治家，用天空的日月星辰来比喻朝廷（政府）的统治秩序，“为政以德，譬如北辰，居其所而众星共之”①，而且认为这种秩序不可以改变。这种观念的实质是维护独裁专制制度，其理论基础就是“君权神授”。

梁启超曾经说过：“夫国之易治者，莫如君权之独擅者也，莫如民族之顺命也。而竟受制于英法之议院，有识者可以思矣。”② 这里的“民族”所要表达的含义，或许与我们今天所理解的“民族”不是一回事，如果考虑当时奥斯曼帝国以及其他伊斯兰教国家的内部构造，这个词可能想表达“臣民”与“部族”这两个概念。如果这样来理解，那么，梁启超所表达的意思还是一种君主应掌握至高无上的权力、臣民应该对君主的统治逆来顺受的思想。这样，国家也就容易治理了，切不可以学习英国和法国等西方国家的所谓“议会民主”。这实际上还是一种“君权神授”的思想意识，与诸葛亮在本篇中所说的“北辰为之主，台辅为之臣佐，列宿为之官属，众星为之人民”的思想是一致的，还是要求臣民“顺命”，即做顺民。既然英、法的议会不好，那么“君权之独擅”也就不能改变，就如同“北辰不可变改，台辅不可失度，列宿不可错缪”。因为这是“天之象”，所以即使“有识者”也要慎重思量这件事情。梁启超虽然捅破了“国家”与“朝廷”之间的那层薄薄的窗户纸，但在事关独裁专制制度的根本问题上，仍然不能脱俗，可见问题的复杂性与艰巨性。

一代君王，执掌着对臣民的生杀予夺的大权，掌握着有关国家意识形态的“绝对真理”，群臣跪拜，山呼万岁，英明伟大，至高无上，可谓尊贵之极，于是便引得天下“豪杰”垂涎三尺。刘邦看见秦始皇出巡时的排场，羡

---

① 《论语·为政》。

② 梁启超，“论回部诸国何以削弱”，《强学报》第 2 号，1896 年。

慕地说“大丈夫当如是也”[①]；而项羽却不屑地说出一句“彼可取而代也”[②]的豪言壮语，其实本质上与陈胜说的“王侯将相宁有种乎”[③] 是一样的，都在盯着皇帝的位子。这点心思，被《水浒传》中李逵的“杀去东京，夺了鸟位”[④] 而一语道破了。“皇帝轮流做，今年到我家”，就是他们的心声的真实写照。鲁讯曾辛辣地讽刺道：“至今为止的统治阶级的革命，不过是争一把旧椅子。去推的时候，好像这椅子很可恨，一夺到手，就又觉得是宝贝了，而同时也自觉了自己正和这‘旧的’一气。……奴才做了主人，是决不肯废去‘老爷’的称呼的，他的摆架子，恐怕比他的主人还十足，还可笑。”[⑤]其结果自然不可能缔造出真正取消政治奴役的“天下为公”的大同世界。败者固然为寇成贼，胜者也只能是再造君主专制制度，于是新一代专制王朝又“奉天承运”，井然有序地统治起自己的“家天下”来了。而久经战乱和分裂之苦的黎民百姓们，也在对新王朝的希冀和幻想中安居乐业，重温男耕女织、日出而作、日落而息的旧梦。对于这种周期性历史变迁的现象和原因，古代御用文人们活生生地杜撰出的“君权神授”理论可以很好地解释。

所谓“君权神授”，就是君权至上，认为皇帝的权力是上天赐予的，具有天然的合理性，皇帝代表“天神”在人间行使权力，所有国民都是皇帝的臣属子民，君臣关系凌驾于一切之上。这种观念，不论在中国，还是在西方，都经历了一个不断演变的过程。

中国夏代的君主就已经开始假借宗教迷信进行统治了，“有夏服（受）天命”[⑥]，这是中国史籍关于君权神授的最早记载。殷商的贵族创造了一种“至上神”的观念，称为“帝”或“上帝”，认为它是上天和人间的最高主宰，又是商王朝的宗祖神，老百姓应该服从商王的统治。成汤在讨伐夏桀时

---

① 《史记·高祖本纪》。

② 《史记·项羽本纪》。

③ 《史记·陈涉世家》。

④ 《水浒传》（第四十一回）：“便造反，怕怎的！晁盖哥哥便做了大宋皇帝，宋江哥哥便做了小宋皇帝；吴先生做个丞相，公孙道士便做个国师；我们都做个将军；杀去东京，夺了鸟位。”

⑤ 鲁迅，“上海文艺之一瞥”，《鲁迅全集》第四卷，人民文学出版社，1981 年版，第 301 页。

⑥ 《尚书·召诰》。

曾说："格尔众庶，悉听朕言。非台小子，敢行称乱；有夏多罪，天命殛之……予惟闻汝众言；夏氏有罪，予畏上帝，不敢不正……尔尚辅予一人，致天之罚，予其大赉汝"①，借此替天行道以增加统治的合理性。周王朝政治结构的核心是王权，认为君主权力的起源是天神，用"天"代替了"帝"或"上帝"，称周武王是"受命于天"，自称"周天子"，一切"礼乐（政令）征伐（军令）自天子出"。考古学者从殷周的金文、甲骨文的大量卜辞中发现，统治者把自己的意志假托为上天的命令，称之为"天命"。周代青铜器"毛公鼎"的铭文记载："丕显文武，皇天宏厌厥德，配我有周，膺受天命"，明确地宣传"君权神授"的思想。秦始皇的玉玺上刻有"受命于天，既寿永昌"② 的字样，也说明中国帝制独裁社会的君主视自己的权力由上天所赐。

君权神授的理论在汉代有了系统的发展，董仲舒提出了"天意"、"天志"的概念，并且提出了"天人相与"即"天人感应"的理论，认为天和人之间是相通的，天是有意志的，是最高的人格神，是自然界和人类社会的最高主宰，天按照自己的面目创造了人，人应按天的意志来行动。从"天人相与"的神学目的论出发，董仲舒提出"君权神授"的命题。他认为皇帝是天的儿子，是奉天之命来统治人世的，人民应该绝对服从他们。他从"王"的字形上说出一通道理："古之人造文字者，三画而连其中者谓之王。三画者，天地与人也；连其中，通其道也，取其天地与人之才而三通之。非王者其孰能若是乎？"③"王者，往也。神之所输向，人所归乐。"④

君权神授的理论，强调君权的天然合理性和神圣不可侵犯性。这种理论

① 《尚书·汤誓》。

② 公元前221年，秦始皇灭六国统一中国后获得和氏璧，将其刻为传国玉玺，命丞相李斯在和氏璧上写"受命于天，既寿永昌"八个虫鸟篆字，由玉工孙寿刻到上面。秦二世死后，子婴把传国玉玺献给汉高祖刘邦，授为"汉传国玉玺"。但此时，玺上的文字却记为"受命于天，既寿且康"（见《应氏汉官》、《皇甫世纪》）。王莽篡汉后，向孝元皇太后逼索玉玺。皇太后大怒，把玉玺狠狠砸在地上，摔崩了一个角，王莽让人用黄金镶补，尽管手艺精巧，但宝玺终究缺了一角。之后，玉玺经过西晋、前赵、东晋、宋、南齐、梁、北齐、周、隋，传到唐朝，至五代十国时失去踪影。明朝开国时，明太祖朱元璋有三件憾事，其中首件就是"少传国之玺"。明末辽东女真部多尔衮出兵蒙古林丹汗部，粟玉太后持此玉玺出迎并投降，次年皇太极据此登极。但该玉玺的真伪长期受到质疑。

③ （汉）董仲舒，《春秋繁露》。

④ 《春秋元命苞》（西汉末年谶纬之士所著）。

在中国产生了深远的影响，历代帝王无不假托天命，自称“奉天承运”；即使是造反的农民领袖，也要拿“天”说事，把自己的行为说成是受上天的指使，是在“替天行道”。凡此种种，都是将“君权神授”作为幌子，从而达到神化自己及其活动的目的。陈胜在做苦工时，曾经发出了“王侯将相宁有种乎”的不平之声。但当他要造反起事时，为了使士卒相信天意要立他为王，便在鱼腹中预先放置白绢，上书“大楚兴，陈胜王”[①] 的字样。汉高祖刘邦出身微贱，起兵反秦之前不过是一个小小的泗水亭长，于是编造一出“斩蛇”的把戏，把自己塑造成“赤帝之子”[②]，这样便有了一层“受命于天”的神秘色彩，好使沛中子弟踊跃追随他打江山、坐天下。王莽想篡夺大汉皇位，就有一个邀宠者哀章伪造了两个铜匮，上书王莽应继大汉而立、为真天子云云。于是，王莽“不得不”遵从天命，“不得已”登上了皇位[③]。曹丕在逼东汉最后一个皇帝刘协退位时，也使用了同样的伎俩，收集到许多诸如“麒麟降生、凤凰来仪、黄龙出现、嘉禾蔚生、甘露下降”等等祥瑞，最后也是在一片颂扬声中接受了禅国诏书，“不得已”登上了帝位[④]。东汉光武帝刘秀登上帝位，也是接受了一位叫疆华的儒生所献的《赤伏符》[⑤]。这些事例，都是“君权神授”理论的具体运用。

“君权神授”的理论，在现实的社会生活中有三种表现。

其一是君主世袭制。

中国人讲究名正言顺，如果帝位由父传子，似乎是天经地义的，也就不需要新的证据来证明新天子是“受命于天”。道理很简单，因为其父是皇帝，而他的皇位是由上天命定的，那么他将皇位传给其子也必然是上天命定的了，这就打消了其他人的觊觎之心，排除了统治集团内部对最高统治者进行选择的可能性。这种逻辑推理一旦成为约定俗成的法规，人们也就只能接受了。至于皇帝位到底应该由哪一个皇子来继承，中国历代王朝都遵守着周王朝时传下来的“嫡长子继承制”，采取“有嫡立嫡，无嫡立长”的制度。在

① 《史记·陈涉世家》。

② 《史记·高祖本纪》。

③ 《汉书·王莽传》。

④ 《三国志·魏书·文帝纪》。

⑤ 《后汉书·光武帝纪》。

某种特殊的情况下，也可以传兄之子、传弟之子或其他具有皇族血统的子弟。嫡长子继承制的根本，就是一套完整的、维护嫡庶秩序的礼节，以及发达的官僚制度。这种制度也符合诸葛亮在本篇中所说的“经常之法，规矩之要”，是国家的根本大法。因此，这种继位方式就不会使人产生疑虑，在传位过程中一般不会有大规模的国家内乱，而早立储君，也有利于对其进行完整的帝王训练。

与“嫡长子继承制”的本质相同的另外一种继承制度，就是“兄终弟及”。在夏代之前的传说时期，部落联盟首领采取“举贤不举亲”的“禅让制”，尧传舜、舜传禹都是采取的这种方式。夏代是父死子继和兄终弟及并行，但以父死子继为主。商朝的王位继承制度也是父死子继与兄终弟及并行，但以兄终弟及为主。在私有观念深入人心的社会环境中，这种“兄终弟及”的继承制度缺乏硬性的约束力。因为“兄弟之亲本不如父子，而兄之尊又不如父，故兄弟之间常不免有争位之事”[①]。只有根据“嫡、长”这些先赋的或“天定”的条件，把皇位继承资格最大限度地限制在一个人身上，才能确立起比较明确的、可操作性的标准，才可能杜绝其他皇子的非分之想，较好地避免诸子争立、骨肉相残的局面。由于商代后期出现“废嫡而更立诸弟子，弟子或争相代立”[②] 局面，所以逐渐以立嫡为主。周初实行宗法制，建立了严格的王位继承制度，实行嫡长子继承制，正像魏征对唐太宗李世民所说的那样：“殷家尚质，有兄终弟及之义；自周以降，立嫡必长，所以绝庶孽之窥觎，塞祸乱之源本，有国者之所深慎。”[③]

为什么罗马人经常发动战争？固然有帝国侵略性的因素，但有一个相当主要的原因，就是罗马人没有办法解决帝位继承的问题。在罗马帝国的历史中，屡屡发生禁卫军弑主、任意拥立新帝，或是继承人不能服众而导致内战等情况。因此帝王往往只能将悍将收为养子，以平息军队和军事将领的不满。长此下来，政权多由骄兵悍将把持，或者帝王本身即为军事强人，使罗马充满强烈的军事主义，而每每政权易手，更难免有一场风波。例如，继屋

---

① 王国维，《殷周制度论》。

② 《史记·殷本纪》。

③ 《旧唐书·魏征传》。

大维之后的罗马帝国的君主提比略，晚年被禁卫军杀死在卡普里岛。

独裁的君主制，自然会形成世袭制，即使当今世界上一些实施“君主立宪制”的国家，其君主的继承也采取世袭制，如英国的国王和日本的天皇。这种现象的背后原因，仍然是“君权神授”的理论在起作用，其根本的原因是对于权力的私有欲和独占欲。“世袭制”的本质是一种“终身制”，它必然导致个人独断而非集体领导的政治文化，削弱了政权发挥集体智慧、共进共退、协调意志的“统治能力”①。

其二是代君摄政制。

所谓摄政，就是代替君主处理政事。古代国君年幼不能亲自处理政事时，由其亲族暂代执政。如周成王时周公代行政事，春秋时鲁隐公代太子轨摄政，汉代时霍光代汉昭帝、汉宣帝摄政，王莽代汉平帝、孺子婴摄政，明代时张居正代万历帝摄政，清初睿亲王多尔衮代清世祖福临摄政，清末醇亲王载沣代宣统帝溥仪摄政，等等。摄政者可能是太后、皇后，也可能是摄政王、外戚权臣、辅政大臣，“摄政王”只是对摄政者是皇族亲王时的一种称呼。

在摄政期间，摄政者给予建议、并让皇帝从各项建议与执行中进行学习，直至年岁更长，能够亲自执政为止。然而，在很多情况下，摄政者都会独揽大权不放，甚至把皇帝当作傀儡。故皇帝长大后，也往往与这些摄政者产生矛盾，进而引发权力斗争，有的成功，有的失败。单以中国的清朝为例，权争成功的例子是清初康熙帝除去鳌拜，权争失败的例子是清末光绪帝与慈禧太后之间的“帝后党争”。

以现在的观点来看，担任国家元首职务的人，须有一定的资格，如年龄、经验、才能等因素。例如，美国宪法就规定担任总统的条件：一是必须是生来就是美国公民，也就是必须具有美国的原始国籍，任何归化的美国公民都不能担任美国总统；二是必须年满 35 岁；三是至少在美国国境内居住满十四年。在摄政制度中，国君的任职资格在法律上是得到承认的，只是由于能力不及才暂时不履行国君的职责而由摄政者暂代。这种制度的理论基础

① 方绍伟，“残暴专制导致苏联解体吗？”《中国选举与治理网》，2011 年 4 月 9 日。

就是“君权神授”，即使你是一个傻子（例如晋惠帝司马衷[①]）或者是一个孩子（例如宣统帝溥仪[②]），只要你具有当皇帝的资格，你就是皇帝，至于政事，自然有人代为打理。“中国的皇帝很有意思，有的皇帝很有作为，有的皇帝简直就是糊涂虫，可那是没有办法的事。皇帝是世袭呀，只要老子是皇帝，儿子再糊涂也得当皇帝，这也怪不得他，生下来就是皇帝嘛。还有两三岁就当皇帝，当然要闹笑话。他那个皇帝好当得很，什么事都有人替他办噢。”[③] 在这种世袭制下，“不才之子，则天称大，权非帝出，政迩宵人”[④]。自己有皇帝的位子，但没有做皇帝的能力，因此也就没有皇帝的权力，更不用承担做不好皇帝的责任。

摄政制会直接衍生出两种政治“怪象”：太上皇和垂帘听政。

“太上皇”一词，最早见于《史记·秦始皇本纪》。秦始皇平定天下后，除了规定最高统治者为“皇帝”，还特意“追尊庄襄王为太上皇”。于是，庄襄王（也就是秦始皇的父亲嬴异人）成为中国历史上第一个拥有“太上皇”头衔的人。“皇”出自传说中的“三皇”（伏羲、女娲、神农）；“帝”出自远古时期的“五帝”（黄帝、颛顼、帝喾、唐尧、虞舜）。二者比较，“皇”是虚幻缥缈，“帝”则握有实权，所以皇帝也可以简称为“帝”。“太上皇”中单一个“皇”字，原本只是一个象征性的、名誉上的虚衔。秦汉时期，没有“太上皇帝”，只有“太上皇”，这是由“天无二日，土无二王”[⑤] 的思想意

---

① 公元 290 年，晋武帝司马炎死后，儿子司马衷即位，是为晋惠帝，是中国历史上典型的昏庸无能的皇帝，闹出不少笑话。有一年夏天，惠帝与随从到华林园去玩。他们走到一个池塘边，听见里面传出咕咕的青蛙叫声。惠帝觉得很奇怪，于是便问随从：“此鸣者为官乎？私乎？”随从回答：“在官地为官，在私地为私。”又有一年闹灾荒，老百姓没饭吃，到处都有饿死的人。有人把情况报告给惠帝，他却对报告人说：“何不食肉糜（肉粥）？”

② 爱新觉罗·溥仪，道光皇帝的曾孙，光绪皇帝胞弟载沣的长子。公元 1908 年 10 月，慈禧太后和光绪同时生了重病。在光绪皇帝临死前一天，慈禧太后也行将不起。由于光绪皇帝无后，慈禧太后在中南海召见军机大臣，商量立储人选。军机大臣认为内忧外患之际，当立年长之人。慈禧太后听后勃然大怒，最后议定，立 3 岁的溥仪为帝，其父载沣为监国摄政王。

③ 卢志丹，《毛泽东品国学》，新世界出版社，2009 年 10 月版。

④ 《晋书·惠帝本纪》。

⑤ 《礼记·坊记》。

识决定的，古代皇帝不会在制度上施行二元化的统治体制。“汉总帝皇之号，号曰皇帝。有别称帝，无别称皇，则皇是其差轻者也。故当高祖之时，土无二王，其父见在而使称皇，明非二王之嫌也”①。“太上，极尊之称也。皇，君也。天子之父，故号曰皇，不预治国家事，故不言帝也。”②

中国历史上共计 332 个皇帝中，出了 15 个太上皇帝，分别是北朝 5 人、唐朝 4 人、南宋 4 人、明朝 1 人、清朝 1 人。综观中国历史上太上皇帝的出现，多半是有各种原因，不得已而为之。有的是老病，如唐顺宗、宋光宗等；有的是淡泊政务，如后魏献文帝；有的是迫于形势，如北齐武成帝、唐高祖、宋徽宗等；有的是他人擅立只好默认，如唐玄宗、明英宗等。真正发于诚心而内禅的，只有唐睿宗、宋高宗、宋孝宗、清高宗等 4 人。宋人洪迈对唐睿宗、宋高宗、宋孝宗大加褒奖，称他们“与尧舜合其德”③。清人赵翼赞扬清高宗（乾隆）为“真开辟以来所未见”④。退居太上皇帝位者，大致分两种情况：一种是不再过问朝政；一种是继续过问朝政。不再过问朝政的，像唐睿宗李旦那样，“自今后军国刑政，一事以上，并取皇帝处分”⑤者，如凤毛麟角。继续过问朝政的，又有程度上的差别，有的是继续执掌朝政，如北齐武成帝高湛传位后，自称“太上皇帝”，“军国大事咸以奏闻”⑥；有的是不甘心大权旁落，因此名义上也要有一点象征性的权力，例如，唐玄宗李隆基在“安史之乱”中西逃时，太子李亨自立为皇帝，唐玄宗无力挽回，又不甘心，在自称“太上皇”的同时，提出了“军国大事先取皇帝处分，后奏朕知”⑦ 的政治要求；少数情况是太上皇帝事必躬亲，独揽朝纲，如乾隆皇帝，退位前专门规定“归政后，凡有缮奏事件，俱书太上皇帝，其奏对称太上皇”，“军国重务仍奏闻，秉训裁决，大事降旨敕，宫中时宪书用乾隆年号”⑧。嘉庆皇帝除“尊高宗为太上皇帝”，还要朝夕听其“训政”，

---

① 《三国志·魏书·王肃传》。
② （唐）颜师古，《汉书注》。
③ （宋）洪迈，《容斋续笔·唐帝称太上皇》。
④ （清）赵翼，《二十二史札记·太上皇帝》。
⑤ 《旧唐书·睿宗纪》。
⑥ 《北齐书·武成帝纪》。
⑦ 《旧唐书·玄宗纪》。
⑧ 《清史稿·高宗纪》。

直到“太上皇帝崩，上始亲政”[①]。

清末一代怪杰辜鸿铭在北京大学任教，梳着小辫走进课堂，学生们一片哄堂大笑。辜平静地说：“我头上的辫子是有形的，你们心中的辫子却是无形的。”闻听此言，狂傲的北大学生一片静默。他在其他场合还曾讲过：“诸位也许笑我痴心于清室，准确来讲，我并非忠于王室，而是忠于中国的政教，忠于中国的文明。我留着辫子，这是一个标记，我是要告诉世人，我是老大中华未了的一个代表。你们辫子是剪掉了，但溶在你们血液里的华夏文明，是想抹也抹不掉的。”[②] 辫子是旧社会的象征，虽然头上没有辫子，但思想却还是像旧社会的迂腐思想一样丝毫未变，就如同长在心中的辫子一样，虽然看不见，但仍然顽固不变。他曾告诉国人：“中国之存亡，在德不在辫，辫子除与不除，原无多大出入。……洋人绝不会因为我们割去发辫，穿上西装，就会对我们稍加尊敬的。我完全可以肯定，当我们中国人西化成洋鬼子时，欧美人只能对我们更加蔑视。事实上，只有当欧美人了解到真正的中国人——一种有着与他们截然不同却毫不逊色于他们文明的人民时，他们才会对我们有所尊重。”[③]

作为封建社会皇位终身制的一种补充形式，中国古代的“太上皇”和“太上皇帝”禅位制度，如果是两条有形的“辫子”的话，那么，“恋栈”与“嗜权”就是两条无形的“辫子”。按照辜鸿铭的说法，后者比前者更可怕。经过一百多年的革故鼎新，中国已经没有了皇帝，父子、夫妻之间的关系早就有了很大的改变，所谓子事父的“孝”和妻事夫的“顺”大多已荡然无存，臣事君的“忠”表面上也似乎如辜鸿铭时代的辫子早就被剪掉了，而作为一种意识形态的“忠”或作为一种文化传统的“子民”心态，确如辜鸿铭所说的那条“心中的辫子”，想去掉却真是很不容易！虽然名义上是“天无二日，土无二王”，但只要有机会，就要与别人分享权力，名义上不是皇帝，但大权独揽，成为不是皇帝的“皇帝”，比真实的皇帝更可怕。这实在是

① 《清史稿·仁宗纪》。

② 陈福郎，《国学骑士辜鸿铭》，北京大学出版社，2010年1月版。

③ 辜鸿铭，“在德不在辫”，《辜鸿铭文集》，黄兴涛等译，海南出版社，1996年1月版。

“吾国吾民”的一种悲哀。

“垂帘听政”的制度，在我国历史上最早可以追溯到战国时期。国君去世后，如果继位君主的年纪幼小，可以由小国君的母亲辅政。根据宫廷的规定，朝中官员不得直接观看和接触太后，所以辅政的太后一般坐在国君理政厅堂侧面的房间里，在房间和厅堂之间挂一帘子，听官员们与国君谈论政务。于是，这种由母亲帮助君主辅政的制度，就被人们形象地称为“垂帘听政”。最早的“垂帘听政”，要数战国时期的赵太后。她听从触龙的讽谏，把幼子长安君送到齐国做人质，求得齐军帮助，从而解了赵国之危。汉朝时，汉惠帝不理政事，吕后临朝。汉殇帝出生不过百日就继汉和帝为帝，皇后邓氏以皇太后的身份临朝。南北朝时期北魏冯太后也曾经临朝称制。唐朝武则天以太后临朝甚至废唐建周，自己做了皇帝。宋代有多位皇太后曾临朝称制。清代最著名的是慈禧太后临朝，前后执掌朝政达48年。

与垂帘听政相对应的是皇帝与皇后共同掌权。隋文帝的文献皇后很有政治才能，每当与隋文帝议论国家大事，看法往往不谋而合，十分一致，因此宫中称为“二圣”。历史上最著名的“二圣”当推唐朝的武则天与高宗李治。公元655年，高宗废掉皇后王氏，改立武则天为皇后，“废王皇后而立武宸妃为皇后。高宗称天皇，武后亦称天后。后素多智计，兼涉文史。帝自显庆已后，多苦风疾，百司表奏，皆委天后详决。自此内辅国政数十年，威势与帝无异，当时称为二圣。”① 武则天当了皇后，飞扬跋扈，高宗无法忍受。“初，武后得志，遂牵制帝，专威福，帝不能堪”。宰相上官仪建议高宗废后，“‘皇后专恣，海内失望，宜废之以顺人心。’帝使草诏，左右奔告后，后自申诉，帝乃悔，又恐后怨恚，乃曰：‘上官仪教我。’后由是深恶仪。”后来，上官仪因谋反罪而被满门抄斩，武则天掌握了实权。“及仪见诛，则政归房帷，天子拱手矣。群臣朝，四方奏章，皆曰‘二圣’，每视朝，殿中垂帘，帝与后偶坐，生杀赏罚唯所命。”“高宗自显庆后，多苦风疾，百司奏事，时时令后决之，常称旨，由是参豫国政。……而高宗春秋高，苦疾，后益用事，遂不能制。”② 总之，从此后武则天在群臣面前树立了与唐高宗并

---

① 《旧唐书·则天皇后纪》。

② 《新唐书·则天皇后纪》。

尊的地位，也为其成为中国历史上第一位女皇帝而奠定了权力与舆论基础。

摄政制是由其他人代替法律上的君王行使职权，由此衍生出来的太上皇和垂帘听政，则是由“不在其位”的人“谋其政”并“行其事”。这种制度最大的弊端，就是诱使僭主式的野心家觊觎最高权力，进而为了争夺皇位而发生社会动乱。“僭，拟也”[①]，下拟于上，称为僭或者僭越。僭越是超越本分的意思，“谅以天尊地卑，君臣道别，宜杜渐防萌，无相僭越。”[②] 僭主制是希腊特有的专制形式。所谓“僭主”是指不依合法程序、不经公民授权而僭取国家权力者，也就是僭取了本由公民集体享有的政治权力，所以被视为违背常规和不合法的。亚里士多德认为，“僭主政体就不像一个政体”[③]，也就是说，它根本就不是城邦正常的组织形式和统治方式。如果勉强把它算作一种政体的话，那它也是“最为恶劣的”[④]。由于“僭主”是不合法的政权篡夺者，严格来讲，僭主还不是“君”，因此通过僭越的途径取得政权的人，往往比世袭制下的君王更加残暴无情，但这与君主制下的暴君又不能区分。

法国文学家和政治思想家、近代自由主义的奠基者之一的本杰明·贡斯当在攻击拿破仑的著名小册子《征服的精神和僭主政治及其与欧洲文明的关系》[⑤] 中，将君主制与僭主政治做了比较，“君主制度不是一种以损害他人为代价给予一个人的优越地位。它从一开始就是神圣不可侵犯的最高权力：它抑制野心，却不冒犯虚荣心。僭主政治则是强迫所有人立即退位以支持一个单独的个人。它会激发所有的野心，使所有的利己心骚动不已。”“僭主政治需要的背叛、暴力和背信弃义竟是如此之多！僭主者当然会乞灵于原则，但只是为了践踏它们；当然会签订合约，但只是为了撕毁它们；他会骗得一些人的忠诚，从另一些人的软弱中捞取便宜，他要唤醒蛰伏的贪欲，鼓励隐藏的不义和担惊受怕的腐败，简言之，他好像一定要把所有的罪恶激情放进一间暖房，那样它们就可以尽快成熟，获得更大的丰收。”他认为，僭主政

---

① 《广雅·释诂四》。

② 《魏书·清河王怿传》。

③ （希腊）亚里士多德，《政治学》，商务印书馆，1981 年，第 198 页。

④ 同上，第 179 页。

⑤ （法）贡斯当，《古代人的自由与现代人的自由》，阎克文、刘满贵译，冯克利校，上海人民出版社，2005 年 5 月版。

治比绝对的专制主义更可怕。“专制制度排除所有形式的自由；僭主政治需要这些自由的形式，以便证明它的颠覆活动是正当的；但是它在盗用它们的时候又亵渎了它们。因为公益精神的存在对它是危险的，既然公益精神必然出现，因此僭主政治先用一只手打击人民，压制他们的真实意见，再用另一只手打击他们，强迫他们违心地表达合乎需要的意见。”

其三是家长独裁制。

以家喻国，就必然有家长制的存在。对于一个国家来说，“家长”这样的“北辰之主”，人们总是对其如众星捧月，天长日久，听到“英明伟大”的颂扬多了，就自觉不自觉地以为自己真是“英明伟大”。要想维系这样的家长制，就必然要有一些理论原则和行为规范。于是，以孔子的“君君、臣臣、父父、子子”为代表的所谓“三纲五常”的伦理纲常便应运而生了。所谓“纲”，就是不可违背的准则，一切以此为本，其专制独裁的蛮横态度跃然纸上。

据《论语·颜渊》记载：

> 齐景公问政于孔子。孔子对曰：君君，臣臣，父父，子子。公曰：善哉！信如君不君，臣不臣，父不父，子不子，虽有粟，吾得而食诸？

齐景公问孔子如何治理国家，孔子说：“做君主的要像君主的样子，做臣子的要像臣子的样子，做父亲的要像父亲的样子，做儿子的要像儿子的样子。”齐景公说：“讲得好呀！如果君不像君，臣不像臣，父不像父，子不像子，虽然有粮食，我能吃得上吗？”齐景公这样的理解，倒也是一种秩序的观念。不论是何种社会形态，总是要在一定的制度规范的框架内运行。社会动乱不是常态，只是一种瞬态，一旦这种瞬态过去了，仍然要回归到“新常态”，此所谓“马上打天下，但不能马上坐天下”。常态的标志就是礼仪、伦理、规范、制度，因此，孔子的观念就是倡导做“君主”的要有“君主”的品德和志向；为“臣子”的要尽到“臣子”的职责；做父亲的要尽到父亲的义务和做出父亲的榜样；做儿子的要尽到儿子的孝心并继承父亲的事业。从这种观念又引申出“五伦十义”，就是“君义为仁，臣义为忠，父义为慈，子义为孝”[1]，推而至于夫妇、兄弟、朋友，也各有其道。

《三字经》写道：“三纲者，君臣义，父子亲，夫妇顺”；“曰仁义，礼智信。此五常，不容紊。”以“三纲五常”为准则的中国两千多年的皇权专制，起于法家而非源于儒家。换句话说，法家才是君主实施专制独裁的“教唆犯”。法家早期代表人物商鞅明确说：“国之所以治者三：一曰法，二曰信，三曰权。法者，君臣之所共操也；信者，君臣之所共立也；权者，君之所独制也。”[2] 所谓“独制”，就是独裁专制。君臣关系是皇权专制的核心内容，“古者未有君臣上下之时，民乱而不治。是以圣人列贵贱、制爵位、立名号，以别君臣之义也”[3]；“所谓义者，为人臣忠，为人子孝，少长有礼，男女有别，非其义者，饿不苟食，死不苟生，此乃有法之常也。”[4] 从这些话里，可以看到“三纲”的雏形了，但还不够。商鞅继续完善他的理论：“臣之所闻曰：臣事君，子事父，妻事夫。三者顺则天下治；三者逆则天下乱。”[5] 至此，“三纲”的内容就算定型了。

孟子讲仁义礼智，“恻隐之心，仁也；羞恶之心，义也；恭敬之心，礼也；是非之心，智也”[6]。董仲舒加了“信”，变为五常，又称五典，指五种行为，作为调整、规范君臣、父子、兄弟、夫妇、朋友等五种人伦关系的准则，“谓父义、母慈、兄友、弟恭、子孝”[7]。我们可以这样来理解，对于国事而言，就是“仁义礼智信”；对于家事而言，就是“义慈友恭孝”，总之是一种家国的伦理道德和行为规范。如果违背了这种伦理规范，那么出现的结果就是：君为臣纲，君不正，臣投他国；国为民纲，国不正，民起攻之；父为子纲，父不慈，子奔他乡；子为父望，子不正，大义灭亲；夫为妻纲，夫不正，妻可改嫁；妻为夫助，妻不贤，夫则休之。但也有人并不这么认为，而是在任何时候、任何情形下都要坚持“三纲”。曾国藩被视为清代中兴第

---

① 《礼记·礼运》。
② 《商君书·修权》。
③ 《商君书·君臣》。
④ 《商君书·画策》。
⑤ 《商君书·忠孝》。
⑥ 《孟子·告子上》。
⑦ （唐）孔颖达，《尚书·泰誓下》注疏。

一名臣，在其家书中就表达了这样的意思："不可有片语违忤三纲之道。君为臣纲，父为子纲，夫为妻纲，是地维之所赖以立，天柱之所赖以尊……君虽不仁，臣不可以不忠；父虽不慈，子不可以不孝；夫虽不贤，妻不可以不顺。"①

"三纲五常"所维护的是以君臣关系为核心的皇朝政治秩序，就是承认君王权力至上，本质上是一种"家天下"的观念。由这种观念衍生出来的另一种政治观念，就是信奉"贤君"政治。只要君主是贤明的，臣民服从起来就有了道德的正当性；假如碰到了暴君，按照曾国藩的观点，也要无条件地服从（即"忠"），因而强化了这种制度的正当性。不管是道德上的正当性，还是制度上的正当性，都是一种实质上的专制独裁的正当性。碰上贤君，可以庆幸运气好；遇上暴君，只好自认触霉头。这就好像一旦树立起虎狼对羊群的绝对统治权，以虎狼为君，以羊群为臣，要求以虎狼的自律来捍卫羊群的尊严，就不仅徒劳，而且虚伪。因此，只要承认存在君臣关系，就是主张专制独裁。主张君臣格局的任何"理论"，都是专制独裁的知识"保镖"。

家庭是国家的缩影，历代封建统治者都将治家与治国联系在一起。明朝开国皇帝朱元璋就曾经明确对大学士朱升说过"治天下者，正家为先"②。按照这样的逻辑，家长的权利实际上代行着一部分国家的职能。封建宗法制度下的家长制是封建专制主义的缩影，表现在如下几个方面。

经济专制。在个人层面，"父母存，不有私财"③，只要父母还活着，子女便没有经济上的独立性；"子妇无私货、无私蓄、无私器、不敢私假、不敢私与"④，"凡为子妇者，毋得蓄私财"⑤。不仅是子女，而且妇女也没有经济上的独立性；"祖父母、父母在者，子孙不许分财异居"⑥，只要长辈还在世，子孙就不许分家另过，这样就从经济权利上确定了封建大家族的存在基础。在国家层面，就有可能是私人财产不受法律保护，以国家的名义肆意剥

① 《曾文正公全集》家训卷（下）。

② 《明史·列传第一》。

③ 《礼记·曲礼》。

④ 《礼记·内则》。

⑤ （宋）司马光，《居家杂议》。

⑥ 《大清律例》。

夺公民的正当财产，便是一种见怪不怪的社会现象了。

思想专制。在个人层面，父母的“色、声不绝于耳，心志、嗜好不忘乎心”[①]，凡事都要看父母的脸色行事，心里要时时想着父母的好恶，并作为自己的好恶标准。在国家层面，就是缺乏“独立之精神，自由之思想”[②]，由于没有言论自由，直接导致“奴才”与“庸才”滚滚当道，“贤人”与“君子”郁郁寡欢。

婚姻专制。在个人层面，受“男女授受不亲”[③]的思想观念的支配，男女连正常见面交往的机会都没有，个人婚姻必须服从“父母之命，媒妁之言”[④]，根本没有选择配偶的权利。在国家层面，就可能是“老子英雄儿好汉，老子反动儿混蛋”的“血统论”盛行。在社会生活中的表现就是看重等级与门第，根本没有任何平等自由的空间与土壤。

人格专制。在个人层面，过分讲究扭曲的尊卑关系，“父辈曰尊，而祖辈同；子辈曰卑，而孙辈同；兄辈曰长，弟辈曰幼”[⑤]。在国家层面，“立嫡以长不以贤，立子以贵不以长”[⑥]，“礼不下庶人，刑不上大夫”[⑦]，“只许州官放火，不许百姓点灯”[⑧]之类的事情比比皆是。

生杀专制。在个人层面，“父母怒不悦，而挞之流血，不敢疾怨，起敬起孝”[⑨]，“父而赐子死，尚安敢复请”[⑩]。在国家层面，“君叫臣死，臣不得

---

① （宋）司马光，《家范》。

② 陈寅恪，《王国维纪念碑铭》：“先生之著述，或有时而不章。先生之学说，或有时而可商。惟此独立之精神，自由之思想，历千万祀，与天壤而同久，共三光而永光!”

③ 《孟子·离娄上》：“淳于髡曰：‘男女授受不亲，神情民?’孟子曰：‘礼也。’”

④ 《孟子·滕文公下》：“不待父母之命，媒妁之言，钻穴隙相窥，逾墙相从，则父母国人皆贱之。”

⑤ 《清律集注》。

⑥ 《春秋·公羊传》。

⑦ 《礼记·曲礼上》。

⑧ （宋）陆游，《老学庵笔记》：“田登作郡，自讳其名，触者必怒，吏卒多被榜笞。于是举州皆谓灯为火。上元放灯许人入州治游观，吏人遂书榜揭于市曰：‘本州依例放火三日。’故语云：‘只许州官放火，不许百姓点灯。’本此。”

⑨ 《礼记·内则》。

⑩ 《史记·李斯传》。

不死”。由此衍生出来的就是诸如残酷的“殉葬制”[①]，人权不受法律保护。

上述家长制的表现，家长享有的权力，都是就一般情况而言的，在不同历史时期、不同地区、不同的家长，握有或行使权力的大小、范围和方式都是千差万别的，但就其性质来说，实在是一种不合现代社会潮流的腐朽制度，应予反对和摒弃。

当君主的作为违背封建统治集团的利益时，神职贵族和世俗贵族往往借机联合起来尽量限制君主的权力，君权的神圣性也就荡然无存了。[②] 1215 年英王约翰被迫签署《大宪章》就是这样的一个例子。从 14、15 世纪开始，西欧一些国家的社会经济变革走在其他国家的前面。与此相适应，西欧先进国家政治制度的变化也领先于其他国家。1640—1688 年英国资产阶级革命，在英国建立了君主立宪制度，使君权从属于由选举产生的议会，开创了近代民主的先河。伴随近代民主制度的产生，洛克等人倡导的“天赋人权”、“主权在民”等学说，逐步取代“君权神授”论，成为广大民众的共识。清末资产阶级启蒙思想家、翻译家和教育家、中国近代史上向西方国家寻找真理的“先进的中国人”之一的严复，在引用西方相关学说时说：“国者，斯民之公产也；王侯将相，通国之公仆隶也。”[③] 这实际上是在中国传播了“主权在民”的资产阶级国家观念，是对“君权神授”的传统专制思想的直接否定，吹响了在中国实行民主的第一声号角。因此，也可以说，严复是在中国传播民主思想的第一人。

家国一体：天下观念衍生的朝廷意识

2009 年的国庆节期间，由香港著名艺人成龙和内地歌手刘媛媛联袂演

① 用活人殉葬，是奴隶社会的一种非常残酷的制度。殉葬人有活埋的，也有被杀或自杀后陪葬。中国的殉葬制度，就考古发现，最早始于殷商时期，终止于清朝的康熙年间。

② 廖学盛，“从君权神授到发展民主——千年政治制度的演变”，《人民日报》，1999 年 12 月 10 日第 7 版。

③ （清）严复，《辟韩》。

唱的一首名为《国家》的歌曲[①]，唱响了长城内外、大江南北。歌词巧妙地从“国”字与“家”字的字面构成，通俗易懂地诠释了“国”与“家”之间的关系，说明了“家”、“国”一体的道理。实际上，从历史进程的演变来看，国与家的关系很复杂，它涉及了“天下”、“国家”与“朝廷（政府）”的观念以及它们之间的联系。

中国人爱讲“天下”，认为地在天之下，所谓“天下”就是大地，也是古代“天子”的地盘。“天下”既表示统治者的统治范围，也体现人们想象中的世界图景，所谓“普天之下，莫非王土；率土之滨，莫非王臣”[②]。这种天下观在地理上的反映，就是中国只有边疆而没有边界的概念。因为边疆是可以伸缩的，周围的藩国只要臣服于中央王朝而年年进贡，皇帝就可以赏给土地，代“天子”镇守。为了维持“天下共主”的体面，皇帝可以将自己的领土无条件地赏赐给周边的属国。近代中国领土的形状由一片秋海棠叶变成了一只雄鸡，也不是没有这方面的原因[③]。雍正三年（公元 1725 年），云贵总督高其倬按照雍正皇帝的指示，勘定与安南国（越南）的疆界。高其倬详查历史后认为，自明清以来，安南向云南方向推进了 240 里，主张按明朝时的界线，全部收回。但雍正皇帝认为安南“自我朝以来，累世恭顺，深属可嘉”，所以“方当奖励是务”，岂可与之“争尺寸之土”，加之“视中外皆赤子”，于是下令不与计较。雍正担心高其倬坚持己见，遂任命鄂尔泰为云贵总督。鄂尔泰接任后采取了一个折中的办法，但安南王不满意，上书皇帝言辞激切。雍正认为言辞不恭，不准其请。后安南王又上书表示“悔过感恩”，雍正即下令加恩赏地[④]。这种“天下观”在国际地缘政治领域的反映，就是连国家的概念都是模糊的。1917 年俄国 10 月革命后引发了一种思潮：世界革命。世界革命思维与中国古代传统天下观不谋而合，便是国家、国界和民族这类东西最后通通都要消失。在“革命者”的心目中，这也算是一种

① 原歌词是：“一玉口中国，一瓦顶成家。都说国很大，其实一个家。一心装满国，一手撑起家。家是最小国，国是千万家。”

② 《诗经·小雅》。

③ 葛剑雄，《葛剑雄写史：中国历史的十六个片断》，上海书店出版社，2007 年 8 月版。

④ 靳尔刚，苏华，《职方边地：中国勘界报告书》，商务印书馆，2000 年 11 月版。

"普世价值"吧。这种"普世价值"从"安得倚天抽宝剑，把汝裁为三截：一截遗欧，一截赠美，一截还东国"[①] 的浪漫诗篇中也可以看得出来。

古代中国人所理解的"普天之下"，没有地理和空间的限制，但总是伴随着一定的秩序原理，并且成为某个地域、民众和国家的世界观。"天下之治方术者多矣，皆以其有为不可加矣"，"天下大乱，贤圣不明，道德不一"，"愿天下之安宁以活民命"[②]；"天下有不顺者，黄帝从而征之，平者去之，披山通道，未尝宁居"[③]；"时六国悉并于秦，天下一统"[④]。因此，天下就是华夏之天下，天下就是由"我"邦、"我"文所主导的世界秩序。天下主义就是华夏文明的世界化。

"天下"这一抽象概念的具体化，就可以理解为"国家"。"国"的繁体字为"國"[⑤]。从字义上讲，"國"就是"邦"，一个用武器守卫着的疆域范围即是"國"。从简化的"国"字的字形来看，就是口中含玉，这个"口"可以引申为国家的领土；玉是"王"多一点，这个"王"是一国之君，那么这一点就要靠这个国家的人民去点，否则，就是国将不国了。

与"国"对应的就是"家"，大众的个人生活范围或从事社会活动的单元也是"家"[⑥]。按照恩格斯的观点[⑦]，早期以狩猎和采集为主的社会是财产公有制和群婚制的社会，在家庭之前存在过一种"毫无限制的性交关系"的原始状态，随着部落中女子的逐渐稀少，一个男子和一个女子共同生活的对

---

① 毛泽东，《念奴娇·昆仑》词。

② 《庄子·天下》。

③ 《史记·五帝本纪》。

④ 《东周列国志》(第一百零八回)。

⑤ 按照《说文解字》的解释，"或，邦也"，古代的"或"与"国"同用，"邦"与"封"同用。高鸿晋，《中国字例》："国之初字，从口，一为地区之通象，合之为有疆界之地区之意为通象，故为象意而属指事符；益之以戈声，故为指事符加声之形声字。周时借用为或然之或，乃加口为意符作国。"徐灏，《说文解字注笺》："邦谓之國，封疆之谓之域，古但以或字为之是也。"孙海波，《卜辞文字小记》："口象城形，从戈以守之，国之义也。"

⑥ 传统观念认为"家"是一个象形字，《说文解字》中说："家，居也。"段玉裁在注释中认为，家字应为会意字，"此篆本意乃豕之居也，引申假借为人之凥（jū）"，也就是说家字的本义是指猪圈，母猪生的猪崽多，所以人居聚处借用其字，转指人居之"家"。

⑦ 恩格斯，《家庭、私有制和国家的起源》，人民出版社，2003年5月版。

偶家庭开始存在。恩格斯认为此时妇女不仅居于自由的地位，而且居于受到高度尊敬的地位。因为妇女劳动对于部落生存是至关重要的，她们生产了绝大多数物品，如衣物、家用物品及工具等。妇女的统治地位来源于家庭——原始的生产中心，在“新的、社会的动力发生作用”下，“家畜的驯养和畜群的繁殖，创造了前所未有的财富的来源，并产生了全新的社会关系。”由此说来，“家”的含义是财产，而古代的主要财产是以猪和羊为主的家畜，这就不难理解“家”字的本义了。

在古代中国，“天子”（即君主）是既没有国又没有家的，分封给诸侯的地盘叫“国”，诸侯分封给士大夫的地盘叫“家”。“家”是“国”的一部分，作为“家”的主人，士大夫的社会地位取决于“国”的实力，国的兴衰仰仗士大夫们的治理和贡献。后来历史演变过程中所形成的“国家”，则有了不同的含义。在国家出现之前，人类社会处于原始状态。国家并不是从来就有的[①]，“曾经有过不需要国家、而且根本不知国家和国家权力为何物的社会”，“在经济发展到一定阶段而必然使社会分裂为阶级时，国家就由于这种分裂而成为必要了”；国家决不是从外部强加于社会的一种力量，“确切说，国家是社会在一定发展阶段上的产物”，“经济利益互相冲突的阶级，不致在无谓的斗争中把自己和社会消灭，就需要有一种表面上凌驾于社会之上的力量，这种力量应当缓和冲突，把冲突保持在‘秩序’的范围以内”，“这种从社会中产生但又自居于社会之上并且日益同社会相异化的力量，就是国家”。因此，从广义来说，国家是指拥有共同的语言、文化、种族或者历史的社会群体；从狭义来说，国家是一定范围内的人群所形成的共同体形式。不论是广义还是狭义，国家的本质都是某种财产的维护者和利益的代表者。

用现代西方国家理论来看，国即是国，家即是家，国是与政治相关的组织，而家是基于血缘关系而成的组织，似乎风马牛不相及，两者组合而成的“国家”这个词很难用现代国家理论来解释。但是，从本质上说，国是因为家而产生而存在。国家的出现，正是为了满足千万个家庭的需要，所以国家所有的权力只能来自于千万个家庭的授权，国家也即政府只能行使公民按照契约授权给它的权力。家是个体，是部分，带有个体色彩，是微观的；国是

① 同上。

群体，是整体，带有国家意志，是宏观的；没有家就没有国，家是国的基本要素。就国家而言，个体利益要服从国家利益，同时国家意志又不能凌驾于家之上，但在高度和深度上要高于家。这是我们今天理解国家的含义及其功能的一般观念。但是，中国封建社会的国家以及作为国家代表的政府即“朝廷”的含义及功能，则大不相同。

国家出现之后，就要有作为其象征的行政管理当局即政府（中国古代称为“朝廷”），它是一种拥有治理一个社会的权力的国家机构，在一定的领土内拥有外部和内部的主权。陈独秀认为[①]，国家的功能，一是抵抗异族压迫，一是调和国内纷争，前者对外，后者对内。国家功能的实现，必须通过政府去完成。如果政府能完成国家功能，国家就是“为人民谋幸福的国家”；如果政府不能完成国家功能，国家则有可能成为“人民为国家做牺牲的国家”。人类历史实践中的普遍情况是，政府常常不能完成国家功能，或者完成得很差，这样就有可能出现有政府等于无政府，甚至有政府还不如无政府的状况。

中国自秦汉以来的两千余年的历史中，一般对国家和政府即“朝廷”不加区分，而且认为，作为朝廷主人的皇帝即“天子”，乃是上天派来的天然的统治者，既是上天的代言人，又是国家的代表者。作为一般国民的思想观念，认为忠君就是爱国，爱国就是忠君；在具体行为上，就是体现出《孝经》上所说的“君叫臣死，臣不得不死；父令子亡，子不得不亡”的封建忠孝思想。假如稍微开明一点，也无非是“君使臣有礼，臣事君以忠”[②]而已。至于像孟子所说的“愤青”之类的话“君之视臣如手足，则臣视君如腹心；君之视臣如犬马，则臣视君如国人；君之视臣如土芥，则臣视君如寇仇”[③]以及“民为贵，社稷次之，君为轻”[④]，也只能是一种“潜意识”的表达，当不得真的，除非真是不要自己的身家性命了。这样的例子有吗？有！

① 陈独秀，“我们究竟应当不应当爱国?”，《每周评论》第二十五号，1919 年 6 月 8 日。

② 《论语·八佾》：“定公问：君使臣，臣事君，如之何？孔子对曰：君使臣以礼，臣事君以忠。”

③ 《孟子·离娄下》。

④ 《孟子·尽心下》。

殷商时代的太师比干，就是一例[1]。他一生忠君爱国，倡导“民本清议，士志于道”。商纣王暴虐荒淫，横征暴敛，比干叹息道：“主过不谏非忠也，畏死不言非勇也，过则谏不用则死，忠之至也”，于是爬上摘星楼强谏三日不去。纣王问他“何以自恃”，比干回答“恃善行仁义，所以自恃”。纣王愤怒地说：“吾闻圣人心有七窍，信有诸乎？”遂杀比干剖视其心，后人至今读来仍触目惊心。不管怎么说，封建社会的所谓“爱国家”就是“爱朝廷”，而且这种“爱”必须是毫无条件、毫无保留的，包括不惜牺牲臣民的身家性命。

法国波旁王朝的君主路易十四说过一句响彻历史天空的名言：“朕即国家。”尽管全世界的君主都喜欢专制，但很少有人会像路易十四那样露骨和无所顾忌。路易十四于1643—1715年在位，同时代的中国皇帝是康熙。在那个时代，世界上其实还没有多少人能够区分君主、政府、国家和天下的概念有什么不同。国家与朝廷不分，对于民智未开的大多数人来说，就是天经地义，很少有人对此提出质疑。正如陈独秀所说，“我们中华民族，自古闭关，独霸东洋，和欧美日本通商立约以前，只有天下观念，没有国家观念”[2]。直到西方思想传入之后，中国人对天下、国家、朝廷、君主的概念才逐渐形成清晰的现代认识。将天下与国家区分的第一人是明末清初的思想家顾炎武，将国家与朝廷区分的第一人是梁启超。前者是由于受到明亡的刺激而产生了这种观念，后者是在经历了戊戌变法失败流亡海外的痛苦反思之后而获得了这种认识。

顾炎武说：“有亡国，有亡天下。亡国与亡天下奚辩，曰：‘易姓改号，谓之亡国。仁义充塞，而至于率兽食人，人将相食，谓之亡天下。是故知保天下，然后知保国。保国者，其君其臣，肉食者谋之。保天下者，匹夫之贱，与有责焉耳矣！’”[3] 在顾炎武看来，改朝换代与老百姓没什么关系，而汉族文化的沦丧，具有更为严重的历史后果。汉文化的兴亡，才是与每个

---

① 《史记·宋微子世家》。

② 陈独秀，“我们究竟应当不应当爱国?”，《每周评论》第二十五号，1919年6月8日。

③ （清）顾炎武，《日知录·正始》。

人休戚相关的大事。儒家的“忠义”史观，是中国数千年传统道德的最高原则。“忠义”的本义是“忠为报国”，孔孟之后，封建统治者则将其异化为“忠君报国”。顾炎武发出的这一声痛心汉族文化衰亡的感慨，显然仍未从根本上捅破君主独裁专制下的“忠义”观念这层薄纸，但他把“天下”与“国家”之间的这层薄纸捅破了，也算是一种历史性的进步，具有思想启蒙的重大意义。

梁启超继承了顾炎武的这种思想：“夫以数千年文明之中国，人民之众甲大地，而不免近于禽兽，其谁之耻欤？顾亭林曰：天下兴亡，匹夫之贱，与有责焉已耳！”[①] 他对国家与朝廷做了区分：“今夫国家者，全国人之公产也。朝廷者，一姓之私业也。国家之运祚甚长，而一姓之兴替甚短。国家之面积甚大，而一姓之位置甚微。唐虞夏商周、秦汉魏晋、宋齐梁陈隋唐、宋元明清，此皆朝名也，而非国名也。”从殷族的商、姬族的周，到嬴氏的秦、刘氏的汉、李氏的唐、赵氏的宋、朱氏的明，还有蒙古人的元、满人的清，它们都是一族一姓的朝廷，而不是国家；都是一族一姓的私业，而非全体中国人的公产。他接着写道：

> 试观二十四史所载，名臣名将，功业懿铄、声名彪炳者，舍翊助朝廷一姓之外，有所事事乎？其为我国民增一分之利益、完一分之义务乎？而全国人民顾啧啧焉称之曰：此我国之英雄也。夫以一姓之家奴走狗，而冒一国英雄之名，国家之辱，莫此甚也！乃至舍家奴走狗之外，而数千年几无可称道之人，国民之耻，更何如也！而我国四万万同胞，顾未尝以为辱焉，以为耻焉，则以误认朝廷为国家之理想，深入膏肓而不自知也。

梁启超认为，中国之所以积贫积弱，根源之一就在于国人不能正确区分国家与朝廷的概念，以致爱国心没有用在正确的地方。梁启超此论，用的不是枪挑式的“定点打击”，而是棍扫式的“全盘否定”，自有其偏激谬误之处。任何人都是历史的产物，都要受当时的生存环境的限制，不能以梁启超当时的认识水平要求古人具有超越历史时代的思想。但是，梁启超提出的问题是严肃的，也可以说是他对当时中国积贫积弱的“病症”所做的“诊断”

---

① 梁启超，《饮冰室合集》。

和开出的“药方”。正如我们希望梁启超不要苛求于古人，我们也不要苛求于梁启超。

在封建社会，“爱朝廷”可以说是“爱国家”的同义语，换句话说，“爱国家”要通过“爱朝廷”而体现出来，推而广之，“爱国”就是“忠君”，“忠君”就是“爱国”，犹如一枚硬币的两面，须臾不可分离，正所谓“一人有庆，万寿无疆”①；当然也有少部分思想先进、眼光锐利的人看出这种现象的非正当性，大声地为老百姓呐喊几句，发一点诸如“天子万年，百姓花钱；万寿无疆，百姓遭殃”② 的牢骚而已。陈独秀认为③，“爱国大部分是感情的产物，理性不过占一小部分，有时竟全然不合乎理性（德国和日本的军人，就是如此）”，“当社会上人人感情热烈的时候，他们自以为天经地义的盲动，往往失了理性，做出自己不能认识的罪恶（欧战时法国、英国市民打杀非战派，就是如此）”，其原因是“群众心理不用理性做感情的基础，所以群众的盲动，有时为善，有时也可为恶”，因此，在大家热心盲从的天经地义之“爱国”声中，应该“提出理性的讨论，问问大家，我们究竟应当不应当爱国?”“要问我们应当不应当爱国，先要问国家是什么。原来国家不过是人民集合对外抵抗别人压迫的组织，对内调和人民纷争的机关。善人利用他可以抵抗异族压迫，调和国内纷争；恶人利用他可以外而压迫异族，内而压迫人民。”所以，“若有人问：我们究竟应当不应当爱国？我们便大声答道：我们爱的是人民拿出爱国心抵抗被人压迫的国家，不是政府利用人民爱

---

① 1904 年，慈禧太后 70 大寿，当时山河破碎，大厦将倾，而朝廷为祝寿仍然要大庆，有人撰写一联“一人有庆，万寿无疆”。对此，章太炎写了一副传诵一时的对联：“今日到南苑，明日到北海，何日再到古长安？叹黎民膏血全枯，只为一人歌庆有；五十割琉球，六十割台湾，而今又割东三省，痛赤县邦圻益蹙，每逢万寿祝疆无。”（戴鞍钢，“新政困局与辛亥革命”，《文汇报》，2011 年 9 月 28 日）

② 张之洞任湖广总督时，辜鸿铭曾入幕张府。时值清帝万寿节，老于宦道的张之洞在湖北筹备庆典时大肆铺张，花费无数，以显隆重。同时，还编有“爱国歌”，宣扬忠君爱国之道，竭力讨好朝廷。对此，辜鸿铭颇不以为然：“既云爱国，也须爱民，应更编爱民歌。”张之洞的心腹、时监两湖书院的梁鼎芬对辜氏调侃道：“阁下曷试为之。”辜鸿铭当即应曰：“已早有腹稿，头四句是：‘天子万年，百姓花钱。万寿无疆；百姓遭殃。’”（《清朝野史大观・卷十・爱国歌》

③ 陈独秀，“我们究竟应当不应当爱国?”，《每周评论》第二十五号，1919 年 6 月 8 日。

国心压迫别人的国家。我们爱的是国家为人民谋幸福的国家，不是人民为国家做牺牲的国家。”抗战初期，毛泽东也提出过同样的问题。针对国民党政府提出的“全国人民团结一致，爱国御敌”，毛泽东一针见血地指出“现在谈爱国，那是爱谁的国？蒋介石的国吧？”“少数人的国，他们少数人去爱吧”，“一个不是人民选举出来的政府，有什么脸面代表这个国家？爱这样的国家，就是对祖国的背叛”①。可见，在这些革命先驱者们的思想意识里，已经把“国家”与“朝廷”区分开了，进而把“爱国家”与“爱朝廷”区分开了，这既是人们思想认识的进步，同时也是历史的进步。

政治圣人：华盛顿成就不朽的几分钟

1975年8月，一场惊动全国的“评《水浒》”运动突然而至，并且轰轰烈烈地搞了好几个月。这场政治运动的起因是毛泽东对古典小说《水浒》的评论，其中有一句是“《水浒》只反贪官，不反皇帝”。他还认为鲁迅评《水浒》评得好：“一部《水浒》，说得很分明：因为不反对天子，所以大军一到，便受招安，替国家打别的强盗——不替天行道的强盗去了，终于是奴才。”②

毛泽东说的《水浒》“只反贪官，不反皇帝”，指的是当时这支农民起义队伍的领导人宋江以及由他所制定并实施的政策。他说：“这支农民起义队伍的领袖不好，投降。李逵、吴用、阮小二、阮小五、阮小七是好的，不愿意投降。”领导人不反皇帝，但领导集体中的个别成员却是主张反皇帝的，李逵就是其中的一个。他口口声声说要“杀去东京，夺了鸟位”，这岂不就是“反皇帝”的主张吗？只是他的目的仅仅是推翻前朝的皇帝，自己做皇帝。

五百年以来，西方次第出现、先后相续的地理大发现、文艺复兴、宗教改革、工业革命、启蒙运动和社会政治大革命，不仅使欧洲的历史发生了突

① 1946年大连大众书店出版的《毛泽东选集》。

② 鲁迅，“流氓的变迁”，《三闲集》，人民文学出版社，1980年9月版。

破和革新，而且前所未有地改变了世界。纵观中国历史的发展历程，则是存在着一种“超稳定”的结构①，它被海洋、高山和沙漠环绕隔绝的这一地理事实，同时象征着它在精神上的封闭、孤立、静止，一股终古不易的腐朽气息窒息了一切新鲜事物和创造精神。18 世纪德国历史学家赫尔德曾经对中国作过如下的评论②：

几千年来，中国始终停滞不前。他们那些关于道德和法令的教诲总是反反复复，变着腔调在同一个话题上兜圈子，千篇一律地颂扬一种孩童式的义务。

他们的天文学、音乐、诗歌、兵法、绘画和建筑与千万年前一样，不过是他们永恒法令和千古不变的幼稚滑稽的政体的孩子。

中国恰如一具木乃伊，周身涂着陈腐的香料，描画着象形文字，包裹着丝绸，它体内的血液循环早已停止，犹如冬眠的鳖类，它对一切外来事物都采取敌视、窥测、阻抗的态度，它对外部世界既不了解，也无兴趣，更不喜欢，它的最高旨意就是终日沉浸在自我封闭的漫长黑暗之中。

这段话，可视为欧洲人对中国的经典评论。对于一个 200 年前的古人、而且还是一个外国人所说的话，我们没有必要与其辩论。但必须承认一个现实，就中国的政治制度而言，历代的“革命者”推翻的只是前朝的皇帝，而没有推翻这种产生皇帝的制度，更没有铲除生长这种制度的土壤，“皇帝轮流做，今年到我家”的思想观念根深蒂固，“你方唱罢我登场”，结果便是周而复始的王朝更替，专制主义政治结构和小农社会结构一直维持下来了。单个封建王朝的灭亡，换来的是整个独裁专制体制的延续，颇有“丢车保帅”的意味。难怪德国、也是人类最杰出的哲学家之一的黑格尔说出这样的话：“中华帝国是一个神权政治专制国家。家长制政体是其基础；为首的是父亲，他也控制着个人的思想。这个暴君通过许多等级领导着一个组织成系统的政府。……个人在精神上没有个性。中国的历史从本质上看是没有历史的，它

① 金观涛、刘青峰，《兴盛与危机：论中国社会超稳定结构》，法律出版社，2011 年 1 月版。

② （德）赫尔德，《关于人类历史的哲学思想·中国》（第三部），里加和莱比锡，约翰·弗里德里希·哈尔特克诺赫出版社，1787 年版。

只是君主覆灭的一再重复而已。任何进步都不可能从中产生。”[①] 这一点，马克思也是看得清清楚楚：“中国这块活的化石……社会基础停滞不动，而夺得政治上层建筑的人物和种族却不断更迭。”[②] 马克思对太平天国这种“打天下、坐天下”的所谓“革命”并不欣赏：“它是停滞的社会生活的产物”，因为它“破坏了一切，而什么也没建立起来”，“除了改朝换代以外，他们不知道自己负有什么使命”[③]。黑格尔所处时代、辛亥革命之前的中国，大概就是这个样子，在“家天下”的模式之下，一个个朝代轮番更迭，不同家族或民族换班执政，换来换去，总是换汤不换药；思想观念与执政方式都没有什么改变，无非是打天下与坐天下，争皇位与保皇位，精神上没有任何进步，只有灾难循环而已。

说到皇帝，也有明、暗之分。所谓“明”皇帝，就是堂而皇之地坐在“龙椅”上，接受臣民的“山呼万岁”，享受作为皇帝能够享受到的一切荣华富贵，历史上所有改朝换代的封建帝王们都是如此；所谓“暗”皇帝，就是名义上虽然不是皇帝，而实质上拥有皇帝的权力，享受与皇帝并无二致的待遇，袁世凯的“革命”就是一例。真正的革命，是反掉一个产生皇帝的腐朽制度，建立一个没有明的、暗的皇帝的新制度，美国开国总统华盛顿的革命就是一例。

在汹涌而辉煌的时代潮流中，会存在着许多微妙而莫测的“漩涡”。置身于这些“漩涡”中的每一代人，都会形成多股力量，流向不同的方向，有的顺流，有的逆流，但都有一个共同的结局，那就是无一例外地尽了他们的本分，充当过渡人的角色，沟通过去与未来。在这个过程中，有的被历史洪流所冲刷淹没，而有的则被镀金瞻仰。一个人不管居庙堂之高，还是处江湖之远，其梦想、智慧、热血、壮怀和勇气终将被岁月的潮流卷走，不过他们留给这个社会的财富不会戛然而止。正如一首诗中所说：“对于人而言，生活就像山间的野草，就像野地的鲜花，曾经那样的繁茂。当微风吹过又吹

---

① 卢东奥，“外国哲学家怎样看中国?”，《铁血历史论坛》，2012 年 3 月 7 日。

② 马克思，“中国记事”（1862 年），《马克思恩格斯全集》（第 15 卷），人民出版社，2006 年 6 月版。

③ 同上。

远，大地知道一切都已改变。”[1] 究竟是大地改变了人，还是人改变了大地？实在是见仁见智的无解之题。

古今中外的历史上都有一些特殊的人物，比如中国春秋时期创立儒家思想体系的孔子，古代印度创立佛教的释加牟尼，希腊哲学家苏格拉底，还有基督教的创立者耶稣和伊斯兰教的创立者穆罕默德，等等，他们在思想文化领域的贡献是杰出的，对后世的影响也是广泛而深远的，他们有时候是“野草”，发挥着芬芳大地的作用；有时又是“鲜花”，承担着滋润人心的功能。有鉴于此，后世将他们尊称为“圣人”。在中国的典籍中，关于“圣人”的论述很多，兹举几例。

《黄帝内经·上古天真论篇第一》中说：

> 有圣人者，处天地之和，从八风之理，适嗜欲于世俗之间，无恚嗔之心，行不欲离于世，被服章，举不欲观于俗，外不劳形于事，内无思想之患，以恬愉为务，以自得为功，形体不敝，精神不散，亦可以百数。

这大概是对“圣人”最完备的描述。被称为圣人的人，能够安处于天地自然的正常环境之中，顺从八风[2]的活动规律，使自己的嗜欲同世俗社会相适应，没有恼怒怨恨之情，行为不离开世俗的一般准则，穿着装饰普通纹采的衣服，举动也没有炫耀于世俗的地方。在外，不使形体因为事物而劳累；在内，没有任何思想负担，以安静、愉快为目的，以悠然自得为满足，所以他的形体不易衰惫，精神不易耗散，寿命也可达到百岁左右。

《道德经》（第二章）中说：

> 圣人处无为之事，行不言之教。万物作而不辞，生而不有，为而不恃，成功不居。夫唯不居，是以不去。

---

① 罗晓、于一，《共识：中国在改革中前行》，东方出版社，2012 年 6 月版。

② 八风，一说为八方之风，在《吕氏春秋》、《淮南子》、《说文解字》、《左传·隐公五年》等文献中都有记载；另一说为八种季候风，《易纬通卦验》中记载：“八节之风谓之八风。立春条风至，春分明庶风至，立夏清明风至，夏至景风至，立秋凉风至，秋分阊阖风至，立冬不周风至，冬至广莫风至。”也指针灸穴位名，位于足背五趾畸缝间，左右共八穴。还有一种说法是佛教名词，《释氏要览·澡静》中认为，八风是外人对某人的八种态度，又叫“世八法”，指尘世间煽惑人心的八件事：利、衰、毁、誉、称、讥、苦、乐。

圣人是顺应自然的法则而去做事情，行不言之教，就如万物形成了而没有感知它们的开始（原因）是怎样来的。圣人做了事，有德行而不自恃，有功劳而不自居。因此，圣人的功德就永远存在。

《管子》（第五篇）中说：

> 圣人之所以为圣人者，善分民也。圣人不能分民，则犹百姓也。于己不足，安得名圣！是故，有事则用，无事则归之于民，唯圣人为善托业于民。民之生也，辟则愚，闭则类。上为一，下为二。

圣人之所以成为圣人，就是因为他善于分利于民。圣人不擅长分利于民，就同普通百姓一样了。自己总是贪而不足，怎么能算是圣人呢？所以，国家有事就取用于民，无事就藏富于民，只有圣人才善于把产业寄托于人民。人的本性，越是开导就越是通情达理，越是堵塞就越是悖逆不化。上面提供一个，下面就会回敬两个。

上述这些论述中，虽然各有侧重，但所表达的意思，正如南怀瑾所说："英雄征服天下，不能征服自己；圣人征服自己，不征服天下，也不征服任何一个人。"[①] 所谓"天下"，就是权力、土地和人民。在圣人眼里，这些东西都不是他们所需要的。圣人没有功名富贵，他们的贡献表现在文化领域。换句话说，英雄是拚拳头，碰到实际的利益时往往是"英雄难过美人关"；而圣人则是靠思想，大都秉持着"宠辱不惊，闲看庭前花开花落；去留无意，漫随天际云卷云舒"[②] 的人生态度，把功名利禄看作天上的浮云，稍纵即逝。按照这些定义，前文中所列举的这些人类思想文化领域中的杰出人物，堪称"圣人"。

在政治领域中，政治人物的作为又是重头戏。对政治人物的理解似乎比常人要更困难一些，有很多时候搞不清他们到底是"野草"还是"鲜花"，我们需要不断在其公共生活与私人空间中寻找平衡点，既要确定他们的历史地位，还要找到其个性和行为与时代的关系。在这个领域中，是否存在"圣

① 南怀瑾，《漫谈中国文化——金融·企业·国学》，东方出版社，2008 年 10 月第 1 版。

② （明）洪应明，《菜根谭·闲适》。

人”？如果有，那么谁堪称为“圣人”呢？

苏轼于公元1092年撰写了一篇歌颂唐代大文豪韩愈的《潮州韩文公庙碑》，开头几句话是“匹夫而为百世师，一言而为天下法，是皆有以参天地之化，关盛衰之运”。相传，苏轼“不得一起头，行起数十遭，忽得此两句”。正是由于这两句很费工夫才得来的话，使得这篇碑文成为中国历史上的名篇；也正是这两句话揭示出一个普遍性的真理，那就是杰出人物的贡献具有深远的和长久的影响。韩愈一生最大的成就是提倡古文运动，这个运动上承先秦两汉的古文启蒙，下启北南两宋的古文革新，是一项实实在在的功在当代、利归千秋的“改革”运动。由于他所起的作用可以“参天地之化，关盛衰之运”，因此他的行为堪为“百世师”，他的言论堪作“天下法”。在政治改革领域，能够承受得起这两句话赞誉的人物也有不少，美国的开国总统乔治·华盛顿应该是其中的佼佼者。

1783年12月23日，美国大陆会议在安纳波利斯举行了一个隆重而朴素的仪式，美国独立战争之父、大陆军总司令乔治·华盛顿将军交出委任状，并辞去他所担任的所有公职。在仪式上，华盛顿发表了十分简约的讲话，一如他平时的朴实谦逊：“现在，我已经完成了赋予我的使命，我将退出这个伟大的舞台，并且向庄严的国会告别。在它的命令之下，我奋战已久。我谨在此交出委任并辞去我所有的公职。”议长在答谢辞中说：“你在这块新的土地上捍卫了自由的理念，为受伤害和被压迫的人们树立了典范。你将带着同胞们的祝福退出这个伟大的舞台。但是，你的道德力量并没有随着你的军职一齐消失，它将激励子孙后代。”

整个仪式十分简短，前后只有几分钟，但正是这个几分钟的仪式，却成就了华盛顿这位争取美国独立的革命运动领袖的不朽，同时也在人类的政治史上树立了一个楷模，开创了一项伟业。有一篇文章说[①]：

> 这是人类历史上第一次不依靠外在压力，仅仅依靠内心的道德力量就自觉放弃了在为公众服务的过程中聚集起来的权力。在它以前，人类历史上曾经出现过形形色色的逊位、下野、惧怕各种祸乱

① 流传于网络的一篇署名为“狄马”的文章：《伟大的几分钟——美国“国父”华盛顿交权纪实》。

而“功成身退”的范例，在它以后，人类历史上还将出现无数以杀戮、屠城为代价而权倾四海的英雄豪杰，但有了这几分钟，那些大大小小争权夺利、不惜弑父杀子的英雄故事黯淡了；那些装神弄鬼、沐猴而冠，一朝手握权柄就以百姓为刍狗，运用人民交付的权柄就像运用自家厨房里的一根柴火棍的所谓“领袖”、“导师”黯淡了；那些大大小小的土洋奴隶主以各种美妙的名义取得“天下”，而后千方百计延宕、推诿，甚至在垂暮之年还死死抓住权力之柄就像抓住救命稻草的“救星”、“伟人”黯淡了。

文章在分析了这个仪式上的“落座”、“鞠躬”和“还礼”这三个动作所蕴含的“文化”意义之后，接着写道：

第二天上午，华盛顿就离开了安纳波利斯，回到了弗农山庄，在自己的葡萄架和无花果树下过起了一种心满意足的乡绅生活。

从那以后人类历史上又举行过多少英才霸主的加冕仪式？恐怕谁也说不清。但我相信用不了多少年，所有这些仪式，包括大大小小的宣誓、效忠、集会、游行、磕头礼拜、言不由衷地举拳头、呼万岁，都将湮没无闻，惟有这个仪式会永垂不朽。它将会和苏格拉底的慨然饮鸩，布鲁诺的身被火刑，巴黎人攻下巴士底狱一样，被人们长久记诵。

这就是这几分钟的意义，也是华盛顿对世界的意义。

中国人经常说“解甲归田”，但真正主动做到这一点的领袖人物，真是寥若晨星，屈指可数。华盛顿于美国独立战争胜利后，在没有任何压力之下主动交出兵权，并没有“诚恐己离兵为人所祸”的忧虑，也不怕“慕虚名而处实祸”，更没有为“设使国家无有孤，不知当几人称帝，几人称王”[①] 而操心，而是彻彻底底的解甲归田，回到弗吉尼亚的弗农山庄[②]，继续经营自

---

① （三国）曹操，“让县自明本志令”，《三国志·武帝纪》。

② 弗农山庄（Mount Vernon）是华盛顿的故居，位于弗吉尼亚州北部的费尔法克斯县。华盛顿从22岁直到1799年逝世，都居住在弗农山庄，其间共长达45年。他将宅邸扩大了三倍，重新设计了庭院与附属建筑物，以及扩充耕地为一个拥有8000英亩（约3200公顷）的农场。今日弗农山庄从外观看起来与华盛顿生命的最后一年（1799年）几乎没有多大变化。弗农山庄现在已成为美国总统在感恩节放生火鸡的地方。

己的种植园，在葡萄树和无花果树的绿荫下享受宁静的田园生活，塑造了一个军人不干政和居功不自傲的楷模。华盛顿此举的意义，在于开创了一个由平民选出的官员、而不是由军人来组织政府的先例，避免了军国主义政权的出现。华盛顿坚信唯有人民拥有对国家的主权，没有人可以在美国凭借军事力量、或只因为他出生贵族而拥有政权。

事实上，这次辞去大陆军总司令，只是华盛顿的第一次隐退。1787 年，华盛顿再度出山，主持制宪会议，制定了世界上第一部《宪法》。1789 年 4 月，华盛顿当选为美国第一任总统，1793 年再选连任。1797 年两届任满后，华盛顿拒绝再参加竞选，第二次隐退回到弗农山庄，虽然离首都华盛顿市不远，却很少去访问，更不干预政事。此举开创了美国历史上摒弃终身总统制及和平转移权力的范例。

作为手握一定权力的领袖人物，他的每一项决定，都直接或间接地影响着其所领导范围内人们的生活；而他在品质和性格上的优缺点和特征往往会影响到整个团体，特别是会对整个团体带来不利或有害的影响。时势造英雄，英雄们不能随心所欲地创造历史，而只是时代的产物，但并不是每个人都能及时聆听到时代的呼声，只有那些具有特殊禀赋和才干的政治家，才能顺应历史潮流，开拓划时代的政治伟业。“金玉满堂，莫之能守。富贵而骄，自遗其咎。功遂身退，天之道。”① 华盛顿作为政治家的两次隐退，是对中国古代另一位“圣人”老子的这种观念做了极好的诠释，无疑是一种顺应历史潮流的行为，同时也成就了一项划时代的政治伟业。华盛顿如果没有“圣人”的情怀，是无论如何也做不到的。

中国古人对“圣人”的判别标准是“三立”，也叫“三不朽”②。“立德”，即树立高尚的道德；“立功”，即为国为民建立功绩；“立言”，即提出具有真知灼见的言论。追求“三不朽”是中国古代士人的梦想与理想状态，

---

① 《道德经》(第九章)。

② 《左传·襄公二十四年》记载：春秋时，晋国的大夫范宣子与来访的鲁国大夫叔孙豹讨论不朽的问题。范宣子说，他的家族从尧舜时期就已经受封为贵族，历经夏商周，一直到春秋时期，世代受封，延续千年以上，长盛不衰，这是不是可以说是不朽了？叔孙豹回答，这不能算不朽，只能说是世禄，“太上有立德，其次有立功，其次有立言。虽久不废，此之谓不朽。”

当然能达到者凤毛麟角。加上评判标准不同，意识形态变迁，自然众口难调，毁誉纷纭，难以统一。[1] 从这“三不朽”的内容来看，作为美利坚合众国的奠基人，华盛顿基本上做到了。

首先，他是美国独立战争中的军事统帅。诚然，他决非是一位军事天才，不能与亚历山大和凯撒一类的杰出军事家相提并论，但正如法国哲学家伏尔泰所说的那样：“造就政治家的，决不是超凡出众的洞察力，而是他们的性格。”爱因斯坦也曾经说过：“智力上的成就，在很大程度上依赖于性格上的伟大，这点往往超出人们通常的认识。”正是华盛顿所具有的坚忍不拔的性格，才使他能够在极其艰难困苦的条件下，把一支组织松散、训练不足、装备落后、给养匮乏，主要由地方民军组成的队伍整编和锻炼成为一支能与英军正面抗衡的正规军，经过长达八年的战斗，终于击败英军，取得了北美独立战争的胜利。1783 年《巴黎和约》签订，英国被迫承认美国独立。华盛顿于同年 12 月 23 日递交辞呈，解甲归田。此谓“立功”。

其次，他是美国制宪会议主席。美国《宪法》的基本精神来源于《独立宣言》，其中关于政府组织的一段话是精髓中的精髓、要义中的要义：

> 我们认为下面这些真理是不言而喻的：造物者创造了平等的个人，并赋予他们若干不可剥夺的权利，其中包括生命权、自由权和追求幸福的权利。为了保障这些权利，人们才在他们之间建立政府，而政府之正当权力，则来自被统治者的同意。任何形式的政府，只要破坏上述目的，人民就有权利改变或废除它，并建立新政府；新政府赖以奠基的原则，得以组织权力的方式，都要最大可能地增进民众的安全和幸福。

---

① 民间有一种说法，中国历史上达到这一标准的只有两个半人：孔子、王阳明、曾国藩（半个）。孔子自不必说，迄今没有多少人怀疑他的“圣人”资格与名号。王阳明是明朝时期的“心学大师”，对于人生存在意义所作的哲学反思，具有反叛性、挑战性。他的功劳在于使得人的主体意识得到空前提高。人称王阳明是“治学之名儒，治世之能臣”，他的故居前檐柱的楹联为“立德立功立言真三不朽；明理明知明教乃万人师”，内檐柱的楹联为“曾将大学垂名教；尚有高楼揭瑞云”，横额为“真三不朽”。人们对曾国藩的评价不一，有人认为他也算一个。有人曾经给他写过一副挽联：“立德立功立言三不朽，为师为将为相一完人。”

可以说，美国的《宪法》就是对这些精神的具体化。“桃李不言，下自成蹊”[①]。华盛顿并没有参与具体宪法内容的讨论，但他显然是这些精神的拥护者，他的威望维持了会议的秩序，并让代表们能专注于讨论。正是由于他的威望和影响力，使得许多人相信这个会议的成果，因而推动各州批准这部《宪法》。此为“立言”。

再次，他是美国第一任总统。翻开南美和非洲各国的历史，我们可以看到，即使是一个以民主宪政为伊始的新国家，堕落成为军事专制国家也是易如反掌。美国有一位华盛顿这样德才兼备的人作为第一任总统是幸运的。两届总统任期届满后，美国人民挽留华盛顿继续竞选连任，华盛顿拒绝了：“我走在尚未踏实的土地上，我的所作所为将可能成为以后历届总统的先例。”[②] 他向美国人民解释，“你们再继续选我做总统，美国就没有真正的民主制度了。”1796 年 9 月 17 日，他发表告别演说，谢绝将自己列为下一任总统候选人，从而开创了美国历史上主动放弃总统职位、和平转移权力的范例。这一年的 2 月 9 日，大清帝国的乾隆皇帝传位给他的儿子嘉庆，整整做了 61 年皇帝；即使在当“太上皇”时期，仍然居住在养心殿掌控朝政，并且在圆明园召见属国使臣时说：“朕虽然归政于太子，大事还是我办。”[③] 这句话说得多么“传神”啊，足以流传到千秋万代！1799 年，美国即将举行总统竞选，联邦党人因为党内分歧和声望日下，希望华盛顿出来竞选，但是华盛顿拒绝了：“一旦我这样做将是可耻的，因为尽管这是我国同胞的愿望，而且在大家的信任下我可能当选并任职，但另一个比我更有才能的人却会因此去职……如果我参加竞选，我就会成为恶毒攻击和无耻诽谤的靶子，不但会被加上摇摆不定的罪名，而且还会被诬为怀有野心，一遇时机便爆发出

---

① 《史记·李将军列传》：“太史公曰：《传》曰‘其身正，不令而行；其身不正，虽令不从’。其李将军之谓也？余睹李将军悛悛如鄙人，口不能道辞。及死之日，天下知与不知，皆为尽哀。彼其忠实心诚信于士大夫也？谚曰：‘桃李不言，下自成蹊。’此言虽小，可以谕大也。”

② 王龙，“权力欲映射下的国运：乾隆禅位和华盛顿卸任”，《百家讲坛》（红版），2011 年第 2 期。

③ 孟森，《明清史讲义》（下册），北京，中华书局，1981 年版，第 562 页。

来。总之，我将被指责为昏聩无知的老糊涂。”① 华盛顿是一位坚定的领袖，他保持了国家的统一，但是却无永远把持政权的野心，既不想做国王，更不想当独裁者。此为“立德”。

可以毫不夸张地说，从华盛顿揭竿而起反抗英国殖民统治的那一天起，他的一生就是整个国家的缩影。从1775年任大陆军总司令，到1783年颁布命令宣告“美利坚合众国与大不列颠王国休战”，华盛顿为自由和独立战斗了整整八年。“美利坚合众国”这一命名的提出者、美国思想家托马斯·潘恩热情洋溢地说：“太阳从来没有这样照耀过一个更足称道的事业。”② 华盛顿是这个事业最伟大的战士。独立造就了一代伟人，给了华盛顿无人可与之匹敌的威望和声誉，他是美国民众心目中独一无二的偶像。然而，他不仅没有对绝对权力贪得无厌的野心，就是担任任何公职也非他当时所愿。华盛顿使世界第一次看到了，原来人类可以超越“打江山——坐江山”的逻辑，他是为独立和自由而战，而不是为权力和交椅而战。这是美国独立战争对世界史无前例的贡献。华盛顿无论身前身后，都获得了极大的声誉。他昔日的战友、国会议员亨利·李对他的称赞相当著名：“他是一个公民，他是战争中的第一人，也是和平时代的第一人，也是他的同胞们心目中的第一人。”③ 华盛顿始终被学者和公众排名为最伟大的美国总统之一④。曾经被《纽约时报》称为“东方伽利略”的晚清名臣、学者徐继畬，在其所著《瀛环志略》一书中，对华盛顿给予了极高的评价：

> 华盛顿，异人也。起事勇于胜广，割据雄于曹刘，既已提三尺剑，开疆万里，乃不僭号位，不传子孙，而创为推举之法，几于天

---

① 同上。

② 朱学勤，“两个世界的英雄——托马斯·潘恩”，《河南大学学报》，1987年第1期。

③ （美）华盛顿·欧文，《华盛顿传：自由在高处》，高莉莉译，安徽人民出版社，2012年6月版。

④ 2005年，著名的因特网服务提供商“美国在线”举办了一项“最伟大的美国人”的票选活动，华盛顿被选为美国最伟大的人物第4位。2006年，美国权威期刊《大西洋月刊》评选“影响美国的100位人物”，华盛顿名列第2位。在美国学者麦克·哈特所著的《影响人类历史进程的100名人排行榜》中，华盛顿名列第27位（新版第26位），是该榜排位最靠前的美国人。

下为公，骎骎乎三代之遗意。其治国崇让善俗，不尚武功，亦迥与诸国异。余尝见其画像，气貌雄毅绝伦。呜呼，可不谓人杰矣哉！米（美）利坚合众国之为国，幅员万里，不设王侯之号，不循世袭之规，公器付之公论，创古今未有之局，一何奇也！泰西古今人物，能不以华盛顿为称首哉！

徐继畬作为一个中国人，对华盛顿的认识高度，后人至今难以超越。这段评价的核心有三点：不追求权力，不滥用权力，不维护权力。徐继畬生活在晚清的政治生态环境中，对当时官场中人“追求权力、滥用权力、维护权力”的弊端有着深切的体会和认识，而当他了解了华盛顿的事迹后，认为是“创古今未有之局”，顿觉一股清风扑面而来，于是由衷地发出了“泰西古今人物，能不以华盛顿为称首”的赞叹声！

所谓权力，说得简单一点，就是干涉别人、影响别人行为的力量。按照这个定义，权力就具有强制性、自我性、主体利益性和专有排他性的属性。关于权力的危害性，西方一些名人做过比较深刻的论述。19 世纪英国历史学家、曾当过下议院议员的政治家阿克顿勋爵，说过一句传世名言：“权力导致腐败，绝对权力绝对腐败。”① 美国前国务卿基辛格也曾感慨：“权力乃是终极春药。”② 法国思想家孟德斯鸠曾经断言：“一切有权力的人都容易滥用权力，这是一条万古不变的经验。有权力的人使用权力一直到遇有界限的地方才休止。”③ 这也正是他提出“三权分立”理论的根据，主张立法权、行政权、司法权分属三个不同的独立机关，好让三者互相制约，取得权力的均衡。这对于 1787 年由华盛顿担任制宪会议主席而制订的《美国联邦宪法》有着明显而深刻的影响。

---

① （英）阿克顿，《自由与权力》。阿克顿的这句话，原本并不是针对政客，而是针对教会。1870 年，在梵蒂冈的一次会议中，当时的教皇庇护九世（Puis IX）将“教皇无误论（Papal Infallibility）”定为天主教正式教义，惹来极大争议。1887 年，阿克顿勋爵与柯莱敦主教（Bishop Mandell Creighton）通信时，力陈教皇无误论的祸害：“Power tends to corrupt, and absolute power corrupts absolutely. Great men are almost always bad men.”原文其实比大家想象的更激烈，甚至有“伟人几乎总是坏人”这种极端说法。

② 这句话见于 1973 年 10 月 28 日的《纽约时报》，当时正是基辛格的“老板”尼克松因“水门事件”而陷入泥沼的时候。

③ （法）孟德斯鸠，《论法的精神》，张雁深译，商务印书馆，1961 年 11 月版。

华盛顿的“圣明”之处，主要表现在他对于权力的认识，以及基于这种认识的一种有意识的行为，就是在自己的影响力所及的范围内，想方设法把政治人物的权力关进“笼子”里，具体的表现就是领导制定《美国联邦宪法》。这部宪法详细规定了人民应当享有的权利，严格限制了统治者可以行使的权力。所有统治者在有限的任期内必须接受公众、舆论、司法的严密监督，重要决策必须得到议会批准，所有行为都要接受议会调查，所有财政预算必须经过议会严格审核批准才能生效……人类终于把统治者关进了笼子！所谓把统治者关进笼子，就是让人民掌握监督权，统治者只能享受有限的隐私，没有暗箱操作的机会，从而大大减少腐败发生的可能。正是基于这样的认识，有人就认为，人类最值得珍视的成就是把统治者关进笼子里。① 假如不能把权力关进笼子里，那么就是不断地把官员送进笼子里！前者是必然性，后者是概率性。② 原因是，只要权力没有关进笼子里，基于“圣人”们做出的“饮食男女，人之大欲存焉”③、“食、色，性也”④ 以及“富与贵，是人之所欲也……贫与贱，是人之所恶也”⑤ 的判断，官员们需要饮食（其背后是金钱）也需要男女（其表面是色，背后也是金钱）的必然性，会诱惑他们进行权钱交易或权色交易，这样一来，被送进笼子的概率性就大大提高了。这样就不会形成有效的“不敢腐的惩戒机制、不能腐的防范机制和不易腐的保障机制”⑥。因此，要么想办法永恒地把权力关进笼子，要么就是不断地把官员送进笼子。事实上，这样的“笼子”也是现实存在的，而且在人

---

① 网上一度流传，美国前总统小布什说过一段话：“人类千百年的历史，最珍贵的不是令人炫目的科技，不是浩瀚的大师们的经典著作，不是政客们天花乱坠的演讲，而是实现了对统治者的驯服，实现了把他们关进笼子里的梦想。因为只有驯服了他们，把他们关起来，才不会害人。我现在就是站在笼子里向你们讲话。”凯迪网友 Ashley2000 经过考证找到了出处，这段话源于天涯网友林楚方于 2002 年所写的《布什总统在美国国庆日在中国网友会上的演说（代拟）》。当然从另一个侧面，这也说明了“布什”的这句名言有着非常广的影响力，对于美国政治体制的理解，也被很多中国人所认同。尽管这句话不是小布什说的，但无论如何，它说出了一部分的道理，也寄托着很多人的良好愿望与梦想。

② 据媒体报道，这句话是《南方日报》的主任记者项仙君说的。

③ 《礼记·礼运》。

④ 《孟子·告子上》。

⑤ 《论语·里仁》。

⑥ 习近平于 2013 年 1 月 22 日在中共十八届中纪委第二次全会上的讲话。

类的政治领域已经和正在得以实行着，效果也是明显的。

恩格斯说："人来源于动物界这一事实已决定了人永远摆脱不了兽性。所以问题永远只在于摆脱得多些或少些，在于人性和兽性程度之间的差异。"① 这种动物的"兽性"表现在权力拥有者身上，则如亚里士多德所说："把权力赋予人等于引狼入室，因为欲望具有兽性，纵然最优秀者，一旦大权在握，总倾向于被欲望的激情所腐蚀。因此，法律是排除了激情的理性，因而它比个人更可取。"② 对于一个权力人物而言，他在没得到权力之时，是非常希望得到民主权利的；但他一旦掌握了极权，便热衷于巩固权力、享用权力，极力剥夺别人的权利。权力的天然特性就是自我扩张，这是权力的性质本身决定的。只要这个权力没有得到民主法治的有效监督，权力最后的走向都是一样的。权力扩张，必然会导致腐败最大化。权力滋生腐败，绝对权力绝对腐败的权力定律是人类的铁律，没有什么特色的国家与民族可以例外，更没有什么特殊材料打造的组织和人可以例外。先前的"圣人"，如果掌握了绝对的权力之后，会不会还是"圣人"？没有找到这样的例子。华盛顿是政治领域的"圣人"的主要标志性动作，是他主动将权力"关进笼子里"，而且在这个"笼子"扎得还不够严密时，自己主动放弃了权力。

政治制度的发展轨迹是由神权到君权，再由君权到民权③。华盛顿领导美国人民取得了民族独立，又开创了民主政治的先河，真正实践了"主权在民"的民权思想。法国 17 世纪的古典哲学家罗什夫科说："伟大的灵魂与普通的灵魂相比，不在于他情欲小，道德多，而在于他有伟大的抱负。"④ 华盛顿的行为，表明他才是一位真正具有伟大抱负和伟大灵魂的伟大政治家。这样的伟人能找出第二个吗？民主制度是英国首先提出来的，但英国的民主制度始终不彻底，直到现在仍然是君主立宪制，还有一个世袭的"王室"存在着。许多民主制度的原理，法国人提得最好，但在法国却行不通，发生在美国独立战争之后的 1789 年的法国大革命所产生的进步意义，并没有超越

---

① 恩格斯，《反杜林论》。

② （希腊）亚里士多德，《政治学》，商务印书馆，1981 年。

③ 赵诚，"周有光：百岁学者纵谈天下事——周有光先生访谈录"，《山西社会科学论坛》，2006 年 1 月。

④ （法）拉·罗什夫科，《箴言录》，文爱艺译，中国城市出版社，2009 年 6 月版。

华盛顿所领导的革命所产生的意义。难道法国人那时的知识不如华盛顿？非也，一人而已。因此，人类历史上是有“圣人”的，只是不能把“圣人”无限制地“神化”和“圣化”，否则就是“妖魔化”①。

电影《昂山素姬》里有这样一个片段：1995年，昂山素姬刚刚获得一段短暂的自由，丈夫阿里斯和孩子们到缅甸来探望她。在阳台上，阿里斯对昂山素姬讲，你现在是多么的出名，有多少人崇拜你。昂山素姬说，我不喜欢被人崇拜，我有很多弱点，但我会不断努力。接着她讲了一句很精辟的话：“圣人，就是不断努力的罪人。”南非前总统曼德拉也说过类似的话，而且说得更加清晰和谦卑：“在牢中，我担心的是自己不知不觉被外界塑造成了圣人的错误形象。我从来不是圣人，即使是基于世俗对圣人的定义，我也只能算得上是一个不断尝试的罪人而已。”② 可见，“圣人”是由苦难炼成的，“圣人”们自己并不认为自己是“圣人”，也不喜欢被别人尊为“圣人”。与这些“圣人”一样，华盛顿本人对自己有着清醒的认识，他在被推举为制宪会议主席时表示，他从未担任过会议主席，出任这个主席是极大的荣耀，如果他犯了什么错误，就请与会代表原谅。他说：“为了制定这份文件，我会站在一旁，而让你们这些博学的先生们完成这项工作。”实际上，华盛顿的伟业和人格已经超越了民族与国界，而成为全世界政治改革运动的先驱和楷模。苏轼赞誉韩愈的话“匹夫而为百世师，一言而为天下法，是皆有以参天地之化，关盛衰之运”，加诸华盛顿的身上，是再合适不过了。如果把华盛顿称作政治领域的“圣人”，人们恐怕也提不出多少反对的理由。从这个角度来看，华盛顿堪称人类政治领域内的“第一人”！

诸葛亮在本篇的结尾，引用了《孝经》上的话③，说明服装、言语、德行等方面都要合乎封建的“礼”与“法”，也就是要合乎规定，这是他那个时代的政治信条。一方面，从“以法治国”的角度来看，任何一个国家、任

① 赵诚，“周有光：百岁学者纵谈天下事——周有光先生访谈录”，《山西社会科学论坛》，2006年1月。

② 纳尔逊·曼德拉，《与自己对话》，王旭译，中信出版社，2011年1月版。

③ 《孝经·卿大夫章第四》：“非先王之法服不敢服，非先王之法言不敢言，非先王之德行不敢行。是故非法不言，非道不行；口无择言，身无择行；言满天下无口过，行满天下无怨恶：三者备矣，然后能守其宗庙。盖卿大夫之孝也。”

何一个组织、任何一个单位，都应有其“经常之法”和“规矩之要”，也即基本的规章制度和组织领导体系，这是必不可少的，也是有积极意义的；从维护社会安定来说，制定和运用“礼”和“法”，保障国家正常秩序，教育人民群众守“礼”遵“法”，同样也是重要的。另一方面，所谓的“经常之法、规矩之要”，必须要顺应人民的呼声，符合时代的潮流，绝不能成为墨守成规、拒绝改革的理由，更不能将中国历史上有着普遍传统的专制主义合法化。专制体制下当然也有被称为法律的东西，但它们与其说是法律，还不如说是行政命令。专制国家的法律就是统治者的命令，反过来说，在专制体制下，统治者的各项命令即所谓的“圣旨”就是法律，这种法律对专制统治者自身是不起作用的，这就是所谓的“刑不上大夫”① 的引申义。

中国的改革开放是前无古人的创造，最终会形成什么模式，现在很难下定论。正如美国科学史家、科学哲学家托马斯·库恩所说的“你是无法用旧模式中的词汇来理解一个新模式的”②。梅德韦杰夫在参选 2012 年俄罗斯总统的纲领中指出：“过去，俄国需要自由，如今，俄国仍然需要自由……我们时代的挑战是对价值体系的彻底改革，打造新的认知。我们不能在旧思维上建立新国家……一个国家，最好的投资是自由和法制，以及对于人类尊严的敬意。”③ 他于 2010 年 5 月初接受《消息报》的采访时说：“坦率地说，苏联政权……只能被称为极权政权，在这个政权统治下，基本的权利和自由受到压制。”正因如此，他非常强调要搞“人的现代化”，过去那种不顾人民死活的现代化、“给国家争面子的现代化”、“领导人对军事威力的崇拜的现代化”以及为了“炫耀帝国光荣的现代化”，所有要让民众成为所谓的“国家成功”的受害者的发展模式，都被实践证明是背离了人类文明的。④ 温家

---

① 《礼记·曲礼》：“礼不下庶人，刑不上大夫。”东汉郑玄注云：“刑不上大夫，不与贤者犯法，其犯法，则在八议轻重，不在刑书。”现在对“礼不下庶人，刑不上大夫”这句话有另外的理解，就是“礼”不要忘记庶民，“刑”不要放过大夫。考察周公的全部政治理念，这个解释是有道理的。

② 宋鲁郑，“环球瞭望：中国不能搞西式民主是历史的结论”，《人民网》，2010 年 1 月 26 日。

③ 郝金刚，“苏联解体 20 年——面包要有，尊严更不能丢”，《百度空间》，2011 年 9 月 5 日。

④ 金雁，“苏联解体 20 年祭”，《经济观察报》，2011 年 4 月 30 日。

宝于2012年6月27日在英国皇家学会作题为《未来中国的走向》的演讲中，对未来中国的愿景作了描述[①]：

> 未来的中国，将是一个经济发达、人民富裕的国家。……未来的中国，将是一个充分实现民主法治、公平正义的国家。在人类历史上，在反对封建专制斗争中形成的民主、法治、自由、平等、人权等观念，是人类精神的一次大解放。只是不同社会、不同国家，实现的途径和形式有所不同。人民民主是社会主义的生命，没有民主就没有社会主义。真正的民主离不开自由。真正的自由离不开经济权利和政治权利的保障。……未来的中国，将是一个更加开放包容、文明和谐的国家。一个国家、一个民族，只有开放包容，才能发展进步。唯有开放，先进和有用的东西才能进得来；唯有包容，吸收借鉴优秀的文化，才能使自己充实和强大起来。……未来的中国，将是一个坚持和平发展、勇于担当的国家。

温家宝的这段话，是对他以前所说的“让人民生活得更加幸福、更有尊严”[②]的具体化。著名的特蕾莎修女说过：“穷人饿了，不只是希望一块面包，他更希望有人爱他；穷人赤身裸体，不仅希望有人给他一块布，更希望有人能给他应有的尊严。”[③]伟大的修女，神圣的格言！只有让每个社会公民都很有尊严地活着，这样的社会才是文明、和谐的。中国显然正在开创出一条人类社会发展的新道路，其中最重要的事情，就是要彻底摒弃“君权神授”的专制糟粕，贯彻“权为民赋”、“主权在民”的理念，把权力关进笼子里，使权力在制度的框架中运作，在阳光的平台上亮相，使任何权力拥有者都必须为人民服务、对人民负责并接受人民监督，确保任何权力拥有者都要做到位高不敢擅权、权重不能谋私，使人民过上更有尊严的生活。

---

① “温家宝演讲阐述中国未来”，《中华论坛》，2011年6月29日。

② 温家宝，“在2010年春节团拜会上的讲话”，2010年2月12日。

③ 特蕾莎修女在出殡的时候，印度总理跪在地上，印度阁员跪在地上；她的遗体被抬到印度大街上的时候，两边高楼上的印度人都统统下来跪在地上，没有人敢站得比她高；她的墓碑上写着“伟大的印度圣母特蕾莎”。

君臣第二

君臣格局：封建皇权专制独裁的核心
知遇之恩：臣子鞠躬尽瘁的报恩心态
保障民主：上下合作共事的制度基础

【原文】

君臣之政，其犹天地之象。天地之象明，则君臣之道具矣。君以施下为仁，臣以事上为义。二心不可以事君，疑政不可以授臣。上下好礼，则民易使；上下和顺，则君臣之道具矣。君以礼使臣，臣以忠事君。君谋其政，臣谋其事。政者，正名也；事者，劝功也。君劝其政，臣劝其事，则功名之道俱立矣。是故君南面向阳，著其声响；臣北面向阴，见其形景。声响者，教令也；形景者，功效也。教令得中则功立，功立则万物蒙其福。是以三纲六纪有上中下，上者为君臣，中者为父子，下者为夫妇，各修其道，福祚至矣。君臣上下，以礼为本；父子上下，以恩为亲；夫妇上下，以和为安。上不可以不正，下不可以不端。上枉下曲，上乱下逆。故君惟其政，臣惟其事，是以明君之政修，则忠臣之事举。学者思明师，仕者思明君。故设官职之全，序爵禄之位，陈璇玑之政，建台辅之佐，私不乱公，邪不干正，此治国之道具矣。

【译文】

君主与臣子之间的关系，就如同天地之间的自然现象。天地之间的关系明确了，君臣相处的原则也就确定了。君主对臣子施行恩惠，就是仁；臣子对君主尽心侍奉，就是义。臣子怀有二心，就不能侍奉君主；君主满腹狐疑，就不能授权臣子。君臣好礼知义，则黎民百姓就容易差遣了；上下和睦融洽，则君臣相处的原则就能够确定了。君主以礼义对待臣子，臣子以忠心侍奉君主。君主思考和谋划大政方针，臣子处理和解决具体事务。所谓大政方针，就是确立原则和标准；所谓具体事务，就是解决矛盾和问题。君主致力于大政方针的确定，臣子专心于具体事务的落实，那么求取功业和树立名声的方法和原则也就确立了。君主面南而坐，发布政令时声音宏亮；臣子向北而立，接受指示时身形端正。宏亮的声音，发布出教化和政令；端正的身形，显示着功业和绩效。君主发布的教化和政令适中，臣子们就能建功立业，进而福泽被及世间的万事万物。因此，三纲（君为臣纲，父为子纲，夫为妻纲）六纪（诸父有善，诸舅有义，族人有序，昆弟有亲，师长有尊，朋友有旧）将人伦关系区分为上、中、下三个层次，上为君臣，中为父子，下为夫妇，如果各个层次都能恪守本分，那么福分也就不期而至了。君臣本分来源于礼义，父子亲情来源于恩惠，夫妇安详来源于和睦。居上位者的行为不能不正派，居下位者的行为不能不端庄；否则，就会出现“上梁不正下梁歪、上面紊乱下抵触”的局面。只有君主致力于大政方针、臣子专心于具体事务，才能使贤君修明政治、忠臣建立功勋。醉心于学问的人，希望选择一位杰出的老师；奔波于仕途的人，渴求遇到一位贤明的君主。因此，制定授职任官的完整体系，明确按爵取酬的正常秩序，设置观测天象的专门机构，建立左辅右弼的臣宰之位，从而使得君臣上下都不因私心而扰乱公事、不以邪恶而压制正义，这样，治理国家的原则和标准也就确立了。

【解读】

诸葛亮在本篇中，将君臣关系比喻为天地关系，从三个层次论述了这种关系：首先，论述了君臣关系的基本规范，就是“君以施下为仁，臣以事上为义。二心不可以事君，疑政不可以授臣。”君主应该充分信任臣子，放手让其理政，以礼待臣；臣子应该忠于君主，恪守信义，一心一意辅佐君主，而不可有二心。其次，论述了君臣各自的基本职责，就是“君谋其政，臣谋其事”。君主主管政策大计，发布决策政令，臣子贯彻君主的政令指示，让其落到实处，收到实效。第三，论述了君臣各自的行为准则，就是“上不可以不正，下不可以不端。上枉下曲，上乱下逆”。要求君主以身作则，为臣民做出好榜样。封建社会国家政治的核心问题，就是君臣关系和官民关系（君民关系）。理论上的君臣关系很好理解，现实生活中的君臣关系很难处理。君臣关系表面上是一个上下级关系，实质上是一种人身依附关系，要处理好这种关系，制度安排是核心，社会环境是基础，个人修养是关键。

君臣格局：封建皇权专制独裁的核心

封建社会的君臣格局，是君权神授、家天下和世袭制的体现，这是决定君臣关系的核心要素，其它都是枝节问题。中国一些典籍中有许多关于君臣关系的论述，《论语》就记载了一个故事[①]。鲁定公问孔子："君使臣，臣事君，如之何？"君主怎样对待臣下，臣子怎样事奉君主呢？孔子回答说："君使臣以礼，臣事君以忠。"君主应该以礼对待臣子，臣子应该以忠事奉君主。孔子的回答，从字面上来看，天衣无缝、滴水不漏，这样来处理君臣的定位与行事原则，似乎表明君臣观念是开放的，君臣关系是平等的。但实际上，君臣地位有天壤之别，君属于强势，臣属于弱势，君臣关系由强势的君主来主导，君主讲"礼"时，臣子应尽"忠"；如果君主不讲"礼"，那么臣子该怎么办？因此，君臣关系是一种制度上不平等的关系。

既然有了君臣格局，那就会派生出许多种类的君臣关系和为君、为臣的不同表现。君主以什么态度和方式与臣下相处，可以决定这个君主会成就什么样的事业。战国时燕昭王的谋士郭隗提出四类君臣关系："帝者与师处，王者与友处，霸者与臣处，亡国与役处。"[②] 如果想要统一天下，那么对待人才就会如同对待老师一样；如果想要称王一域，那么对待人才就会如同对待朋友一样；如果想要称霸一方，那么对待人才就会如同对待大臣一样；如果想要亡国丧家，那么对待人才就会如同对待仆役一样。

"帝者与师处"，君臣是师生关系，它是古代社会最理想的君臣格局。在这种格局下，臣子的作用有时比君主还要重要。这种"老师"有两种表现形

① 《论语·八佾》。

② 《战国策·燕策一》。

式。一种是“军师”，就是为君主出谋划策的人。作为军师，表面上的权力很大，但也最多只能说是影响力大，最后的决策权仍然在君主手里。即使“军师”有时可以行使决策权和指挥权，也必须有君主授予的“尚方宝剑”才行。另一种是“帝师”，是一般意义上的君王未亲政时的老师，向君主传授履行君主的职责所必备的知识、技能和个人修养。“军师”的典型代表如春秋时辅佐周文王的“太师”姜子牙，“帝师”的典型代表如明朝的张居正。诸葛亮本人则是两种身份都担任过，他是刘备的“军师”，后来也算是刘禅的“帝师”。不论哪种类型的君臣关系，都不是平等的关系，很多人的结局甚至走向了反面。

“王者与友处”，君臣是朋友关系，它虽然是一种比较理想的关系，但既不纯粹，也不能长久。君主在没有成为君主之前，或许与其他人真是一种朋友关系，但一旦继位，这种关系就不能维系了，要么是自己不认朋友了，如清朝雍正继位后对待昔日的朋友隆科多和年羹尧；要么是朋友不想“巴结”君主了，如汉光武帝刘秀继位后，他小时候的同学严光就不买他的账，宁肯在富春山下垂钓，也不愿意当刘秀的谏议大夫。严光深知这种君臣关系的实质，臣子对于君主来说，只是一种被利用的关系，一旦没有用处了，那就是一个牺牲品。春秋时越国的大臣范蠡和西汉开国功臣韩信都说过“飞鸟尽、良弓藏；狡兔死、走狗烹；敌国破、谋臣亡”[①]，范蠡是个明白人，把这一点看透了，韩信是在自己受到“迫害”后悟出来的，总之是“英雄所见略同”吧。

“霸者与臣处”，君臣是典型的上下级关系。历史上早期的法家都是竭力主张这种关系的。这种关系是正常的工作关系，君臣完全以利害相结合，没有什么人情味，一般的君臣关系都是如此。意大利文艺复兴时期的政治思想家和史学家马基雅维利，在其名著《君主论》中主张君主可以“为达目的而

---

① 《史记·越王勾践世家》：“范蠡遂去，自齐遗大夫种书曰：‘蜚鸟尽，良弓藏；狡兔死，走狗烹。越王为人长颈鸟喙，可与共患难，不可与共乐。子何不去？’种见书，称病不朝。人或谗种且作乱，越王乃赐种剑曰：‘子教寡人伐吴七术，寡人用其三而败吴，其四在子，子为我从先王试之。’种遂自杀。”《史记·淮阴侯列传》：“上令武士缚信，载后车。信曰：‘果若人言，‘狡兔死，良狗烹；高鸟尽，良弓藏；敌国破，谋臣亡。’天下已定，我固当烹！’上曰：‘人告公反。’遂械系信。至雒阳，赦信罪，以为淮阴侯。”

不择手段”，这是典型的“霸者与臣处”的观点。只要是既没有宦官、外戚的欺君篡政，也没有君权旁落于权臣的情况，那么这种关系就是一种正常的君主专制形态，也是出现所谓“盛世”的政治条件。

“亡国与役处”，君臣是主奴关系。“役”只是以奴才的身份受驱使，与“臣”是有区别的。不过，“臣”与“奴”的定义往往是混淆的。在清朝，满臣都自称“奴才”，尤其可笑的是，这竟是满臣的特权，汉人只能自称“臣”。如此一来，“臣”与“奴才”画了等号就是殊荣，是自家人；不能称“奴才”的汉臣，成了外人，低于奴才一等。实际上，中国古代的君臣关系本质上总有主奴的内涵。

在“君权神授”思想观念支配下的君臣格局，构成了专制独裁的制度框架的核心，在这个框架之下，由于君主的终身制和世袭制，使得君臣关系无法做到善始善终。今天是师生关系或朋友关系，明天便有可能是不共戴天的仇敌，必欲置之死地而后快。导致这种结局的原因，除了君主和臣子的个人修养之外，主要在于君主对臣子的需要和当时的客观环境。

明朝的张居正在位时，万历皇帝朱翊钧一直尊其为师，那是出于需要与无奈。事实上，他早已耿耿于张居正的震主之威，只是没有机会发作而已。张居正当政十年，所揽之权，是皇帝的大权，这是张居正推行新法的需要，但他的当权便是皇帝的失位。在权力上，张居正和朱翊钧成为对立面。张居正的效忠国事，独揽大权，在朱翊钧的眼里便是一种蔑视主上的行为。这是帝王的逻辑！张居正逝世后不久，昔日的学生、现在的皇帝朱翊钧就对张居正进行秋后算账，削尽其宫秩，追夺其生前所赐玺书、四代诰命，以罪状示天下，还差点剖棺戮尸。他的家属饿死的饿死，自杀的自杀，流放的流放，逃亡的逃亡，一代能相之家竟落得如此可悲的下场，自己一生为国操劳的功德，换来的竟是家族子孙的大难。不仅个人命运如此悲惨，而且附带着人亡政息，张居正在位时所用官员，有的削职，有的弃市，而朝廷所施之政，也一一恢复以前弊端丛生的旧观。整个万历一朝，没有人敢为张居正鸣冤。直到天启二年（公元 1622 年），明熹宗朱由校为激励臣下，才想起昔日的大功臣张居正，予以复官复荫。然而一切俱已晚矣！

由万历皇帝朱翊钧与张居正的关系，联想到唐太宗李世民与魏征的关系，后者是千百年来被人称道的君臣关系的楷模。不幸的是，朱翊钧的个人才德固然不如李世民远矣，但李世民在对待死后的魏征的问题上，也没有给后世的君主们做出一个好榜样。魏征刚死，李世民也曾表达过对魏征的怀念："夫以铜为鉴，可正衣冠，以古为鉴，可知兴替，以人为鉴，可明得失。朕尝保此三鉴，内防己过。今魏征逝，一鉴亡矣！"① 但此后不久，有人告状，揭发魏征生前的一些事情，李世民便信以为真，遂终止了女儿衡山公主与魏征之子魏叔玉的婚事，并下令推倒了亲自书写的纪念碑。直到贞观十九年（645年），李世民亲征高丽，战士死伤数千人，战马损失十分之七八，他深深悔恨这一举动，不禁慨然叹息说："魏征若在，不使我有是行也。"于是立命驰驿以少牢之礼祭祀魏征，又重立纪念碑。李世民此举，"实用主义"的动机表现得淋漓尽致。其实，魏征在世时，李世民的内心深处就播下了对他不满的"种子"，魏征一死，朝臣中的"有心人"便会揣摸李世民的心理，投其所好而告发魏征。明眼人一看，便知这是很老套的"谄媚术"。有一次，李世民在朝堂上受到魏征的顶撞，当场忍住没有发作，回到后宫对长孙皇后说了一句真心话："会须杀此田舍翁"，原因就是"魏征每廷辱我"②。这不仅从政治上否定了魏征，而且还对他的出身进行攻击，竟然完全忘记了"英雄不问出处"的古训。现如今很多"精英人士"动不动就说别人是"农民"，与李世民是同样的心理。"怜他未惯蓬茅宅，笑我原来田舍翁"③，看不起"田舍翁"的人，只能是狗眼看人低。总是看到别人跳在半空中的人，从来就没有想过自己正趴在地上。如果不是长孙皇后深明大义，劝解有效，恐怕魏征真是很难得到善终。

《诗经》中说"靡不有初，鲜克有终"，这几乎成为一条规律。魏征明了这一点，他在奏疏中说古代帝王"莫不殷忧而道著，功成而德衰。有善始者实繁，能克终者盖寡"，原因何在呢？"夫在殷忧，必竭诚以待下；既得志，则纵情以傲物"。志得意满，就会玩物丧志，骄奢淫逸。因此，他特别告诫

---

① 《贞观政要·君道》。

② （宋）司马光，《资治通鉴·卷第一百九十四》。

③ （清）赵翼，《归田即事》诗："豚栅鸡栖一亩宫，呼来儿女脱青红。怜他未惯蓬茅宅，笑我原来田舍翁。尘尾可挥非祖物，菜根须咬趁童蒙。短檠镫火长镵柄，闲与诸雏话旧风。"

李世民“载舟覆舟，所宜深慎，奔车朽索，其可忽乎？”[1] 对于这些话，李世民有时听，有时也未必听。魏征死后，李世民找借口收拾他，正反映了这种被扭曲的君臣关系的阴暗心理。回顾两千多年来中国历史上大大小小几百个皇帝，首屈一指的李世民不过如此，等而下之的那些各种档次的皇帝是些什么货色，也就可想而知了。

魏征和张居正毕竟得到了善终，在活着的时候没有被皇帝收拾，而清朝年羹尧的境况就不同了。年羹尧是雍正朝的重臣、功臣，官至四川总督、川陕总督、抚远大将军，还被加封太保、一等公，高官显爵集于一身。他运筹帷幄，驰骋疆场，平定西藏叛乱和青海罗卜藏丹津，立下赫赫战功。雍正二年（1724）入京时，得到雍正皇帝胤禛的特殊宠遇，真可谓位极人臣。有一次，雍正赐年羹尧一只自鸣钟，年羹尧上表谢恩，雍正御批：“从来君臣之遇合，私意相得者有之，但未必得如我二人之人耳！尔之庆幸固不必言矣，朕之欣喜亦莫可比伦。总之我二人作个千古君臣知遇榜样，令天下后世钦慕流涎就是矣！朕实实心畅神怡，感天地神明赐佑之至。”[2] 年羹尧恃宠而骄，做了许多有悖人臣的事情，逐渐引发雍正的不满。年羹尧回西安后，上了奏报到任日期一折，雍正于其折上朱批道：“据此不足以报君恩父德，必能保全始终，不令一身至于危险，方可谓忠臣孝子也。凡人臣图功易，成功难；成功易，守功难；守功易，终功难。为君者施恩易，当恩难；当恩易，保恩难；保恩易，全恩难。若倚功造过，必至反恩为仇，此从来人情常有者。”[3] 这个批示意在警告年羹尧要慎重自持，此后年羹尧的处境便急转直下。在雍正的授意或默许下，内外官员纷纷揭发其罪状。雍正以俯从群臣所请为名，尽削年羹尧官职，并下令捕拿年羹尧押送北京会审。朝廷议政大臣向雍正提交了一份“起诉书”，给年羹尧开列 92 款大罪：大逆罪 5 条，欺罔罪 9 条，僭越罪 16 条，狂悖罪 13 条，专擅罪 6 条，忌刻罪 6 条，残忍罪 4 条，贪婪罪 18 条，侵蚀罪 15 条。年羹尧真行，即使是犯罪，也要惊天动地，把作为一个臣子能犯的罪几乎全都犯了个遍！雍正认为，这 92 款中应服极刑及立

① （唐）魏征，《谏太宗十思疏》。

② 阎崇年，《大故宫 3》，长江文艺出版社，2013 年 1 月版。

③ 张研，《原来雍正》，重庆出版社，2006 年 9 月版。

斩的就有30多条，但念及年羹尧功勋卓著、名噪一时，“年大将军”的威名举国皆知，如果对其加以刑诛，恐怕天下人心不服，自己也难免要背上心狠手辣、杀戮功臣的恶名，于是表示开恩，在“判决书”中赐其狱中自裁。年羹尧父兄族中任官者俱革职，嫡亲子孙发遣边地充军，家产抄没入官。叱咤一时的年大将军以身败名裂、家破人亡告终。

君臣格局下，会产生各种不同类型的君主和臣子。比如，君主有贤君、明君、昏君、庸君、暴君，等等；臣子就更多，可分为贤臣、忠臣、直臣、能臣、良臣、铮臣、奸臣、亲臣、近臣、权臣、宠臣、弄臣、幸臣，等等，对那些变节分子，如投降清朝的明朝大臣洪承畴，则被称为贰臣。按照一般人的心理，君总是贤君、明君好，臣总是忠臣、能臣好。其实，在君主的心目中，忠臣也未必总是受到欢迎，主要是忠臣的表现未必合君主的心意。《郭店楚简》中记载了一个孔子的儿子子思论述“忠臣”的故事：

> 鲁穆公问于子思曰：“何如而可谓忠臣?”子思曰：“恒称其君之恶者，可谓忠臣矣。”公不悦，揖而退之。成孙弋见，公曰：“向者吾问忠臣于子思，子思曰：‘恒称其君之恶者，可谓忠臣矣。’寡人惑焉，而未之得也。”成孙弋曰：“噫，善哉，言乎！夫为其君之故杀其身者，尝有之矣。恒称其君之恶，未之有也。夫为其君之故杀其身者，效禄爵者也。恒称其君之恶者，远禄爵者也。为义而远禄爵，非子思，吾恶闻之矣。”

子思的观点可谓惊世骇俗，认为总是指出君主的缺点的人才是忠臣。后世的学者们对子思的观点进行了很多讨论，大体说来，有五种观点：

其一，仁义关系[①]。传统观点认为，“仁内义外”是告子的学说，因而不为儒家研究者所重视。从郭店楚简可以看出，“仁内义外”是先秦儒家的一个重要思想。先秦儒家关于仁义关系的认识，有一个从内外相分到内外合一，再到内外相分的反复过程。孔子已有了“仁内义外”的思想，从子思至孟子，仁义之间的内外关系完全消融，二者皆根植于心。荀子面对战国末期的社会现实，又强调礼义的外在规范性，回到了传统儒家“仁内义外”的思

---

① 刘丰，“从郭店楚简看先秦儒家的‘仁内义外’说”，《湖南大学学报》（社会科学版），2001年第2期。

路上。

其二，君士关系①。先秦时期士人对君主关系中的“忠”，与后世有着不同的内涵。子思所说“恒称其君之恶者，可谓忠臣矣”，这在秦汉之后的君臣关系中是无法设想的，而鲁国君主能够忍受子思的这种言论，皆因当时的社会政治环境。另一位士人成孙弋也赞成子思的说法，表明先秦的士人对于君主有很大的批评余地，他们之间的关系具有明显的相对性。一般士大夫与诸侯国君主之间的关系既然是相对的，文士在人格精神上也能够保持相对的独立性，他们的思想文化创造力因而得到较充分的开发，中国文化史上的“百家争鸣”局面遂得以形成。

其三，臣道思想②。子思“恒称其君之恶”所表达的臣道思想，乃是其学说“诚”的践履，合乎当时士人的价值标准，体现了子思的君师风范与人格独立，对后世有正面的影响。

其四，忧患意识③。《鲁穆公问子思》的故事，说明历史上有些儒者抱有一种“居安思危”的情怀，为天下而忧。子思认为能经常批评君王的臣子才是“忠臣”，成孙弋为此解释说：只有像子思这样的士君子敢于对君王提出批评意见，正是因为他们不追求利禄与爵位（金钱与权力）。中国历史上确有一些儒者基于“忧国忧民”的“忧患意识”而能持守此种精神。

其五，民主思想④。《鲁穆公问子思》最突出的特点，是表现了鲜明的民主思想。这种中国式的古老民主思想，并不仅仅体现在鲁穆公与子思在人格平等的描述上，更为重要的是展示了子思大无畏的批判精神。思孟学派的独立人格与其民主思想之间具有必然的逻辑关系。哲学上的自由、独立人格，只能以政治上的民主思想为最后归宿；而民主思想又最终会以深厚的性善论为基础。在中国传统文化的现代转型过程中，思孟学派的人学和相应的民主思想是一笔内涵极为丰富的宝贵遗产，是值得我们认真研究、开发和利

---

① 徐公特，“‘义尚光大’与‘类多依采’：汉代礼乐制度下的文学精神和性格”，《文学遗产》（网络版），2013 年第 1 期。

② 席盘林，“论子思的臣道思想”，《孔子研究》，2001 年第 1 期。

③ 汤一介，“儒者的忧患意识”，《北京日报》，2010 年 4 月 6 日。

④ 欧阳祯人，“从《鲁穆公问子思》到《孟子》”，《武汉大学学报》（人文科学版），2001 年第 2 期。

用的。

上述种种思想观念的载体，仍然是君臣格局。子思对于“忠臣”的定义，也只能存在于上下不平等的君臣关系中，而且能否行得通，最终还要看君主的意愿。《菜根谭》中有一句话：“攻人之恶勿太严，要思其堪受；教人之善勿过高，当使其可从。”既然要做忠臣，就要指出君主的过失，那么在很多情况下就顾不得“思其堪受”。在先秦那种宽松的社会政治环境中，子思说出了真心话，鲁穆公却“不悦”，这个“不悦”并不是因为他没有理解子思的意思而“不悦”，而是他内心里对子思的观点不认同而产生了“不悦”，因为所谓的“忠臣”，原来就是总让他面红耳赤、心里不舒坦的人，所提的意见就是“不堪受”。

在“君权神授”观念支配下的社会环境中，人们一般认为，臣对君尽忠是理所当然、天经地义的，做忠臣应该是臣子的最高政治理想。但是，魏征却希望做良臣，而不要做忠臣。他与唐太宗李世民之间有一段对话[①]：

> 征再拜曰：“臣幸得奉事陛下，愿使臣为良臣，勿为忠臣。”上曰：“忠、良有以异乎?”对曰：“稷、契、皋陶，君臣协心，俱享尊荣，所谓良臣。龙逢、比干，面折廷争，身诛国亡，所谓忠臣。”上悦，赐绢五百匹。

魏征的话，其实是反映了他对自己身家性命的忧患意识。忠臣难做，连魏征都有同感。倒不是忠臣的名声不好，而是结局不好。“流芳百世”那是死后的事情，而搞得不好时“人头落地”则是现实的惨状。魏征即使再有“大无畏”的精神，也不愿意为“虚名”而招“实祸”。只有在君臣格局下，下级对上级才会有这种发自内心的“畏惧”感。

按照一般社会发展的规律，社会总是越来越进步、越来越文明，作为社会生活的核心领域的政治体制，也应该是如此才对。但是，中国历史上两千多年来，君臣关系则是越来越坏，政治体制越来越专制独裁。在周公和孔子时代，君臣可以相对而坐，“帝者与师处”或“王者与友处”之际，甚至可以坐得很近，促膝谈心也是常事。在秦汉时期，君臣也是如此。汉文帝召对

① 《资治通鉴·唐纪八》。

贾谊，两人越坐越近，尽管“可怜夜半虚前席，不问苍生问鬼神”①，但这种君臣对坐所表现出来的关系还是比较随意的。到了唐朝，朝堂上都是君坐，臣也坐。从宋朝开始就改革了，赵匡胤改革为君坐，臣站。元朝又改革，改为君坐，臣跪，一直延续到明清。乾隆朝以后奴化程度就更深了，连官僚之间下级遇到上级的作揖之礼，都被改革为半跪之礼。年羹尧的罪状之一便是“御前箕坐，无人臣礼”②，两腿张开坐着，形如簸箕，没有恪守作为臣子的礼节。可见，臣子在君主面前的坐相，也不能随意。

综上所述，中国封建皇权独裁专制体制下的君臣格局，具有如下基本特征：

其一，思维准则是“君权神授”，别人不能觊觎皇权。雍正帝曾经亲手书写了一副对联“惟以一人治天下，岂为天下奉一人”，把它悬挂在紫禁城养心殿的西暖阁。这句话出自于唐代的《大宝箴》③，明清之际的思想家和教育家朱舜水将其修改为“以一人劳天下，不以天下奉一人”④。“一人治天下”需要什么条件？就是稳固的皇权，而且这个权力来自上天，任何人都不能染指。至于“天下并非是一人之天下，是天下人之天下”⑤ 的说法，只是场面上的漂亮话，后世帝王没有哪一个人同意这个话，更不用说付之行动了。

其二，行事准则是“乾纲独断”，别人不能越俎代庖。人类的政治制度无论如何进步，都不可能否认国家要有“一人”做元首，即使是现代社会中总统与部长的关系，也不能没有“一人”为首，只是古今形式不同、内容不同，现代政体中的总统这个“一人”要受制于其他人。皇帝“以一人治天下”时，诸事也要与群臣商议。区别在于总统不能独断乾纲，而皇帝可以一言九鼎。

---

① （唐）李商隐，《贾生》诗：“宣室求贤访逐臣，贾生才调更无伦。可怜夜半虚前席，不问苍生问鬼神。”

② 阎崇年，《大故宫 3》，长江文艺出版社，2013 年 1 月版。

③ （唐）张蕴古，《大宝箴》：“故以圣人受命，拯溺亨屯，归罪于己，推恩于民。大明无偏照，至公无私亲。故以一人治天下，不以天下奉一人。”

④ （清）朱舜水，《伯养说》。

⑤ （秦）吕不韦，《吕氏春秋》。

其三，关系准则是“顺昌逆亡”，别人不能忤逆君主。据说龙的脖子下有巴掌大小的一块白色鳞片，呈月牙状，俗称逆鳞，一旦被触及，立刻就会像火山爆发一样散发出无限龙威。每个人或许也有个不可触碰的“逆鳞”，诸葛亮就说李严“腹中有鳞甲，乡党以为不可近”[①]。自封为“真龙天子”的皇帝，当然也会有这块“逆鳞”，而且或许比平常人更为敏感，那是万万触碰不得的。[②] 龙有逆鳞，触之必怒。君主也有倒鳞，游说的人能不触犯君主的倒鳞，就差不多算得上善于游说的了。人们常说“忠言逆耳”，正如前文所述的子思对忠臣的定义，也是一种“逆耳”之言，因此鲁穆公才感到“不悦”。如果有谁有意或无意触碰了这块“逆鳞”，那就无异于自取灭亡，真可谓“圣主如天万物春，小臣愚暗自亡身”[③]。

关于“君权神授”，战国时期的屈原就表示过怀疑。他在《天问》中提出质疑：“皇天集命，惟何戒之？受礼天下，又使至代之？”这些问题，既是深刻的质问，又是沉痛的历史叹息：夏、殷、西周三代不都是说君权神授，是上帝的旨意吗？何以顷刻之间就被推翻，大权旁落了呢？看来所谓“天命”是没有固定的啊！唐代的柳宗元做了初步的回答：“天集厥命，惟德受之。胤怠之业，天又佑之。”[④] 有德性的人才能获得天命，如果后嗣荒废政事，上天也不会保佑他们。

解决了思想认识问题之后，就应该解决政治生活中的实际操作问题，核心是要改变上述君臣格局的三大基本特征，这才是保证国家长治久安的治本之道。理性的人总是孤独的，理性的力量却终究是强大的。想要人云亦云地毁谤一件东西十分简单，想要冷静地看穿一件事物却十分不易。清朝首位驻外使节郭嵩焘就是这样一个理性的孤独者，他在其日记体著作《使西纪程》中，就深刻地洞见了英国的政治制度：“西洋所以享国长久，君民兼主国政

---

① 《三国志·蜀书·陈震传》。

② 《韩非子·说难第十二》：“夫龙之为虫也，可犹狎而骑也。然其喉下有逆鳞径尺，人有婴之，则必杀人。人主亦有逆鳞，说之者能无婴人主之逆鳞，则几矣。”

③ 苏轼在“乌台诗案”中被下狱，自知难逃一死，给弟弟苏辙写了两首绝命诗《狱中寄弟子由》，其中一首是：“圣主如天万物春，小臣愚暗自亡身。百年未满先偿债，千口无归更累人。是处青山可藏骨，他年夜雨独伤神。与君今世为兄弟，更结来生未了因。”

④ （唐）柳宗元，《天对》。

故也!”他曾经观摩过英国下议院的运作，旁听过议员们对英国“兵部尚书哈尔谛”的种种辩驳诘难；进而还考察了英国的两党制度，得出了自己的结论：

> 西洋君德，视中国三代令主，无有能庶几者，即伊、周之相业，亦未有闻焉。而国政一公之臣民，其君不以为私。其择官治事，亦有阶级、资格，而所用必皆贤能，一与其臣民共之。朝廷之爱憎无所施，臣民一有不惬，即不得安其位。自始设议政院，即分同异二党，使各竭其志意，推究辩驳，以定是非；而秉政者亦于其间迭起以争胜。……朝廷又一公其政于臣民，直言极论，无所忌讳，庶人上书，皆与酬答。其风俗之成，酝酿固已久矣！

这就是郭嵩焘对英国民主政治运作的描述。郭嵩寿继续说：“三代有道之圣人，非西洋所能及也。即我朝圣祖之仁圣，求之西洋一千八百七十八年中，无有能庶几者。圣人以一身为天下任劳，而西洋以公之臣庶。一生之圣德不能常也，文、武、成、康，四圣相承，不及百年，而臣庶之推衍无穷，愈久而人文愈盛。”意思是说，我们有圣人，西方没有；但我们靠圣人治国，圣人不能代代常有；西方靠民众自治，却可以推衍无穷。因此，郭嵩焘主张中国应研究、学习西方的民主政治制度。

“三代之治”是中国传统政治理念中的终极思想，郭嵩焘却说“蛮夷”政体之优良非“三代”所能及，这种赞誉显然刺痛了国内“卫道士”们脆弱的神经，进而引起他们的愤怒，于是对他进行攻击和漫骂[①]：

> 《使西纪程》记道里所见，极意夸饰，大率谓其法度严明，仁义兼至，富强未艾，寰海归心。……造此书出，而通商衙门为之刊行，凡有血气者，无不切齿。于是湖北人何金寿以编修为日讲官，出疏严劾之，有诏毁板，而流布已广矣。嵩焘之为此言，诚不知是何肺肝，而为之刻者又何心也！

郭嵩焘的《使西纪程》一书，直到他去世仍未能公开发行。当初清廷正式加授他为出使英国大臣，消息传开，顽固派纷纷指摘、讥讽。湖南名流王闿运送他一副对联：“出乎其类，拔乎其萃，不容于尧舜之世；未能事人，

① （清）李慈铭，《越缦堂日记》，上海：商务印书馆，1936 年版。

焉能事鬼，何必去父母之邦。”只有李鸿章为他撑腰：“当世所识英豪，与洋务相近而知政体者，以筠仙（郭嵩焘的号）为最。”郭嵩焘去世后，李鸿章奏请朝廷宣付史馆为郭立传，并请赐谥。朝廷降旨曰：“郭出使外洋，所著书籍，颇滋物议，故不准立传赐谥。”①

历史上的先知先觉者，不管历史的封尘是多么的厚实，都不会永久地遮盖住他们的思想光芒，正如郭嵩焘本人的诗句所说的那样：“世人欲杀定为才，迂拙频遭反噬来”；“流传百代千龄后，定识人间有此人”②。同时，我们也应看到，任何一种政体，哪怕它再没落、再腐朽，总会有人替它“点赞”，也总会有人成为它的“卫道士”。这就是“扫帚不到，灰尘照例不会自己跑掉”③ 的缘故。在当代社会，所谓当政者的德性，就是顺应时代的潮流，倾听人民的呼声，抛却任何的私利和专制思想，真正以“天下为公”④的胸襟，带领人民实现真正当家作主的“梦想”。

知遇之恩：臣子鞠躬尽瘁的报恩心态

不管是什么政体、什么制度，上下级间也不外乎是人与人之间的关系。在君臣格局下，君主和臣子的思想意识、个人修养、当时政治环境等诸因素的不同，也决定了君臣关系的不同。刘备可以三顾茅庐，诸葛亮“由是感激，遂许先帝以驱驰”⑤，其他君主就不一定做得到，因而臣子也未必感受得到这种“知遇之恩”。这里就有一个人与人之间投缘与否的重要因素，即所谓的“知己”。

---

① 罗传绪，“一生怀抱几曾开——先行者郭嵩焘的思想与人生”（2007 年 4 月 1 日）。

② （清）郭嵩焘，《戏书小像》：“世人欲杀定为才，迂拙频遭反噬来。学问半通官半显，一生怀抱几曾开。”“傲慢疏慵不失真，唯余老态托传神。流芳百代千龄后，定识人间有此人。”

③ 毛泽东，《抗日战争胜利后的时局和我们的方针》：“凡是反动的东西，你不打，他就不倒。这正如地上的灰尘。扫帚不到，灰尘是不会自己跑掉的。”（《毛泽东选集》第四卷，人民出版社，1991 年版，第 1131 页。）

④ 《礼记·礼运》：“大道之行也，天下为公。”

⑤ （三国）诸葛亮，《出师表》。

鲁迅先生曾经借一副对联“人生得一知己足矣，斯世当以同怀视之”[①]来表达他与瞿秋白之间的友谊。的确，这两位中国现代文坛上值得书写的人物，他们的友谊，并不是传统意义上的你来我往，而是以文学为桥梁，并以文人的心态走进对方的内心世界去的。他们一生当中，虽然彼此所从事的职业不同，一个是文化上的斗士，一个是以书生意气指点江山的政治人物，但因为骨子里都是书生，所以两颗心就可以靠得很近。

大千世界，芸芸众生，每个人的一生当中可能会有很多朋友，但能够称得上“知己”的却是少之又少，尤其在政治领域更是如此。君臣之间能否成为“知己”，那是有条件的，而且君主的思想意识与行事风格是主要的因素。正如孟子所说：“君之视臣如手足，臣视君如腹心；君之视臣如犬马，臣视君如国人；君之视臣如土芥，臣视君如寇仇。”[②] 在君臣关系中，君是主导的方面。君主对臣下是什么态度，臣下对君主就会是什么态度。对于君主来说，与臣子成为“知己”，就意味着臣子是他的“腹心”。典型的例子就是刘备与诸葛亮之间的关系，被后世称为“古今之盛轨，君臣之至公”[③]。遗憾的是，中国历史上这样的例子实在是凤毛麟角。虽然这种关系不具有普遍性，但作为个案研究，还是可以找到维系这种君臣关系的思想根源的。

上级与下级要思想一致、志同道合，这是双方共事的政治基础。刘备三顾茅庐请出诸葛亮，一直是千古盛传的佳话。但是，诸葛亮为什么选中刘备作为自己终生辅佐的对象呢？这就与他们二人的政治观念有关了。良禽择木而栖，忠臣择主而事[④]。在汉末军阀混战的年代里，各类智能之士选择什么样的人作为自己的君主，是一个非常重要的问题，因为它与实现自己的政治

---

① 这副对联是清人何溱（字方谷，号瓦琴，浙江钱塘人）集兰亭禊帖的字，请鄞人（浙江鄞县）徐时栋（字定宇，号柳泉）书写的。徐时栋极称此联，遂录入所著《烟屿楼笔记》中。鲁迅于1933年2月购得《烟屿楼读书志》十六卷，《烟屿楼笔记》八卷。其时，瞿秋白在上海秘密会见鲁迅，整理鲁迅的杂文，写了《鲁迅杂感集序言》，高度评价了鲁迅杂文的社会意义和巨大价值。鲁迅感到非常满意，就写了这副对联相谢。

② 《孟子·离娄下》。

③ 《三国志·诸葛亮传》。

④ 《左传》：“鸟则择木，木岂能择鸟？”《三国演义》第三回：“布曰：恨不逢其主耳。肃笑曰：良禽择木而栖，贤臣择主而事。见机不早，悔之晚矣。”第十四回：“宠曰：岂不闻良禽择木而栖，贤臣择主而事？遇可事之主，而交臂失之，非丈夫也。”

抱负密切相关，所以不能不认真对待。刘备拜访诸葛亮时，“凡三往乃见”[①]，一方面说明诸葛亮自视甚高，要考验一下刘备的诚意；另一方面，也是更为重要的原因，就是他的择主态度十分严肃。虽然他对刘备的大名早有所闻，而且自己对他也十分崇敬，但当刘备真的上门相请时，他不得不进行一番深刻的思想斗争，以确定自己今后的政治道路。刘备是汉室宗亲，打着“兴复汉室”的旗号，在军阀混战中独树一帜，具有相当的号召力。正是刘备的这一政治目标，才与诸葛亮的志向产生了强烈的共鸣。当他的好朋友孟公威要北归中原家乡时，诸葛亮曾劝他：“中国饶士大夫，遨游何必故乡邪!”诸葛亮自己不投奔曹操的主要原因，倒不是因为中原人才济济，怕影响自己将来的“仕途”，而是他的正统观念很强，把“挟天子以令诸侯”的曹操视为“汉贼”，认为“权御已移，汉祚将倾，方将翊赞宗杰，以兴微继绝克服为己任故也”。诸葛亮这种“兴微继绝”的宏远志向与政治观念，与刘备的政治目标是一致的，这是导致他们二人结合的根本原因。

上级对下级要任人为贤、不论亲疏，这是双方共事的道德基础。作为一个领导者，周围有一些自己信得过的人，对于搞好工作很有好处，大多数领导者都不希望自己的下属总是与自己拧着劲、对着干。但是，在某些情况下，如果自己周围有几个所谓“刺儿头”，也不是什么坏事。老子说过：“善人者，不善人之师；不善人者，善人之资。”[②] 意思是善人可以作为恶人们的老师，不善的人也可以作为善人的借鉴。美国的开国元勋之一本杰明·富兰克林说过：“批评我们的人就是我们的朋友，因为他们指出了我们的错误。”[③] 看起来，古今中外的所有贤哲们都认同“以人为镜，可以知得失”这个道理。批评者可以从不同的侧面和角度发现自己工作中的不足与错误，只要对这类人恰当使用，对他们的意见认真分析，虚心采纳，对工作反而有好处。同时，这也是一种宽宏大量的表现，更能赢得方方面面的敬重。如果领导者总是搞“顺我者昌，逆我者亡”[④]，或者搞亲亲疏疏、团团伙伙，必

① 《三国志·诸葛亮传》。

② 《道德经》（第二十七章）。

③ 常言，“首脑爱见大学”，《环球时报》，2002 年 3 月 14 日第一版。

④ 《庄子·盗跖》：“顺吾意则生，逆吾心则死。”

定会失去大多数人的信赖，最终会成为孤家寡人。

上级对下级要诚心相待、用人不疑，这是双方共事的感情基础。东吴大臣张昭将诸葛亮推荐给孙权，诸葛亮不肯留，人们问其缘故，诸葛亮说："孙将军可谓人主，然观其度，能贤亮而不能尽亮，吾是以不留。"① 孙权是三国时各路诸侯公认的贤能之主，对于这一点，诸葛亮也是承认的，但他认为自己在孙权手下不能尽情发挥作用。虽然诸葛亮这话带有推辞之意，但也表露了他那种"士为知己者死"的心态。事实表明，刘备确实使诸葛亮的才能与智慧得到淋漓尽致的发挥。刘备三顾茅庐时，诸葛亮年仅 27 岁，比刘备整整小 20 岁，但刘备向他请教对天下大势的看法时，完全是一副学生拜见老师的神态。当他发现诸葛亮见解不凡，"未出茅庐，便知天下三分"时，便以十分诚恳的态度，请诸葛亮辅佐自己完成兴复汉室的大业。诸葛亮也被刘备的至诚所感，决心帮助刘备成就大业。刘备对诸葛亮十分信任，一切军国机密大事都要和他商议决断，二人"情好日密"②，这就引起关羽、张飞的不满。关、张二人是刘备的真正心腹，他们三人在涿州起兵时，就结下生死之交，平时"同席而坐，同簋而食"③，可以说休戚相关，甘苦与共。《三国演义》中说他们发誓"不求同年同月同日生，但求同年同月同日死"，可见他们之间的感情确实深厚。针对关、张的牢骚，刘备对他们说："孤之有孔明，犹鱼之有水也。愿诸君勿复言。"④ 刘备采取断然措施，阻止了关、张对诸葛亮的议论。这种做法，值得后人效仿，否则，不负责任的流言足可以把一个杰出人才毁掉。

上级对下级要善加体恤、褒奖提携，这是双方共事的物质基础。古人讲："乘人之车者载人之患，衣人之衣者怀人之忧，食人之食者死人之事。"⑤ 乘人家车子的人，要给人家分担患难；穿人家衣服的人，要给人家解除忧虑；吃人家饭菜的人，要为人家卖命办事。这与今天人们常说的"吃人的嘴短，拿人的手短"表面上意思相同，实际上完全是两码事，因为它们

---

① 《诸葛亮集・故事・遗迹篇》。

② 《三国志・诸葛亮传》。

③ 《三国志・先主传》。

④ 《三国志・诸葛亮传》。

⑤ 《史记・淮阴侯列传》。

的出发点不同。前者是说本意并无所求或者碰到困难的人受了人家的恩惠，不能忘记，要时时想着报答，因而是一种高尚的情操，应该发扬光大；后者是说有人对你有所求而行贿，你受了人家的好处，就不得不丧失原则为人家办事，因而是一种庸俗的行为，必须加以反对。对于领导者来说，为了成就事业，必须注意招揽人才，有时就要给予对方一定的物质利益或名誉地位，一来是表达自己求贤若渴的真情实意，二来也是对那些怀有真才实学、并且为事业做出贡献的人才的合理奖赏。只讲一些冠冕堂皇的大道理，那是招不来人才的；即使招来了人才，也留不住他的心，早晚必定远投他人。其实这个道理很简单，因为每个人都存在于社会之中，所以就有七情六欲，也存在着某些方面的客观需要，这就要求领导者必须体察下情，理解下属的心理状态，在力所能及的范围内解决他们的问题，满足他们的要求，从而换来下属的耿耿忠心，他们就会更加努力地工作，以报答领导的知遇之恩。应当说，这是一种人之常情，无论古今中外，也无论各行各业，凡有成就的领导者，都懂得如何恰当运用物质利益和名誉地位来调动下属的积极性。曾国藩的幕僚赵烈文曾经劝他要“合众人之私，以成一人之公”[①]，其实就是建议他要注意下属的合理物质需求，激励他们贡献才能与智慧，以成就自己的事业。

上述四种基础，是臣子感受君主知遇之恩的因素，也反映了臣子对君主鞠躬尽瘁的报恩心态。

保障民主：上下合作共事的制度基础

所谓的君臣，也不外是社会发展的产物，绝非是什么“君权神授”。“戊戌变法”中“六君子”之一的谭嗣同在其《仁学》第二十九篇中，专门论述了君臣关系的本质。

首先，“生民之初，本无所谓君臣，则皆民也”。人类之初，没有什么君臣之分，大家都是老百姓。为了治理的方便，老百姓推举出一人担任君主，因此先有老百姓，后有君主，老百姓是根本，君主是末节。

① 史林，《曾国藩修身与用人之道》，新星出版社，2011 年 1 月版。

其次，“夫曰共举之，则且必可共废之”。既然君主是老百姓推举出来的，老百姓当然也有权力将其罢免掉。国家的赋税来源于老百姓，君主是为老百姓办事的，臣子是协助君主办事的，“事不办而易其人”，如果不好好办事，当然就可以另换他人了。老百姓办个什么事情，也会推举一个负责人，“长不足以长则易之”，如果这个负责人不称职，就另换他人。

第三，老百姓推举出来的君主，本来是为他们办事的，最后却是“竭天下之身命膏血，供其盘乐怠傲骄奢而淫杀”。老百姓用自己的血汗供养这种骄奢淫逸、作威作福的人上人，一个人还不够，还要供养百官，而且还要子子孙孙传下去，“一切酷毒不可思议之法，由此其繁兴矣”，所有的弊端和祸患都是由此造成的。

第四，君主制使得“民之俯首帖耳，恬然坐受其鼎镬刀锯”，老百姓还“不以为怪”，这才真是咄咄怪事，“固已大可怪矣”。更有甚者，君主死了，老百姓还愿意为其尽死节，这种“死节之说”，是最大的悖逆。君主也是一介老百姓，老百姓为老百姓死，没有这个道理。因此，结论是“止有死事的道理，决无死君的道理”，因为老百姓并不是君主的宦官宫女。

第五，后世的君主，并不是老百姓发自内心地共同推举出来的，都是凭借着兵强马壮而夺取了天下，于是便认为可以理所当然地奴役老百姓，他们当然乐意老百姓为他们尽死节了。数万百姓为一家一姓而尽死节，这是本末倒置的事情。

君主专制独裁制度的权力结构是君权与相权的关系，也就是决策权与执行权的关系。中国皇权至上的帝国传统，派生出了自己独有的宰相问题。君主的重要性自不必说，宰相作为“一人之下、万万人之上”的作用和地位也是非同小可的，“上佐天子，理阴阳，顺四时；下遂万物之宜；外镇抚四夷诸侯；内亲附百姓，使卿大夫各得任其职焉”[①]。这也就是说，宰相作为百官之首，一直保持着对皇权的一种张力。相权不仅代表了百官，而且代表了广大儒士。凭借这种政治结构，相权就能够保持一定的人格和道德尊严，从而使得士子阶层对皇权带来一种极其可贵的道德和伦理约束。不理解这种约束的功能和有效性，就不能理解大一统的帝制中国传统为何如此强大。在现

① 《史记·陈丞相世家》。

实的政治生活中，宰相处于极危险的“第二人”位置，是君主猜疑的“第一人”。做得好，被百姓称颂，便有邀买人心、功高震主之嫌，使君主感受到威胁，下场不妙；做得不好，便有无德无能、尸位素餐之名，反衬出君主没有识人之明，下场更是不妙。在一些特殊时期，君权旁落，宰相可以“挟天子而令诸侯”，如董卓、曹操等，大有取代人主之意；诸葛亮受刘备委托，以丞相之职总揽蜀汉军政事务，“政事无巨细，咸决于亮”①，而且把相府与皇宫并列，“宫中府中，俱为一体”②，名义上的君主刘禅只能无奈地说“政由葛氏，祭则寡人”③。这两种情况都不是正常的君主与宰相的分工，也不是一种切实可行的长久制度，只能是一种非常时期的权宜之计，往往会对国家的安全与稳定埋下祸根。

宰相是从国君的家臣发展起来的，“宰”本是君主的总管家的称呼，“相”是辅助的意思，用家臣的头目管理国事，这就是宰相的实质。宰相的称呼最早见于《韩非子·显学篇》：“故明主之吏，宰相必起于州部，猛将必发于卒伍。”宰相的官职起源要更早，楚国设置“令尹”，齐国、秦国设置“相”，宋国设置“大尹”，吴国设置“太宰”。辅助齐桓公建立霸业的管仲，是中国历史上第一个杰出的宰相。秦统一后，宰相之职称作“丞相”。汉初，丞相的地位和作用十分显赫，“金印紫绶，掌丞天子助理万机”④。随着君权与相权之争的发展，丞相就渐渐地变成一个皇帝的“高级幕僚”了。以汉武帝为例，他在位期间共任用了13位丞相，其中很多人是免职的免职、自杀的自杀、处死的处死，能得以善终的也只有几个没有什么作为的人。汉武帝即位初，丞相还是有一定实权的。自公孙弘以后，数位丞相屡屡犯事，而又无能，才导致了丞相之权渐为九卿所代。丞相稍有不谨慎，就有被诛杀的可能，而为人谨慎的丞相，又没有实权，才导致了后来甚至连丞相府的客馆都萧条得不成样子了，“坏以为马厩车库奴婢室矣”⑤。当然，这与汉武帝本人的政治抱负也有关系，像汉武帝这样的皇帝，是决不允许权力掌握在别人手

① 《三国志·诸葛亮传》。

② （三国）诸葛亮，《出师表》。

③ 《三国志·后主传》。

④ 《汉书·百官公卿表》。

⑤ 《汉书·公孙弘传》。

中的，他确立了中外朝制度，一步步地将丞相的权力收回，完成了自己的“雄心壮志”。

在封建皇权专制独裁的君臣格局下，上下级之间是没有什么人格平等的，有的只是“主子”与“奴才”的关系。中国历史上的君臣关系中，最为后人所称道的刘备与诸葛亮之间的关系，也是如此。诸葛亮自己讲了他对刘备效忠的原因，“先帝不以臣卑鄙，猥自枉屈，三顾臣于草庐之中，谘臣以当世之事，由是感激，遂许先帝以驱驰”①。前文中提到的唐太宗李世民骂魏征是“田舍翁”，便是帝王“惟我独尊”思想意识的直白表露。由此可见，在专制政治的前提下，君臣关系天然是不平等的，而相互支持、相互信任、相互关心、相互激励等等，只能存在于人格平等的人与人之间，而人格平等的背后，就是法律制度的保障，正常和持久的政治伦理关系是建立在坚实的制度之上的。

君臣的人格不平等关系，最大的弊端就是不能形成制度性的上下级关系。在制度不变时，有好君主和坏君主，也有好臣子和坏臣子，但好人也不能持久。在制度好时，没有专制独裁，个性得到张扬，人格得到尊重，社会的和谐才能长久。制度不是万能的，主要看这种制度所倡导的精神是什么，也要看个人的意识是什么。清末学者辜鸿铭曾经发表过如下一些政治观点②：

> 世界上，没有民主，才有革命；革命离不开民主，离开民主，就没有革命。“革命”二字是孔子最早提出来的，欧洲的民主思想是从中国传播过去的，从欧洲又传播到美洲，这不待我说。我所要说的是：古今时代不同，社会制度有变，水涨船高，后来居上，不能把三千多年前的汤武革命，和十年前的列宁革命等量齐观，相提并论；但是，民主精神是始终日月经天，江河行地的。帝王也罢，总统也罢，主席也罢，凡有民主精神的帝王，就是好帝王，尧舜是也；没有民主精神的帝王，就是坏帝王，桀纣是也；有民主精神的

---

① （三国）诸葛亮，《出师表》。

② 兆文钧，“辜鸿铭先生对我讲述的往事”，《文史资料选辑》（第108辑），中国文史出版社，1986年12月第一版。

> 总统，就是好总统，华盛顿、林肯是也；没有民主精神的总统，就是坏总统，袁世凯、曹锟是也；列宁领导社会主义、共产主义革命，他具有高度的民主精神，是一位好主席，但是他的继承人是否也能像他那样具有高度的民主精神，克绍列宁的伟大革命事业，尚不可知。有好社会制度，又有好领导，当然再好没有啦。有好社会制度，没有好领导，则社会制度会变为僵尸，领导会变为恶魔——“人存政举，人亡政息”，这两句话是真理。

辜鸿铭是清末民初的一个“怪人”，也只有这样的“怪人”才能在当时的社会环境下说出上述惊世骇俗的言论。以今天的眼光来看，许多人的认识并未超过他，尤其是他对当时苏联未来走向的怀疑，更是显示出一位智者的远见卓识。如今，苏联已经解体 20 余年了，许多专家学者对这一重大历史事件发生的原因做出了种种解读，俄罗斯共产党主席久加诺夫认为，苏联解体的根本原因，是苏联共产党及其领袖对经济、政治和意识形态实行绝对垄断。这个意见具有代表性，它实质上指出了苏联的社会政治制度特别是所谓“斯大林模式”的弊端，最突出的表现就是高度的个人集权，在党和国家政治生活中缺乏民主。斯大林时期，苏共成为个人集权的党，在领导制度上长期实行家长制、一言堂，个人凌驾于党组织之上，党组织成为个人的工具。个人集权的后果，就是严重破坏法制，滥杀无辜，往往用残酷的手段清洗和消灭任何政治反对派，实行个人专政。说穿了，就是违背了革命的初衷，抛弃了民主的理想和追求。辜鸿铭都知道“世界上，没有民主，才有革命；革命离不开民主，离开民主，就没有革命”的道理，而且认为“民主精神是始终日月经天，江河行地的”，这实质上是一种“普世价值”的观念，而取得“十月革命”胜利后掌握了政权的苏联共产党高级领导人尤其是斯大林却不懂得这个道理，打着“民主集中制”的旗号，实行层层集权，拥有了令人生畏的巨大权力，渐渐地滋生和发展了官僚主义和专制主义。陈独秀在上世纪 30 年代就批评斯大林“抛弃了民主主义，代之以官僚主义”，而且对制度建设的重要性提出了深刻的见解，“我们若不从制度上寻出缺点，得到教训，只是闭起眼睛反对斯大林，将永远没有觉悟。一个斯大林倒了，会有无数斯大林在俄国及别国产生出来”[①]。

我国在取得革命胜利后，在政治体制建设方面基本上搬用了斯大林模式，是一种高度集权的体制，并且由于中国长期受封建主义影响，这种集权体制还往往带有封建专制主义的特点。例如各级领导在行使权力过程中的家长制，对党的领袖无原则的个人崇拜，以及高呼“万岁、万岁、万万岁”等，领导人之间的关系“当年是兄弟，后来成君臣”[②]，这些都是封建家长制的遗毒。历史的经验表明，高度集权体制是产生个人崇拜的制度性基础，而个人崇拜又是缺乏民主、不讲人权的产物。在现实生活中，下级很难对上级提不同看法，更不用说提批评意见了，因为自己的仕途、命运都掌握在上级的手里，下级对上级往往是唯命是从、吹吹拍拍、阿谀奉承，这使许多领导人染上了沉溺于歌功颂德的恶习。对权力缺乏正确的认识，不知道“使用权力容易，难就难在晓得什么时候不去用它”[③]。在这种政治环境中，领导人的选择就有可能沦为完全的暗箱交易，从而不得不牺牲领导人的能力和资质要求，也就是挑选出来的领导人会不同程度地存在着社会人格和知识结构的缺陷，他们为了适应这个制度的游戏规则，不得不有许多“策略性”的表现，不用自己的大脑思考，也不用自己的语言去与人交往，这就会极大地限制他们的信息和知识质量，进而限制他们的思维和眼界。这样的人根本不可能有什么经邦济世的“政治理想”，到了关键岗位之后，根本不知道在这个位置上应该做什么，而只是在扮演一个“政治角色”，这就使得政治生活“仪式化”，具体表现就是只对上、不对下，念讲稿、背讲稿，完全做表面文章，以不出事为最高原则，成天想着笼络人脉、不得罪人，没有丝毫的对国、对民、对历史负责的精神，在解决具体问题上也不会有任何意义上的创造能力。这种政治文化的本质是“武大郎开店”式的“奴才文化”，在这种文化环境中，“人才”与“奴才”用不着博弈，其胜负就已经确定了。原因也很简单，政治家是不能依靠官僚系统一步一步培养的，官僚系统只能培养官吏。多年的媳妇熬成婆后，很少有体谅媳妇甘苦的，更多的是报复性的滥

① 陈独秀，“无产阶级与民主主义”，《陈独秀著作选》，上海人民出版社，1993年第一版。

② 阎纲，“毛泽东与《文艺报·再批判》”，《炎黄春秋》，2013年第3期。

③ 王铁群，“蒋经国与台湾政治转型”，《炎黄春秋》，2013年第3期。

施淫威。

迄今为止社会发展的实践证明，民主和自由是一枚硬币的两面。民主首先是有共性的东西，人类社会的发展都在追求民主。没有民主就没有社会主义，民主和社会主义，在涵义上几乎等同。没有民主的社会主义，只能是君主专制主义或法西斯主义。自由是民主的前提和基础，不讲自由，只讲愚民政策和镇压，当然也不是社会主义。在所有的自由中，除了人身自由之外，最大的自由就是言论自由，如果没有言论的自由，就会使精神处于受奴役的状态。英国思想家约翰·密尔在《论自由》中说[①]：

> 迫使一个意见不能发表，就是对整个人类的掠夺。因为，假如那意见是对的，就失去了一个以错误换真理的机会；假如意见是错的，也失去了从真理与错误的冲突中产生出来的、对于真理更加清楚的认识和更加生动的印象。对于一个意见，因其在各种机会的竞斗中未被驳倒故假定其为正确，这是一回事；为了不许对它驳辩而假定其真确性，是另一回事。当法律或公众情绪不允许对一个意见的真确性有所争辩时，对意见的真确性本身就是伤害。缄默的结果是使异端意见永远得不到公平透彻的讨论，但一些经不起这种讨论的异端意见也不会因此消失。最大的损害还在那些并非异端者的人，由于害怕异端之称，他们的整个精神发展被限制了，不敢追随任何勇敢、有生气的和独立的思想结果。在精神奴役的气氛中，从来没有而且也永不会有智力活跃的人民。只要哪里存在着凡原则概不得争辩的暗契，只要哪里所谓争论是避开了那些大而重要足以燃起热情的题目，人民的心灵就永不会从基础上被搅动起来，人们永不会享有思想动物的尊严。

这话说得既直白、又深刻，是对言论自由的最清晰的简述，堪称至理名言。中国古代贤哲也反对限制人的言论自由，因为认识到“防民之口，甚于

① 蒋冬梅，“为什么需要言论自由?”《读书》杂志，2006年第11期。

防川”[1]，“君臣之义已定，中外之口难防”[2]。可见，即使在封建皇权专制独裁体制下的有识之士，也认为人们的嘴是很难堵住的。现在倡导的“和谐”，其本意就是“人人有饭吃，人人可说话”。

民主与自由的根本保障体制，就是实行宪政和法治，否则，就会成为没有正常社会秩序的无政府主义。而法治又必须排除等级制和特权，建立在平等公正的基础上。所谓平等，是指政治法律上的平等、社会生活和人格上的平等、公民在谋求利益和自身发展上的机会均等，而不是物质享受和社会责任上的平均或等同。民主和自由，自然包括了保障人权的内容。所谓人权，是指在一定的社会历史条件下每个人按其本质和尊严享有或应该享有的基本权利，就其完整的意义而言，就是人人自由、平等地生存和发展的权利，或者说，就是人人基于生存和发展所必需的自由、平等权利。没有自由、平等作保证，人类就不能作为人来生存和发展，就谈不上符合人的尊严、本性的生存和发展，也就谈不上人权。众所周知，“文革”是肆意践踏人权的疯狂时代，上至国家主席、下至平民百姓，其基本权利都无法得到保证。一方面，对于受害者的遭遇，固然是悲剧，值得同情；另一方面，平反后的受害者如果再反过来报复原来的加害者，则是更大的悲剧，因为它是一种“多年的媳妇熬成婆”的报复性行为，没有任何意义上的进步性。[3] 至于已经离开岗位的“大人物”甚至其没有任何法定职务的家属，都可以随意干预一个单位的人事任命，致使当事人长期经受精神上的折磨与痛苦，固然是这类“大人物”及其家属个人品质的问题，但本质上还是一个个人人权没有保障的问

① 《国语·周语（上）》：“防民之口，甚于防川，川壅而溃，伤人必多，民亦如之。是故为川者，决之使导；为民者，宣之使言。”

② （清）王照，《方家园杂咏记事诗》：“戊戌八月变后，太后即拟废立，宣言上病不起，令太医捏造脉案，遍示内外官署，并送东交民巷各国使馆。各使馆侦知其意，会议荐西医入诊，拒之不可。荣禄兼掌外务，自知弄巧成拙。又尝以私意阴示刘忠诚公（两江总督刘坤一），忠诚复书曰：‘君臣之义已定，中外之口难防。坤一为国谋者以此，为公谋者亦以此。’荣禄悚然变计，于是密谏太后，得暂不动。”

③ “文革”时的造反派领袖蒯大富回忆：“我刑满后，有一年调到北京工作，当时全家都已经来北京了。据说王光美知道后，给陈希同打电话，说我对老同志有刺激。陈希同就下令，把蒯大富驱逐出北京。”（蒯大富口述，米鹤都整理，“清华批斗王光美始末”，《炎黄春秋》，2013 年第 3 期。）

题。个人品德再好，也不过是一种私德；而保障人权，则属于公德。梁启超在其《新民说》中就说过类似的观点："私德成就个人，人权成就国家。"[①]

"黑夜给了我黑色的眼睛，我却用它寻找光明。"[②] "君臣关系"是黑暗的封建社会的遗留物，"民主宪政"则是历史给了我们一双寻找"光明"的"眼睛"。狭义地讲上下级间的合作共事，也要以保障民主和人权的宪政作为制度基础，这样才会有独立的人格和应该享有的基本权力，才可以从根本上杜绝"人为刀俎，我为鱼肉"的专制独裁体制下的人身依附关系，正常的上下级之间的关系才不会"异化"为专制独裁体制下的"君臣关系"。

① 《新民说》是梁启超在1902年至1906年期间用"中国之新民"的笔名，发表在《新民丛报》上的二十篇政论文章，后收入《饮冰室合集》(中华书局，1936年)。

② 顾城，"一代人"，《一代人·远和近》，长江文艺出版社，2008年8月版。

视听第三

广开言路：当政者达到多闻的大环境
众口铄金：当政者关注沉默的少数人
见微知著：当政者未雨绸缪的真功夫

【原文】

视听之政，谓视微形、听细声。形微而不见，声细而不闻，故明君视微之几，听细之大，以内和外，以外和内。故为政之道，务于多闻，是以听察采纳众下之言，谋及庶士，则万物当其目，众音佐其耳。故经云："圣人无常心，以百姓为心。"目为心视，口为心言，耳为心听，身为心安。故身之有心，若国之有君，以内和外，万物昭然。观日月之形，不足以为明；闻雷霆之声，不足以为聪。故人君以多见为智，多闻为神。夫五音不闻，无以别宫商；五色不见，无以别玄黄。盖闻明君者常若昼夜，昼则公事行，夜则私事兴。或有吁嗟之怨而不得闻，或有进善之忠而不得信。怨声不闻，则枉者不得伸；进善不纳，则忠者不得信，邪者容其奸。故《书》云："天视自我民视，天听自我民听。"此之谓也。

【译文】

所谓视听，就是要观察微小的现象，听取轻细的声音。微小的现象不容易被看见，轻细的声音很难于被听到，因此，贤明的君主才需要见微知著、听细见大，进而上下沟通、内外协调。处理政务的原则，就在于君主学识广博，广泛听取不同意见，经过考察后择善而从，遇到事情后与众人共同商量，这样，万事万物都像在自己的眼前那么清楚，各种声音都像在自己的耳边那么响亮。《道德经》中说："圣人没有固定不变的意志，而是以百姓的意志为意志。"人的内心世界，可以通过眼睛来观察、嘴巴来述说、耳朵来倾听、形体来表达。内心之于身体，就犹如君主之于国家，内外协调、上下和谐，万事万物的本质就显而易见了。如果只能看到日月的形象，不能说明自己的视觉良好；只能听到响雷的声音，不能说明自己的听觉灵敏。君主要多多观察事物，才称得上明智；时时听取意见，才算得上神奇。如果不去听宫、商、角、徵、羽这五种音调，不去看赤、青、黄、白、黑这五种颜色，那么就无法分辨它们之间的细微差别。贤明的君主常常夙兴夜寐，白天处理日常事务，夜晚进行私下察访。即使这样，仍然担心听不到百姓的怨叹之声，不采纳臣子的忠善之言。听不到怨叹之声，百姓的冤屈就得不到伸张；不采纳忠善之言，臣子的忠诚就得不到信任，邪恶伪善的行为就会趁机大行其道。《尚书》中"上天所看到的就是老百姓所看到的，上天所听到的就是老百姓所听到的"，说的就是这个道理。

【解读】

视听的本意是视觉与听觉，"夫唯能使人之耳目，助己视听；使人之唇吻，助己言谈"①。在文学家的笔下，视听可以使人得到精神上的享受，"仰观宇宙之大，俯察品类之盛，所以游目骋怀，足以极视听之娱，信可乐也"②。在政治家的嘴里，说出的话就没有文学家那样的轻松与惬意了，而是增添了不少忧国忧民的沉重感，比如，"臣悦所论，粗表其大事，以参得失，以广视听也"③；"舜广开视听，求贤为辅"④；"臣以此知明主务广视听，深防蔽塞"⑤。诸葛亮是政治家，用"视听"作为这篇文章的标题，是对当政者的自我要求。

---

① 《墨子·尚同（中）》。

② （晋）王羲之，《兰亭序》。

③ （汉）荀悦，《汉纪·平帝纪》。

④ （唐）苏鹗，《苏氏演义》（卷下）。

⑤ （宋）苏轼，《转对条上三事状》。

广开言路：当政者达到多闻的大环境

这篇文章的核心论点是“为政之道，务于多闻”，方法是君主要端正对视听的态度，提高视听的能力。文章不仅泛泛地说明了解下情的重要性，而且要求君主“视微形、听细声”，体察尚未显露的细小苗头，并能由其看出事物的本质，发现隐患；听取极微小的意见，从而发现重大的问题。文章主张“听察采纳众下之言，谋及庶士”，“天视自我民视，天听自我民听”，要求君主善于听取百姓意见，问政于民，认为百姓才是正确意见的源泉。当政者要有这种理念与气度，首先就要广开言路。

诸葛亮对广开言路的重要性有着清醒的认识，他在《出师表》中告诫刘禅：“诚宜开张圣听，以光先帝遗德，恢弘志士之气，不宜妄自菲薄，引喻失义，以塞忠谏之路也。”诸葛亮本人在这方面做出了表率。他在晚年曾回顾自己与蜀汉政权几位重要大臣合作共事的往事，“事有不至，至于十反”[①]，他与这几个人的合作关系“终始好合”[②]，可见他们是君子之交，而不是利益之交。

其实，只要稍有头脑的从政者，没有谁不明白广开言路的道理的。西汉时期的政论家贾山曾经向汉文帝进谏[③]，“地之美者善养禾，君之仁者善养士”，善养士的主要表现就是“开道而求谏，和颜色而受之，用其言而显其身”，否则，“士犹恐惧而不敢自尽”，君主便会“纵欲恣行暴虐，恶闻其过”了。如果君主不虚心纳谏，而是以势压人，“震之以威，压之以重”，那么“虽有尧舜之智，孟贲之勇，岂有不摧折者哉?”如此，君主就听不到自己的

---

① （三国）诸葛亮，《与群下教》：“夫参署者，集众思广忠益也。若远小嫌，难相违覆，旷阙损矣。违覆而得中，犹弃敝蹻而获珠玉。然人心苦不能尽，惟徐元直处此不惑，又董幼宰参署七年，事有不至，至于十反，来相启告。苟能慕元直之十反，幼宰之殷勤，有忠于国，则亮可少过矣。”

② 诸葛亮，《又与群下教》：“昔初交州平，屡闻得失，后交元直，勤见启诲，前参军于幼宰，每言则尽，后从事于伟度，数有谏止。虽资性鄙暗，不能悉纳，然与此四子终始好合，亦足以明其不疑于直言也。”

③ 《汉书·艺文志·至言》。

过失了，“弗闻，则社稷危矣”。其实，君主的过错是明摆着的，而且也无法阻止别人的议论，“庶人谤于道，商旅议于市”。如果君主听到自己的过失，而且“闻其过失而改之，见义而从之”，那么就可以永保江山社稷，“所以永有天下也”。因此，贤明的君主应当“举贤以自辅弼，求修正之士使直谏”，真正做到“商人庶人诽谤已而改之，从善无不听也”。贾山将广开言路讲得头头是道，汉文帝读得津津有味，认为确实可行，于是采取了很多广开言路的措施。正是文帝及其继任者景帝的虚心纳谏，才会有彪炳史册的“文景之治”[①]。

中国历代的政论家们总是拿广开言路的明君、贤君与闭塞言路的昏君、暴君做比较；历代的明君和贤臣，也都或多或少地提倡广开言路，纳谏听议；而昏君、暴君则总是想方设法不让别人指出自己的过失，尤其讨厌别人对自己的“诽谤”，关于这一点，人们总是会拿周厉王作为典型例子[②]。

在周厉王统治时期，各种社会矛盾进一步激化，统治危机日益严重。周厉王重用“好专利而不知大难”的荣夷公和虢公长父等佞臣，对内封山占水，垄断了山林川泽的一切收益，禁止老百姓采樵、渔猎，断绝了广大人民群众的生计；对外兴师动众，征伐邻国，不断加重老百姓的负担。《左传》称厉王为“王心戾虐，万民弗忍”[③]。他的倒行逆施和横征暴敛，引起了广大人民的强烈不满，朝野上下危机四伏、民怨沸腾，“厉王虐，国人谤王”，这自然引起召公这样的有识之士的忧虑，于是“召公告曰：‘民不堪命矣！’”周厉王不仅不听劝，反而恼怒，“得卫巫，使监谤者，以告，则杀之”，派人监督散布不满言论的人，于是“国人莫敢言，道路以目”，大家见面都不敢说话了，只能四目以对。这样一来，周厉王高兴了，对召公说“吾能弭谤矣，乃不敢言”。周厉王的蠢举，搞得召公哭笑不得，但也没有更好的办法，只能是讲一些大道理：

---

① 西汉文帝、景帝两代四十年左右的时间，朝廷推崇黄老治术，采取“轻徭薄赋”、“与民休息”的政策，政治稳定，经济发展，历来被视为封建社会的“盛世”，史称“文景之治”。

② 《国语·周语·召公谏厉王弭谤》。

③ 《左传·召公二十六年》：“至于厉王，王心戾虐，万民弗忍，居王于彘。诸侯释位，以间王政。”

防民之口，甚于防川。川壅而溃，伤人必多，民亦如之。是故为川者决之使导；为民者宣之使言。故天子听政，使公卿至于列士献诗，瞽献曲，史献书，师箴，瞍赋，蒙诵，百工谏，庶人传语，近臣尽辨，亲戚补察，瞽史教诲，耆艾修之，而后王斟酌焉，是以事行而不悖。民之有口，犹土之有山川也，财用于是乎出；犹其有原衍沃也，衣食于是乎生；口之宣言也，善败于是乎兴。行善而备败，所以阜财用衣食者也。夫民虑之于心，而宣之于口，成而行之，胡可壅也？若壅其口，其与能几何？

召公说得很明白，堵住百姓的口比防止河水涌流更困难。河水堵塞而冲破河堤，受到伤害的人一定很多；百姓也是如此。所以治理河道的人要疏通它，让它畅通；治理百姓的人要开导他们，让他们说话。百姓有嘴就如同大地有山川一样，财物从这里出来；好像土地有高原、洼地、平原，百姓衣食的资源都从这里出来。由于百姓发表言论，国家政事的好和坏才能体现出来。百姓认为好的就加以实行，百姓认为不好的就加以防范，这样才能使百姓的财用衣食大大增加。老百姓心中担忧的事情，他们考虑成熟后就自然从口中说出来，并且会付诸行动，怎么能堵得住呢？如果堵住了他们的口，能有几个人拥护你呢？

召公把道理讲得清清楚楚，将危害说得明明白白，但周厉王就是听不进去，“王弗听”，于是“国人莫敢出言。三年，乃流王于彘”，三年之后便将周厉王放逐到彘那个地方去了。

我们从周厉王被放逐的历史教训中得到的最大启示，就是要“敬畏民意”。在周厉王的那个时代，民意是如此的“可畏”；在当今世界民主潮流浩浩荡荡的大环境中，民意不仅“可畏”，而且“可敬”，因为它体现了“主权在民”，是对“君权神授”的专制意识的一种强烈的“反动”。有学者对此作了精辟的论述[①]：

在中国传统的民本政治条件下，最高权力属于帝王或其他统治者；人民是臣民，而不是主人。在中国现行的民主政治条件下，最高权力本来就属于人民；人民是公民，是国家的主人。在民本政治

① 俞可平，“敬畏民意”，《共识网》，2011年1月26日。

下，民意只是工具；统治者重视民意是为了维护自己的权益。只有在民主政治下，民意才成为价值，执政者重视民意，是为了维护公民的权益。只有民主政治，才能为自由、平等、人权等公民政治权利提供基本的制度环境。离开民主去谈论自由、平等、人权，就像离开市场经济去谈论自由贸易一样不得要领。如果大多数公民的合法权益得不到有效的保护，人民就有权收回委托给执政者的权力。能否从制度上保证民意的向背成为执政者权力去留的决定性因素，是“权为民所用”、“权为民所赋”和“权为民所有”的试金石，也是民主政治的试金石。敬畏民意！这应当成为民主共和政治下所有官员的基本态度。人民至上！这应当是党和国家全部政策的根本原则。

“敬畏民意”就要体现在广开言路，其实质是听取不同意见、特别是反面的批评性意见。2013 年 2 月 6 日下午，习近平与党外人士共迎新春时说了一段话：“对中国共产党而言，要容得下尖锐批评，做到有则改之、无则加勉；对党外人士而言，要敢于讲真话，敢于讲逆耳之言，真实反映群众心声，做到知无不言、言无不尽。”[①]“容”有“宽容”、“包容”和“容忍”的本义，还有“装进去”的引申义。只有具有道德的崇高性和事业的正义性的人或组织，才具有“容得下尖锐批评”的气度。这种道德的崇高性与事业的正义性，毛泽东曾经做过精辟的论述[②]：“我们共产党人区别于其他任何政党的又一个显著的标志，就是和最广大的人民群众取得最密切的联系。全心全意地为人民服务，一刻也不脱离群众；一切从人民的利益出发，而不是从个人或小集团的利益出发；向人民负责和向党的领导机关负责的一致性；这些就是我们的出发点。共产党人必须随时准备坚持真理，因为任何真理都是符合于人民利益的；共产党人必须随时准备修正错误，因为任何错误都是不符合于人民利益的。……以中国最广大人民的最大利益为出发点的中国共产党人，相信自己的事业是完全合乎正义的，不惜牺牲自己个人的一切，随时

① 习近平：对中国共产党而言要容得下尖锐批评，《中国广播网》，2013 年 2 月 7 日。

② 毛泽东，《论联合政府》(1945 年 4 月 24 日)。

准备拿出自己的生命去殉我们的事业，难道还有什么不适合人民需要的思想、观点、意见、办法，舍不得丢掉的吗？难道我们还欢迎任何政治的灰尘、政治的微生物来玷污我们的清洁的面貌和侵蚀我们的健全的肌体吗？无数革命先烈为了人民的利益牺牲了他们的生命，使我们每个活着的人想起他们就心里难过，难道我们还有什么个人利益不能牺牲，还有什么错误不能抛弃吗？”他还说①：“因为我们是为人民服务的，所以，我们如果有缺点，就不怕别人批评指出。不管是什么人，谁向我们指出都行。只要你说得对，我们就改正。你说的办法对人民有好处，我们就照你的办。”毛泽东虽然没有说出“容得下尖锐批评”这几个字，但字里行间表达出“容得下批评”的意思。培根说：“研究真理，认识真理和相信真理，那是人最崇高的美德。”②如果听不到别人的批评意见，就没有“修正错误”的可能，那么也就谈不上“坚持真理”了。须知真理是不能被任何人所垄断的，只能是“愈辩愈明”，而“辩论”的基本方式就是要有人提出批评意见，这些批评意见当然也不是信口开河，而是批评者有着自己的间接或直接实践体验的。当然，也有人认为“真理愈辩愈糊涂”③④，但这只能是少数人的独特体会吧，不能作为指导大多数人行为的“通则”。假如不把一块石头进行打磨，那么它作为美玉的特征是不会轻而易举地向人们展现出来的；假如不对一块燧石进行敲打，那么它是不会发出灿烂的光辉的⑤。这也正是爱因斯坦引用德国诗人莱辛的

① 毛泽东，《为人民服务》（1944 年 9 月 8 日）。

② （英），弗兰西斯·培根著，《培根随笔集·论真理》，张和声译，花城出版社，2004 年 5 月版。

③ 列夫·托尔斯泰，《生活之路》：“真理从来不会愈辩愈明，辩论只会把问题搞得越来越糊涂。真理那么明朗，不用辩论也能知道。”

④ 季羡林，《季羡林谈人生》，武汉出版社，2011 年 8 月版。“学者们常说：‘真理愈辩愈明。’我也曾长期虔诚地相信这一句话。但是，最近我忽然大彻大悟，觉得事情正好相反，真理是愈辩愈糊涂。歌颂我们的国家是爱国，对我们国家的不满也是爱国，这是我的看法。”

⑤ 卡尔·马克思，“第六届莱茵省议会的辩论（第一篇论文）”，“最好是把真理比做燧石，——它受到的敲打越厉害，发射出的光辉就越灿烂。”（《马克思恩格斯全集》第 1 卷，人民出版社，1956 年版，第 87 页。）

“追求真理比占有真理更加难能可贵”[①] 的道理。

物必自腐而后虫生，人必自尊而后人尊。对我们提出尖锐批评的人，我们只接受其意见，而不过问其动机。对我们有恶意的人批评我们，只能促使我们改正缺点而使他们感到失望；对我们有善意的人批评我们，更能帮助我们改进工作而让他们充满希望。如果我们对自己所选择的道路有自信，我们就不怕别人对我们的道路指手画脚；假如有时候我们真的走进了歧路岔口，别人的批评可以帮助我们迷途知返，继续保持方向的正确。如果我们对自己所遵循的理论有自信，我们就不怕别人对我们的理论评头论足；假如有时候我们真的陷入了教条主义，别人的批评可以帮助我们正本清源，不断弥补理论的缺陷。如果我们对自己所创设的制度有自信，我们就不怕别人对我们的制度说三道四；假如有时候我们真的陷入了封闭僵化，别人的批评可以帮助我们革故鼎新，适时赋予制度的活力。

前文引述的习近平的讲话中，他用了一个“敢”字。对于提意见者来说，“敢”与“不敢”只是一个个人的道德勇气和政治勇气问题；对于听取意见者来说，则不能单方面地要求对方“敢”，而是要主动创造一个使对方“敢”的环境，这样才能使意见的表达经常化、制度化。当政者要想多闻，需要从三个维度来营造一个相应的大环境。

首先，要把听取意见当作自己的一项必须做的工作，绝不能可有可无。对于别人的批评意见，不管愿意不愿意、高兴不高兴，必须要听；不管想不想容、能不能容，必须要容，否则就是防民之口，就是堵塞忠谏之路，就是“周厉王弭谤”的蠢举。听取批评之声不能止于“宽容”，要真心听、听进去。那种假装“听进去”，或者假装“没听见”的文过饰非、讳疾忌医，只能误人误已，令批评者失望。[②] 害怕批评是怯懦，不让批评是幼稚，经得住批评、容得下批评才是品德与修养。当政者一定要把自己的心扉敞开去听取不同的声音，尤其要听取不好听的声音。尖锐批评当着你的面说出，自然是不好听的。其实，可怕的不是尖锐批评，而是没有一点儿批评，鸦雀无声，

① 爱因斯坦非常喜欢莱辛的这句名言，经常用这句话教育学生，同时也引为自己的座右铭，终生奉行。

② 梁伟涛，“容得下尖锐批评说给谁听？”《四川在线》，2013 年 2 月 16 日。

一片逢迎之声决不是政治开明的征兆。[1] 对于当政者来说，只有容得下尖锐批评，才能从逆耳之言中发现自己工作中存在的问题，并坦然正视问题，然后才能找出解决问题的切实办法。这既是一种高度的政治智慧，也是一种宽广的政治雅量，更是一种深厚的政治修养。哪怕贤明如唐太宗李世民，如果一听到批评意见，或者不合己意的意见，就要本能地诘难、辩解，那就不是真正的广开言路。[2]

其次，提出批评是公民的权利，应受宪法和法律保护。公民表达内心的诉求，除了正面表达自己的要求之外，对官员提出批评意见是天经地义的权利，没有任何个人或公权有权利对公民表达诉求进行惩罚。公共的话语边界不在权力的意志里，而在法律的规章中；批评官员的限度，标示着国家的民主尺度[3]。假如不能通过正当的法律手段把当政者的“老虎头”关进权力的“笼子”里，那么是没有什么人敢于摸这只老虎的屁股的。上世纪五、六十年代，民主人士章乃器和毛泽东、刘少奇都曾经手持《宪法》为自己做过辩护。无论是普通公民，还是党的领袖和国家元首，都应受法律的保护，这是法治国家的根本底线。[4] 可以肯定，刘少奇当年在蒙受屈辱及落难以后一定

---

① 吴兴人，“容得下尖锐批评是一种政治智慧”，《东方网》，2013 年 2 月 18 日。

② 《贞观政要·纳谏第五》：“贞观十八年，太宗谓长孙无忌等曰：‘夫人臣之对帝王，多顺从而不逆，甘言以取容。朕今发问，不得有隐，宜以次言朕过失。’长孙无忌、唐俭等皆曰：‘陛下圣化道致太平，以臣观之，不见其失。’黄门侍郎刘洎对曰：‘陛下拨乱创业，实功高万古，诚如无忌等言。然顷有人上书，辞理不称者，或对面穷诘，无不惭退。恐非奖进言者。’太宗曰：‘此言是也，当为卿改之。’”

③ 钱桂林，“容得下尖锐的批评，拓展民主标尺的宽度”，《东北新闻网》，2013 年 2 月 18 日。

④ 上世纪 50 年代反右运动中，章乃器手持《宪法》当面质问刘少奇：“公民权利何在?”刘不予理睬。1964 年 12 月 28 日，毛泽东在一次会议上手拿《党章》和《宪法》：“我们这些人算不算中华人民共和国的公民？如果算的话，那么有没有言论自由？准不准许我们和你们讲几句话？我是党员，我是公民，你们一个不让我参加党的会议，违反党章，一个不让我发言，违反宪法。”1967 年 8 月 5 日，刘少奇遭到造反派的殴打后，愤怒至极，从身上掏出一本《中华人民共和国宪法》抗议说：“我是中华人民共和国主席！你们怎样对待我个人，这无关紧要。我要捍卫国家主席的尊严。谁罢免了我的国家主席？要审判，也要通过全国人民代表大会。你们这样做，是在侮辱我们的国家……”然而，在没有权力制衡的国家制度中，宪法抵挡不了“红宝书”，这就是连这位国家主席也不得不面对的现实。

思考过，是什么东西造成了他眼前的这种局面？他自己是否也曾为这个局面出过力？当年庐山会议上彭大将军为遭受苦难的国民鼓与呼而受到错误对待时，他和他的战友们为何不拿出《宪法》为真理在握的彭德怀提供保护？试想，如果《宪法》连一个政党的主席和国家主席的权益都无法保障，那么《宪法》的尊严何在？作用何在？那就是既没有法律，更没有道德；既没有秩序，更没有和谐。习近平在纪念“82宪法”实施30周年大会上指出[①]，“宪法是成文的道德，道德是内心的法律”；“宪法的根基在于人民发自内心的拥护，宪法的伟力在于人民出自真诚的信仰”；“宪法的生命力在于实施，权威也在于实施”。中共十八届四中全会通过的《中共中央关于全面推进依法治国若干重大问题的决定》更是明确了“坚持依法治国首先要坚持依宪治国”、“坚持依法执政首先要坚持依宪执政”，这就是毫无疑义的宪政方针。有宪法必有宪政，无宪政，宪法也不神圣。[②]

第三，被批评者要对批评的内容公开做出回应。当政者不仅要容得下尖锐的批评，而且还要把批评内容公开透明，让社会来监督采纳和执行的实际效果。如果不公开透明，那只能是老虎屁股摸不得，官报私仇就是一种必然的逻辑了。把批评的内容公开透明，让社会大众来监督或评判是非曲直，自然比靠少数人的“思想觉悟”和“人格魅力”更为可靠、有效。假如批评者的批评意见是错的，甚至是违法的，那么，由批评者承担相应的道义和法律责任，这也是天经地义的。2012年12月上旬，媒体广泛报道的《财经》杂志副主编罗昌平实名举报原国家能源局局长刘铁男[③]，不论刘铁男有没有问题，罗昌平的这个权利应当受到保护。如果举报严重失实，由罗自己承担法律责任和道德责任。

---

① 习近平，“在首都各界纪念现行宪法公布施行30周年大会上的讲话”，2012年12月4日。

② 胡德平，“破解《旧制度与大革命》之问”，《汉网》，2013年8月11日。

③ 张鹭，曲艳丽，凌馨，“中国式收购：一名部级高官与裙带商人的跨国骗贷”，《罗昌平新浪博客》，2012年12月6日。2013年5月，刘铁男因涉嫌严重违纪，接受组织调查，并被免去领导职务；2014年9月24日，河北省廊坊经济技术开发区人民法院审判庭公开审理刘铁男受贿案；2014年12月10日，刘铁男一审被判无期徒刑，剥夺政治权利终身。

众口铄金：当政者关注沉默的少数人

视听有两个维度，一个是用眼睛看，一个是用耳朵听。为了发挥这两个维度的作用，还必须有第三个重要的维度，就是用嘴巴问。前两个维度是当政者的生理本能，有人存在，就应该看到；有人说话，就应当听到；第三个维度则是对当政者的理念、态度和胸怀的严峻考验。

多闻，首先落脚在“多”，最重要的“多”就是表现在听群言，就是听大多数人的意见。但是，当政者与大多数老百姓直接接触的机会不可能太多，大多数情况下是听幕僚的意见，这些幕僚除了反映自己的意见外，更要反映他们所代表的群体的意见，他们自己的意见也应该来源于大多数老百姓。听群言，才会有效避免偏听偏信，此所谓兼听则明，偏信则暗。

多闻，要立足于“真”，就是想办法听到老百姓真正的意见，而不能只是一些谄媚和恭维之言，以及受到某种有形或无形压力之下的违心之言。2011 年 10 月 3 日和 4 日两天，温家宝考察浙江的绍兴和温州，与两地企业家开了三场座谈会。温家宝说：“我这次来就是为了解决问题。大家不要说套话、客气话，要直奔主题。提建议意见也行，探讨争论也行。但希望大家如实讲情况，说实话。”本来开会就要说实话，但主持会议的总理对大家能否说实话都没有信心，还需要专门鼓励大家说实话。这就意味着，他如果不鼓励大家说实话，那么与会者可能说一些假话，他听到的当然就有假话，而根据假话做出的决策，其效果不是饮鸩止渴又会是什么呢？因此，想要听真言，当政者倡导风气固然重要，但如果没有一套法律制度的保护和约束，那么这种说真言、听真言的风气是不可能持久的。[①]

“真”是相对于“假”而言的，真与假应该像“矛”与“盾”一样，“不可同世而立”[②]。“在大多数国家，都是讲真话比较容易，既不需要勇气，也

---

① 李斌，金波，“认清形势，坚定信心，巩固经济发展好势头”，《浙江日报》，2011 年 10 月 6 日。

② 《韩非子・难一》：“夫不可陷之盾与无不陷之矛，不可同世而立。”

不需要牺牲。而讲假话则需要很大的勇气，因为你骗人要承担后果，搞不好就要身败名裂。可我们正好相反，讲假话很容易，张口就来，天天讲月月讲，脸不红心不跳。而讲真话需要极大勇气，甚至需要冒坐牢的风险。这种真假颠倒的实质，是是非的颠倒。”[①] 正是由于这种颠倒，才有人为了现实的目标而说出“谁不说假话，谁就得垮台”[②] 的惊人之语。

关于假话所带来的恶果，尼古拉·雷日科夫在总结苏联垮台的教训时作了十分沉痛的反思：“我们监守自盗，行贿受贿，无论是在报纸上，还是在新闻上，还是在讲台上，都是谎话连篇。我们一方面沉溺于自己的谎言，一方面为彼此佩戴勋章，所有人都这么干，从上到下，从下到上!”[③] 被誉为“俄罗斯的良心”的作家索尔仁尼琴针对苏联社会的情况说过这样一句令人警醒的话：“谎言是这个国家的支柱。在这个世界上，最令人悲哀的莫过于一个民族的文学生命被暴力所摧残。它不单是禁止舆论自由，而是强制性地桎梏一个民族的心灵，并根除其记忆。在这种情况下，整个民族就如同行尸走肉。”[④] 为什么出现这种恶果？就是因为没有、也不愿意去倾听大多数人的意见，就是不愿意“多闻”。多闻，一定要了解大多数人在想什么、说什么，而不能只听周围人的意见；一定要听由衷的真话，而不是违心的话；当政者自己一定要说真话、实话，而不能说假话、谎话。这就需要有一种在宪法框架保护之下的民主氛围。

“多数人”与“少数人”是相对而言的，有时从表现上看是矛盾的，其实在本质上是一致的。已故著名作家王小波写过这么一段话[⑤]：

> 在我周围，像我这种性格的人特多——在公众场合什么都不说，到了私下里则妙语连珠，换言之，对信得过的人什么都说，对信不过的人什么都不说。起初我以为这是因为经历了严酷的时期(文革)，后来才发现，这是中国人的通病。龙应台女士就大发感

① 白岩松，《幸福了吗?》，长江文艺出版社，2010年9月版。

② 北大、清华编，《林彪与孔孟之道材料之一》，1973年12月。

③ 袁刚，“改革的手术刀应挥向那里——谈中共十八大后中国的改革走向”，《法律教育网》，2013年1月15日。

④ 赵进斌，“没有真相，何来虚无?（下）”，《共识网》，2013年1月27日。

⑤ 王小波，《沉默的大多数》，中国青年出版社，1997年10月版。

概，问中国人为什么不说话。她在国外住了很多年，几乎变成了个心直口快的外国人。她把保持沉默看作怯懦，但这是不对的。沉默是一种人类学意义上的文化，一种生活方式。它的价值观很简单：开口是银，沉默是金。

“沉默”就是不愿意发表意见，或者心里愿意但在行动上没有把这种意愿表达出来，因此最终的结果仍旧是“沉默”。王小波把沉默看作是一种文化和生活方式，“家教和天性谨慎”是他“变得沉默的起因”。那么，何为多数人、何为少数人呢？在王小波看来，沉默的是大多数人，而“在公共场合喋喋不休”的人才是少数人。“沉默”的一个好处是可以学习，而“不光是在书本上学习”，这种在“沉默中学习”正是他的“人性尚存的主因”，“从话语中，你很少能学到人性，从沉默中却能”，“假如还想学得更多，那就要继续一声不吭”。

王小波的头上被别人贴了一个“自由主义”的标签。所谓“自由主义”，简单又简单地理解，就是想说话就说嘛，何必那么多顾虑和弯弯绕？从这个角度来理解“自由主义”，我不知道这是“多数”还是“少数”？但即使是“少数”，也还是有一些道理的，因为它毕竟与“和谐”有点类似的意味。我们的先人造字是很有讲究的，就以这个“和谐”来说，真是把中国象形文字的精髓表现得淋漓尽致。按照《说文解字》的解释，“和”的本义是风调雨顺。“和”的左边是“禾”，是粮食的意思；右边是“口”，指的是人的嘴，“和”的意思就是人人有饭吃。“谐”，是“言”字旁，说话的意思；右边是一个“皆”，指的是“所有人”，“谐”就是指所有的人都可以说话。因此，简单地说，所谓“和谐”，就是吃饱肚子自由地说话；往深里说，“和谐”就是要满足人们的物质需求与精神需求。由此看来，怎么说话、对谁说话、说什么话，还真的不仅仅是人的本能，而是一门大学问。

有一个成语叫做“众口铄金”，意指众人的言论能够熔化金属，比喻舆论影响的强大，众口同声可以混淆视听。这个“众口”的字面意思是指一个群体中的大多数，这个“大多数”并不沉默；而王小波则对沉默的“大多数”予以关注。现实生活中的现象往往是“众口铄金难铄真”，大多数人喋喋不休说出的话，未必一定是真话，更不一定代表真理。恰恰相反，那些沉默的“少数人”，平时不声不响，一旦发声，也许就会振聋发聩，而不管这些人的意见是正确还是错误。我们可以分几种情况来具体分析。

一是会叫的孩子有奶吃。处世之中，以弱示人，能最大限度地激发别人的同情心，从而让人对你格外恩惠。话说回来，属于自己的东西真的应该争取，你不叫，不争取，谁也不会想到要给你，你自己都不叫，我干吗傻傻的给你，无形中增加自己的成本。这是两种价值观的冲撞。

二是恶人先告状。侵犯别人的人，往往倒打一耙，先行诬告。鲁迅说："经我强硬的答复，没法对付，便用最终的毒计，就是以退为进，先发制人，亦即所谓'恶人先告状'也。"[①] 这也是一种常见的社会现象，由此带来的另外一个"副产品"就是容易先入为主、偏听偏信。

三是多数人"绑架"少数人。大多数人的意见，常常会对少数人产生一种无形的"威慑力"，进而产生一种"从众"的社会心理即"羊群效应"[②]。有一个典型的例子可以说明这种"羊群效应"，说的是某一个国家的民众举行抗议活动，一名警察逮捕了一名青年男子后对他说："如果你们有 100 人，我们将用棍子打趴你们。如果你们有 1000 人，我们就用催泪弹。如果 1 万人上街游行，我们将站在那里注视。但如果有 10 万人出现，我们将加入你们的行列。"[③] 这是一张多么富有诗意的"政治脸谱"啊！事实上，"羊群效应"告诉我们，许多时候，并不是谚语说的那样——"群众的眼睛是雪亮的"，而是人们喜欢凑热闹、人云亦云，普通大众往往容易丧失基本判断力。

上述前两种情况属于沉默的"大多数"，后一种情况属于无所适从的"少数人"。社会生活中常常有第三类情况：真理掌握在少数人手里。这种说法一般情况下是不正确的，因为大多数人的共同看法往往是对的。但是，在一些特殊领域，尤其是在科技界，往往少数人是对的。因此，在科学和技术领域，一定要关注少数人的意见，因为少数人往往在这些领域具有专门的知识和经验，掌握着某些真理。关于这个方面，我讲一个自己亲身经历的

---

① 鲁迅，景宋，《两地书》，人民文学出版社，2006 年 12 月版。

② 羊群是一种很散乱的组织，平时在一起也是盲目地左冲右撞，但一旦有一只羊动起来，其它的羊也会不假思考地一哄而上，全然不顾前面可能有狼或者不远处有更好的草。因此，"羊群效应"就是比喻人都有一种从众心理，很容易导致盲从，往往会陷入骗局或遭到失败。

③ 楼主"盛世恐龙"在《天涯社区》发表的一篇文章，2011 年 12 月 8 日。

例子。

我在一个企业工作期间，由于主营业务的特殊性，需要在公司层面成立一个专门针对安全和技术问题进行咨询和决策的委员会。有一次，在路上碰到其中的一位委员，他说，这个委员会已经有10个委员了，还需要再找到一位，这样就是单数了。我问道："这个委员会的决策是少数服从多数吗?"他先是一愣，随即明白了我的意思。我虽然不知道具体的决策流程，但凭常识判断，这类技术问题的决策原则绝不能是少数服从多数，而恰恰相反，往往大多数委员需要听取少数（有时甚至只有一位）委员的意见，因为也许正是少数委员反而对某一个具体的技术问题有着专门的研究而具有发言权。大多数委员的职责是对少数人提出的意见进行咨询和质疑，委员会主席的职责是对少数人的意见正确与否做出判断。试想，如果这类委员会的决策流程是少数服从多数，那么错误决策的概率一定会很高。

与此类似，1993年全国人大全体会议对三峡工程进行投票决策，事后有人说，投反对票的人中，恰恰多数是水利工程的内行。那么，大多数人投票赞成的动机是什么呢？说穿了，是一种"从众心理"和"惟上心理"在起作用，大多数人、尤其是高层领导希望上三峡工程，以便早日实现毛泽东的"高峡出平湖"的遗愿，于是跟着大多数人投了赞成票。投反对票的少数专家的动机是出于自己对相关专业知识的掌握以及对工程复杂性、一旦发生灾难的后果严重性的清醒认识。但是，由于当时的决策规则是少数服从多数，因此少数人的意见就这样被否决了。至于三峡工程到底产生了或者会产生什么严重的后果，已经超出了本文的范围，我要说的是，这个决策过程，显然没有关注这些并没有"沉默"的少数人的意见。

英国历史上唯一的女首相、也是英国20世纪连续执政时间最长的首相"铁娘子"撒切尔夫人曾经说过："首相不是一个委员会的主席，不只是收集意见。"她在一次集会上说："想转弯你们自己转弯去吧，撒切尔夫人是不会转弯的。"[①] "铁娘子"的这句话，固然表现出她的果敢决心，在做出重大决策时不搞折衷主义和绥靖主义。但是，任何事物都有两面性，每一个使人取

---

① （英）玛格丽特·撒切尔，《通往权力之路》，李宏强译，国际文化出版公司，2005年11月版。

得成功的因素，也往往是导致其失败的因素。在重大关头，有时需要力排众议，但不是在任何时候、任何场合、任何事情上都要表现出“惟我独尊”和“我说了算”。当年“铁娘子”黯然下台，与她在征收人头税时表现出来的刚愎自用的个性不无关系。

回过头来，再与王小波的《沉默的大多数》作对照，为政者更要关注沉默的少数人，因为这类人往往掌握着真理，他们不开口则已，一开口便是一语中的，这样的意见才更有价值。关注沉默的少数人，这才是视听的题中应有之义，才能不被市虎之言所“绑架”。真理往往掌握在少数人手里，当政者自己在很多情况下就属于这种少数人，虽然孤独，但由于自身承担着重大的责任，因此不但要忍受和承受这种孤独，而且还要负重前行。

见微知著：当政者未雨绸缪的真功夫

一般认为，20 世纪最早看清苏俄本质的中国人是胡适。胡适于 1925 年 10 月给他的朋友、当时著名的政治学者张慰慈写过三封信，表达了他对苏联的一些观感。在第一封信中，胡适简单谈了自己初到苏联的感受，认为中国的“新政客”除了不研究问题、不延揽人才外，还有一个大毛病，就是没有理想，没有理想主义。[①] 在第二封信中还发出这样的感慨：“我们这个醉生梦死的民族怎么配批评苏俄！”[②] 在第三封信中，胡适写道[③]：

> 我这两天读了一些关于苏俄的统计材料，觉得我前日信上所说的话不为过当。我是一个实验主义者，对于苏俄之大规模的政治试验，不能不表示佩服。凡试验与浅尝不同。试验必须有一个假定的计划（理想）作方针，还要想出种种方法来使这个计划可以见于实施。在世界政治史上，从不曾有过这样大规模的“乌托邦”计划居然有实地试验的机会。

---

① 季羡林主编，《胡适全集》（第 3 卷），安徽教育出版社，2003 年，第 49 页。
② 同上，第 50—51 页。
③ 同上。

胡适虽然已经认识到苏联的社会制度是一个“乌托邦”，但他显然认为试验这种“乌托邦”的实践是可佩的。他还谈到一年前没有参加另一位政治学者张奚若发起的一场“仇俄友俄大讨论”的理由：

去年许多朋友要我加入“反赤化”的讨论，我所以迟疑甚久，始终不加入者，根本上只因我的实验主义不容我否认这种政治试验的正当，更不容我以耳为目，附和传统的见解与狭窄的成见。我这回不能久住俄国，不能细细观察调查，甚是恨事。但我所见已足使我心悦诚服地承认这是一个有理想、有计划、有方法的大政治试验。我们的朋友们，尤其是研究政治思想与制度的朋友们，至少应该承认苏俄有作这种政治试验的权利，我们应该承认这种试验正与我们试作白话诗，或美国试验委员会制与经理制的城市政府有同样的正当。这是最低限度的实验主义的态度。至于这个试验的成绩如何，这个问题须有事实上的答案，决不可随便信任感情与成见。还有许多不可避免的困难，也应该撇开；如革命的时期，如一九二一年的大灾，皆不能不撇开。一九二二年以来的成绩是应该研究的。我这回如不能回到俄国，将来回国之后，很想组织一个俄国考察团，邀一班政治经济学者及教育家同来作一较长期的考察。总之，许多少年人的“盲从”固然不好，然而许多学者们的“武断”也是不好的。

这种“乌托邦”试验的后果，现在已经有了结论了，其标志就是苏联的解体，说明胡适当时看到的只是现象而非本质，我们无须赘言。他提到的“试作白话诗”一语，算是中国“五四”时期的一大杰作，涌现出一大批诗人，徐志摩就是其中的佼佼者，被人誉为“新月派”① 的代表人物。一般的

① 现代新诗史上一个重要的诗歌流派，受泰戈尔《新月集》影响。该诗派大体上以1927年为界分为前后两个时期。前期自1926年春始，以北京的《晨报副刊·诗镌》为阵地，主要成员有闻一多、徐志摩、朱湘、饶孟侃、孙大雨、刘梦苇等。他们不满于“五四”以后“自由诗人”忽视诗艺的作风，提倡新格律诗，主张“理性节制情感”，反对滥情主义和诗的散文化倾向，从理论到实践上对新诗的格律化进行了认真的探索。1927年春，胡适、徐志摩、闻一多、梁实秋等人创办新月书店，次年又创办《新月》月刊，“新月派”的主要活动转移到上海，这是后期新月派。它以《新月》月刊和1930年创刊的《诗刊》季刊为主要阵地，新加入成员有陈梦家、方玮德、卞之琳等。

人们对徐志摩的印象是：一个民国时期著名的才子文人，新月派代表诗人。他传奇的婚恋故事被人津津乐道，编成无数文艺作品频频上演。一句话，他就是个浪漫的诗人和情人的代表，他被称为“情圣”。[①] 但是，就是这位一头扎进女人堆里的“情圣”，竟然对当时的苏联社会有着入木三分的看法。1925 年，他在去英国途经莫斯科时写了《欧游漫录》。这是最好的游记之一，不仅文字好，字里行间流露出真性情，而且思想深刻，见识卓远。[②] 他去参观列宁遗体，一进门看到的是一具地球模型，受到了极大的震动，于是写了《血——谒列宁遗体回想》一文，其中有这么一段话：

从北极到南极，从东极到西极（姑且这么说），一体是血色，旁边一把血染的镰刀，一个血染的锤子。那样大胆的空前的预言，摩西见了都许会失色。我觉得这世界的罪孽实在太深了，枝节的改变，是要不到的。人们不根本悔悟的时候，不免遭大劫，但执行大劫的使者，不是安琪儿，也不是魔鬼，还是人类自己。莫斯科就仿佛负有那样的使命。他们相信天堂是有的，可以实现的，但在现世界与那天堂的中间隔着一座海，一座血污海。人类泅得过这血海，才能登彼岸，他们决定先实现那血海。

如果徐志摩当时看到地球仪上那一片“血海”而惊悚，那么我看到他这一段“血淋淋”的文字而惊悚。徐志摩是一位充满着浪漫情调的诗人，人们只知道他写出了很唯美的《再别康桥》，以为只是向自己心仪的美丽女人献媚的靡靡之音，究竟有几个人能从他的诗作中洞见他在政治问题上原来有如此超越时代、超越民族、超越一般人见识的这种见识呢？以诗人的眼睛洞穿了苏俄的主义，也忧心于他对国运的影响，后来历史的发展进程也未出乎他的意料。人们对一个诗人的认识都是如此困难，何况对某一个历史事实、对某一种社会政治制度的认识呢？要做到未雨绸缪，何其缥缈、何其虚幻！最耐人寻味之处在于，在这场思想论争中，不问政治的诗人徐志摩成为古典自由主义原则的守护者，而作为中国自由派知识分子精神领袖的胡适，则因心仪莫斯科“伟大的政治新试验”而成为苏俄革命的同情者。

---

① 海上西北狼的博客，“重新认识徐志摩”，2012 年 3 月 30 日。

② 同上。

人的认识总是在不断地进行深化的，而无论这种深化是对还是错。胡适当年对苏联的认识显然与徐志摩的不一样，而且存在着质的区别。二十多年后，胡适以独特的方式表达了自己认识的深化。1949 年 4 月，胡适为《陈独秀的最后见解》一书作序，认为陈独秀的“最后思想——特别是他对于民主自由的见解，是他‘沈思熟虑了六七年’的结论，很值得我们大家仔细想想。”在这篇很长的序言中，胡适还介绍说：陈独秀认为“史（斯）大林一切的罪恶，那一样不是凭借着苏联自十月以来秘密的政治警察大权，党外无党，党内无派，不容许思想、出版、罢工、选举之自由，这一大串反民主的独裁制而发生的呢?”正因为如此，陈独秀强调斯大林的出现，与苏联反民主的独裁制度有关。不承认这一点，就会陷入“迷信个人轻视制度的偏见”[①]。

关于制度的重要性，许多政要都注意到了，而且说了许多令人耳目一新的话。上世纪 50 年代，苏联领导人赫鲁晓夫在苏共二十大上揭露了斯大林的罪恶。毛泽东说了一段话[②]：

> 斯大林如此严重地破坏法制，这在英、法、美这些西方国家就不可能发生。美国发展快，其政治制度必有可学习之处。我们反对它，只是反对它的帝国主义。到底是一个党好，还是几个党好？看来还是几个党好。共产党要万岁，民主党派也要万岁。

邓小平在总结新中国成立以后特别是“文革”的经验教训时说：“制度好可以使坏人无法任意横行，制度不好可以使好人无法充分做好事，甚至走向反面。”[③] 韩国首位女总统朴槿惠对于制度有着与邓小平同样的认识。她于 2013 年 6 月访问中国时说了两话，一句是“要走得快，就一个人走；要走得远，就要一起走”；另一句是“没有人，什么也无法实现；但没有制度，什么都无法持续”。[④] 政要们都强调要重视制度的重要性，但对于建立什么样的制度，则语焉不详。就以前文举的三个人的例子来说，其实他们心目中

---

① 胡颂平，《胡适之先生年谱长编初稿》（第 6 册），台北：联经出版事业公司，1984 年，第 2084—2088 页。

② 杨奎松，《革命（贰）》，广西师范大学出版社，2012 年 8 月版。

③ 《邓小平文选》（第二卷），人民出版社，1993 年 11 月版，第 333 页。

④ “朴槿惠：要走得远 就要一起走”，《京华时报》，2013 年 6 月 29 日。

都有自己认为好的制度，只是表达得比较委婉而已。毛泽东虽然认识到西方国家的民主制度存在着值得借鉴的可能限制斯大林现象生长的某些长处，却相信自己身上不存在斯大林那样的问题，用不着对自己进行监督和限制。过分的自信，使他不可能重视那种建立在严密的法律制度之下的社会监督体制。因此，他坚决反对任何企图在政治制度方面向西方学习的想法。几方面的意见比较起来，欧洲一些国家的共产党认为斯大林问题有民主"退化"的背景，苏共中央强调个人品质和个人崇拜，毛泽东则认定是好心犯错误，属于认识问题。对于同样一个事实，共产党阵营内部已是各唱各的调了。[①] 这就是客观事物的复杂性以及人们对其认识的局限性而导致的结果。

制度对人的思维方式和行为方式的影响是直接的、长远的。旅日华人作家莫邦富在一篇文章中回忆他曾经于 1998 年 6 月 11 日采访当时还没有当上日本首相的民主党党首菅直人时的一幕[②]：

> 当我们告辞离去时，菅直人抢先一步，走到电梯跟前，替我们按下了电梯门的按纽。这个不引人注意的动作，使笔者深为感动。记得有位熟悉日本官场的媒体朋友曾告诉我，外务省某个局长在没有比他官阶更高的人在场时，他进出官府时从来不伸手开门的。因为在他眼里这是部下应该抢先做的事。望着抢先按电梯门把我们送到电梯口的菅直人，笔者在心中暗忖："日本也该改朝换代了。"

莫邦富说，后来菅真人也真的成了日本的平民首相，不久后也下台了，但这一幕给人留下了永久难忘的印象。它给我们的启示是，在日本这样的国家里，政治家是绝不敢摆架子的，看在选票的份上，他们对选民不敢有丝毫的怠慢。这就是说，好的社会和政治制度，就是要让政客在民众面前卑躬屈膝、战战兢兢。反思我们自己的制度对人造成的负面影响，也有一个极端的例子，就是常常要"让领导先走"，而这种谄媚之言曾经引发过致人死命的

① 杨奎松，《革命（贰）》，广西师范大学出版社，2012 年 8 月版。

② 莫邦富，"我所知道的日本平民首相菅直人"，《道客巴巴网站》，2010 年 10 月 10 日。

惨痛事件。[1]

前文所举的日本前首相菅直人的例子，我丝毫没有为日本人及其制度评功摆好的动机。事实上，日本对历史缺乏深刻的反省而让国人难以释怀，我本人迄今也对日本为什么不能如德国一般拿出勇气对自己的过去做历史性切割而感到愤慨。但是，平心而论，我们自己的身上何尝没有日本人的毛病呢？中日在某些方面的基因惊人地相似，我们对自身的历史和遭遇缺乏反省的程度比日本有过之而无不及。看看现在对待给中国文化和中国人民带来深重灾难的“文革”的态度吧，难道还不值得全体国人、尤其是当政者警醒吗？前文举的这个克拉玛伊火灾案，只是一个具体得不能再具体的事件了，就连这么一个如“日月之蚀”的惨案都不能进行深刻的反思，哪里还能谈得到对我们国家的发展产生长期和深远影响的社会政治制度呢？

关于思想和精神对人类的影响，有网友在引用了前述徐志摩的那一段话后，接着写下了这样的文字[2]：

> 当人们向往那源于政治需要而描绘的天堂之时，你身所处的便是那尘世的血海，人类自身的血海。
>
> 人是一种脆弱的生物，当现实的残酷与血腥压迫至人类精神承受的极限时，他便会创造出美丽的谎言来承接那生命中不能承受之重，因唯有如此，才能避免人类精神的崩溃。
>
> 残酷的尘世中没有童话，而没有童话的残酷尘世却让人无法直视。当剧烈的精神刺激超越人类承受的极限时，人类便会发疯，而且刺激越是残酷激烈，病人幻想的情节就越是美好离奇。所以，当一个病态的人描绘他所向往的天堂越是美好，它其实是在告诉我们，魔鬼正敞开地狱之门在那等待。

---

① 1994年12月8日，新疆克拉玛依市教育局为欢迎上级“义务教育与扫盲评估验收团”的25位官员，组织全市中小学生796人在友谊馆剧场举办“专场文艺演出”。舞台纱幕突然着火而引起火灾。克拉玛依市教育局的官员对学生们说：“大家都坐下，不要动！让领导先走！”等上级政府与教育局所有在场的26个官员都从第一排撤退到最后一排的出口处“先走”了之后，教师才开始组织学生撤离，但学生们撤离火灾现场的最佳时机已被错过了，最后导致323人死亡，132人烧伤致残（注：此数字是法院判决书的数字）。

② 陈琪东，“残酷的尘世中没有童话”，《凯迪社区》，2013年2月27日。

说到思想自由，徐志摩说过这样的话①：

> 正如在中世纪教皇治下，你也得到不少的自由；但你的唯一的自由——思想的自由——不再是你的了。正如中世纪有异端这个巧妙的观念，现代的苏俄也发明了一个巧妙不相让的名儿："反革命"。

值得庆幸的是，"反革命"这个罪名从中国现有的所有法律文件中删除了，但它对中国人产生的思想影响则不是在短时间内可以删除的。从很多案例来看，所谓的"反革命"罪，大多数是言论罪，而言论是反映人的精神世界和思想境界的。因此，"反革命"的本质是精神禁锢和思想禁锢。西班牙哲学家奥尔特加－伊－加塞特曾经写过一本《群众起义》的书，其中有这样一段话：

> 精神自由可以由它分裂传统整体思想的能力来衡量。可以认为，只要传统思想完美无缺，就没有精神自由；只要社会仍然处于封闭自足的状态，就没有精神自由；只要个人按照他者的逻辑思考和行动，就没有精神自由。丧失自由精神，个人不成其为个人，社会不成其为社会。

鲁迅先生对此有着更加清醒的认识②：

> 在事实上，亡国一次，即添加几个殉难的忠臣，后来每不想光复旧物，而只去赞美那几个忠臣；遭劫一次，即造成一群不辱的烈女，事过之后，也每每不思惩凶自卫，却只顾歌咏那一群烈女。仿佛亡国遭劫的事，反而给中国人发挥两间（天地间）正气的机会。

鲁迅先生说的是总结历史经验教训的问题，为的是不要再让历史总是出现"惊人的相似之处"，我们这些历史的后人们不要总是在同一个地方摔倒两次。前文中以制度建设为出发点，讲了一部分知识精英和政界要人的看法，本质上是倡导回归人文情怀、回归精神自由、回归思想独立。没有这三

---

① 徐志摩，"关于党化教育的讨论——答张象鼎先生"，《再来跑一趟野马》，陕西人民出版社，2012年8月版。

② 鲁迅，"论睁了眼看"，《鲁迅全集·杂文集·坟》，光明日报出版社，2012年10月版。

样东西，当政者就很难做到“多闻”，在“闻”的过程中也很难做到听“真”言，因为社会氛围就是一个“谁不说假话，谁就得垮台”的氛围，人们出于明哲保身的动机，怎么会说出自己的心里话呢？在这种社会环境下，当政者要做到未雨绸缪，简直就是天方夜谭。世界上不想要这三样东西的人也有，就像阿道夫·希特勒这样的人[①]：

> 不要让青少年有判断力。只要给他们汽车、摩托车、明星、刺激的音乐、流行的服饰，以及竞争意识就行了。剥夺青少年的思考力，根植他们服从指导者命令的服从心。让他们对批判国家、社会和领袖抱着一种憎恶。让他们深信那是少数派和异端者的罪恶。让他们认为想法和大家不同的就是公敌。

假如哪个当政者不想成为像希特勒这样的被千夫所指、遗臭万年的人，那就要用行动反对希特勒的这种极端反动的谬论，进而成为人文情怀、精神自由、思想独立的拥护者、倡导者和实践者。

近两年来，由于政界要人的推介，法国历史学家、社会学家亚历西斯·德·托克维尔的《旧制度与大革命》[②] 在中国风靡一时。事实上，使托克维尔享誉世界的最重要的著作是《论美国的民主》[③]。他在书中写了这么一段话：

> 人民生活中发生的各种事件，到处都在促进民主。所有的人，不管他们是自愿帮助民主获胜，还是无意之中为民主效劳；不管他们是自身为民主而奋斗，还是自称是民主的敌人，都为民主尽到了自己的力量。所有的人都汇合在一起，协同行动，归于一途。

作者的民主思想是一贯的，而且在不同的著作中也都有所论述。他在《旧制度与大革命》的“前言”里讲了一段话：

> 我敢说，在（没有自由的民主社会）中是绝对见不到伟大的公民，尤其是伟大的人民的，而且我敢肯定，只要平等与专制结合在一起，心灵与精神的普遍水准便将永远不断地下降。

---

① 折戟沉沙，“不要让年轻人有判断力（希特勒思想）”，《陈、老派博客》，2012 年 5 月 20 日。

② （法）托克维尔，《旧制度与大革命》，董果良译，商务印书馆，1998 年 12 月版。

③ （法）托克维尔，《论美国的民主》，董果良译，商务印书馆，2013 年 2 月版。

寻求“平等”的时候,千万不能忘记“自由”,这种“自由”必须落实到个人,这或许正是托克维尔从法国大革命中所得到的最重要的启示。个人的自由不但能够防止因资源错配造成绝大的浪费,而且也是文化、思想、科学创新所必要[①]。历史的经验已经说明,绝对平等的社会是一个乌托邦的社会,最终将是一座地狱[②]。

这个世界上,不是没有道理。问题在于,人们往往超脱不出感情,意气用事,不讲道理,或不想搞清道理,不按道理去做。究其原因,乃在于利益。民国时期山西的“土皇帝”阎锡山的墓志铭上刻了他在日记中的一段话:“突如其来之事,必有隐情,惟隐情审真不易,审不真必吃其亏。但此等隐情,不会是道理,一定是利害,应根据对方的利害,就现求隐,即可判之。”阎锡山作为民国时期的重要政治人物,对人情世故当然会有着独特的感受与判断,进而会形成自己的价值观。就这段话而言,不完全对,也不完全错,他看轻“道理”的理念,自有其“道理”,这个“道理”是基于人性的本质,人是经济动物,具有追求利益的本性。孔子说过“吾未见好德如好色者也”[③],也是基于对人性的认识。老太太在菜市场只挑好菜的行为[④],就是对这个“道理”的极其简单而真实的诠释。问题在于,这些“小道理”总是要受制于一些“大道理”的,而这种“大道理”正是反映大多数人的正常心理,并且用以指导大多数人的正常行为。说真话,拒绝谎言,就是这种“大道理”中的一个。假如我们一直生活在谎言之中,我们就像走在漫天迷雾里,伸手不见五指,只有恐惧感、无力感、迷失感,而无信任感、方向感、真实感。当社会黑暗被冠冕堂皇地表述为社会光明的时候,当巨大的天灾人祸被回避和遮掩,仿佛什么事情也没有发生的时候,当一个人认为生活在被谎言浸淫的世界里,所谓“真善美”只是愚弄人的咒符的时候,当谎言和社会欺诈成为人们无法摆脱的人生困局的时候……你还能指望人在精神上

① 茅于轼,“提高中国软实力关键在扩大个人自由”,《凤凰网》,2014年9月1日。

② 同上。

③ 《论语·子罕第九》。

④ 有一次,我在一家超市亲眼看到一位衣着讲究的老太太把商场已经捆好的菜打开,一根一根地挑捡,把她认为不好的菜放在一边。其实,这种现象我已经看到过好多次了。

站立多久？当人由于无力坚守而轰然倒地的时候，人性扭曲、道德畸变、良心泯灭乃至于社会全面溃败，难道不是顺理成章的事情吗？[1]

孟子说："天下有道，以道殉身。天下无道，以身殉道。未闻以道殉乎人者也。"[2] 天下政治清明，就终身行道；天下统治黑暗，就为道献身；还没听说过牺牲道来迎合人的。孟子这里所说的"人"，不是广义的人；他所说的"道"，则是为大多数人所能够遵循、或者能够为大多数人带来利益的准则。建立说真话的制度，倡导说真话的氛围，这正是民主的"道"，也是宪政的"道"，它当然也是当政者未雨绸缪的"道"。当政者如果在思想上对这个"道"没有深刻的理解和认识，在行动上对这个"道"不能身体力行，那就是缺乏对社会问题和社会思潮的判别力和引导力的真功夫。相信眼见目睹的事实，从不受理论的误导，更不相信所谓的"权威"的谎言，从不人云亦云地附会大人物与权威的媚上观点，是培养这种未雨绸缪的真功夫的不二法门。

---

① 陈行之，"社会溃败源于两套话语体系不兼容"，《百度文库》，2010 年 3 月 28 日。

② 《孟子·尽心上》。

纳言第四

虚心纳谏：太宗的大度是对魏征的褒奖
推心置腹：刘秀的诚意获得降将的信赖
不耻下问：礼贤下士是通向圣明的坦途

【原文】

纳言之政，谓之谏诤，所以采众下之谋也。故君有诤臣，父有诤子，当其不义则诤之，将顺其美，匡救其恶。恶不可顺，美不可逆。顺恶逆美，其国必危。夫人君拒谏，则忠臣不敢进其谋，而邪臣专行其政，此为国之害也。故有道之国，危言危行；无道之国，危行言逊，上无所闻，下无所说。故孔子不耻下问，周公不耻下贱，故行成名著，后世以为圣。是以屋漏在下，止之在上，上漏不止，下不可居矣。

【译文】

所谓纳言，就是君主要虚心听取臣子的直言规劝，采纳他们的正确意见。因此，为人君者要有敢言直谏的臣子，为人父者要有不顾情面的儿女，当他们的行为不符合礼义时，臣子与儿女就要及时指出，这样既能保全弘扬为君、为父的美好品德，又能匡正补救他们的恶行将会带来的不良后果。恶行不能放纵，美德不能忤逆，否则，便会给国家带来危险。如果君主拒绝纳谏，那么忠臣就不敢提出正确的建议，小人便会趁机兜售其奸，这就会给国家带来危害。因此，国家政治清明时，臣子往往说正直的话、做正直的事；国家政治混乱时，臣子虽然仍做正直的事情，但言语上则是恭顺谦逊、小心翼翼，这样一来，君主无法听到实话，臣子不敢反映实情。正是因为孔子能够向学问少的人请教，周公能够与身份低的人交往，所以才使他们功成名就，被后世尊为圣人。正如房屋漏雨，原因在屋顶之上，如果上面的漏洞不堵塞，那么房屋就无法居住了。

【解读】

这篇“纳言”是上篇“视听”的姊妹篇，具有逻辑的必然性。如果视听不是为了纳言，那就是“做秀”。所谓纳言，类似于现代社会的信访活动，它的历史悠久，可以上溯到尧舜时代，在当时的国家政权机构中，就有了执掌“纳言”的官职，舜帝任命龙为“纳言”官[①]。所谓纳言，“喉舌之官，听下言纳于上，受上言宣于下，必以信”[②]。由此可知，古代纳言官的主要职责就是今天我们经常说的“下情上达、上情下达”的意思。用现代语言来说，纳言反映一个领导干部的作风，假如乐于“纳谏”，那么别人就敢说、肯说、愿说；假如总是“拒谏”，别人就躲着、藏着、看着。纳言的核心是纳什么言？表扬的话、恭维的话，谁都爱听，不用主动去“纳”，也会飘入耳内，犹如仙乐一般使人陶醉，所谓“岂不爱推戴，颂歌盈耳神仙乐”[③]。纳言，主要是听不好听的话，就是谏言诤语。因此，中国历史上把是不是善于纳谏作为判别明君和昏君的标准，同时也把是不是敢于进谏作为判别忠臣和奸臣的标准。

虚心纳谏：太宗的大度是对魏征的褒奖

谏和诤，就是照直说出人的过错，教人改正，“诤”的程度比“谏”重。古人归纳了“谏”的五种表现形式：一是讽谏，指下对上，不直指其事，而

① 《史记·五帝本纪》：“舜曰：‘龙，朕畏忌谗说殄伪，振惊朕众，命汝为纳言，夙夜出入朕命，惟信。’”

② 汉代学者孔安国对《尚书·舜典》中“命汝作纳言，夙夜出纳朕命，惟允”的注释。

③ 陈毅，《七古·手莫伸》诗。

用委婉曲折的言语规劝，使其改正错误[①]；二是顺谏，指出言逊顺的谏诤[②]；三是直谏，指直言规谏[③]；四是争谏，也指直言规劝[④]；五是赣谏，是指鲁莽而冒失地劝谏。古人对这五种谏诤的方式还做了一番评论。[⑤]

如果下属向上级谏诤以及上级对下级纳言仍属个人修养的范畴，那么古人已经从制度上规范这种提出意见和采纳意见的行为了。具体地说，就是设置了谏官制度。由战国发其端、秦汉定其型的专制主义君主集权政体，在中国延续达两千多年之久。这种专制政体的最显著特点是，将立法、司法和行政大权集于帝王一身。在这种体制之下，帝王不受法律的制衡，其“一动之几”不仅可以给任何人以生杀予夺，而且会导致国家大政方针的突变。为了弥补这种由帝王独断所可能造成的对王朝根本利益的损害，历朝历代都采取了一系列措施，而谏官制度便是其中重要的一环，“国家立谏诤之官，开启沃之路久矣”[⑥]。《周礼》中的“保氏”，被认为是谏官的职位，后人一般认为，春秋初年，齐桓公设大谏，为谏官设置之始。以后历朝历代的官制虽有变更，但谏官一职及其专门的机构一直保留下来。辽以后，谏官则名存实亡，甚至名实俱亡。

中国历史上以直谏敢言著称的代表人物是唐太宗时期的魏征，他是中国历史上最负盛名的谏官，享有崇高的声誉。关于魏征勇于提出意见、唐太宗李世民善于听取意见的故事，在《贞观政要》这部书中有很详细的记载。魏征能够成为中国历史上敢于进谏的第一人的形象，有着深刻的个人、社会、

① 《东周列国志》(第八十二回)：“太子友知吴王复欲与中国会盟，欲切谏，恐触怒，思以讽谏感悟其父。”

② (汉)班固，《白虎通·谏诤》：“顺谏者，仁也，出辞逊顺，不逆君心，仁之性也。”

③ (汉)东方朔，《非有先生论》：“将俨然作矜庄之色，深言直谏，上以拂人主之邪，下以损百姓之害。”

④ (汉)袁康，《越绝书·外传本事》：“子胥怀忠，不忍君沉惑于谗，社稷之倾，绝命危邦，不顾长生，切切争谏，终不见听。”

⑤ 《礼记·曲礼下第二》：“凡谏，讽谏为上，赣谏为下。事君虽主谏争，亦当依微纳进善言耳，不得显然明言君恶，以夺君之美也。三谏不听则逃之者，听犹从也。逃犹去也。君臣有离合之义，有义则合，无义则离。若三谏不听，则待放而去也。”

⑥ 《全唐文·白居易(十六)·策林三》中的“七十、纳谏，上封章广视听”。

伦理、情感和制度等方面的原因。

第一，非常时期要有非常手段。对于李世民而言，魏征是一位降官。在从一而终的君臣道德规范下，降官要得到新主的信任，一般的方法不行，必须独辟蹊径。

魏征的人生经历颇为复杂。他早年做过道士，在隋末农民运动中先后跟随元宝藏和李密，之后又与李密一起降唐，任太子洗马，成为太子李建成的智囊。这一时期，秦王李世民与魏征的关系是完全对立的。魏征看到太子与李世民的冲突日益加深，多次劝李建成要先发制人，及早动手，以绝后患，但太子并未采纳，否则，大唐乃至中国的历史必将因此而改写。玄武门之变后，李世民质问魏征“汝何为离间我兄弟”？魏征从容答道：“先太子早从征言，必无今日之祸。”[①]

魏征是太子李建成府中的核心成员，官职是太子洗马，职责是管理图书资料，经常要与太子讨论学问文章。在李建成与李世民争斗的过程中，魏征看来是主张对李世民采取极端手段的人，他自己对李世民问话的回答，等于公开承认了这一点。李世民开始时气势汹汹，一副兴师问罪的神态。魏征对李世民的这个态度，其实也是早有预料的。因为他知道，李建成与李世民之间的争斗，本质上是争夺最高权力，属于你死我活的性质，毫无妥协的余地。他们兄弟俩是这场斗争的主角，其他人都是配角与附庸。臣子各为其主的道理，李世民是明白的，他也在充分利用自己属下的这种心理。当时各自阵营的文臣武将为了主子的利益、同时也是为了自己的利益，都在积极进言献策，李世民的手下是这样，魏征当然也不例外，而且他给李建成出的主意可能更“损”。李世民感到意外的不是魏征所出的主意，而是他的坦诚，因为魏征的回答明白无误地说明了“先下手为强、后下手遭殃”的这个道理，点破了李世民的心思。

在当时的情境之中，李世民与魏征的这一问一答，除了制造一种紧张的气氛之外，更是对俩人精神世界的刻画与展露，所有的玄机都包含在这一问一答之中了。从李世民的角度来说，如何处置魏征，确实是一个两难的问题。他对魏征说的这句“汝何为离间我兄弟”的问话，包含了三层意思：其

① 《资治通鉴·唐纪》（第191卷）。

一，我与太子之间的事情，是我们李家的家事，你是一个外人，分量不一样，你并没有那么重要。其二，太子现在死了，完全是你这个外人挑拨离间所造成的，你必须承担这个逼死人命的责任。其三，你现在落在了我的手中，你打算怎么办吧。

魏征对于李世民的咄咄逼人的问话，并未表现出慌乱。他的回答，也包含了三层意思：其一，我对我的老主人太子李建成是忠心耿耿的，我当初给他出了好主意，他不采纳是他的事情，我尽了一个属下的职责，问心无愧。其二，你现在的这点把戏，其实早在我的预料之中，没有什么高深莫测之处。我也有了对付你的办法，可惜太子不采纳。其三，你现在春风得意，我则成为阶下囚，要杀要剐，悉听尊便。今日事情不成，完全是跟错了人。

当然，上述分析纯属主观臆测，但要说没有道理，也未必尽然。对于魏征来说，奋斗半生，也算是从死人堆里滚出来的人，不怕死固然是底线，但就这么窝窝囊囊地死了，真是心有不甘。半生飘零，最后落得如此下场，壮志未酬，空有一腔才学不得施展，只有仰天长叹了。死倒是容易，假如想活，怎么个活法？这是当时摆在他面前的现实问题。摆尾乞怜，宣誓效忠，真是丢不起这个人，而且他对李世民的了解绝对是透彻的，深知李世民不会吃这一套的，有道是“纯柔纯弱，其势必削；纯刚纯强，其势必亡；不柔不刚，合道之常”[①]，一味地硬，与一味地软，都是臭棋。站着也是死，跪着也是亡，那就索性行一步险棋，把“谱”摆到底。魏征之所以是魏征，与别人不同之处就在于，即使是摆“谱”，也要取得惊天动地的效果。他对李世民所说的这句话，不全然是“硬”，而是刚中有柔，为李世民的决策留下了充分的余地。他在表面上强硬的话语里，其实是送给李世民一个“大帽子”，就是通过正话反说的方式，表达了他对李建成的不满和对李世民的钦佩，表示自己在李建成处其实也是不被重用的，属于明珠投暗，因为我的正确建议没被采纳，而秦王你采纳了正确的意见，于是才有今日的结果。如果我是你的手下，当然就不会出现怀才不遇的情况了。

魏征的话里还隐晦地表达了他对李世民地位的认可，这个细节就在于这个“先太子”称谓里的“先”字。李建成已经死了，“太子”的身份当然是

---

① （三国）诸葛亮，《心书·将刚》。

被废弃了，“先”也就没有了，自然会有“新太子”出现，这个“新太子”肯定是李世民无疑。

李世民不愧是李世民，他听出了魏征的弦外之音，而且非常受用，在一刹那间就做出了一个影响历史发展进程的正确选择：收编魏征。于是，马上改变态度，“改容礼之”，前倨后恭，立即封官，“引为詹事主簿”。李世民这样做也是有原因的，倒不是他一时心血来潮而感情用事，而是对魏征有着深刻的了解，“素重其才”。这句话露出了一些隐情，李世民以前肯定对侍奉太子的魏征有所笼络，只是魏征忠心事主而没有就范。同样的极端手段，魏征先想到了，这其实是作为谋臣的最重要的才干，这对李世民而言不能不产生心理震动。当时李世民的秦王府中可谓人才济济，全是李世民善于笼络人心的结果。现在面临着突发事件，许多事情需要处理，而对太子第一谋士的魏征的处置，对于爱惜人才的李世民来说，是所有事情中的头等大事。魏征用不卑不亢的态度表达了对李世民的心悦诚服，李世民也是对魏征的心思洞若观火，两人一拍即合，于是便有了后面的故事。李世民封魏征的新官职是“詹事主簿”，与太子洗马有点类似，都是掌管太子府事务的职位，这也说明，李世民承认了自己作为“新”太子的身份。魏征在胜利者面前没有卑躬屈膝，他的臣服表现得很有气度；李世民对魏征的坦诚也表现了极大的尊重，对他的才能有了进一步的了解，于是便愉快地接纳了他。历史上最著名的“收编”工作，就以这种戏剧性的方式结束了。魏征兵行险道，可谓“置之死地而后生”①。

第二，在其位要谋其事。魏征在李世民手下最重要的职务是谏议大夫，向皇帝提意见是他的本职工作。

民间一般的印象，魏征是宰相。其实，魏征一辈子没有做过宰相，他的最重要的职务是谏议大夫。明朝朱元璋手下的谋士刘基（字伯温），民间很多人也认为他是与诸葛亮一样的宰相，其实他的职务也是谏议大夫。秦代设夫，有谏议大夫、太中大夫、中大夫、谏大夫等各类官称，无定员。西汉时沿用秦制，汉武帝元狩五年（公元前 118 年）置谏大夫，无定员，掌议论。

① 《孙子兵法·九地篇》：“投之亡地然后存，陷之死地然后生。”

东汉改称谏议大夫，“谏议大夫，六百石”[①]。魏晋时称散骑常侍，隋唐仍置谏议大夫，有左、右谏议大夫，各四人，分属门下省与中书省，另设补阙和拾遗。宋初沿其制，后置谏院，下设鼓院，以左、右谏议大夫为长官。辽代的门下省和中书省分别设左谏院和右谏院，沿置谏议大夫等职，但有名无实。金代有谏院，设左、右谏议大夫、司谏。元朝搁置不设。明初洪武期间置谏议大夫及左右司谏，不久废除。

谏官制度固然是为专制君主的长治久安效力的制度，但由谏官和帝王演出的“进谏”与“纳谏”的种种活剧，却蕴藏着丰富的政治智慧和人生哲理，给后人以启迪。中国历史上出现的那些敢于“犯颜直谏”的谏官和善于纳谏的帝王，都是这一机制的产物；而一切阿谀逢迎之徒和不纳良谏的帝王，总是破坏这种弥补机制，从而加剧了专制体制的危机。

中国历代都有敢于犯颜直谏的大臣，留下许多启发后人深思的文件。宋代的经典《册府元龟》曾收入至五代的379件著名的谏书。中国历史上最著名的谏官首推魏征，他在担任谏议大夫期间，“凡二百余奏，无不剀切当帝心者”[②]。他虽然在谏官的位置上颇有建树，但对自己的政治命运和历史定位也有着明确的诉求，其实内心里并不甘心于做一个“职业”的谏官。这种心态在他有一次与李世民谈论“忠臣”与“良臣”的区别时得到了集中的表露。

贞观元年（627年），魏征升任尚书左丞。这时，有人奏告他私自提拔亲戚做官，唐太宗立即派御史大夫温彦博调查此事。结果查无实据，纯属诬告。但唐太宗仍让温彦博转告魏征：“今后要远避嫌疑，不要再惹出这样的麻烦。”魏征不同意李世民的这个意见，第二天上朝时当面对李世民说：“臣闻君臣协契，义同一体。不存公道，唯事形迹，若君臣上下，同遵此路，则邦之兴丧，或未可知。”他还说：“愿陛下俾臣为良臣，毋俾臣为忠臣。”太宗感到奇怪，问他二者有何区别？魏征说：“良臣，稷、契、皋陶也；忠臣，龙逄、比干也。良臣，身荷美名，君都显号，子孙传承，流祚无疆；忠臣，

---

① 《后汉书·百官志二》。

② 《新唐书·魏征传》。

己婴祸诛，君陷昏恶，丧国夷家，只取空名。此其异也。”[①] 唐太宗很是赞成魏征的话，奖励了他五百匹绸缎。

魏征可能是中国历史上第一个明确指出忠臣与良臣具体差别的人，他以独特的眼光，看到了问题的实质。在中国人的传统观念中，忠臣和良臣常常是合二为一的，忠良也常常成为忠臣的别称。这是由于长期以来受儒家所谓“君仁臣忠”思想的影响，忠臣历朝历代都是备受推崇、大书特书的典范，都是留名青史、流芳百世的英雄，因而，给人的感觉也都是形象饱满、毫无瑕疵的。受着这种观念的影响，在人们的感觉中，忠臣往往也与能臣混为一谈，忠而且能似乎成了忠臣的属性。事实上，这两个角色有着很大的区别。从衡量标准上讲，忠臣往往侧重于道德水准，是从思想、观念以及行动上符合“天理”要求的人，而良臣往往偏重于能力，是在能力上能够安邦治国的人。从数量上讲，忠臣远远多于良臣，忠臣无朝没有，而良臣却并不多见，这是由于成为忠臣要比成为良臣容易得多，历史上许多忠臣往往只是凭几句“直言”便可造就，但良臣之成材则非经一般磨砺而万难成功。从结果上讲，忠臣往往是悲剧性的，常常用生命的代价换得百世芳名；良臣的结局则难有定论，往往用自身的努力谋得天下之利。从类比上讲，忠臣往往与奸臣对应，而良臣则常常对应于庸臣；实际上，忠臣往往带着鲜明的时代烙印。当然，忠臣与良臣虽然并不相同，但也并没有必然的界限：忠臣也可能具有良臣的能力，良臣也可有忠臣的品质，两者一般不太好区别，但就做事的具体风格而言，忠臣重视的是事情的过程，往往宁折不弯，不计后果；良臣则务实一点，坚持原则性但往往又掺杂些灵活性，以办成事情作为行动的指向，具有鲜明的结果导向性。

汉代之前、尤其是战国后期，“士为知己者死”的观念占上风，忠臣的市场并不很大。例如，管仲、商鞅、吴起、乐毅、范蠡等人，为了实现自己的政治抱负，到处寻找君主，无所谓“忠”，只求发挥自己的才能。在那个时代，能称得上忠臣的大概只有楚国的屈原了，他为楚国的兴盛忠心耿耿，却无罪遭贬，他因此借助于楚辞这种文体，写了一大堆怀才不遇的文章后，干脆对着汨罗江水，纵身一跃，从此，在中华历史上多了一位忠臣，相应地

① 同上。

也多了一位昏君——楚顷襄王。屈原的自杀留给时人和后人的是一种精神财富，并不能改变楚国灭亡的命运，这大概也是魏征愿做良臣而不愿做忠臣的原因吧。魏征也是一个正常的人，在那种“伴君如伴虎”的险恶政治环境中，他的一些行为要冒很大的风险，或许也是一种以进为退的政治策略吧。

李世民对魏征很欣赏，也很信任，但由于魏征毕竟是李建成的部下，李世民并没有给他更高的职位和待遇，因此在很长时间里的品级并不高。“谏议大夫”是谏官，品级只是正四品下；后来升为“尚书左丞”，也只是正四品上，只升了半级。这时他都不算“参预朝政”，真正掌握实权、被李世民视为“腹心”的人仍然是过去秦王府中的旧臣。到贞观三年（629 年）任秘书监，成为从三品，又升了半级，掌管图书档案，才算“参预朝政”。直到贞观十年（635 年），为侍中，正三品，掌审议封驳中书省草拟诏敕，与中书、尚书省长官同为宰相，在政事堂共议国政，才算是有了宰相的地位。难能可贵的是，魏征尽管职位不太高，仍然敢于“犯颜直谏”，后来更是积极“参与朝政”，真正做到了“守本分、尽天职”。

第三，打铁还需自身硬。魏征本人所具有的政治理念和思想意识以及高超的政治才干，是他能够在进谏时切中时弊的内在原因。

在当时的政治家中，魏征对于时政的了解与研究最为精到和准确，说明他具备了作为一个高级政治人才的素质和才干。他的政治理念与思想意识，集中表现在与李世民的一些对话中。前文中所举的他对“忠臣”与“良臣”的论述是一个例子，另外还有对“明君”和“暗君”的看法。贞观二年，唐太宗问魏征：“人主何为而明，何为而暗？”魏征回答：“君之所以明者，兼听也；其所以暗者，偏信也。《诗》云：‘先民有言，询于刍荛。’”刍荛是割草打柴的人，借指向地位低微的人、也即普通老百姓了解情况，征求意见。紧接着，魏征列举了正反两个方面的事例：尧、舜治理天下，求教人民，目明聪达，所以共、鲧、苗等人不能蒙蔽他们。秦二世偏信赵高，酿成望夷之祸[1]；梁武帝偏信朱异，蒙受台城之辱[2]；隋炀帝偏信虞世基，导致

① 秦二世偏信赵高，在望夷宫被赵高所杀。

② 梁武帝偏信朱异，在台城被软禁饿死。

彭城之变[1]。这些“偏信”则亡的历史教训，证明“人主”能兼听广纳，则权臣就无法蒙蔽他，从而使下情得以上通。对于君主来说，兼听就会达到“天下大治”，偏信就会造成“天下大乱”。唐太宗听了，“甚善其言”，完全赞同。以唐太宗的天资才识，这样的道理他不会不懂；也正因为他懂，所以才经常君臣“共同切磋，以成其道”。由于魏征的犯颜敢谏和唐太宗的积极倡导，谏诤风行一时，散发出“贞观之治”开明政治的特异光彩。

魏征不仅只会发表议论，而且还会处理事情，其中以他受李世民的差遣宣慰山东最为典型[2]。玄武门事变以后，原太子李建成和齐王李元吉的部属，很多人都在逃，李世民虽然屡次下令赦免，但在逃之人仍心有余悸，而且也不断有人告发或捕获以邀功请赏。武德九年（626 年）七月，李世民派遣谏议大夫魏征前往山东进行宣慰，而且授权他相机行事。魏征到达磁州（今河北磁县）时，碰到地方官正在押送故太子千牛李志安和齐王护军李思行去京城。他为了解除人们对李世民本意的误解，当场释放了这两人，而且认为这才是报答李世民知遇之恩的办法。李世民听说后，十分高兴。这件事情说明，魏征能够根据实际情况，创造性地执行君主的指令，假如没有相当的无私胆略和高超的政治才干，那是万万不敢如此行事的。

魏征不仅敢于直谏，而且还会恰当地利用身体语言表达自己的爱憎立场和政治观念。“贞观之治”出现了天下太平，民间称颂唐太宗为秦王时所立下的显赫战功，有《秦王破阵乐》流传，后经太常所属官署改编为乐舞大曲，经常在庆典宴会中演奏。贞观七年（633 年）正月，此曲更名为《七德舞》。魏征希望太宗理政以“偃武修文”为宗旨，因此每逢陪侍宴庆时演奏《七德舞》，就低头饮酒吃菜，不看表演。遇到演奏节拍安详舒缓，表现文德普及天下的舞蹈《庆善乐》时，则全神贯注地观看，毫不厌倦。魏征就是这样利用自己的身体语言来向太宗表示劝谏。但就是这样，魏征的话也越来越少，这是由于当时的客观环境决定的。

贞观十五年（641 年），有一天唐太宗就近来朝臣论事说话越来越少这一现象征询魏征的看法。魏征实话实说：“陛下虚心采纳，必有言者。凡臣

---

① 隋炀帝偏信虞世基，死于扬州的彭城阁兵变。

② 《资治通鉴·唐纪七》。

徇国者寡，爱身者多，彼畏罪，故不言耳。”太宗首肯了魏征的观点：“然。人臣关说忤旨，动及刑诛，与赴蹈汤火冒白刃者亦何异哉！”[1] 是啊，假如言场像战场一样可怖，哪个还敢多说话？即使不愿曲意奉迎、赞颂主上“英明伟大，一贯正确”，那么装聋作哑、明哲保身总会吧。

诸葛亮有一篇《论诸子》的文章：

老子长于养性，不可以临危难。商鞅长于理法，不可以从教化。苏、张长于驰辞，不可以结盟誓。白起长于攻取，不可以广众。子胥长于图敌，不可以谋身。尾生长于守信，不可以应变。王嘉长于遇明君，不可以事暗主。许子将长于明臧否，不可以养人物。此任长之术者也。

老子擅长于修身养性，但不能对付危难局面；商鞅擅长于以法理治国，但不能推行道德教化；苏秦、张仪擅长于外交辞令，但不能结盟守约；白起擅长于攻城掠地，但不能团结大多数人；伍子胥擅长于以谋破敌，但不能保全自身；尾生擅长于守信用，但不能随机应变；王嘉擅长于知遇明君，但不能事奉暗主；许劭擅长于公正地品评别人的长短，但不能培养人才。诸葛亮的这篇文章，具体地揭示了人都有长短、优劣，而且他本人也要受到后人的评价。《三国志》的作者陈寿就说他“可谓识治之良才，管萧之亚匹矣。然连年动众，未能成功，盖应变将略，非其所长欤”[2]。魏征作为一个饱读史籍的学者，对这些历史人物的特长和命运应该有所了解，知道自己该对什么人、在什么环境下说什么话。对于李世民个人的了解，也是他的政治能力的一种体现。正是基于这种了解，魏征在履行自己的职责时，也会视对象和环境而定，而不是一味地逞匹夫之勇。他深深地知道，假如不能够“谋身”，那么所有的政治韬略都无从施展，更不会有什么建功立业的机会。

第四，君使臣以礼，臣事君以忠。魏征与李世民相互造就了对方，他们的合作也成就了历史上著名的“贞观之治”。

鲁定公向孔子请教：“君使臣，臣事君，如之何？”孔子回答：“君使臣

① 《资治通鉴·唐纪》。

② 《三国志·诸葛亮传》。

以礼，臣事君以忠。”[1] 孟子对孔子的这个思想做了进一步的诠释，他对齐宣王说：“君之视臣如手足，则臣视君如腹心；君之视臣如犬马，则臣视君如国人；君之视臣如土芥，则臣视君如寇仇。”[2] 君礼臣忠的关系，如果说孔子谈得还比较抽象的话，那么孟子则谈得十分形象而又具体，先从正面讲，君王待臣如手如足，那么臣属待君王如五腑如心脏，内外相依，上下相随，联系紧密，浑然一体。接下来从反面讲，君王待臣属如犬如马，那么臣属视君如同路人，陌路相逢，冷眼相对，对面相逢不相识，君臣分离，背道而行。更有甚者，君王视臣属如泥土如草芥，任意践踏，随意抛弃，那么臣属视君如强盗如仇敌，拔刀相向，怒目相对，如此，则民无宁日，国无宁日，天下无宁日，灾难兵祸由此而生。由此可见，一个“礼”字，一个“忠”字，道尽了君臣相处的“艺术”。

孔子和孟子的说法，有其现实生活的根据。孔子一生唯一的一次出山参政，是在鲁定公时期的公元前 501 年，这一年孔子 51 岁，先后历时五年。孔子为中都宰，卓有政绩，随后屡迁，升为大司寇，摄相事，“夹谷之会”[3]是其为政巅峰。堕三桓城失败，导致鲁定公进一步走向傀儡，孔子自己也被挤出政坛。孔子回答鲁定公问政，应该是孔子参与辅政的这五年。孔子的回答，既是对其时诸侯争霸的环境中君臣无序开出的治病药方，也是封建王朝长治久安的终极治道。

在社会政治领域，君臣关系是最复杂、最微妙、最难处的关系，原因在于君主处于公权的最高处。这最高处，上无进途，下无退路，身后万丈深渊，所谓“琼楼玉宇，高处不胜寒”[4]。君主的“金口”一开便是“奉天承运”，因此臣子不能不察言观色，也就很难避免“事君尽礼，人以为谄”[5]，自己本来已经完全按照周礼的规定去事奉君主了，人家也要说你这是谄媚君

---

① 《论语·八佾》。

② 《孟子·离娄下》。

③ 夹谷之会是齐鲁两国的一次著名会盟，孔子屈强国、正典仪的凛然大义，被称为是“圣人之大司”。会盟后，齐人为孔子的大义凛然所折服，归还了郓（今山东郓城东）、讙（今山东宁阳北）、龟阴（龟山之阴，今山东新汶东南境）等汶阳之田。

④ （宋）苏轼，《水调歌头·明月几时有》词。

⑤ 《论语·八佾》。

主。臣观君，伴君如虎；君观臣，使臣难公。怎么解决？孔子提出了一条总则：君使臣以礼，臣事君以忠。家天下的至高无上的权力没有办法约束，因此孔子极力倡导“复礼”，寄希望于君主自己约束自己。“臣事君以忠”的“忠”，是忠于职守、忠于事功、忠于仁治。子路问孔子如何事君，孔子说“勿欺也，而犯之”①，臣子对君主不要阳奉阴违，以致欺君罔上，而要直言规劝，甚至犯颜直谏。显然，孔子倡导的忠君，还是有一个是非善恶的底线，而不是臣子无原则地服从或迎合君主。

“臣事君以忠”，是以“勿欺”和“犯颜”的事君原则为底线的忠君，而不是愚忠、盲忠，不是“为悦己者容”的秀忠，更不是助纣为虐的恶忠。但是，孔子的为臣尽忠的思想，并没有成为封建社会政治伦理的主脉，而是走向了反面：由忠信、忠义而沦为效忠、盲忠乃至秀忠。如此忠君的行为，也就失去了是非，混淆了善恶，盲目效忠也就成为古代中国挥之不去的阴霾。在以“君权神授”为最高准则的家天下的政治现实中，如何保持政治尽量清明，确实只能依赖于建立一个良好的君臣秩序。孔子的“君使臣以礼，臣事君以忠”的原则，为这个君臣秩序制订了政治规矩。平心而论，这不失为一个在家天下的现实政治环境中既利国家又利百姓的政治准则，尽管这个准则是以君主明智为基础，但也只能如此。两千多年的封建王朝的兴勃亡忽，一次又一次地验证了这一点。现在轮到了魏征和李世民，他们也不能脱离这个轨道，只是比别的君臣处理得更好一些。

史家有一种说法：唐太宗造就了谏官魏征，魏征造就了明君唐太宗。这个说法是有着充分的根据的。他们俩人都应该是熟读《论语》以及相关儒家典籍的人，都知道这些史实，也都知道孔孟之道的具体内容和确切含义。正因如此，在“贞观”的前期，确实出现了君贤臣忠的清明政治环境，因而出现了“贞观之治”的盛景。但是，由于封建皇权至高无上的诱惑力和人的自制力的脆弱性，即使像李世民这样少见的开明帝王，也不能免俗地出现了人惰政怠的现象。李世民自己也意识到了这一点，于是才有前文所述的对魏征的那么一句“比来朝臣何殊不论事”的问话。

李世民登基后，开始一段是较有作为的，出现了历史上有名的“贞观之

---

① 《论语·宪问》。

治”。他常以隋朝的暴政为戒，“朕每临朝未尝不三思恐为民害”[1]，不敢过分使用民力。可是，到了贞观中期，生产有了较大发展，人民生活逐渐富裕起来，加上对外战争年年胜利，边防日益巩固，国威远扬，在一片文治武功的颂扬声中，他渐渐骄奢起来，忘记了“以民为本”，特别是渐渐忘记了隋朝灭亡的历史教训，开始作威作福起来了。为此，有的大臣向他进谏，如监察御史马周就曾在上疏中指出：“今所营为者，颇多不急之务”，百姓因“供官徭役，道路相继”，“春夏秋冬，略无息时”而“咸有怨言”[2]。李世民却说：“百姓无事则易骄，劳役则易使”[3]。他不再像过去那样高兴地接受下级的意见了，在生活上渐渐奢侈的同时，还有些崇尚空谈，不务实际了。这些情况，魏征是看得很清楚的，便给李世民上疏劝诫，其中最著名的是贞观十一年（637年）的《十思疏》和贞观十三年（639年）的《十渐不克终疏》。这两篇疏奏被历代史家赞颂为“千古金鉴”、“万代师表”。

在《十思疏》中，魏征紧扣“思国之安者，必积其德义”的思想，为这个在当时历史条件下安邦治国的重要思想作了非常精辟的论述，提醒李世民要想使国家长治久安，君王必须努力积聚德义。具体提出了“戒奢侈、恤百姓、戒焦躁、不自满、不放纵、不懈怠、纳忠言、远小人、克喜怒、明赏罚”等十条建议。在《十渐不克终疏》中，魏征针对李世民因功而骄、逐渐追求享受和好大喜功的表现，明确指出“顷年以来，稍乖曩志，渐不克终”，接着一一列举了十种表现。在这篇疏奏中，魏征创造或引用了许多名言警句，比如，“非知之难，行之为难；非行之难，终之斯难”；“立身成败，在于所染；兰芷鲍鱼，与之俱化”；“君子之怀，蹈仁义而弘大德；小人之性，好谗佞以为身谋”；“傲不可长，欲不可纵，乐不可极，志不可满”；“祸福无门，唯人所召；人无衅焉，妖不妄作”；“社稷安危，国家治乱，在于一人而已”；“太平之基，既崇极天之峻；九仞之积，犹亏一篑之功”。这份奏疏集中反应了一代名臣魏征是如何的敢言直谏，同时表明了唐朝之所以繁荣昌盛的原因，也体现了一代明君李世民是如何纳谏的。

---

① 《资治通鉴》（第1093卷）。

② 《贞观政要》（第10卷）。

③ 《新唐书·魏征传》。

阅读魏征的这两篇疏奏，令人心情久久不能平静。在那个“社稷安危，国家治乱，在于一人而已”的年代里，能够写出这样文章的人，不是人杰而何？能够接受这些意见的人，不是明主而何？魏征的进谏是在十分不利于自己的情况下进行的，是冒着高风险进行的。李世民对魏征这些进谏的奏疏所作的批答，如“若不遇公，何由得闻此语”，“省前后讽谕，皆切主之意，固所望于卿也”，“自得公疏，反复研寻，深觉词强理直，遂列为屏障，朝夕瞻仰，又录付史司，冀千载之下识君臣之义”，等等，也都流露了真情，现在读起来，使人颇为感动。正因如此，魏征去世后，李世民才说出那句千古名言：“以铜为镜，可以正衣冠；以古为镜，可以知兴替；以人为镜，可以明得失。朕常保此三镜，以防己过。今魏征殂逝，朕亡一镜矣！”[①]

然而，这一切仅仅是一个方面，是当时公诸于世的文件。另一方面，事情并没有这样简单。作为皇帝，尤其是国富民强时的皇帝，即使本来比较俭朴、比较谨慎，此时此刻，也难免踌躇满志，难免会表现出“顺我者昌、逆我者亡”的不可一世的精神状态。对于进谏，对于逆耳之言，总觉得冒犯了自己的尊严。李世民比历代皇帝要清醒得多，但是他的一些好大喜功、寻欢作乐的打算固然劳民伤财，所有臣僚都不反对，偏偏魏征要进谏，大泼冷水，则使他十分扫兴。而魏征一而再、再而三地进谏，有时李世民在朝堂之上没有发作，回到后宫，自然而然要流露真情。有一次，他不胜愤恨地对长孙皇后说：“我总有一天要把这个乡巴佬杀掉。”长孙皇后赶忙问是怎么回事？李世民说：“魏征每次上朝都与我过不去。”长孙皇后闻听此言，回到内室重整衣冠，然后站在大厅里。李世民吃惊地问：“皇后何为若是？”长孙皇后说了一段惊世骇俗的话：“妾闻主明臣直。今魏征直，由陛下之明故也！妾敢不贺！”[②] 长孙皇后真是一位聪明的女人，正是她送给李世民的这一顶“明主”的高帽子，才使太宗暂且消了气。不过通过这一件事已足以看出，李世民对魏征的怨恨早已是表露无疑，只是欠一个彻底发作的时机或场合了。

尽管有这么一个插曲，李世民和魏征的君臣关系也堪称千古楷模，李世

① 《旧唐书·魏征传》。

② （宋）范祖禹，《范太史集》（第27卷）。

民哪怕是勉强装出来的大度，也算是对魏征这位臣子的行为的褒奖了。这个意义，由上述这个故事流传出来的事实表现出来了。道理很简单，如果不是李世民和长孙皇后自己讲出来，别人怎么能知道人家夫妇间的私房话呢？写史的人去“采访”在旁边偷听的宫女、太监吗？这种可能性太小了。

进谏与纳谏为何如此难？又为何如此意义重大？长孙皇后的一段话，为此做了注解①：

> 尝闻陛下重魏征，殊未知其故。今闻其谏，实乃能以义制主之情，可谓正直社稷之臣矣。妾与陛下结发为夫妇，曲蒙礼待，情义深重，每言必候颜色，尚不敢轻犯威严，况在臣下，情疏礼隔，故韩非为之说难，东方称其不易，良有以也。忠言逆于耳而利于行，有国有家者急务，纳之则俗宁，杜之则政乱，诚愿陛下详之，则天下幸甚。

“贞观之治”实赖李世民和魏征的“主明臣直”，但如果没有长孙皇后居其间起到了润滑的作用，恐怕十个魏征的脑袋都掉了好几回了。男人这辈子能遇到一个好女人，那是一种造化，一种运气，更是一种福气。所谓“妻贤夫祸少，子孝父心宽”②，大概说的就是这个意思吧。贤妻良母，向来是百姓家庭所遵从、所希望的典范。一个“贤”字赋予了作为妻子的女人太多的内涵，贤良、贤达、贤惠、贤淑等等，不一而足。可见，女性在家庭中的影响和作用是不能低估的。现代社会中许多贪官的出现，原因各异，背景不同，但许多人是受制于背后的“贪内助”，被另类的“枕边风”吹得受了风寒，则也是一个不争的事实。在物欲诱惑面前，丈夫的耳边经常充斥着“谁谁有本事”、“谁谁挣钱多”、“谁家又买了高级汽车、新房子”的“提醒”和抱怨，这会出现什么结果？近些年官员夫妻双双锒铛入狱的案例前赴后继就是明证。更有甚者，个别“大人物”的老婆凭借着丈夫昔日的威风，干了很多不该干的事情，实在是为其丈夫增添了许多不必要的负担。

古人有“家有贤妻，则士能安贫守正”的说法，虽然不能把所有的责任推给女人，但这也说明了妻子对丈夫的影响，更说明了这种影响的重要性。

---

① 《旧唐书·皇后列传》。

② 《增广贤文》。

对于掌管一方大权尤其是权倾一时的丈夫而言，是福？是祸？不言而喻。历史不能让女人走开，历史要记住长孙皇后这个不同凡响的杰出女人！知书达理的好女人是人中珍品，李世民遇上了这样的好女人，魏征遇上了这样的好女人，贞观年遇上了这样的好女人，给中国历史上的“贞观之治”平添了一道靓丽的色彩！

必须要指出的是，像李世民和魏征这种基于个人修养、而不是基于制度规范的上下级关系是“畸形”的，既不可持久，又无法效仿；既无法推广，更无法复制。“不论唐太宗李世民如何的开明，他的政府无可避免为一种专制体制。只不过因为儒教的纪律，促使当今天子在内部制造了些许监督方式来警惕他本身。”“会须杀此田舍翁”的“失言”，非常露骨地“暴露李唐政体的合理化，其立场至为窄狭。它代表着皇帝之意志力，乃是一种人身上的品德，而非组织结构上之力量。”[①] 只有在民主和宪政的框架之内，这种人格不平等、自由无保障的人身依附关系才能变成正常的上下级关系。

推心置腹：刘秀的诚意获得降将的信赖

纳言的本质是听取谏诤之言，但这只是手段，目的是要把善心付诸行动，而不管采取这些行动的动机为何。封建帝王的治人之术，根本目的是为了打江山、坐天下，他们也会采取一些笼络人心的做法，一旦事成，诛杀功臣便成为必然的逻辑，如越王勾践、朱元璋等，都是这路货色。做得比较好的，算是东汉光武帝刘秀了。

在封建帝王中，东汉光武帝刘秀是一位能屈能伸、刚柔相济的杰出人物。刘秀性格温和，年轻时喜欢务农，看不出有什么惊人之处。他在25岁时才去游历长安，听说阴家有个名叫丽华的女子长得漂亮，看到京城卫戍司令出行时声势浩大，就感慨地说：“仕宦当做执金吾，娶妻当得阴丽华”[②]，其志向不过如此。他当了皇帝之后，性格还是那样温和宽厚。即位不久后衣

① （美）黄仁宇，《中国大历史》，生活·读书·新知三联书店，2007年2月第2版。

② 《后汉书·光烈阴皇后纪》。

锦还乡，同族的婶子大娘议论他什么都好，就是太温和了些。刘秀听了哈哈大笑说：“吾治天下亦以柔道行之。”[1]

史称刘秀“性谨厚”，其统治特点就是“以柔道理天下”。在治军统兵方面，刘秀主张“泛爱容众”，并且身体力行，因而深得人心。对待投降将士，他待之以诚恳，施之以恩惠，使其心悦诚服；对待手下将士，他坦诚相待，用人不疑，使其竭忠尽力。收编河北铜马军，是前者的范例；重用部将冯异，是后者的典型。

公元23年，刘秀被更始帝刘玄以破虏大将军行大司马事的身份派往河北，镇慰州郡。从此，刘秀摆脱了刘玄的监视与控制，借机迅速招兵买马，网罗人才，扩充实力，在不到一年的时间里，便发展到10余万人，有了像吴汉、岑彭、邓禹、冯异、寇恂等一批既能征惯战，又忠心耿耿的将领。后来，刘秀虽然被刘玄封为萧王，但他已不听刘玄的摆布，伺机称帝。当时赤眉军虽然强大，但力量分散，刘秀认为只要自己恩威并举，以信取心，这部分势力就能为己所用。他派吴汉率兵征讨铜马部，得胜之后，对原铜马将领不仅不杀害，而且还“封其渠帅为列侯”，加以重用。但这批降者对刘秀仍心存疑惧，担心此为权宜之计，说不定日后还要治罪，因此经常处于惊慌不安之中。刘秀为了消除这些人的担忧，便让他们各回军营，仍为原部将帅，自行整顿队伍。刘秀对他们毫无戒备，十分信任，常常一个人自乘轻骑，到各部进行巡视，与各部将领推诚相见，平和叙谈，使他们深受感动，相互告诫道：“萧王推赤心置人腹中，安得不投死乎！”[2] 这就是成语“推心置腹”的来历。铜马军将士出于对刘秀的敬重，都尊称他为“铜马帝”。刘秀乘机对铜马军进行改编，“悉将降人分配诸将，众遂数十万”，大大扩充了自己的军事实力。

冯异是刘秀手下的一员大将，为人谦和，每次行军中，他都走在部队后头。休息时，诸将常常议论谁的功劳大，惟独冯异屏居大树之下，从不参加这类议论，因此，军中都称他为“大树将军”。冯异用兵持重，又“能御吏士”，战功卓著，刘秀就委派他镇守关中。冯异到任后，“威权至重，百姓归

---

① 《资治通鉴·世祖光武皇帝》。

② 《后汉书·光武帝纪》。

心”，被关中地区的民众称作“咸阳王”。有人劝刘秀对冯异要有所戒备，防止尾大不掉。冯异得知这一情况后，惶惶不安，立即上书刘秀，表明心迹，并申请调离关中，以避嫌疑。他在奏章中说：“臣本诸生，遭遇受命之会，充备行伍，过蒙恩私，位大将，爵通侯，受任方面，以立微功，皆自国家谋虑，愚臣无所能及。”刘秀答复他说：“将军之于国家，义如君臣，恩犹父子，何嫌何疑，而有惧意?”对冯异表示了充分的信任，从而彻底打消了他的顾忌，使他对刘秀更加效忠尽力。刘秀之子汉明帝刘庄在洛阳南宫云台画了28位东汉开国功臣的像，史称“云台二十八将”，其中排在最前列的名将中就有冯异。

在战争年代，刘秀在一般情况下很少处罚将士，即使处罚也尽量从轻发落，使得手下的将领感恩戴德，不惧斧钺之威，并且在战场上出生入死。在天下太平之后，他的主要策略是“退功臣而用文吏”，就是采用封功赏赐的办法，使战争年代的功臣武将不干预政事，然后重新选拔一批有才有识的官吏来治理国家，达到止戈息武的境地。在功臣当中，除少数人担任边将外，大多数人在京师洛阳以列侯的身份奉朝请，只有邓禹、李通等少数人得与公卿参议朝政。这样一来，不仅使打天下的功臣们失去了自恃有功而飞扬跋扈的土壤，从而得以善终，没有重蹈“狡兔死，走狗烹；高鸟尽，良弓藏；敌国破，谋臣亡”的覆辙，而且也使具有治国才略的新人走上政治舞台，施展聪明才智。刘秀这种治国方略可谓一举三得，一是为加强自己的统治清除了障碍，在治理天下时可以不受这些功臣的摆布与掣肘；二是通过让功臣们享受荣华富贵的方法，客观上起到了保护他们的作用；三是创造了提拔后起之秀的宽松政治环境。光武时期之所以能够政治清明，社会安定，经济和文化持续发展，人民安居乐业，呈现出一派兴旺景象，与刘秀的这种治国指导思想和行之有效的具体措施有很大的关系。

俗话说，喊破嗓子，不如做出样子。刘秀的这两个例子，说明行动是最好的“纳言”。正因如此，历代的政治家、思想家对刘秀都有积极的、正面的评价，试举几例。

——光武上将非减于韩（信）、周（勃），谋臣非劣于（张）良、（陈）平，原其光武策虑深远，有杜渐曲突之明；高帝能疏，故陈、张、韩、周有焦烂之功耳。[①]

——自三代（指夏、商、周三代）既亡，风化之美，未有若东汉之盛者也。”[②]

——偃武修文，崇德报功，勤政治，养黎民，兴礼乐，宣教化，表行义，励风俗。继以明章，守而不失，于是东汉之风，忠信廉耻及于三代矣。”[③]

——光武之得天下，较高帝而尤难矣！三代而下，取天下者，唯光武独焉，而宋太祖其次也。……自三代而下，唯光武允冠百王矣。何也？前而高帝，后而唐、宋，皆未有如光武之世，胥天下以称兵，数盈千万者也。[④]

——东汉尚气节，崇廉耻，风俗称最美，为儒学最盛时代。[⑤]

——光武“才明勇略，非人敌也”，是“历史上最会用人、最有学问、最会打仗的皇帝”。中国的土改，殆由他始。[⑥]

——在中国两千年左右的历史上，比较值得称道，能够做到齐家治国的榜样，大概算来，只有东汉中兴之主的光武帝刘秀一人。[⑦]

上述这些评价不无溢美之词，但基本上反映了刘秀的主要特征。正因如此，刘秀在当皇帝期间，朝中并不需要出现像唐代魏征那样的敢于犯颜直谏的直臣。但这并不是说刘秀不需要这样的直臣，事实上，他请小时候的同学严光做谏议大夫，还是希望朝中能够经常有人给他指出缺点和错误的。

刘秀的同学严光（字子陵）自小就有高名，刘秀对他很是敬重。刘秀当了皇帝后，严子陵隐姓埋名不愿相见，后来好不容易找到他，派人接到京城。严光小时候的学友、司徒侯霸去迎接，他写了两句话：“怀仁辅义天下

① （三国）诸葛亮，《论光武》。

② 《资治通鉴》（第 68 卷）。

③ （宋）司马光，《稽古录》（第 13 卷）。

④ （清）王夫之，《读通鉴论》（第 6 卷）。

⑤ 梁启超，“论私德”，《饮冰室合集》，中华书局，1989 年版。

⑥ 毛泽东评点历史古籍《东观汉记》。

⑦ 南怀瑾，《原本大学微言》第六篇“齐家治国”，复旦大学出版社，2003 年 4 月版。

悦，阿谀顺旨要领绝”[①]，请侯霸转交刘秀。这实际上是严光教给刘秀的治国之策。刘秀看到后笑道：“狂奴故态也。”随即就亲自去看望严光，他却躺在床上不起来，也不说话。刘秀就和他躺在一起，摸着他的肚皮说：“哎，哎，子陵，你就不能屈尊帮我治理天下吗?”严光过了好久，才睁开眼睛说：“昔日唐尧治理天下，仁德远扬，还有巢父洗耳之事[②]。人各有志，何必苦苦相逼呢?”刘秀当然明白其意，但他还是不死心，把严光请到宫中，不谈入仕之事，只是叙旧。两人回忆起当年在长安太学读书时的往事，气氛十分融洽，一直谈到晚上，刘秀便留严光在宫中过夜，并与自己同榻共寝。睡到半夜，刘秀迷迷糊糊中感到似乎有个东西压在自己的肚子上，还隐隐约约闻到一股淡淡的泥土味。他醒来后用手一摸，原来是严光的一只脚，同时伴随着他那如管弦齐鸣的鼾声。刘秀何曾受过这等压迫之苦，他本能地想把严光这只“高贵”的脚推开，但他又担心这是严光对自己诚意的考验，看看自己是否确实能够礼贤下士，与士人同甘共苦。刘秀非常清楚，国家政权建立之初，多么需要一些满腹经纶、有真才实学的人才啊！因而只得忍着肚皮上的酸楚，度过这难熬的一夜。

不久，刘秀面授严光为谏议大夫。严光当时既不推辞，也不谢恩，似乎是接受了这一职务，刘秀以为是自己的诚心感动了严光，满心欢喜。可没过几天，严光却对刘秀说：“你让我走，咱们还是昔日的朋友；你让我留在这里做什么谏议大夫，反倒会伤了和气。”刘秀看严光说得很坦诚，知道纵使留住人也留不住心，只好派人将他送回故乡会稽。回到会稽以后，严光独自一人到了富春山，旁边就是富春江，他就在这里种地、钓鱼，过着悠闲自在的隐居生活，直到80岁而终。现在的浙江省桐庐县尚有“严陵滩”，滩后的山因严光居住过而名为“严山”，山下有块巨石，濒临富春江，上面平坦光滑，可坐十多人，称为“严子陵钓鱼台”。这块巨石，便是严光的无字碑。

---

① 《后汉书·严光传》。

② 巢父，是唐尧时的一位隐士，长年居住在山中，不与世人来往，年老时以树为巢，因此时人称其为“巢父”。唐尧想将帝位禅让于当时的一位贤士许由，许由将此事告诉了巢父。巢父说：“你为什么不隐形匿迹呢？如果接受禅让，那就不是我的朋友了。”然后扬长而去。许由怅然若失，于是用清冷之水清洗自己的耳朵和眼睛，说：“悔不该在此之前听到了贪言，辜负了我的朋友。”于是也去过隐居生活，世人再也没有见到他。

北宋政治家范仲淹曾路过此地，驻足于此台，感慨吟哦道：

君为功名隐，我为功名来。

羞见先生面，黄昏过钓台。

明清之际的思想家王夫之说过一段话[①]：

有豪杰而不圣贤者矣，未有圣贤而不豪杰者也。能兴即谓之豪杰。兴者，性之生乎所者也。拖沓委顺当世之然而然，不然而不然，终日劳而不能度越于禄偿还田宅妻子之中，数米计薪，日以挫其志气，仰视天而不知其高，俯视地而不知其厚，虽觉如梦，虽视如盲，虽勤动其四体而心不灵，惟不兴故也。圣人以诗教以荡涤其浊心，震其暮气，纳之于豪杰而后期之以圣，此救人道于乱世之大权也。

这就是说，在历史发展中起决定作用的，是贯通大本一源之道的圣贤。帝王将相与英雄豪杰即使功益当世，也不过是“办事之人”。他们在历史发展中的地位和作用，不能与圣贤相提并论。“帝王，一代之帝王；圣贤，百代之帝王。”[②] 所谓圣贤是百代帝王，是说他们传承的思想，达到了一种“道”的境界，虽肉身不在但精神却永垂不朽，如释迦牟尼、孔子等人。严光不慕高官厚禄、甘于清贫的事迹之所以能够流芳百世，其中的奥妙恐怕就在于他那只压在刘秀肚皮上的高贵的脚没有走在宫禁中的御道上，而是迈向了广阔的山野。严光这种不屈于帝王的专制权威，特立独行的气节，在东汉以降，颇为人推崇。他的足迹留在了富春江两岸的土地上，因此这里的山山水水才永远留住了这位堪称帝王之师的身影。有山有水有人物，构成了一幅流传千古的山水人物“画”，而这幅“画”的作者便是那位汉光武帝刘秀，尽管他的本意并不想作这幅“画”。

刘秀对“治天下以柔道行之”的方针一以贯之，在位 30 多年，的确政绩不俗。他释放奴婢，减轻赋税，兴修水利，精简官吏，限制外戚参政，加强中央集权，等等，开创了“光武中兴”的局面。历史上有名的军事将领马援，投笔从戎的班超，被誉为“开辟欧亚交通探险第一人”的甘英，著有

① （清）王夫之，《思问录·俟解》。

② 《毛泽东早期文稿》，湖南出版社，1995 年版，第 591 页。

《论衡》85篇的王充等历史名人，都曾生活在光武时期；生活在“后光武”时期的造纸术的发明者蔡伦，浑天仪的发明者张衡等人，后来都成了功垂千古的世界文化名人。刘秀在暮年时仍勤于政事，不时夜以继日，太子刘庄劝谏道：“陛下有禹汤之明，而失黄老养性之福，愿颐爱精神，优游自宁。”而他却得意地说：“我自乐此，不为疲也。”① 刘秀由于做了许多好事，所以在民间的口碑极佳。光武陵（俗称刘秀坟）坐落在河南省孟津县铁榭村，在“文化大革命”中那个“破四旧”的年代里，也没有遭到太多的劫难，充分说明后世对这位刚柔相济的汉朝“中兴之主”的景仰与挚爱。

不耻下问：礼贤下士是通向圣明的坦途

诸葛亮在这篇文章的结尾，引用了孔子“不耻下问”② 和周公“不耻下贱”③ 两个典故，说明君主只有礼贤下士，才是求圣之道。他举了一个老百姓人人都能明白的例子，只有把屋顶修理好，才能防止漏雨。君主只有对贤者以礼相待，对学者示以尊敬，时刻想着降低自己的身份，敬重和结交那些有才德的人，诚心诚意地礼贤下士，才能既得到贤才的辅佐，又能修养自己的品格，进而达到“圣”的境界。历史上这样的例子不胜枚举④：

> 商汤用伊尹，而文武用太公闳夭，成王任周召，而海内大治，越裳重译，祥瑞并降，遂安千载。皆由任贤之功也。无贤臣，虽五帝三王，不能以兴。

人们一说起礼贤下士，津津乐道的莫过于刘备三顾茅庐请出诸葛亮。其实，比刘备三顾茅庐还要夸张的是春秋时齐桓公的故事⑤：

---

① 《后汉书・光武帝纪》。

② 《论语・公冶长》：“子贡问曰：‘孔文子何以谓之文也?’子曰：‘敏而好学，不耻下问，是以谓之文也。’”

③ 《史记・鲁周公世家》：“周公戒伯禽曰：‘我文王之子，武王之弟，成王之叔父，我于天下亦不贱矣。然我一沐三捉发，一饭三吐哺，起以待士，犹恐失天下之贤人。子之鲁，慎无以国骄人。’”

④ （西汉）刘向，《新序・杂事第二》。

⑤ （西汉）刘向，《新序・杂事第五》。

齐桓公见小臣稷，一日三至不得见也，从者曰："万乘之主，见布衣之士，一日三至而不得见，亦可以止矣。"桓公曰："不然，士之傲爵禄者，固轻其主；其主傲霸王者，亦轻其士，纵夫子傲爵禄，吾庸敢傲霸王乎?"五往而后得见，天下闻之，皆曰："桓公犹下布衣之士，而况国君乎?"于是相率而朝，靡有不至。桓公所以九合诸侯，一匡天下者，遇士于是也。诗云："有觉德行，四国顺之。"桓公其以之矣。

为了见一个小臣，一天之内跑了五躺，这种诚心哪里是刘备的三顾茅庐可以比得上的？再看有关齐桓公识才敬贤的另一个故事[①]：

桓公与管仲阖门而谋伐莒，未发也，而已闻于国矣。桓公怒谓管仲曰："寡人与仲父阖门而谋伐莒，未发也，而已闻于国，其故何也?"管仲曰："国必有圣人。"桓公曰："然。夫日之役者，有执席食以视上者，必彼是邪?"于是乃令之复役，毋复相代。少焉，东郭邮至。桓公令傧者延而上，与之分级而上，问焉，曰："子言伐莒者乎?"东郭邮曰："然，臣也。"桓公曰："寡人不言伐莒而子言伐莒，其故何也?"东郭邮对曰："臣闻之，君子善谋，而小人善意，臣意之也。"桓公曰："子奚以意之?"东郭邮曰："夫欣然喜乐者，钟鼓之色也；夫渊然清静者，缞绖之色也；漻然丰满，而手足拇动者，兵甲之色也。日者，臣视二君之在台上也，口开而不阖，是言莒也；举手而指，势当莒也。且臣观小国诸侯之不服者，唯莒，于是臣故曰伐莒。"桓公曰："善哉，以微射明，此之谓乎！子其坐，寡人与子同之。"

这个东郭邮的能力是多么的强，他竟然能够从齐桓公和管仲讨论事情时的口形和手势上就能分析出他们在说什么事情。面对这样的大才，有人也许会妒忌得要死，比如，杨修根据曹操传达的"鸡肋"的营中口令而猜出曹操要退兵，曹操却以杨修"动摇军心"而将其砍头。要说起来，杨修只是把自己的猜测告诉了部分与自己平时关系不错的将领，这个错误不算太大；而东郭邮则是把这么重大的军事机密散布于国中了。但是，齐桓公与曹操的处理

① 《管子·小问第五十一》。

方式截然不同，他并没有妒忌，而是夸奖东郭邮的本领高强，要与他一起共事，不久便提拔了他。

齐桓公对待像稷和东郭邮这样的小臣是如此，对待管仲这样的大贤的态度就更是夸张了。管仲当年曾经射过他一箭，他在鲍叔牙的劝说下，不仅没有追究管仲的罪责，反而将他尊为“仲父”①，把一切国事全权委托他处理②：

> 有司请事于齐桓公，桓公曰：“以告仲父。”有司又请，桓公曰：“以告仲父。”若是者三。在侧者曰：“一则告仲父，二则告仲父，易哉为君。”桓公曰：“吾未得仲父则难，已得仲父，曷为其不易也。”故王者劳于求人，佚于得贤。舜举众贤在位，垂衣裳，恭己无为，而天下治。汤文用伊、吕，成王用周、邵，而刑措不用，兵偃而不动，用众贤也。桓公用管仲则小也，故至于霸，而不能以王。故孔子曰：“小哉，管仲之器。”盖善其遇桓公，惜其不能以王也。至明主则不然，所用大矣。诗曰：“济济多士，文王以宁。”此之谓也。

齐桓公尊贤敬贤，用人不疑、疑人不用，难怪他可以“九合诸侯，一匡天下”，这是有其必然逻辑性的。可惜的是，没有制度约束下的尊贤、敬贤、用贤，随着环境的变化，一定不会持久。管仲去世后，齐桓公没有遵从管仲的遗言，重用竖刁、易牙和开方这三个奸佞小人，结果自己被活活饿死，死后七十多天不得出殡，尸体上都生出了蛆虫。这是一幅多么具有刺激性的画面啊！

“纳言”的途径是“多闻”，也就是要“听察采纳众下之言，谋及庶士”。不管多么伟大的人、也不管多么贤明的人，其个人的见识总是有限的，只有“集众思，广忠益”，尤其要重视老百姓的“怨声”和“危言”，即批评的、不满的、反面的意见，才能做出正确的决策；反之，假如当政者自己总是自信满满，认为自己没有什么不懂的、不会的，凡事总是会有比别人高明的看法，想出比别人高明的办法，决策失误便是必然的结果了。诸葛亮正是看到

---

① 《荀子·仲尼》：“（齐桓公）倓然见管仲之能足以托国也……遂立以为仲父。”

② （汉）刘向，《新序·杂事第四》。

了这种前景，才说出“有道之国，危言危行；无道之国，危行言逊，上无所闻，下无所说”的至理名言。诸葛亮把能否听取反面意见，提高到一个国家政权有道或无道、兴旺或衰落的高度来认识，这是很有政治见地的。他深知一旦没有了谏诤，群臣们不敢讲真话，国家政治就会被欺骗和假话所淹没，被阿谀逢迎、歌功颂德之声所包围和侵蚀。如果没有反面意见的警戒和促进，社会就无法进步，甚至停滞倒退而走向反面。这也正是“贫生于富，弱生于强，乱生于治，危生于安”[①] 的辩证法。

礼贤下士作为当政者个人的一种道德修养，任何时候都是值得倡导的；但是，这种纯粹的个人道德修养是不能持久的、也是靠不住的。一方面，真正的礼贤下士，还是要在民主和法治的框架里，为人才的脱颖而出创造公开、公正的制度环境，这才是确保礼贤下士的长效机制；另一方面，假如纳入法制的轨道，每个人的行为都受法律的保护，也受法律的制约，那么在某种意义上就不需要“礼贤”，也不需要“下士”，因为大家的人格与法律地位都是平等的，机会也是公开的，都在法律的范围内履行自己的责任、享受自己的权利就可以了。

---

① （汉）王符，《潜夫论·浮侈》。

察疑第五

现象与本质：鉴别真伪的基本功夫
原则与权变：成就事业的不二法门
优秀与成功：内因主导与外因驱动

【原文】

察疑之政，谓察朱紫之色，别宫商之音。故红紫乱朱色，淫声疑正乐。乱生于远，疑生于惑。物有异类，形有同色。白石如玉，愚者宝之；鱼目似珠，愚者取之；狐貉似犬，愚者蓄之；枯蒌似瓜，愚者食之。故赵高指鹿为马，秦王不以为疑，范蠡贡越美女，吴王不以为惑。计疑无定事，事疑无成功。故圣人不可以意说为明，必信夫卜，占其吉凶。书曰："三人占，必从二人之言。"而有大疑者，"谋及庶人"。故孔子云，明君之治，不患人之不己知，患不知人也；不患外不知内，惟患内不知外；不患下不知上，惟患上不知下；不患贱不知贵，惟患贵不知贱。故士为知己者死，女为悦己者容，马为策己者驰，神为通己者明。故人君决狱行刑，患其不明。或无罪被辜，或有罪蒙恕；或强者专辞，或弱者侵怨；或直者被枉，或屈者不伸；或有信而见疑，或有忠而被害，此皆招天之逆气，灾暴之患，祸乱之变。惟明君治狱案刑，问其情辞，如不虚不匿，不枉不弊，观其往来，察其进退，听其声响，瞻其看视。形惧声哀，来疾去迟，还顾吁嗟，此怨结之情不得伸也。下瞻盗视，见怯退还，喘息却听，沈吟腹计，语言失度，来迟去速，不敢反顾，此罪人欲自免也。孔子曰："视其所以，观其所由，察其所安，人焉廋哉！人焉廋哉！"

【译文】

所谓察疑，就好像识别红色与紫色、分辨宫调与商调一样，这是因为人们易将紫色看成红色，错把淫声靡音当作正曲雅乐。遥远的地方容易发生变乱，困惑的人们便会产生疑虑。很多物体的本质虽然不同，但有些外形和颜色看起来非常相似，因此，不明就里的人会珍爱白玉色的石头，收藏珍珠般的鱼眼睛，饲养家犬类的狐和貉，食用瓜果般的地枯萎。赵高把鹿说成是马，秦王胡亥对他的意图并没有提出疑问；范蠡进贡越国的美女，吴王夫差也没有觉得这是计谋。其实，只要对别人的计谋提出疑问，它就没有效果；对别人的举动保持警惕，它就不会成功。因此，圣明的人从不把个人的主观想法作为决策的依据，而是要通过占卜来判断吉凶。《尚书》中说："三个人占卜，就听从两个人的说法。"如果还有重大的疑点，那就要与众人商量。因此，孔子说，贤明的君主，常常不担心别人不了解自己，而担心自己不了解别人；不担心外部不了解内部，而担心内部不了解外部；不担心下层不了解上层，而担心上层不了解下层；不担心平民不了解贵族，而担心贵族不了解平民。志士愿意为赏识自己的人献身，女人愿意为喜爱自己的人妆扮，骏马愿意为鞭策自己的人奔驰，神灵愿意为相信自己的人明示。君主审理案件时，最怕不能查明真相，因而导致有人清白无辜却被冤枉，有人罪大恶极却被宽恕；强悍者强辞夺理，弱小者忍气吞声；有人刚直不阿而遭受冤枉，有人委曲求全却无处申诉；守信的人反被怀疑，忠诚的人却遭陷害。凡此种种，都是违背天理的事情，是引发自然灾害和社会动乱的诱因。贤明的君主在审理刑事案件时，必须认真调查，详加审问。为了真正做到不掩饰、不隐瞒、不冤枉、不舞弊，就必须仔细观察原告与被告的言谈举止和面部表情。如果外表恐惧，声音哀怨，匆匆而来，迟迟不去，东张西望，唉声叹气，说明这人极有可能冤情深重而未得伸张。如果眼神流离，举止猥琐，气息急促，揣度他人，迟疑不决，词不达意，迟迟而来，匆匆而去，说明这人极有可能自知有罪而设法逃脱。孔子说："要全面了解一个人，必须审视他的言谈与举止，考察他的动机与经历，观察他的禀性与情趣，如此一来，这个人还能够隐瞒什么呢？他还怎么能够隐瞒呢？"

【解读】

诸葛亮以分辨颜色、音律等日常生活事例开篇，说明他的思维方式是来源于生活而又高于生活的，既形象地说明了仔细察辨事物的必要，又说明了察辨事物的不易，因为许多事物本身的区别就很细微，或者表面现象掩盖着真象，容易迷惑人。处理政事中常常碰到的问题，就是如何对存在怀疑或者情况不明的问题进行调查、分析，以辩明真象。这是一个常见而非常重要的问题，关系到能否正确决断和处理各种事务，这种对事务的决断和处理与政治成败、国家兴衰紧密相连。正因如此，我国古代典籍中对此有着比较丰富的论述，比如，“察其事，论万物，别雌雄，虽非其事，见微知类”①；“智者知也，独见前闻，不惑于事，见微而知著也”②。圣人没有必死之地，贤士没有必败之局，这是因为他们能够消灭或补救祸患于很微小或者刚刚出现苗头的时候。

现象与本质：鉴别真伪的基本功夫

重视礼乐的陶冶功能并运用于治国安邦的实践，在中国有着悠久的传统。礼乐是中国古代文明的重要组成部分，“礼乐顺天地之诚，达神明之德，隆兴上下之神……乐者敦和，率神而从天；礼者辨宜，居鬼而从地。故圣人作和应天，作礼以配地”③；“先王以作乐崇德，殷荐上帝，以配祖考”④。

中华“礼乐文化”的形成背景，是以天地自然的和谐来代表“乐”的精神，以天地自然的秩序来代表“礼”的精神。“和谐”（乐的精神），所以万物都能生化演变；“有序”（礼的精神），所以万物都能各具特性。由此可以看出，“乐”是形成于“天”的阳刚之气，“礼”是来自于“地”的阴柔之性。人类历史文明的发展，一开始先有“乐”，因为“乐”是人类发自内心

① （战国）鬼谷子，《七十二计术·视微成巨》。

② 《白虎通义·情性节》。

③ 《礼记·乐记》。

④ 《易经·豫卦》

的情感之声；然后逐渐发展成为“礼乐”并重。人们所熟知的礼就是“周礼”，是周公制定的。周王室及贵族子弟从13岁开始，就要逐渐学习掌握各种礼仪乐舞，20岁左右要全面掌握《六大舞》和《六小舞》。通过乐舞的陶冶，促使人们完善内在修养，并自觉遵守社会秩序，进而达到整个社会的安定祥和。

在古代，弹琴、弈棋、书法、绘画（合称“琴棋书画”）是文人骚客（包括一些名门闺秀）修身养性所必须掌握的技能，被称为“雅人四好”。这四大艺术门类都奠基于三皇五帝时代，即位于黄河中下游流域的中原龙山文化时代，可见其源远流长，后来逐渐演变为个人文化素养的标志，同时赋予其表现家国情怀的独特功能。[①] 诸葛亮本人就是一位抚琴的高手，而且还喜欢唱歌，“好为梁父吟”[②]。抚琴不仅为他的日常生活增添了色彩和乐趣，而且在他以后的军事生涯中曾经发挥过重要的作用，这就是《三国演义》中所描述的“空城计”[③]：

> 孔明乃披鹤氅，戴纶巾，引二小童携琴一张，于城上敌楼前，凭栏而坐，焚香操琴。却说司马懿前军哨到城下，见了如此模样，皆不敢进，急报与司马懿。懿笑而不信，遂止住三军，自飞马远远望之。果见孔明坐于城楼之上，笑容可掬，焚香操琴。左有一童子，手捧宝剑；右有一童子，手执麈尾。城门内外，有二十余百姓，低头洒扫，傍若无人。懿看毕大疑，便到中军，教后军作前军，前军作后军，望北山路而退。

---

① 曾荣获重庆市女子“十佳才艺”奖的中国书法家协会会员、中国古琴学会会员聂晖撰写过一副对联，将琴棋书画的功能做了形象的刻画：“吟太白诗养浩然气，诵稼轩词壮报国情，品汉卿曲恤民生苦，读东坡赋怀赤子心，百代文章引人手不释卷，育智士不尽；抚仲尼琴沐幽兰香，与尧帝棋谋天下势，法右军书得灵性通，游范宽画入清雅境，万世经典为士修生养性，滋仁者无穷。”

② 《三国志·蜀志·诸葛亮传》。（晋）习凿齿，《襄阳记》：“宅西面山临水，孔明常登之，鼓瑟为《梁父吟》。”（清）张澍，《诸葛亮遗迹》：“盛弘之《荆州记》避暑作避水，鼓瑟作鼓琴，面山作背山，与《襄阳记》微异。”不论哪种说法，都是讲诸葛亮边弹琴、边唱歌。

③ 《三国演义》第九十五回：“马谡拒谏失街亭，武侯弹琴退仲达。”

这段描述可谓精彩之致，通过小说家之言，把“状诸葛之智而近妖”[①]的神态淋漓尽致地表现出来了，诸葛亮的智慧形象也流传下来并且深入人心了。“武侯弹琴退仲达”的故事中，虽然没有说明司马懿到底是被诸葛亮抚琴的架势所震慑，还是被诸葛亮抚琴的技艺所折服，或是被诸葛亮抚琴的内容所感染，但它说明抚琴这件事情本身绝不是小技艺，而是一种大本领。古人把“琴”列为“雅人四好”之首，绝不是没有道理的随意组合编排。不管是业余爱好者，还是专业人士，对乐曲的理解是否准确，可以反映一个人的综合素养。我们举两个例子，前者是三国时期东吴的大都督周瑜，后者是日本著名音乐指挥家小泽征尔。

三国时东吴的兵马大都督周瑜，字公瑾，当时吴中人们都习惯地称他为周郎。周瑜不但足智多谋，善于统兵作战，而且精于音律，有很高的音乐欣赏水平。史载周瑜“少精意于音乐，虽三爵之后，其有阙误，瑜必知之，知之必顾。故时人谣曰：‘曲有误，周郎顾。’”[②] 周瑜听人演奏的时候，即使多喝了几杯酒，有些醉意了，如果演奏稍有一点儿错误，也一定瞒不过他的耳朵。每当听到错误，他就要向演奏者望一眼。听出别人弹错也就罢了，还要一定回头看，到底是责备之意还是本能的反应，别人就不得而知了。由于周瑜的这个动作实在形象，因此经常被后人作为诗词创作的素材，并且不断赋予新的含义。比如，“欲得周郎顾，时时误拂弦”[③]；“周郎一回顾，听唱纥那声”[④]；“但试周郎看聋否，曲音小误已回头”[⑤]；“知音如周郎，议论亦英发”[⑥]；“周郎去后赏音稀。为君持酒听，那肯带春归”[⑦]；“顾曲周郎今已矣，满江南、谁是知音客”[⑧]；“想他豪竹哀丝，回头顾曲，虎帐谈兵歇”[⑨]。这些诗词是后人实实在在的作品，而根据《三国演义》的描写，与周瑜同时

---

① 鲁迅，《中国小说史略》，商务印书馆，2011年12月版。
② 《三国志·吴志·周瑜传》。
③ （唐）李端，《听筝》诗。
④ （唐）刘禹锡，《纥那曲》诗。
⑤ （宋）苏轼，《次韵王都尉偶得耳疾》诗。
⑥ 苏轼，《送欧阳推官赴华州监酒》诗。
⑦ （宋）范成大，《临江仙》词。
⑧ （元）邵亨贞，《贺新郎》词。
⑨ （清）郑板桥，《念奴娇·周瑜宅》词。

代的诸葛亮，在周瑜去世后的一篇祭文中有“从此天下，再无知音”的句子，到底是真是假，后人不得而知了，但这八个字或许反映了当时诸葛亮的真实心态。

高山流水的琴声，总是对知音的酬谢。千古江山，英雄总被雨打风吹去；英雄之外，佳话口口相传千古后。顾曲的周郎以其轻灵的姿态从历史走进文化，在一页页泛黄的诗笺中永恒凝立，不时引得后人回顾，这是对他的最大慰藉了。

如果两千年前的周瑜只是一位业余音乐家的话，那么，日本的小泽征尔则是当世顶级的专业音乐指挥大师。有一次，他去欧洲参加指挥家大赛，在进行前三名决赛时，被安排在最后一个参赛。小泽征尔指挥一支世界一流的乐队，按照评判委员会交给他的一张乐谱进行演奏。在演奏过程中，小泽征尔突然发现乐曲中出现不和谐的地方。开始，他以为是演奏家们演奏错了，就指挥乐队停下来重奏一次，但仍觉得不自然，他便对乐谱提出疑问。这时，在场的作曲家和评判委员会权威人士都郑重声明乐谱没有问题，而是小泽征尔的错觉。在这庄严的音乐厅内，面对几百名国际音乐大师和权威，小泽征尔感觉十分难堪，不免对自己的判断产生了动摇。但是，他坚信自己的判断是正确的，于是，大吼一声：“不！一定是乐谱错了!”他的喊声一落，评判台上的评委们立即起立向他报以热烈的掌声。原来，这是评委们精心设计的“圈套”，以此来检验指挥家在发现乐谱错误并遭到权威人士“否定”的情况下，能否坚持自己的正确判断。前两位参加决赛的指挥家虽然也发现了错误，但终因随声附和权威们的意见而被淘汰，小泽征尔则因充满自信而摘取了世界指挥家大赛的桂冠。

上述三个故事中，“空城计”是演义的，而“曲有误，周郎顾”则是明明白白地见诸史籍的，小泽征尔识破评委“圈套”的故事更是被世界音乐界所津津乐道。需要思考的问题是：他们为什么具有这种“透过现象，看到本质”的真功夫？答案只有一个，来源于他们的专业素养。周瑜和小泽征尔如果在音乐上没有高超的造诣，那么他们既无法识别出别人的错误，更无胆指出别人的错误。诸葛亮敢于唱一出“空城计”，乃是源于他对敌我双方力量对比和将帅心态的深刻洞察，能准确揣摸到司马懿谨慎、多疑的性格特征。其实，司马懿也在推测诸葛亮的心思，并做出自己的判断：“亮平生谨慎，不曾弄险。今大开城门，必有埋伏。我兵若进，中其计也。汝辈岂知？宜速退。”诸葛亮对司马懿的心思猜得十分透彻：“此人料吾生平谨慎，必不弄险；见如此模样，疑有伏兵，所以退去。”当然，这样做是迫不得已的，“吾非行险，盖因不得已而用之”①。正是这种“不得已而用之”的独出心裁的思维方式，使他成功地化解了一时的危局。

诸葛亮唱空城计，“盖因不得已而用之”，在瞬息万变的战场环境下是可以理解的，它符合“兵不厌诈”② 的用兵原则，毕竟“保存自己，消灭敌人”才是战争的“硬”道理。假如为了达到某种不可告人的目的而有意识地造假、唱“空城计”，那就另当别论了。

2013 年 3 月 4 日，英国《电讯报》的一则报道，引发网友的广泛议论。报道说，在中国被庞大雾霭笼罩的城市里，有时生活似乎有点灰暗。但是，成都的官员们“发现”了一个简单的解决方案来让城市市容“亮丽”起来，他们使用一种叫“草坪绿化剂”的化学溶剂。中国的记者们拍摄到成都市园林绿化部门的工人们在忙着用一种荧光的绿色喷料往城市道路边的草地上喷涂，“两名工人在喷草，把黄色的草变成了绿色”。有人问：“那会不会污染环境啊?”该染料制造商的销售员说：“这绝对没有毒性，仅仅是一种绿色的染料。我们卖给成都市政府至少有五、六年了，很多其他政府也是我们的客户，如天津及很多西北部的省份。同时我们也把它卖给高尔夫球场。”据该公司网站的介绍，该染料的颜色“可以持续 10 至 14 个星期不被雨水冲走”，并且“也可以把土壤变成绿色”。但是，一些居民发现，当他们走过这些看似郁郁葱葱的草坪时，该染料也把自己的鞋子变成了绿色。使用该染料的园林绿化部门对《中国日报》的记者说，这种化学品是一种能够在冬季保持草存活的“营养液”，但销售员说该绿色染料“没有营养”，他推测“也许他们加了一点”。

大千世界无奇不有，也是无独有偶。据媒体报道，内蒙古的草原上安装了假的绵羊，目的是“说服”游客，那些草原仍然能够放牧。山西有一个被

---

① 《三国演义》第九十五回：“马谡拒谏失街亭，武侯弹琴退仲达。”

② 《韩非子·难一》：“臣闻之，繁礼君子，不厌忠信；战阵之间，不厌诈伪，君其诈之而已矣。”

毁的采石场，整个山都被涂成了绿色，以便从空中看下去似乎郁郁葱葱，而地方采矿办公室发言人面对质问时这样回答：“这非常先进，我们是从网上学会的。”

对于这类事情，公众并不是没有疑问，也不是没有看法。在成都，当地人对他们的官员这样来美化城市都目瞪口呆，成都居民在微博上发问：“他们为什么不用这笔钱来修建学校呢？”著名企业四川长虹电器的官方微博发问：“他们想讨好谁？他们认为这像是染头发吗？”某博客的发问更具有创意：“你是否也可以把天空染成蓝色？”

相信中国人对这类事情并不陌生。上世纪50年代“大跃进”的“天方夜谭”给中国带来了深重灾难，我们不禁要问：假话是怎么出笼的？人们听到假话后，为什么集体丧失了分辨力？领导为什么不去“察疑”？中国人历来有“为尊者讳、为长者讳、为逝者讳”的传统，从人伦的角度来说，这是有道理的；但从搞清事实真相、以便后人总结经验教训的角度来看，这个传统是有害的。

1958年1月，广东省汕头地区报告了晚稻亩产3000斤。一个月后，这个记录就被贵州省金沙县一季稻亩产3025斤打破了。入夏后，全国小麦“卫星”目不暇接，争相耀眼。6月12日，《中国青年报》发表文章，称河南省遂平县卫星农业生产合作社继放出小麦亩产2105斤的“卫星”之后，又放出亩产3530斤的“卫星”。对此，著名导弹专家钱学森写了一篇《粮食亩产量会有多少？》的短文，《中国青年报》于6月16日刊出该文，其中有一段如是说：

> 土地所能给人们的粮食碰顶了吗？科学的计算告诉人们，还远得很！今后，通过农民的创造和农业科学工作者的努力，将会大大突破今天的丰产成绩。因为，农业生产的最终极限决定于每年单位面积上的太阳光能，如果把这个光能换算农产品，要比现在的丰产量高出很多。现在我们来算一算：把每年射到一亩地上的太阳光能的30%作为植物加以利用的部分，而植物利用这些太阳光能把空气里的二氧化碳和水分制造成自己的养料，供给自己发育、生长、结实，再把其中的五分之一算是可吃的粮食，那么稻麦每年的亩产量就不仅仅是现在的两千多斤或三千多斤，而是两千多斤的20

多倍！

1958年10月27日，在参观“中国科学院跃进成就展览会”时，毛泽东对钱学森说：“你在青年报上写的那篇文章我看了，陆定一同志很热心，到处帮你介绍。你在那个时候敢于说四万斤的数字，不错啊。你是学力学的，学力学而谈农业，你又是个农学家。”钱学森回答说：“我不懂农业，只是按照太阳能把它折中地计算了一下，至于如何达到这个数字，我也不知道，而且，现在发现那个计算方法也有错误。”毛泽东笑着说：“原来你也是冒叫一声！”他接着说：“你的看法在主要方面是对的，现在的灌溉问题基本上解决了。丰产的主要经验，就是深耕、施肥和密植。深耕可以更多地吸收一些有机物，才能长得多、长得壮。过去是浅耕粗收，广种薄收，现在要求深耕细作，少种多收。这样可以省人工、省肥料、省水利。多下来的土地可以绿化，可以休闲，可以搞工厂。”①

有人说，在中共党内，毛泽东是发现并在很早（从1958年11月初开始）就提出纠正“浮夸风”的第一人，其证据就是他于1959年4月29日以个人的名义，用党内通信的形式写给省、地、县、社、队、小队六级干部的信②：

> 第一个问题，包产问题……包产一定要落实。根本不要管上级规定的那一套指标。不管这些，只管现实可能性。例如，去年亩产实际只有三百斤的，今年能增产一百斤、二百斤，也就很好了。吹上八百斤、一千斤、一千二百斤甚至更多，吹牛而已，实在办不到，有何益处？……第六个问题，讲真话问题。包产能包多少，就讲包多少。……每项都不可讲假话。老实人，敢讲真话的人，归根到底，于人民事业有利，于自己也不吃亏。爱讲假话的人，一害人民，二害自己，总是吃亏。应当说，有许多假话是上面压出来的。上面“一吹二压三许愿”，使下面很难办。因此，干劲一定要有，假话一定不可讲。

---

① 马望野，“并非是在为先哲讳——也谈钱学森的‘缺失’”，《mawa1932的博客》，2009年12月27日。

② 《建国以来毛泽东文稿》（第八册），中央文献出版社，1993年1月版，第237页。

既然毛泽东有如此认识，那么，他是不是相信了钱学森的话？多大程度上相信了？假如他不相信这些“神话”，那么，凭着他当时在党内外的崇高威信，为什么仍纠正不了高指标、浮夸风的盛行呢？为什么要与他年轻时的老朋友、哲学家、武汉大学校长李达展开那么一场争论呢？①

1958年夏，在“大跃进”和人民公社化运动中，不少地方提出了违反哲学常识的口号，其中最著名的要算湖北省鄂城县委门口的一条标语：“人有多大胆，地有多高产。”时任武汉大学校长的李达认为这个口号是不科学的。9月，毛泽东视察大江南北时到达武汉，在与李达见面时谈起这个口号，毛泽东说：“这个口号同一切事物一样也有两重性。一重性不好理解，一重性是讲可以发挥人的主观能动性。”李达打断毛泽东的话：“你的时间有限，我的时间也有限，你说这句口号有两重性，实际上是肯定这句口号，是不是？”毛泽东当即反问：“肯定怎样？否定又怎样？”李达说：“肯定就是认为人的主观能动性是无限大。人的主观能动性的发挥离不开一定的条件。我虽然没有当过兵，没有长征，但是我相信，一个人要拼命，可以以一当十。一夫当关，万夫莫开，是要有地形作条件，人的主观能动性不是无限大的。现在的人胆子太大了。润芝，现在不是胆子太小，你不要火上浇油，否则可能是一场灾难。”毛泽东的秘书梅白见李达越讲越激动，便碰了一下他的腿，示意他不要再讲了。这个“小动作”恰好被毛泽东发觉了，他生气地说：“小梅，你不要搞小动作，你让他说，不划右派。”李达继续说：“你脑子发热，达到39度高烧，下面就会发烧到40度、41度、42度。”毛泽东气愤地说：“你烧死我好了！”李达激昂地说：“不是我要烧你！这样下去，中国人民就会遭到大灾大难，你承认不承认？”争论中，毛泽东虽然激动，却控制住了情绪：“还是我在成都会议讲过的那句话，头脑要热又要冷。”李达说：“现在是你头脑太热！”李达临离开时，又对毛泽东说了一句：“你应该冷静下来！”晚上，毛泽东在床上躺不安稳，下床后披了衣服走到东湖岸边散步。在一尊石雕前，毛泽东停住脚步，对跟随他的工作人员说：“孔子说过，六十而耳顺。我今年六十五岁了，但不够耳顺。听了鹤鸣（李达的字）兄的话很逆耳，以后要再同他多谈谈。”

① 王永盛，张伟，《毛泽东的艺术世界》，清华大学出版社，2007年1月版。

"大跃进"导致了大灾难，饿死很多人，这是事实，"是要上书的"[①]。对于这类事情，即使是能够说出"一句顶一万句，句句是真理"的"伟大领袖"，也会丧失分辨能力，或者明明知道也不点破，以免留下"给伟大的革命群众运动泼冷水"的嫌疑。这是一种什么样的"察疑"啊？说来说去，恐怕还是"上有好者，下必甚焉"[②] 的惯性在作怪吧。

当初《中国青年报》刊登钱学森文章的速度与他写文章的速度一样快，到底是文章重要还是看重作者的名气？也许二者兼而有之吧。更令人惊奇的是，钱学森写的文章不是他所精通的导弹和卫星领域的文章，却起到了导弹和卫星都不能起到的"特殊作用"。钱学森的夫人是弹钢琴的，音乐素养应当不低，钱学森在家里受到音乐的熏陶，进而达到"曲有误，周郎顾"的水平，或者具有小泽征尔那种"一定是乐谱错了"的自信，也不是没有可能的。但要说他谈农业问题比农业专家的水平还高，此事恐怕应"存疑"，领导也应该"察疑"，而不应该像宣传部长陆定一那样"很热心地到处介绍"，"伟大领袖"更不应该以自己的"金口玉言"封他一个"农学家"的称号。残酷的事实告诉人们，打着科学幌子的"伪科学"，比赤裸裸的迷信更为有害。但是，假如不能够真正地吸取经验教训，"伪科学"的根子不铲除，只要碰到适宜的气候，仍然会发芽生长。顺便说一句，截止目前，我还没有看到"大跃进"期间有哪位农业专家放过"卫星"，说明那时本行业的专家们还没有变成"砖家"。这个现象也是令人深思的。

20 世纪 70 年代末、80 年代初，在神州大地上出现一件怪事。1979 年 3 月，《四川日报》发表了一篇关于"耳朵认字"的报道，后来逐渐演化为"人体特异功能"、"人体科学"的伪科学[③]。对此现实，不少科学家站出来揭穿其中的"奥妙"。1979 年 4 月，中国科学院心理研究所对北京一个孩子的"耳朵认字"作了科学测试，结果表明系作弊所致。当时的中宣部部长胡

---

① 据王光美、刘源等人所著的《你所不知道的刘少奇》（河南人民出版社 2000 年版）一书中记载，刘少奇曾在"七千人大会"后对毛泽东说："饿死这么多人，历史上要写上你我的，人相食，是要上书的。"

② 《孟子·滕文公上》："上有好者，下必有甚焉者矣。君子之德，风也；小人之德，草也。草尚之风，必偃。"

③ "胡耀邦：宣传特异功能'没用处'"，《中国新闻周刊》，2013 年 7 月 25 日。

耀邦在国家科委、中国科学院的《信访简报》第92期上看到了这个报告，于1979年4月23日给一些宣传部门的领导作了批示：

穆之、井丹、绩伟、曾涛、香山同志一阅。所有表演过这出丑戏的小孩都没有罪。地县委居然轻信，党报居然发表，在向四个现代化进军声中，居然出现这样荒谬绝伦的笑话，并由此推想各条战线上必然存在的能同这样笑话相比（媲）美的事情，我们该要这么警惕啊！该要这么努力联系实际解决一些问题啊！

在同年11月8日，胡耀邦又就《北京两个小学生能用耳朵手心和腋下认字》的报告，给两位宣传部门的领导作了批示：

穆之、井丹同志：这类事情，科学工作者要怎么办可以由他们去办。但不能公开宣传。宣传这类事情对四化没有一点用处、好处。中国还是一个落后的国家，宣传这类事只能增加人们的迷信和思想混乱。这一点务必请你们把关。

从这两个批示看，胡耀邦反对"耳朵认字"等伪科学，指明其危害，态度明确、坚定，并且不同意媒体作宣传报道。此后，中宣部向各地媒体发出通知，规定对那些没有经过科学鉴定的奇事，不宜公开宣传。但是，怪事并没有被制止，那些所谓"特异功能"的支持者、呵护者还是不顾一切地作宣传。他们攻击反对者"摆出一副中世纪宗教审判官的架势来教训人"。上海有一本名为《自然杂志》的期刊，在其1978年的创刊号上发表了一篇题为《什么是气功外气属性》的文章，1979年9月发表了"耳朵认字"的"考察报告"。这件事得到钱学森的关怀和支持，他专程访问了《自然杂志》，给他们鼓励、打气，并于1981年的《自然杂志》上发表文章，论述系统科学、思维科学和人体科学，并且在1981年5月于重庆召开的第二次人体科学研讨会上提交了题为《开展人体科学的基础研究》的论文。

对"特异功能"持疑异的科技工作者面对挑战，没有无动于衷，而是积极地做工作。1982年2月24日，原国家科委副主任于光远在中国科学院组织的一次报告会上，作了题为《对所谓人体特异功能的历史的科学的分析》的报告。中科院党组书记李昌表示不相信"人体特异功能"，但不反对对人体作严肃的科学研究。第二天，《人民日报》对此次报告会作了报道，并发表由总编辑亲自撰写的编者按，明确表示"我们不相信'耳朵认字'"。

这些行动惹恼了“人体特异功能”的支持者、呵护者们。当时担任国防科工委科技委主任的张震寰分别给反对“特异功能”的我国心理学家潘菽写信，给他在“一二·九”运动期间的同事李昌、于光远分别写信，也给《人民日报》总编辑胡绩伟写信，要他们相信“特异功能”的存在。他在1982年3月5日给胡绩伟的信中说：

李昌同志不相信，说他看到的“耳朵认字”都是假的，那么再找真的看看不好么，这不是辩证法么？于光远同志根本不屑一顾，这是唯物论么？什么叫实践第一的观点？你们有哲学家王若水同志，请他说一说吧。连起码的哲学常识都违背了，《人民日报》作了殉葬品。……你们登起文章很大胆，做起事来又胆小，有点不相信自己。谁是科学领导机构，国家科委应当是，但不知他们怎么领导的？就拿耳朵认字来说，你们错了。谁是有权威的科学机构？科学院算一个，李昌同志和报上登的几位著名科学家也不是正确的，最权威的是客观事实，白纸写上黑字是砍不掉的。

张震寰还特意请胡绩伟到国防科工委去看“特异功能”表演。胡绩伟派记者去看了，结果是新出山的“气功大师”张宝胜出了洋相。

张震寰的信被转给胡耀邦。从1981年6月起，胡耀邦已当选为中共中央主席，他于1982年4月10日就此信作了批示：

转乔木、任重、方毅、力群同志。这个问题79年一开始我就怀疑，作过三次批语，提出这不是我们的科研方向，报刊上不要介绍和宣传。有些话我可能说得绝对了一点，但我的主张是站住脚的。但后来我管不着了，报刊上登载不少。现在我仍主张守住这两条线，请宣传部门把关。

在这种背景下，一些“特异功能”的宣传受到限制，同样批评“特异功能”的文章也受到遏制，就连《知识就是力量》正在连载的于光远的文章也被封杀。这时，《自然杂志》派人到钱学森、张震寰处告状。张震寰声称：“天王老子也不要怕，咱们坚决干下去，干到底。共产党人从参加革命的第一天起，就把生死置之度外，除了追求真理外，别无他求！”他后来私下对《自然杂志》编辑朱润龙说：“钱老真是智慧过人，我当时说的天王老子就是指胡耀邦同志，钱老也一下子就明白了。”[①] 就在那次的见面，钱学森同张震寰商议，于 1982 年 5 月 5 日给中宣部副部长郁文写信，其中写道：

> 中国科协四月廿八日通知说，“耳朵认字”之类不是我们的科研方向，不准在报刊上介绍和宣传。您是知道的，一到下面去执行，就会一棍子打死。上海出版的《自然杂志》就被命令，将即发排的五月号中撤出几篇有关人体特异功能的科学研究论文。难道党对有争议的科学研究能这样处理吗？难道前车之鉴还少吗？不是发动批判过摩尔根遗传学吗？还有批判控制论，批量子化学共振论，批人工智能；还有批数量经济学，批形象思维。为了党和人民的利益，我建议您通知上海市宣传部门的同志，正确处理《自然杂志》的问题，不要禁止它刊登科学论文。我也向您表白我的判断，我并以党性保证：人体特异功能是真的，不是假的；有作假的，有骗人的，但那不是人体特异功能。人体特异功能和气功、中医理论是密切相关的。

钱学森的这封信经邓力群转给胡耀邦，他于 5 月 13 日再次批示：

> 这不是我们的科研方向和在科学上还没有充分证实之前，报刊不宣传，不介绍，也不批评这两条我看是稳妥的，公正的，要坚决这么办。但可以允许极少数人继续研究这个问题。也允许他们办一个小型的定期的研究情况汇编，发给对这方面有兴趣的科学工作者去阅读和继续探讨。

我本人不是生物学家，不懂摩尔根遗传学是怎么回事；不是控制论专家，也不懂控制论是怎么回事，但是，我有一个疑问：科学问题怎么能用党性作保证呢？难道没有党性的人研究的都是伪科学？而有了党性，伪科学也能变成真科学？反对“特异功能”就没有党性了吗？解释这类疑问的最好办法是通过科学实验来回答，正如于光远于同年 5 月 28 日写给胡耀邦的一封信中所说的那样：“‘人体特异功能’是事实还是弄虚作假，不能由某一位有名望的科学家的党性来保证，而只能用科学的方法，即用论证与辩论，用严

---

① 钱学森，《论人体科学与现代科技·后记》，上海交通大学出版社，1998 年 12 月版。

格的科学试验来解决。”事实已经证明，“耳朵识字”、“腋下识字”与粮食产量放出的“卫星”是同等的荒谬！大科学家难道对这些属于常识范畴的知识不懂吗？“大跃进”中的弄虚作假给中国人民带来的痛苦还不够吗？“难道前车之鉴还少吗？”

诸葛亮在本篇中用了两个历史典故：“赵高指鹿为马，秦王不以为疑；范蠡贡越美女，吴王不以为惑。”秦王信任赵高，可能认为他的“指鹿为马”只是搞一个“黑色幽默”；吴王战胜越国，必定认为他接受范蠡所进贡的“美女”不过玩一回“将计就计”。就以前文举的给草坪喷绿化剂的例子来说，普通老百姓的知识与水平没有官员高，他们只知道提问请教；而官员们则一概三缄其口，以维护“沉默是金”的古训。他们以为，只要当鸵鸟，把头扎进沙漠里，把屁股留在外面，就可以塑造一个“和谐”的形象。他们这种行为与赵高的指鹿为马有什么区别啊？他们难道真不知道“美女”是专为“英雄”预备的“毒药”吗？不是不知道，而是“将计就计”。另一方面，很多官员对前文所述的这类现象没有分辨能力，但有些方面的“基本功”却十分了得。比如，有些官员鉴别酒，一闻、一看、甚至把瓶子一晃就知道是什么酒，比中医的“望闻问切”还少一道“问”的工序。可惜，他们的本职工作不是品酒师，而是为人民服务的公仆。他们的这种“真功夫”用的不是地方，也选错了对象。这正好验证了诸葛亮在本篇中引用的孔子的话：“视其所以，观其所由，察其所安，人焉瘦哉！人焉瘦哉！”喜欢的色调、喜欢的口味、喜欢的服饰，厌恶的首饰、厌恶的举止、厌恶的类型，等等，都在不知不觉中流露出一个人的情趣层次及其修养水平。

从辨别音乐的小技巧引出治国安邦的大道理，这是有逻辑必然性的。如果不能正确地辨别各种音节的区别，那么就无法欣赏一支曲子的优美，当然也就无法从中得到教益与启示。世间万物既有区别、又有联系，所谓“物有异类，形有同色”，需要仔细地加以分辨。人类社会生活的多样性与复杂性，远远超过自然界，如果不能分辨出各种表面类似、实质各异的社会现象，当政者对一些表面的现象疑惑不定，那么就无法做出正确的决策，治国安邦也就是一句官腔了，道理就在于“乱生于远，疑生于惑”。

虽然现代工商业和科技文明过分重视物质利益，使传统的礼乐文化受到商业世俗文化的冲击，已失去古典纯朴的“礼乐”精神，但是，传统的礼乐文化在今天还是能起到提升人类道德，使人们达到自我完善的作用，关键在于对此要有深刻的认识并身体力行。

原则与权变：成就事业的不二法门

诸葛亮在这篇文章中，列举了许多难以“察疑”的事例，说明了事物具有多样性。世俗的人类社会充满了各种各样的色彩，绝不只是“红与黑”、“是与非”、“对与错”那么简单，“察疑”的难度是非常大的。作为一种为政的方式，“察疑”必须要将原则性与灵活性相结合，也就是中国古语中所说的“有经有权”。

“经”与“权”是中国传统思想、特别是儒家思想的重要概念，反映了中国人对原理、原则的理解与认识。汉字的“经”，原意为织布机上纵向的纱线，与“纬”相对，引申为时间的自上而下推移、或永久不变的真理，“经过”、“经验”、“经典”等词均源于此；汉字的“权”，原意为秤砣，引申为重量，“权衡”、“权利”等词均源于此。历代思想家对经和权都有所阐述，孔子说：“权者何？权者反于经，然后有善者也。权之所设，舍死亡无所设。行权有道，自贬损以行权，不害人以行权，杀人以自生，亡人以自存，君子不为也。”[①]。孟子说：“常谓之经，变谓之权，怀其常经而挟其变权，乃得为贤。”[②] 这些说法都认为，“经”指不易的常理；“权”指据时的变通；“经”有稳固性，“权”有变异性。关于“经”和“权”，唐代文学家柳宗元的论述最为深刻、全面[③]：

> 果以为仁必知经，智必知权，是又未尽于经权之道也。何也？经也者，常也；权也者，达经者也。皆仁智之事也。离之，滋惑矣。经非权则泥，权非经则悖。是二者，强名也，曰当，斯尽之矣。当也者，大中之道也。离而为名者，大中之器用也。知经而不

① 《春秋公羊传》。
② 《孟子·离娄上》。
③ （唐）柳宗元，《判刑论》。

知权，不知经者也；知权而不知经，不知权者也。

柳宗元把“经”和“权”的关系表述得极为明白易懂，从而使这一对范畴具有普遍性的方法论意义。“经”是永恒不变的原理、原则，“权”是帮助执行原则的变通手段，两者都是维护道德规范时不可缺少的。背离这一点，必定有失偏颇。没有权的经是拘泥的，而没有经的权是悖谬的。如果只知经而不知权，就是不知经；如果只知权而不知经，就是不知权。由此可知，柳宗元既反对死抱教条而不知变革，又反对离开原则而随心所欲。正因为有方法论作指导，柳宗元在政治实践中主张变革，突破僵化；在学术思想上提倡怀疑，兼收并蓄。他能被后世列入唐宋八大家，绝不是浪得虚名。

那么，如何运用经与权呢？孟子举了一个形象的例子：“男女授受不亲，礼也；嫂溺，援之以手者，权也。”[①] 男女授受不亲是应该遵循的礼义，这是经；但是，兄嫂落水，伸手相助，不能说是违反了这个准则，而是灵活运用了这个准则，这就是权。

孟子的水平实在是高，以一个生活中极有可能出现的场景为例，就把这个理论上深奥、实践中难行的哲学观念解释得清清楚楚、明明白白，强过千言万语。纵观历史上善于用兵之人，都懂得通机达变，以机敏巧妙的迂回战术解开死结，此所谓“兵不厌诈”。战国时，魏将庞涓率军围攻赵国都城邯郸，赵国求救于齐国，齐王命田忌、孙膑率军救援。孙膑认为魏军主力在赵国，内部空虚，就带兵攻打魏国都城大梁，因而，魏军不得不从邯郸撤军，回救本国，路经桂陵要隘，又遭齐兵截击，几乎全军覆没。孙膑这一避重就轻之举避免了与魏军正面交锋，既减少了不必要的损失，又达到了原定的目标，因此“围魏救赵”也被奉为军事史上的典范。如果齐军只是按照一般的军事逻辑，直趋邯郸，与魏军正面交锋，很可能又是一个“戈尔迪之结”[②]，不仅不能解围，反而会中了庞涓的“围点打援”之计。现实生活中对很多事

① 《孟子·离娄上》。

② 戈尔迪是古希腊神话传说中小亚细亚弗里吉亚的国王，他在自己以前用过的一辆牛车上打了个分辨不出头尾的复杂结子，并把它放在宙斯的神庙里。神示说能解开此结的人将能统治亚洲。然而，多少个世纪过去了，无数聪明智慧的人面对“戈尔迪之结”都无可奈何。亚历山大大帝远征波斯时，有人请他观看这个古老的“戈尔迪之结”。经过一番尝试后，亚历山大挥剑将此死结劈成两半，“戈尔迪之结”也就被破解了。

情的处理，也都需要这种“有经有权”的辩证思想为指导。上世纪40年代，毛泽东在延安文艺座谈会上的讲话发表后，在各界人士中产生了极大反响。郭沫若曾就文艺自身的问题谈到，“凡事有经有权”，就是说，任何事情都有经常性道理和权宜之计，不能一概而论。对此，毛泽东很是欣赏，认为郭沫若说的这个“凡事有经有权”的道理是对的。①

严格执行法律、制度即“经”，这个道理在很多情况下是对的，问题在于，任何“经”都不是放之四海而皆准的“宇宙真理”②，都需要接受实践的检验，否则，就变成“普世价值”了。在现实生活中应克服一个误区，就是不能把“经”和“权”的外延和内涵随意扩大，更不能偷换概念，因为这两个概念还具有相对的固定性。除了现实社会生活的复杂性之外，还要对一些哲学范畴加深认识。最典型的几对范畴是：

实事求是与解放思想。实事求是是“经”、是原则，解放思想是“权”、是方法；实事求是是解放思想的基础，解放思想是实事求是的体现。

敬畏制度与执行到位。敬畏制度是“经”、是原则，执行到位是“权”、是方法；敬畏制度是执行到位的基础，执行到位是敬畏制度的体现。

严于律己与宽以待人。严于律己是“经”、是原则，宽以待人是“权”、是方法；严于律己是宽以待人的基础，宽以待人是严于律己的体现。

还有一对范畴，就是教条主义与经验主义。美国“股神”巴菲特曾经说过：“经验应该是世界上最值钱的东西，也是别人无法抢走的最重要的个人财富。”③ 这就涉及到另外一个与经验相对应的概念——教条。所谓教条，原指宗教信徒崇拜和遵守的信条，后泛指强迫人们盲目奉行的某种僵死的抽象定义或公式。所谓教条主义，就是脱离了现实，一切从书本出发，面对实际情况不知变通，不会把理论应用于实际，而且对书本知识的理解也不一定

---

① 胡乔木，《胡乔木回忆毛泽东》，人民出版社，1994年9月版。

② 孙临平，《中国梦的自信在哪里》：“中国梦以信仰为魂、自觉为根。信仰如炬信心满满，寓理弘志意气风发。面对当今复杂多变的国际环境、艰巨复杂的国内改革发展任务、党所面临的严峻考验和危险，极大地增强同心共筑中国梦的自信，首要的是始终同心坚守中国特色社会主义信仰，笃信‘我们信仰的主义，乃是宇宙的真理’。”（《解放军报》，2013年5月22日）

③ 飘渺，“学习沃伦·巴菲特的《忠告股东》”，《搜狐财经频道》，2003年8月6日。

正确。教条主义就是拘泥于主义而放弃事实，拘泥于过去的认识而放弃重新认识不断变化的世界。一切教条主义都有其共同的哲学基础，这就是唯心主义、主观主义和形而上学。教条主义既是一种思维方式，又是一种价值观，同时还是一种话语体系。

经验本来是好东西，如果不善于学习和借鉴，就会变成坏东西。经验的升华，就是理论；对理论的盲从，就是教条主义。假如我们在经验反馈的过程中得到的是教条，失去的是思想，那么这种接受经验的做法就是失败的，既是学习方法的失败，也是经验本身的失败，更是思维方式和行为方式的失败。教条主义的根源不在于理论本身，而在于理论学习者的思维方式。正如刘伯承元帅说的那样："同一部《孙子兵法》，马谡用法就是教条主义，孔明就不是。庞涓、孙膑同师鬼谷子，可是一个是教条主义，一个就不是。王明和毛主席读的同是马克思、列宁的经典著作，一个是教条主义，一个就不是。所以，教条不教条，重点不在先生，而在学生；重点不在学，而在用。"① 在实际生活和工作中，我们需要经验，因为自己的经历和体验毕竟是有限的，"不可能经历世界上所有的热闹"②，但我们反对狭隘的经验主义；我们也需要教条，因为我们的行为必须要有一种思想作指导，但我们反对僵化的教条主义。经验主义与教条主义都是知识管理的大敌。正确地借鉴经验而避免狭隘的经验主义，恰当地运用教条而克服僵化的教条主义，这是管理艺术达到一个较高境界的具体体现。

避免狭隘的经验主义和僵化的教条主义的最好方法，就是倡导并运用科学的质疑精神。现代科学的诞生，正是发扬质疑精神的结果，既质疑人人信奉的宗教教条和迷信，也挑战古代科学的权威。质疑意味着科学绝不迷信权威，也绝不无条件地宽容。如果不具有质疑精神，对所有的观念，不管是合理还是荒唐，都全盘接收，就失去了分辨是非、去伪存真的基础，科学也就

---

① 尹家民，《红墙知情录（二）：开国将帅的非常岁月》，当代中国出版社，2010年10月版。上世纪50年代，军队开展"反教条主义"的斗争，主要矛头是针对时任南京军事学院院长刘伯承的。有一天，刘伯承对前来看望他的第15军45师师长崔建功说了这段话。

② 电视连续剧《亮剑》里的主人公李云龙不愿意在南京军事学院学习，而总想着到朝鲜战争前线领兵作战，军事学院的院长意味深长地对他说了包括此句在内的一段话。

无法发展。北宋时期重要的思想家、理学的奠基者之一的张载，对于质疑有着独到的见解，“洪钟未尝有声，由扣乃有声；圣人未尝有知，由问乃有知”①，“不知疑者只定不便实作，则实作则须有疑，必有不行达理疑也，在可疑而不可疑不曾学，学则须疑，守旧无功”②。由此可见，质疑是做学问的基础。

质疑往往与思考联系在一起。学起于思，思源于疑。人的思维活动起始于问题，有疑问才会去思考，疑是点燃思想的火种。“学者有疑，小疑则小进，大疑则大进。疑者，觉悟之机也。一番觉悟，一番长进。”③ 伟大的物理学家爱因斯坦在他的晚年回忆道：“空间、时间是什么，别人在很小的时候早已搞清楚了，但是我智力发育迟，长大了还没有搞清楚，于是一直在揣摩这个问题，结果就比别人钻研得深一些。”④ 爱因斯坦的话给我们的启示是极其深刻的，我们生活在时间和空间中，从没想到去考虑“时间”、“空间”是什么，可谓熟视无睹。爱因斯坦的非同寻常之处，在于他不满足于常人对于时间和空间的肤浅认识，而是用质疑的目光重新审视这些在一般人看来是司空见惯的概念，发现“时间是可疑的”，经过十年的努力探索，终于产生了石破天惊的“相对论”。可见，质疑能力是人的素质的重要组成部分，是创新能力的前提。生疑、质疑、解疑、再生疑、再质疑、再解疑……，循环往复，步步推进，在这个过程中掌握了知识，获得了能力。

心理学告诉我们，自由能使人的潜能得到最大的发挥。从组织的角度来说，要努力创造一个宽松和谐的环境，以激发人们质疑的兴趣。从个人的角度来说，质疑作为一种探究真理的手段，并不是人人都可以无条件地使用的，而是必须具备在所质疑的领域内具有一定的知识与经验的人才能够恰当地使用质疑的工具。不懂天文学的人不会质疑星、星云、黑洞的学说；不懂物理学的人，不会质疑相对论；不懂医学的人也不会质疑遗传基因的理论。凡提出质疑的人，总是对自己所思考的问题具有某种“资格”，而不是对自

① （宋）张载，《正蒙·中正篇》。

② （宋）张载，《经学理窟》。

③ （明）陈献章，《白沙子全集》。

④ （德国）阿尔布莱希特·弗尔辛，《爱因斯坦传》，薛春志译，人民文学出版社，2011年7月版。

己一无所知的事情或领域中的具体问题提出不恰当的质疑。

质疑要经过一个复杂的思维过程，它涉及到感觉、知觉、注意、情感等多种心理因素。我曾经把质疑概括为四种模式：

第一种是“我知道，你不知道”（我要指教指教你）。这种模式带有考试和教导的意味，质疑者要给被质疑者上一课，这种情况下的质疑就变成培训了。还有一种情况，就是旁观者清，这个“清”也是相对而言的，只有具备一定专业素养的人才有可能“清”，外行一般来说是看热闹的。

第二种是“我不知道，你知道”（我要请教请教你）。这种模式是质疑者向被质疑者请教问题，受益最大的是质疑者，同时被质疑者也可能受到一些启发，进而丰富自己的思想。

第三种是“我知道，你也知道”（我们要切磋切磋）。这种模式属于学术交流性质，大家都是被质疑问题的行家，彼此切磋学问或技能，通过集思广义，最后达成对问题的共识。

第四种是“我不知道，你不知道”（我们要探讨探讨）。这种模式是质疑者与被质疑者共同探讨未知的领域，主要目的是为了增加新知识、解决新问题。

至于哪种模式正确、哪种不正确，不能一概而论，而是要放在具体的环境中去分析判断。

科学的质疑精神，就是要摒弃一切的不可知论和形而上学的唯心主义的世界观和方法论，而要以辩证法和唯物主义作为人们认识质疑、利用质疑、发展质疑的思想武器。质疑还要有具体的行为，那就是，熟视无睹要“睹”，见怪不怪要“怪”，充耳不闻要“闻”，而人云亦云就不必去“云”了。这个“睹”和“怪”就是于不疑处生疑，就是质疑；这个“闻”就是对真理和别人的经验要听取，就是服从。服从，并非懦弱；服从，并非毫无主见；服从，也并非什么事都听从别人。假如人人都各持己见，从不服从别人的安排，秩序何在？效率何在？我们要服从真理，但绝大多数真理都不是每个人自己亲身获得的，总要相信其他人所获得的一些真理；我们每个人都有一些自己的经验，但这些经验与其他人所获得的经验相比，总是处于极少数，因此总要借鉴他人的经验。对于一个具有辩证思维的人来说，质疑与服从并不排斥，在质疑的同时服从、在服从的同时质疑，是避免唯心主义的最佳方法，同时也是科学的质疑精神的最佳体现。我们在提倡质疑的同时，也要反对滥用质疑这个工具而干扰甚至破坏正常的工作秩序。

对“经”固然要敬畏，但这种敬畏是有条件的，就是要在实证和理性的基础上进行了质疑后得到释疑。质疑的目的是为了解决问题，质疑必须解疑。换句话说，质疑作为一种科学精神，也不能被滥用。如果是为了质疑而质疑，那就有可能陷入不可知论的泥淖之中，最后无助于问题的解决。极端的怀疑论会导致怀疑一切，使心灵闭塞而不愿探索；或者否认人们对世界的认识能力，否认科学知识的客观性，从而走向反科学。质疑必须建立在实证和理性的基础之上，也惟有实证和理性才是科学精神中最为重要、最难掌握、也是中国传统文化中最为缺乏的要素，如果我们对此缺乏足够的认识，而且也不愿意去亲身实践，那就说明还没有掌握成就事业的“法门”。

优秀与成功：内因主导与外因驱动

现代社会中，追求成功已经成为一种普遍的价值观了。但是，人们在追求成功的过程中，往往忘记了最重要的人生目标：使自己变得优秀。优秀与成功，往往不可以划等号。一个人能否成为优秀的人，基本上是可以自己做主的；能否获得成功，则取决于包括运气在内的许多外在的因素。优秀可以使人变得快乐，成功则有时会增添不必要的负担。这也就是说，优秀是靠内因主导，而成功往往是外因驱动。内因是变化的根据，外因是变化的条件，外因通过内因起作用。[①] 因此，人最好把成功看作优秀的副产品，不妨在优秀的基础上争取它，得到了最好，得不到也不妨碍自己继续优秀。

前文中提到的三国时东吴的统帅周瑜，在罗贯中的《三国演义》中，他被描写成一个气量狭小的人物，被诸葛亮活活气死了。按照罗贯中的描写，周瑜是东吴的兵马大都督，事业上算是一个成功人士；但他的气度狭小，人品算不上优秀。罗贯中是在写历史小说，属于文学创作的范畴，无论他怎么编造，反正周瑜的后人也不会与他打“官司”，各位读者更不会为打抱不平

① 毛泽东，《矛盾论》。

而把他告上公堂。历史上真实的周瑜，则完全不是这样的形象。

周瑜，字公瑾，“瑜”与“瑾”这两个字，都是美玉的意思，“怀瑾握瑜兮，穷不知所示”①。幸运的是，周瑜这块“美玉”却碰到了能够欣赏他的明主，于是，他便以“青年团员”② 的身份担任东吴军队的统帅，指挥孙刘联军，在赤壁之战中大败曹操的 83 万人马，由此奠定了天下三分的格局。苏轼当年被贬谪到湖北的黄州，在游览一个也叫“赤壁”的地方时，神往于周瑜的风采，于是写下了“谈笑间，强虏灰飞烟灭”③ 的千古名句，把周瑜的那种雄姿英发的形象定格化了。

三国时期各个集团之间的竞争是通过战争这种残酷的形式进行的，靠才干和人品。人品具有内敛性，才干具有外显性。人品和才干都是能量，而且是正能量，否则，东吴的老将不会服从周瑜，他是不可能当上东吴的兵马大都督的。事实上，周瑜非但不小气，反而是一个气度恢宏的人，“性度恢廓，大率为得人……曹公乘汉相之资，挟天子而扫群桀……于时议者莫不疑贰。周瑜、鲁肃建独断之明，出众人之表，实奇才也”④。正是由于周瑜的容人气度和出众才干，才使得本来对他不服气的老将程普向他负荆请罪，并且说出那句由衷之言：“与周公瑾交，若饮醇醪，不觉自醉。”⑤

那么，周瑜与诸葛亮到底是不是真是“既生瑜，何生亮”的冤家对头呢？绝对不是。恰恰相反，他们是英雄相惜的战友和知音。通过对当时政治现实情况和诸葛亮出使东吴的表现进行客观的分析，不难得出这个结论。当时的政治格局是，孙刘两家需要联合起来，共同对抗曹操这个强敌，因此，稍有头脑的政治家、军事家，都不会在大敌当前之际闹什么意气之争。

诸葛亮出使东吴，主要办了三件事情：

第一件事情，说服孙权联刘抗曹。《三国演义》中最精彩的一幕就是

---

① 《楚辞·九章·怀沙》。

② 1953 年，毛泽东在《青年团的工作要照顾青年的特点》中说：“曹操带领大军下江南，攻打东吴。那时，周瑜是个‘青年团员’，当东吴的统帅，程普等老将不服，后来说服了，还是由他当，结果打了胜仗。”

③ （宋）苏轼，《念奴娇·赤壁怀古》词。

④ 《三国志·吴书·周瑜传》。

⑤ 《三国志·吴书·程普传》。

“群英会”，其中最精彩的情节就是诸葛亮“舌战群儒”。我们可以设想，诸葛亮在不同的场合，针对不同的人，会说一些话，主要是分析客观形势，阐明刘备集团的主张，说服大家统一思想，联合起来共同对敌。因此，“舌战群儒”是可能的，但并不像《三国演义》中所描述的那种“针尖对麦芒”式的斗嘴仗，而是诸葛亮与东吴的这些君臣和学者们进行学术交流、形势探讨和对策研究，在这个过程中表现出很强的说服力。比如，他对孙权说：“将军量力而处之：若能以吴、越之众与中国抗衡，不如早与之绝；若不能当，何不案兵束甲，北面而事之！今将军外托服从之名，而内怀犹豫之计，事急而不断，祸至无日矣！”这一段话，实实在在地打动了孙权的内心，于是才说：“吾不能举全吴之地，十万之众，受制于人。吾计决矣！”[①]

第二件事情，帮助孙权选定都城。唐代许嵩编撰的《建康实录》和南宋张敦颐编撰的《六朝事迹编类》这两本书中记载，诸葛亮出使东吴，有一次途经秣陵（今江苏南京），曾与鲁肃纵马于石头山，考察山川地理形势。当他看到以钟山为首的群山，像苍龙似的蜿蜒蟠伏于东南，而以石头山为终点的西部诸山，又像猛虎一样雄踞在江滨，便赞叹道：“钟山龙蟠，石城虎踞，真乃帝王之宅也。”《建康实录》还记载了当时的一首童谣：“宁饮建业水，不食武昌鱼；宁就建业死，不就武昌居。”毛泽东的“才饮长沙水，又食武昌鱼”[②] 的词句，或许就是由此点化而来的。刘备客居东吴时，住在金陵，看到这里江山秀丽，也劝孙权在此建都，孙权说“智者意同”。公元229年，孙权在武昌称帝，于9月迁都于此，称作建业，为南京建都之始。后代史家认为，这两本书的记载不见之前的史籍，似不可靠。我不是历史学家，既无能力、也无精力考证这桩“公案”，无法“察疑”，暂且“存疑”，但我作为诸葛亮的忠实“粉丝”，对他的眼力是不怀疑的。

第三件事情，协助周瑜指挥作战。《三国演义》所描写的几个脍炙人口的故事，实际上已经透露出了诸葛亮在协助周瑜进行战前准备工作中的作用。首先，确定作战方针。周瑜生病，诸葛亮去探病，开出了“欲破曹公，宜用火攻；万事齐备，只欠东风”的“药方”，说明英雄所见略同，在具体

① 《三国志·蜀书·诸葛亮传》。

② 毛泽东，《水调歌头·游泳》词。

战术上达成共识。其次，督造武器装备。诸葛亮的“草船借箭”是罗贯中的杜撰，但诸葛亮完全有可能受周瑜的委托督造武器装备。后来，诸葛亮在主持蜀汉军政事务时，有很多关于改进武器装备的举动，如制造连弩、钢刀、战斧，设计运送粮草的“木牛流马”，这些事情说明诸葛亮确实有这方面的才能，也有可能当初在孙刘联军中练就了这些本领。第三，收集气候和地形方面的资料。《三国演义》中所描述的“借东风”是真正的演义，但诸葛亮留心收集天气和地形方面的资料，给周瑜出谋划策，这是极有可能的，而且这项工作也是选择恰当时机、做出正确决策的基础性工作之一，是必须要做的，无非是分配谁来做而已。周瑜作为孙刘联军的统帅，委托“盟军代表”诸葛亮做这项工作，也在情理之中。

通过上述这三件事情，周瑜对诸葛亮的人品和才干有了直接的了解。古人所遵循的战争伦理是“两国交兵，不斩来使”，何况诸葛亮是盟军派来的代表，周瑜不能说杀就杀。我们可以合理地设想一下，在这种情况下，周瑜想的不是如何害死诸葛亮而为自己除掉一个潜在的竞争对手，而是出于惺惺相惜的考虑，他会千方百计说服诸葛亮留在东吴，大家一起成就事业。史载，“张子布（张昭）荐亮于孙权，亮不肯留。人问其故，曰：‘孙将军可谓人主，然观其度，能贤亮而不能尽亮，吾是以不留。’”[①] 东吴的重臣张昭向孙权推荐诸葛亮，极有可能是周瑜的主意。人各有志，不可相强。诸葛亮执意要回到刘备阵营，周瑜只能是感到惋惜，而没有任何理由派兵追杀。大胆地设想一下，按照周瑜恢宏的气度，他当时或许还举行过隆重的宴会为诸葛亮的离别饯行，这或许正是诸葛亮在周瑜去世后的祭文中那句“从此天下，再无知音”的肇因。

从周瑜和诸葛亮的身上，我们会感受到“优秀靠自己、成功靠运气”的合理性。他们首先是自己争取做一个优秀的人，包括人品和才干，然后在当时那种风云际会的客观环境中取得了事业上的成功。

让我们再来看看小泽征尔是怎么优秀和成功的。

小泽征尔于1935年出生于中国的沈阳，第二年举家迁到了北京，一直居住到太平洋战争爆发的前夕，全家才回到了日本东京。小泽征尔回忆，在

① 《三国志·蜀书·诸葛亮传》，裴松之注引《袁子》。

上小学之前，他的大脑中的所有记忆都是对北京的印象。1994 年，小泽征尔回到出生地沈阳，他决定指挥辽宁交响乐团演奏《德沃夏克第九交响曲》。乐团团长后来回忆说[①]：

> 第一天，在排练完第四乐章快板后，小泽的脸色骤然沉了下来，紧皱眉头，低沉地自语道：“怎么会这样？这样的乐团怎么去演出？”忽然，他将指挥棒重重地敲了一下乐谱架说：“从明天起，我们进行个人演奏过关训练。”我当即懵了。这等于在说，每个人需要从基本功训练起。这绝不是大师级指挥家做的事。这时，等候在演练厅的地方官员要与他商量安排接见和宴请事宜，小泽一一谢绝。他说：“我这次来只有一个目的，就是送给沈阳市人民一台满意的交响乐。我不想见任何与音乐会无关的人。”此后，每天训练 6 个钟头。到了第三天下午，小泽实在太疲劳了。他先是蹲在地板上指挥，后来，干脆就跪在地板上指挥，脸上的汗水挥洒在乐谱和地板上，他一次次地纠正第一小提琴手，可还是难以过关。望着大师被汗水浸透了的头发和一脸的疲惫，第一小提琴手心中难受极了，先是流泪、抽泣，后是失声哭了起来：“大师，对不起，您另选他人吧，我不行。”在场的人都以为大师会发火。不料他却十分平静和悦地说：“你行，只差一点点。请再来一次。”当她拉完一遍，大师捋起头发：“谢谢，请再来一次好吗？”就这样，当第一小提琴手过关时，她已经泣不成声。大师大口喘息着，接过毛巾笑着说：“你们都行，谁也没有理由泄气……。”

除了天分，小泽拥有更多的是勤奋。日本作曲家武满彻曾经在小泽寓所住过一段时间，目睹了大师的勤奋：“每天清晨四点钟，小泽屋里就亮起了灯，他开始读总谱。真没想到，他是如此用功。”原来，小泽从青年时代就养成晨读的习惯，一直坚持到今天。他自己说：“我是世界上起床最早的人之一，当太阳升起的时候，我常常已经读了至少两个小时的总谱或书。”

中国有一首《二泉映月》的曲子，它是民间艺人华彦钧（瞎子阿炳）创作并演奏的著名二胡独奏曲，曲子表达的是一位饱尝人间辛酸和痛苦的盲艺

---

① 施雪钧，“大师的坚持”，《人民文摘》，2009 年第 4 期。

人的思绪情感，深沉中含质朴，感伤中显苍劲，刚柔并济，慑人心魄，甚至使人产生断肠之感。小泽征尔第一次聆听我国著名二胡演奏家闵惠芬演奏这首乐曲时，激动地流下了眼泪。他说："这首乐曲太感动人了，像这样的乐曲应该跪下来听。"《二泉映月》是阿炳在苦难的一生中，用血和泪、灵和魂凝成的"自度曲"。对童年在中国度过的小泽征尔来说，他更是能感受得到当年广大生活在社会最底层的中国人民的生活是何等的艰辛和不易。他说应跪下来听这首曲子，或许与他童年在中国的耳濡目染有极大的关系，或许他想以这种方式解脱当年侵华日军给中国人民带来深重灾难而引发的良心不安。不管是什么原因，他以这种方式表达了一位当世的音乐大师对这支曲子作者的敬意。

从音乐说到人品、说到优秀和成功，周瑜和小泽征尔是古今中外两个典型的例子。周瑜的优秀，表现在他的胸怀大度，他的成功源于他的政治和军事才能在当时的环境中发挥了作用；小泽征尔的优秀，表现在他的人文情怀，他的成功源于他的音乐天赋得到了尽情的表现。他们的优秀，源于内因的主导；他们的成功，源于外因的驱动。

在国外生活、工作多年后回国的人有一个感受，就是中国人太灵活，太缺乏原则性，法制观念太薄弱了[①]。阅读中国古籍时就会发现，中国人的这种灵活性不仅有实践，而且有理论。有人认为"权"是不必要的，甚至是有害的，其理由是，既然有了"经"，就应该严格执行，否则就容易偏离正轨。"经"可以有优先级，但不可以随意变通。孟子所举的"嫂溺，援之以手者"，其实也不是什么"权"，而是遵循着更为重要的人道主义的"经"，因此并不需要引入"权"。需要"权"的"经"也就不是什么"经"了。当然，为了保证一致性，"经"是越少越好、越简明越好，正如法国哲学家笛卡尔所说："少量法律将其严格执行，能把国家治理得更好。"[②] 有人还认为，中国要成为民主、自由、法制的现代化国家，一个重要的步骤就是提高人们的守法意识，只有被严格执行的法律才是真正的法律。

① 李航，"经与权"，《李航博士的博客》，2012 年 1 月 7 日。

② 同上："A state is better governed which has few laws, and those laws strictly observed."

中国与西方的主要区别是，中国是情义文化，西方是契约文化。情义文化的主要特点是以性善为基础，讲情义、讲面子、讲整体性，对具体的是非不太重视，有时候表现出没有是非标准，说的一套、做的是另一套，显得很虚伪。契约文化的主要特点是以契约为基础，凡事都有明确的是非标准，认为情义和忠义靠不住，总统也靠不住，因此没有“伟大领袖”。我们各举一个例子来说明这种认识。

宋代大文豪苏轼在担任杭州知府时，审理过一个案子。有一次，税吏抓到一个涉嫌偷漏税的人犯，赃物是两大包行李，里面装着当时属于“违禁品”的麻纱。行李包上收件人姓名官衔是“京师竹竿巷苏侍郎收”，发件人姓名官衔是“翰林学士知制诰苏轼寄”。跪在堂下的人犯得知端坐在大堂之上的知府大人是真正的翰林学士知制浩苏轼，用现在的话说，就是“李鬼”撞上李逵了，只得实话实说。原来此人是南剑州（今福建南平）人，名叫吴味道，因要进京应试，但家中贫寒，没有盘缠路费，这位书生就用乡邻们凑的钱买了些当地土产——建阳纱带到东京变卖，作为在京城近一年的花销。但贩运棉纱是要纳税的，若路上所经地方一一纳税，到京城就不到一半了。于是，吴味道想出了这个办法，假冒为苏轼送货物，想以名人为掩护，逃避纳税，不幸的是他一到杭州便被查获。苏轼听罢，顿生恻隐之心，于是命人揭去行李上的旧封，亲笔写上弟弟苏辙的地址、官衔、姓名，落款处再写上自己的新衔新址，并附短信一封，嘱咐吴味道到京后交给苏辙。有了苏轼的亲笔题款，吴味道一路顺利地到了京城，卖了建阳纱，有了生活费，第二年秋天考上了进士。后来，这个吴味道路过杭州时还专门来拜访过苏轼。

对于这个案子，历来有两种说法。认为苏轼做得对的理由，他充分考虑到“偷税人”吴味道的动机和面临的实际困难，因此予以宽容，法中有情，情化于理，彰显出人性化。认为苏轼做得不对的理由，这是拿原则做交易，结果是个别人得益，损害的是公权力的公正与尊严，事情虽小，性质却很严重，总不能说蔡京出卖公权就是奸佞，苏轼出卖公权就是情义吧？凭个人好恶模糊是非界限，用情感倾向替代理性判断，出租公权，以情代法，这是作为一个官员的最大的不称职。

美国哈佛大学有一个图书珍藏馆，这里的图书都是哈佛去世后捐赠给学校的。图书馆有个硬性规定：书籍只能在馆内阅读，而不能携带出馆，否则将受到严厉的处罚。1764 年的某一天，一位名叫约翰的新学生在馆内阅读一本书。当日下午 5 点，闭馆的时间到了，约翰偷偷地将书放在衣服兜里带了出来，晚上在宿舍里继续阅读。可是，他完全没有料到，图书馆这天晚上突遭火灾，馆内的所有图书都被焚烧成灰，只剩下他手里的这一本。“我到底是把书交出来，还是隐瞒起来?”约翰不停地问自己。经过一番思想斗争后，他还是敲开了校长霍里厄克的办公室，羞愧地说：“校长先生，我私自带出了哈佛先生的一本书，请收回吧。”霍里厄克听到约翰的话，惊讶地站了起来，用颤抖的双手接过图书，语气缓慢地说：“谢谢你为学校保留了这份宝贵的遗产，你回去听候处理吧。”学校其他负责人听说此事后，都感到庆幸不已，甚至有人提议表扬约翰的品德。可是，两天后，令人大跌眼镜的是，学校张贴了一份告示：“约翰同学因违反学校规定，被勒令退学。”很多师生对此表示难以接受，一再劝说校长：“这可是哈佛先生捐赠的所有书籍中仅存的孤本了啊，再给他一次机会吧。”霍里厄克校长表情凝重，对提出异议的人说：“首先我要感谢约翰，他很诚实地把图书返还给学校，我赞赏他的态度。但我又不得不遗憾地说，我要开除约翰，因为他违反了校规，我要对学校的制度负责。”就这样，霍里厄克校长做事的态度和风格，成为哈佛世代传颂的佳话，他的话也成为哈佛的办学理念：让校规看守哈佛的一切，比让道德看守哈佛更有效。

更让人想不到的是，约翰被哈佛开除以后，为校长的话所折服，幡然醒悟。第二年又考入哥伦比亚大学，专攻法理学，并且成绩优异。毕业后，约翰当了律师，美国独立战争开始后，他加入托马斯·杰斐逊的团队，成为他的私人助理，为杰斐逊起草《独立宣言》出谋划策，俨然一部法理学的活字典。这个故事告诉我们，约翰虽然是被哈佛开除的学生，但却成为践行哈佛精神的优秀代表之一。

苏轼审理吴味道偷漏税案，以人情代替法律，以一种方式成全了吴味道；哈佛大学校长霍里厄克处理约翰偷借书案，以校规代替道德，以另一种方式成全了约翰，也成全了哈佛大学。两种方式孰是孰非，我们作为后人，实在是无法对两个古人做出评价，更不好与他们争辩，但我要说的是，这种区别只能从文化的角度来理解，也就是情义文化与契约文化的区别。吴味道后来考试成功了，但他不是以优秀为基础成功的；约翰后来事业成功了，他显然是以努力争取优秀为基础成功的。这就是两个案子的不同效果。如果我是苏轼，我会这样处理此案。吴味道偷贩棉纱，罪不当诛，顶多是罚没物品几许，人关禁闭数日。法律的严肃性应该得到维护，吴味道应该受到相应的惩罚。苏轼作为杭州的“市长”，索性做个人情，赞助他几两银子，打发他上京赶考，所带的棉纱就没收了，可以在杭州当地拍卖后充公。这样，可能与公与私都比苏学士的做法更恰当一些。

吴味道也好，约翰也罢，个人的优秀与成功，毕竟是渺小的，只有国家和民族的优秀和成功，才是真正的优秀和成功。杭州知府判吴味道的案子，被认为具有“人情味”，“是一种甜甜的和谐之美”，“而且应该在一切行政管理和社会服务中体现”[①]；哈佛校长判约翰的案子，被认为缺少“人情味”，但他这样做的理由是“要对学校的制度负责”。吴味道后来的政绩究竟如何，我不知道；约翰后来为美国《独立宣言》的起草做出了贡献。吴味道因说谎而受到了鼓励，约翰因“诚实”而受到了“惩罚”。这两个案子的不同之处告诉我们，制度与文化的优秀是促进整个国家和民族优秀的核心要素。

① 毛华，“苏东坡的人情味”，《人民日报》，2007年1月30日第16版。

治人第六

普及教化：官员率先垂范的导向功能
克俭于家：成由俭败由奢的千古铁律
控制欲望：惟恪守本分方能感知幸福

【原文】

治人之道，谓道之风化，陈示所以也。故经云："陈之以德义而民与行，示之以好恶而民知禁。"日月之明，众下仰之；乾坤之广，万物顺之。是以尧、舜之君，远夷贡献，桀、纣之君，诸夏背叛，非天移动其人，是乃上化使然也。故治人犹如养苗，先去其秽。故国之将兴，而伐于国；国之将衰，而伐于山。明君之治，务知人之所患皂服之吏、小国之臣。故曰：皂服无所不克，莫知其极，克食于民，而人有饥乏之变，则生乱逆。唯劝农业，无夺其时，唯薄赋敛，无尽民财。如此，富国安家，不亦宜乎？夫有国有家者，不患贫而患不安。故唐、虞之政，利人相逢，用天之时，分地之利，以豫凶年，秋有余粮，以给不足，天下通财，路不拾遗，民无去就。故五霸之世，不足者奉于有余。故今诸侯好利，利兴民争，灾害并起，强弱相侵，躬耕者少，末作者多，民如浮云，手足不安。经云："不贵难得之货，使民不为盗；不贵无用之物，使民心不乱。"各理其职，是以圣人之政治也。古者齐景公之时，病民下奢侈，不遂礼制。周、秦之宜，去文就质，而劝民之有利也。夫作无用之器，聚无益之货，金银璧玉，珠玑翡翠，奇珍异宝，远方所出，此非庶人之所用也。锦绣纂组，绮罗绫縠，玄黄衣帛，此非庶人之所服也。雕文刻镂，伎作之巧，难成之功，妨害农事，辎骈出入，袍裘索泽，此非庶人之所饰也。重门画兽，萧墙数仞，冢墓过度，竭财高尚，此非庶人之所居

也。经云："庶人之所好者，唯躬耕勤苦，谨身节用，以养父母。"制之以财，用之以礼，丰年不奢，凶年不俭，素有蓄积，以储其后，此治人之道，不亦合于四时之气乎？

【译文】

管治臣民的基本原则是，用正确的道德规范进行引导，进而形成良好的风气。《孝经》中说："向百姓陈述道德礼义，他们就愿意身体力行；对百姓讲清美丑善恶，他们就懂得约束自己。"日月是光明的，众人就对其景仰；天地是广阔的，万物就对其顺从。因此，像尧、舜这样的贤明君主，疏远的蛮狄夷人也会顺服进贡他们；像桀、纣这样的暴虐君主，亲近的华夏部族也会背叛离弃他们。这并非是上天的意志改变了百姓的心志，而是君主的不同教化引导了他们的行为。因此，管治百姓就好像养护禾苗一样，首先要铲除杂草。即将兴盛的国家，努力修明政治；正在衰败的国家，忙于讨伐叛乱。贤明的君主治理国家，务必要明白，百姓担忧的是那些衙门里的小吏员和地方上的小官僚。那些衙门里的小吏员没有不苛刻的，而且苛刻的手段无所不用其极，经常克扣百姓的粮食，激起饥民的反抗，社会动乱也就随之而来了。只有鼓励耕种，才不会把宝贵的农时白白耽误；只有轻徭薄赋，才不会把百姓的财物搜刮一空。这样一来，就能使国家富裕强大，百姓安居乐业，不是很好的事情吗？不论是邦国还是家庭，都是不担心贫困而担心不安宁。所以唐尧、虞舜治理国家，得到利益的人们比比皆是，让他们占有天时，获取地利，用来预防灾荒岁月。秋收之后留有足够的余粮，用以供应那些缺衣少食的人，普天之下财源亨通，民风纯朴，路不拾遗，老百姓用不着为了生计而到处奔波。到了春秋五霸时期，则是损害不足以奉献有余，结果导致当今各路诸侯贪财好利，百姓相互争抢利益，各种灾难也随之而起，恃强凌弱者有之，荒芜田园者有之，游手好闲者有之，结果是老百姓如浮云般到处奔波，全不顾念兄弟之间的手足之情。《道德经》中说："不去哄抬稀有之物的价格，百姓就不会贪婪盗窃；不去哄抬无用之物的价格，百姓就不会自乱方寸。"圣人的政治理想，就是让每个人都能努力去履行自己的职责。春秋战国时期的齐景公当政时，社会风气异常奢侈，臣民不遵守礼义法制。周朝与秦国则是删繁就简，崇尚朴实，劝勉百姓从事有益的事情。不主张百姓制作不太实用的器物，收集没有好处的货物，像金银、壁玉、珠玑、翡翠等这些奇珍异宝，都是远方的出产，不是老百姓日常生活中用得着的东西。织锦刺绣、绫罗绸缎等彩色衣帛，不是老百姓所能穿戴得起的服装。雕、文、刻、镂等由专门工匠所拥有的奇能巧技，如果平民百姓都去参与，就会妨碍农时，而且驾着华丽的马车和穿着长袍皮衣出出进进，不是平民百姓的装饰和生活方式。装饰华丽的大门、高耸数丈的围墙、过分奢华的坟墓、费财费力的时尚，不是平民百姓的居所。《孝经》中说："平民百姓的爱好，只应是勤苦耕作，谨慎小心，生活节俭，以便赡养父母。"管治百姓的基本原则，就是通过财力来控制他们，按照礼义来支使他们，年景好时注意积蓄，年景差时也就用不着过分地节衣缩食，这样才能有备无患。这种管治的原则不就是符合四季交替的规律吗？

【解读】

本文首先提出了"道之风化，陈示所以也"的观点，实际上就是如何教育民众的问题。诸葛亮主张用礼义道德来引导人们的行为，其实这是孔子的方式，"道之以政，齐之以刑，民免而无耻；道之以德，齐之以礼，有耻且格"[①]。用政令来引导、约束老百姓，用严酷的刑罚来规范人们的行为，那么老百姓就会苟且免于刑罚，而不知道什么是耻辱；用道德来引导、约束老百姓，用礼法、礼仪来规范人们的行为，那么老百姓就会知道什么是耻辱并自觉纠正自己的行为。中国儒家思想的核心是"德治"，认为用法律去约束人的行为合乎规范，只是在外力作用下的强制结果，不如用礼仪、道德去约束人们的行为规范，它是发自于人的内心的，属于内在的自我要求，这样既可以使人际关系、社会秩序和谐有序，更可以完成人们内在心灵的自我升华。

① 《论语·为政》。

普及教化：官员率先垂范的导向功能

诸葛亮的治政理念是以法治国，但他绝不忽视道德修养的作用。在中国传统儒家学说中，如何修养道德，怎么建设善政，有一套完整的理论，这就是《大学》中的那段著名的“修齐治平”论：

古之欲明明德于天下者，先治其国；欲治其国者，先齐其家；欲齐其家者，先修其身；欲修其身者，先正其心；欲正其心者，先诚其意；欲诚其意者，先致其知；致知在格物。物格而后知至，知至而后意诚，意诚而后心正，心正而后身修，身修而后家齐，家齐而后国治，国治而后天下平。自天子以至于庶人，一是皆以修身为本。其本乱而末治者，否矣；其所厚者薄而其薄者厚，未之有也。

这段话历来被视为是关于“内圣外王”的经典解释，也是儒家思想传统中知识分子所尊崇的信条。以自我完善为基础，通过治理家庭，直到平定天下，是几千年来无数知识分子的最高理想追求。这个理论的逻辑是，治国平天下的君主是在德性上修炼得十分高超的人，一举手、一投足都是天下百姓的表率，是对全民实行道德教化的标准。这样一个具有“明德”的人就是“天子”，就是上天与国家、上天与人民之间的中介，他的表现必须谨慎，道德必须完善。正是基于这种认识，中国政治思想史上一直把君主修德的重要性提到很高的程度，“允恭克让，光被四表，格于上下。克明俊德，以亲九族。九族既睦，平章百姓。百姓昭明，协合万邦，黎民于变时雍。”[①] 自我的道德修养终究会在认识论上发生飞跃，从而在自己的世界观里引起巨大的变化，养成一种圣人式的博大胸怀和高尚人格。由于君主的显赫地位，这种人格在教化的过程中就会对社会群体发生影响，从而导致全国上下一片祥和。荀子甚至认为，君主完全不需要治国，只要修身即可，原因在于“君者，民之源也，源清则流清，源浊则流浊”[②]。

---

① 《尚书·尧典》。

② 《荀子·君道第十二》。

在古希腊,所谓“政治”就是通过论证、讨论来达到正义的过程;而在中国儒家思想中,政治则是君主以身作则、为民表率、实行教化的过程。实际上,这二者有内在的相通之处。所谓“格物”、“致知”、“诚意”、“正心”、“修身”和“齐家”,实际上可以理解为一种广义的修身内容和伦理内容;而“治国”、“平天下”都属于政治内容。从修身到治国之间或从伦理到政治之间,有着必然的联系和内在的机制。“所谓治国必齐其家者,其家不可教,而能教人者无之。故君子不出家而成教于国。孝者,所以事君也;弟者,所以事长也;慈者,所以使众也。”[①] “一家仁,一国兴仁;一家让,一国兴让;一人贪戾,一国作乱,其机如此。”[②] 这反映了儒家政治思想的一个特点,就是伦理与政治本来就是合一的。这种伦理道德的核心要素就是“正”,“政者,正也。子帅以正,孰敢不正?”[③] “夫政者,正也。君为正,则百姓从而正矣。”[④] “君仁,莫不仁;君义,莫不义;君正,莫不正。一正君而国定矣。”[⑤] “君者仪也,民者景也,仪正而景正。君者盘也,民者水也,盘圆而水圆。”[⑥] 这些话说来说去,就是一个意思,“上梁不正下梁歪”,“一正压百邪”,也就是朱熹所说的“上行下效,捷于影响”[⑦]。这个“正”字是如此的重要,因此要“以正治国”[⑧],“正”的要义是正心,心正则业正,心正则力强,心正则永续。

德国政治学家和社会学家马克斯·韦伯指出,道德本质上是一种信念伦理,政治则是一种责任伦理,与道德相比,“政治有着完全不同的任务,只能靠暴力来完成。政治的守护神,或者说魔鬼,同爱神、同教会所描绘的基督教的上帝之间,处在一种固有的紧张之中。”[⑨] 美国政治学家利奥·斯特

① 《礼记·大学》。

② 同上。

③ 《论语·颜渊》。

④ 《孔子家语·大昏解第四》。

⑤ 《孟子·离娄上》。

⑥ 《荀子·君道第十二》。

⑦ (宋)朱熹,《四书章句集注·大学章句》。

⑧ 《道德经》(第五十七章)。

⑨ (德)马克斯·韦伯,《学术与政治》,冯克利译,上海三联书店,1998 年版,第 114 页。

劳斯指出："哲学总是企图超越意见而趋向知识，大众是不可能被哲学家说服的，……这是哲学与政权的一致之所以极不可能的真正原因；哲学与城邦的倾向是背道而驰的。"[①] 事实上，个人的精神境界只是关于个人的道德和学问的提高，而社会政治理想的实现则有赖于一套合理的政治制度。这两者虽然有一定关系，但它们毕竟是两个不同领域的问题。庄子甚至说过"天之小人，人之君子；天之君子，人之小人也"[②]，认为自然的小人就是人世间的君子；人世间的君子就是自然的小人。这说明了两者在精神价值和生活方式方面的巨大差异，乃至尖锐对立。

儒家政治思想理论的主要特色在于，把政治建立在道德的基础上，强调道德的政治性功能。按照这样的逻辑，道德修养的好坏就不仅是个人的问题，而是直接关系到国家政治的治乱兴衰。从这个基本思想来理解，格物致知的本义，就是要求人们通过各种实践认识道德与政治的关系，体会到各种客观准则或规律的意义，这种认识体会越深刻，修身的态度就越端正，自觉性也就越高。然而，在上千年的政治实践中，靠纯粹的道德修养来取得成功的机会少，失望的时候多，于是又出现了"穷则独善其身，达则兼善天下"[③] 的达观态度，并努力将其与"正心、修身、齐家、治国、平天下"的人生理想相结合，由此产生的精神魅力和道德影响在几千年的历史发展过程中始终不衰。

在一般的社会领域里，除了普及法治以外，官员率先垂范的引导功能，对良好社会秩序的形成和公民高尚道德的提高，具有其它手段不可替代的作用。为了便于理解这种认识论，让我们先来看一个例子。

2010 年 6 月 26 日，《人民网》刊登了一篇报导美国和俄罗斯总统的一次午餐的文章[④]。这天上午，美国总统奥巴马与到访的俄罗斯总统梅德韦杰夫举行会谈，结束时已近午饭时间，奥巴马兴致盎然地邀请梅德韦杰夫去华盛顿市郊、位于弗吉尼亚州阿尔灵顿的一家名为"Ray's Hell"的汉堡店就

---

① （美）利奥·斯特劳斯，《政治哲学史》，李天然等译，河北人民出版社，1993 年版，第 56 页。

② 《庄子·大宗师》。

③ 《孟子·尽心上》。

④ 林昊，"美俄总统华府吃汉堡逛公园"，《人民网》，2010 年 6 月 26 日。

餐。这是奥巴马第二次光顾这家小店，去年他和副总统拜登也来过这家广受欢迎的汉堡店用餐。这家汉堡店食客盈门，就算最平常的日子也需要排队用餐。“总统效应”更令这家小店拥挤不堪，但店主并未因曾接待总统而豪华装修，也没有把总统、副总统用过的一切东西保留起来以准备发一笔横财，而是依然坚持平民路线，一份普通的汉堡套餐依旧大约只需要 7 美元左右，并且免费提供蘑菇和辣椒之类的各种配料。梅德韦杰夫和奥巴马亲自到柜台前根据自己的口味点了餐，而且俩人还分享一份薯条。两位总统都脱去西装，身着白色衬衫。奥巴马习惯性地卷起袖子，摆出一副大快朵颐的样子；梅德韦杰夫则保持俄式绅士的风度，没有卷起袖子。两人相向而坐，一边啃汉堡，一边借助旁边的翻译谈笑风生，就像是多年的老朋友碰面，现场气氛相当融洽。报道说，奥巴马和梅德韦杰夫进入店内时获得在场顾客的欢呼。不过，两国总统落座后，旁边的顾客却显得相当“镇定”和有修养有素质，大家各自用餐，并没有围观或争相拍照，而是让两人静享“平民午宴”。在腾讯网站所做的“读完这篇文章后，您心情如何”的问卷调查中，选择“感动”的网民占绝对的压倒性多数。

对于这顿饭，网友发表了大量的评论，让我们来看看部分网友的评论：

——最高的领袖风范就是平民化。

——看到这篇文章心里久久不能平静，无语中无语中无语中……

——要是在我们成都市，整条街都清场了。今天早上不知有哪个“仆人”住在金牛宾馆，上班时三环外的羊西线和迎宾大道就接近清场状态！

——有点讽刺，国内的镇长都比世界的两个大哥的伙食好啊！

——唉，亲民啊，我们的国家呢?!

——我看到真正的人民的领袖，是全民选举的领导。

——若干年后，大家北京长安街见!!!

网络是一个公开的公共平台，说什么的人都有，这本不奇怪，但是，一顿午餐到底为何如此轰动？到底是什么刺激了部分网友的兴奋点？其实，上述评论中已经清晰地表达出网友的意见了。首先，网友反对中国人的“好面子”思想，一些人总是认为越奢华越有面子，越挥霍越表明有权力。其次，网友认为这是制度问题，奢华也好，挥霍也罢，没有人追究责任；而民选政府却恰恰相反，他们要为选民负责，要接受选民的监督。第三，认为我们国家早晚有一天也要与国际的惯例接轨，也会走到这一步。

一顿简单的午餐，还不至于上升到制度的层面。事实上，中国的领导人也会有此类举动。据媒体报道[①]，2013 年 12 月 28 日，习近平总书记及一行人在北京市进行调研活动之后，在月坛庆丰包子铺吃午饭，食谱是二两猪肉大葱包子、一碗炒肝、一碟芥菜，消费 21 元。这个食谱后来成为“主席套餐”了。这件事情当时在中国引起的轰动绝不亚于前文引述的美俄总统吃快餐。不幸的是，任何事情都是过犹不及。据媒体报道[②]，2014 年 1 月 19 日，江苏省“两会”期间的午餐就有一笼庆丰包子。我不知道江苏省南京市是否有“庆丰包子”的分号，还是饭店赶髦而临时做了一笼？

中国古代的圣贤们一直在讲要行仁政，然而仁政却一直如镜花水月般虚无飘渺，无法兑现。梁启超对此现象看得透彻，认为儒家论仁政“只能论其当如是，而无术以使之必如是”[③]。说到底，儒家论证的只是理应施行仁政，而对当政者不施行仁政应该怎么办却束手无策，“治人者有权，而治于人者无权，其施仁也，常有鞭长莫及、有名无实之忧”[④]。要实现真正的仁政，靠的显然不是当政者的善意或承诺，而是要有使之“必如是”的制度安排。举一个日常生活中的例子——开车。人人都知道，开车就要遵守交通规则，不能闯红灯，不能酒后驾驶，不能走公交道，不能乱停车……否则，一旦被交通警察发现、或者被摄像头摄了像，那么罚款、吊销驾驶证、蹲拘留所等手段都会在后面等着。这是法治的手段，体现了法制的精神。当某些路段、某些场所、某些时段没有交通警察、没有红绿灯、没有摄像时，那该怎么办呢？也就是法治没有延伸到这种情境之中，交通规则没有变化，司机没有变化，唯一的变化是没有了监督手段，这时，假如所有司机都具有很强的自律

---

① 赵力，李丹丹，“庆丰包子铺：主席不打招呼直接上门”，《新京报》，2013 年 12 月 29 日。

② 张筠，“江苏两会午餐安排庆丰包子”，《扬子晚报》，2014 年 1 月 20 日。

③ 梁启超，“论政府与人民之权限”（1902 年 3 月 10 日），《饮冰室合集》，中华书局，1989 年版。

④ 同上。

性，都能够保持自己最好水准的道德，那么，交通秩序仍然会保持良好状态，即不会出现混乱的局面（包括互不相让、闯红灯、乱停靠）。这是德治的手段，体现了道德的精神。靠法治管理交通，很有效，但监督手段一旦没有了，这种自觉性有可能马上就无效了；靠德治管理交通，在很多情况下也会不起作用。也就是说，只靠交通规则管不了所有的司机，只靠道德也管不了所有的司机。最有效的办法就是，以法治为基本手段，辅之以必要的道德教育，逐渐形成气候，人们自觉遵守交通规则的意识慢慢增强了，其行为习惯也就慢慢养成了。

在欧美发达国家，经常能够感觉到公民的守法意识。我国著名学者季羡林讲了一个关于德国人砍树的故事①：

> 战争到了接近尾声的时候，日子越来越难过。不但食品短缺，连燃料也无法弄到。哥廷根市政府俯顺民情，决定让居民到山上去砍伐树木。在这里也可以看到德国人办事之细致、之有条不紊、之遵守法纪。政府工作人员在茫茫的林海中划出了一个可以砍伐的地区，把区内的树逐一检查，可以砍伐者画上红圈。砍伐没有红圈的树，要受到处罚。

说到德国人遵纪守法的事情，不妨再举一个例子。网上流传着这样一个故事，据说是一份欧洲报纸报道过的：有人在德国某城市的街头做了个试验，他们把“男”、“女”两个大字分别贴在马路边的两个并列的电话亭门上，然后躲在一边观察。他们看到来打电话的男人都走进了贴着“男”字的电话亭，女人们则使用贴着“女”字的那一个。过了一会儿，“男”亭爆满，而“女”亭却空着。又过了一会儿，一个匆匆走来的男人看到“男”亭爆满，便毫不犹豫地进入“女”亭。上前一问，原来这个男人是法国人，而排队等候打电话的都是清一色的德国人。

德国人为什么能够做到这一点？难道德国人天生就如此吗？不是，这是一种长时间内（这种时间长度超过了每一个个体生命的极限）逐步修养而成的民族素质，其修养的方法一定是法治与德治的结合。这种民族素质的神奇功效，表现在上世纪经历了两次世界大战的毁灭性失败后又奇迹般地崛起。

① 季羡林，《留德十年》，外语教学与研究出版社，2009年12月版。

孔子深谙治标与治本的区别，认为法律制度是治标的办法，道德修养是治本的办法。这并不是抽象的理论，而是可以付诸实施的规范。因此，孔子并不是主张唯道德论，而是说要把法治与德治结合起来，互为表里、相互为用。

爱面子是中国传统文化中遗留下来的消极因素，应该反对；缺乏监督是制度设计中的缺陷和不足，应该改正；与先进的国际惯例接轨，是我们国家改革开放的题中应有之义，也应该推进。节俭、制度、惯例等这些东西，除了通过规章制度来约定之外，千万不要忘记了官员的率先垂范，否则，再好的制度也形不成使其得到有效执行的氛围与习惯，就像前面举的那个开车的例子，不是说交通规则可以解决所有的问题，有些问题的解决还要靠个人的道德修养。当然，道德修养也不是一句空话，而是要落地，就是要以制度约束为前提。就像前面举的德国人的两个例子，如果没有严格的法治作保障，恐怕也难有这样的道德自觉性。

说起道德修养与率先垂范，就有一个普通人与“圣人”的关系，就是说，普通人能否成为“圣人”？如果能，怎样成为“圣人”？在儒家看来，圣人与凡人都是人，都具有共同的人性。“人皆可为尧舜”①，凡人可以通过持之以恒的进德修业而成为圣人，“涂之人可以为禹”②，路上的普通人通过教育也可以成为禹那样的圣人。这是圣人产生的人性论基础，与西方的哲人具有相同的认识。比如，在柏拉图的人性理论中，一方面认为不同阶层的人其品性是不一样的，存在所谓金银铜铁的区别；但另一方面，又认为这种区别并不是绝对的、不可改变的。这实际上也是为普通人成长为圣人提供了理论根据。道理很简单，在高位的官员也是由低位逐步升上去的，他们在低位时不加强修养，那么一旦到达高位时能够一下子就具备很高的道德修养水准吗？因此，道德修养对于任何一个人都是适用的，而且通过坚持不懈的努力也是可以达到相应的层次的。这既是普及教化的手段，更是普及教化的目的。

---

① 《孟子·告子下》。

② 《荀子·性恶》。

克俭于家:成由俭败由奢的千古铁律

中国有这样一种哲学观念,就是如果你是个言者,那么你必须是个行者,否则,你的学说便没有人相信。这就是孔子所说的“君子耻其言而过其行”[①],就是说得好听,不如做得扎实。这也是“知行合一”的生活来源之一。明代理学家王阳明提出“致良知”,这是他的哲学思想的精华,其下手功夫便是“知行合一”[②]。王阳明的学说之所以会在历史上产生如此深刻而广泛的影响,原因之一就是他本人不但能够立言,而且能够言功和立德,人称“治学之名儒,治世之能臣”。他的故居有一副楹联:“立德立功立言真三不朽,明理明知明教乃万人师”。这也是他被称为“圣人”的原因。

“知”,主要指人的道德意识和思想意念;“行”,主要指人的道德践履和实际行动。因此,知行关系是指道德意识和道德践履的关系,也包括一些思想意念和实际行动的关系。王阳明的“知行合一”思想包括两层意思。首先是“知中有行,行中有知”。知行是一回事,不能分为“两截”,“知行原是两个字,说一个工夫”[③]。知必然要表现为行,不行不能算真知。从道德教育上看,道德意识离不开道德行为,道德行为也离不开道德意识。道德认识和道德意识必然表现为道德行为,如果不去行动,不能算是真知。其次是“以知为行,知决定行”。“知是行的主意,行是知的工夫;知是行之始,行是知之成”[④],道德是人的行为的指导思想,按照道德的要求去行动是达到“良知”的工夫。在道德指导下产生的意念活动是行为的开始,符合道德规范要求的行为是“良知”的完成。

前文所举的美俄总统在小食店里吃快餐的例子,之所以在中国网友中产生极大的震动,在某种意义上也有对于说一套、做一套的“言行不一”行为的反感和愤怒。网友的逻辑是:美国和俄罗斯都是世界大国,他们的总统是

---

① 《论语·宪问》。

② (明)王守仁,《传习录》。

③ 同上。

④ 同上。

世界上最有权力和影响的人物，他们的行为是他们的制度和价值观的体现，从这个吃快餐的具体行为上，他们的表现比我们国家的一些官员的表现要强得多。不仅是美俄领导人，就连台湾地区领导人的一些表现，也是公众津津乐道的话题，他们也提出许多疑问：

为什么奥巴马可以和他们一起吃路边的汉堡，而我们却连蔬菜都要区分普通和专供？

为什么奥巴马和百姓聊天如家常便饭，而我们每次都把与民众交流作为头条报道？

为什么奥巴马经常和其他领导开着善意玩笑，而我们却总是不怒自威，庄严肃穆？

为什么国人对奥巴马的冷嘲热讽毫不隐晦，而我们发个言论都诚惶诚恐，思量再三？

为什么马英九只因为办公楼内电费过高就饱受批评，而我们对路上的大排量公车行驶却理所应当？

为什么马英九的家人刻意低调，皆为白丁，而我们却登堂入室，平步青云？

为什么马英九当选后潸然泪下，而我们当选前就已经开始庆贺？

这些疑问的难度与广度，固然无法与屈原的《天问》相比，但有相当的深度，不是那么容易回答的，因为它涉及到人类的共同价值观和政治制度安排，同时也有信息不对称的问题，比如，网友是如何知道蔬菜有专供的？或许只是道听途说而已。除了一些网友的激愤之语外，很多是媒体公开报道的事实。比如，关于台湾地区领导人马英九，有一则微博说[①]：

马英九在香港低调嫁女儿，马唯中在香港继续保持低调。前几天记者看到她在商场买菜，十足一副师奶样。有香港市民感慨地说，如果她是大陆官二代，现在不是国企高管，就是某市领导。马唯中哈佛硕士，出门公交车，出国经济舱，不靠马英九的关系谋职，穿着简约，连像样的品牌都没有，工作太寒酸。

---

① 网友“实话实说”的腾讯微博。

如果这则消息是真的，那么，中国一位自诩“从不靠父母”的“公主”级人物的形象与马唯中相比，给国人带来强烈的感官和感情刺激，也就在情理之中了。这位“公主”是这样说的①：

我的成长是自己一步一步努力的成果。从大学毕业到去基层工作，从最初的技术员、工程师、科长、副处长、处长、副总裁到总裁，我一个台阶也没有漏。一个人出生在比较好的家庭，如果没有自己的努力，只靠父辈的影响，即使给了你这个位置，你也是扶不起的阿斗！能力之外的资本等于零。

这位“公主”总算承认自己“出生在比较好的家庭”，尽管她仍然没有直接说出来，而是在前面贯了一个“一个人”的定语。遗憾的是，她并没有沾上这个“好的家庭”的光，因为她的信条是“能力之外的资本等于零”，坚信并依靠“自己的努力”，如此一来，“好的家庭”这个资本也就“等于零”了。这位“公主”发自内心的精彩语言，不仅把网友感动得一塌糊涂，而且极大地激发了一些人的创作灵感，于是一个令人忍俊不禁的“段子”在网络上“火”起来了②：

刘禅登基典礼上，有记者问：你能当皇帝，是不是就因为你是刘备的儿子？刘禅答：出身不能选择，但我也是一步一个台阶走到今天的，我参加过当阳长坂之战，也曾在长江的急流中与子龙将军并肩抗吴。我能有今天，更多凭的是我的努力和勤奋，个人能力之外的资本等于零。

上述这两段文字是何其的相似！唯一的不同之处是，刘禅一步登天，直接坐上了“皇帝”的宝座，而这位“公主”则是“从最初的技术员、工程师、科长、副处长、处长、副总裁到总裁”，“一个台阶也没有漏”，这是“自己一步一步努力的成果”。有趣的是，在这位“公主”眼中的那位“扶不起的阿斗”，竟然也不承认自己是“子承父业”，而说自己是“一步一个台阶走到今天的”。另外，这位“公主”眼中的“成果”，就是“从最初的技术员

---

① 张淑燕、肖静，“揭秘：中央领导人后代的生存现状”，《人民网》，2012年11月18日。

② 网友“@慕容雪村”的微博。

……到总裁”，即使不是“官”，但属“高管”则是确定无疑的；至于学术上或技能上的经历或成就，在她的眼里则不算“成果”。

由此，不禁使人联想起“文革”初期盛行的一副有名的对联：“老子英雄儿好汉，老子反动儿混蛋”，横批是“基本如此”。即使在当时那个狂热的年代里，这副基于“血统论”的“红对联”一出台，也引起了相当大的争议。有一位当时的“愤青”遇罗克不服气，写了一篇《出身论》进行抗争，里面有一段话：“在表现面前，所有的青年都是平等的。出身不好的青年不需要人家恩赐的团结，不能够只做人家的外围。谁是中坚？娘胎里决定不了。任何通过个人努力所达不到的权利，我们一概不承认。”遇罗克列举了大量事实，来说明出身不好的青年所受到的不公正待遇，认为“出身压死人”这句话一点也不假，“像这样发展下去，与美国的黑人、印度的首陀罗、日本的贱民等种姓制度有什么区别呢？”遇罗克准确地指出了产生这种新的种姓制度的根源：“一个新的特权阶层形成了，一个新的受歧视的阶层也随之形成了。而这又是先天的，是无法更改的。”他大声疾呼：“难道还能允许这种现象继续存在下去吗？我们不应当立刻起来彻底肃清这一切污泥浊水吗？不应当填平这人为的鸿沟吗？”最后他号召：“一切受压抑的革命青年，起来勇敢战斗吧！”这种“战斗”的结果，就是“黑崽子”遇罗克在“文革”的高潮中被“红色政权”执行枪决，年仅27岁。

有一句格言说：“站在山顶和站在山脚下的两个人，虽然地位不同，但在对方眼里，同样的渺小。”一个“公主”，一个“太子”，谁也不要笑话谁，除了时代变迁的因素外，就其思想意识而言，也只不过是“五十步”与“一百步”的差别。

其实，能够具有编撰此类“关公战秦琼”笑话的想象力，自古有之。宋代一位虽然“出生在比较好的家庭”、但也没有“只靠父辈的影响”的学子苏轼，在其当年的“高考作文”中，就以杜撰典故而深得当时的文坛宗师欧阳修的赏识[①]：

> 欧阳公作省试知举，得东坡之文惊喜，欲取为第一人，又疑其是门人曾之固（注：唐宋八大家之一的曾巩）之文，恐招物议，抑

① （宋）杨万里，《诚斋诗话》。

为第二。坡来谢，欧阳问坡所作《刑赏忠厚之至论》，有“皋陶曰杀之三，尧曰宥之三”，此见何书？坡曰：“事在《三国志·孔融传》注。”欧退而阅之，无有。他日再问坡，坡云：“曹操灭袁绍，以袁熙妻赐其子丕。孔融曰：‘昔武王伐纣，以妲己赐周公。’操惊问何经见，融曰：‘以今日之事观之，意其如此。’尧、皋陶之事，某亦意其如此。”欧退而大惊曰：“此人可谓善读书，善用书，他日文章，必独步天下。”

这位网友能够编出前文所引的刘禅的段子，大概也是受了孔融“以今日之事观之，意其如此”的启发吧。这位网友本人是不是“靠父辈的影响”，我不知道，但孔融作为孔子的后代，算是名门之后，大概或多或少沾了一点“圣人”的光吧，尽管狂士祢衡对他很欣赏，说出“大儿孔文举，小儿杨德祖，余子碌碌，莫足数也”[①] 的狂傲话来。假如孔融完全靠个人奋斗，而没有祖上的荫庇，那么“座上客恒满，樽中酒不空”[②] 的生活实在是难以想象的。如果没有家庭的影响，“融四岁，能让梨”的传说也不会出现在《三字经》上。

话说回来，即使是激愤之语，在如今这个越来越公开化、越来越娱乐化的现实世界中，也不是少见多怪的事情。这就是人心，这就是世道。哪怕是话说得难听一点，但只要基本事实是真实的，就要引起当政者的重视，有些事情必须查清，有些事情必须给公众一个交代。网上曾经流传着一些退休领导人挥霍公款的事情，很多说法到底是不是事实，恐怕谁也说不清楚，但老百姓反对的是这类事情，而不是针对哪一个具体的人。假如是真的，那就不是节俭，国家领导人也就没有给官员和民众起到好的带头作用。千万不要强调这是个别现象，即使真的只是一个、两个案例，但它们对于普通大众被灌输的那些“大道理”的破坏作用，实在是比原子弹、氢弹还要厉害，正如一句犹太格言说的那样：“一杯清水因滴入一滴污水而变污浊，一杯污水却不会因一滴清水的存在而变清澈。”除了国家关于退休领导人相关待遇在制度

① 《后汉书·文苑传下·祢衡》：“唯善鲁国孔融及弘农杨修。常称曰：‘大儿孔文举，小儿杨德祖。余子碌碌，莫足数也。’”

② 《后汉书·孔融传》：“岁余，复拜太中大夫。性宽容少忌，好士，喜诱益后进。乃退闲职，宾客日盈其门，常叹曰：‘座上客恒满，尊中酒不空，吾无忧矣。’”

规定上有不明确之外，还有一个个人修养的问题，也就是还需要“致良知”，做到“知行合一”。如果没有“致良知”，更没有做到“知行合一”，那么会是一个什么形象呢？古人已经做了回答：“口能言之，身能行之，国宝也；口不能言，身能行之，国器也；口能言之，身不能行，国用也；口言善，身行恶，国妖也。”①

说到节俭，这应该是中国传统文化中的一个重要议题，也是“致良知”的重要内容。中国“尚俭”传统的形成，主要出于以下五个方面的原因。

第一是满足资源供给有限的需要。上古年间，生产不发达，人们对自然资源的索取手段有限，为了维持生存，需要对各种自然资源尤其是粮食节约使用。中国是个农业大国，远古华夏族即经历了神农氏“制耒耜，教耕种”② 的农耕阶段。随着农耕技术的不断提高，促进了农业生产的发展，粮食产量的逐年增加向人们提出了粮食的存储问题。根据有关黄帝时代的传说故事，远古时期人们将粮食存储在山洞里。这种爱惜劳动成果的储粮行为，其实就是“尚俭”意识的萌芽，人类也由此迈进了文明进步的门槛。

第二是满足资源分配公平的需要。中国人有“不患寡而患不均”③ 的思想，其实“患不均”正是由于“患寡”。有人吃肉，有人喝汤，能够接受；有人喝汤，有人什么也没有，就不大好接受，这是一个相对性的问题。为了使资源得到尽可能公平的分配，就需要尽可能地生产和节省资源，从而使可供分配的资源数量达到最大化，用今天的话来说，就是想办法把“蛋糕”做大。而把“蛋糕”做大的途径只有两个：开源与节流。开源是往“蛋糕”里继续加“面”、加“蛋”、加“水”，节流就是尽可能把“蛋糕”切得公平，而且尽可能不要把一些碎渣掉到地上。

第三是满足政府安定民生的需要。把节俭与安民联系起来的第一人是周

---

① 《荀子·大略》。

② 《衡湘稽古录》：“神农制耒耜，教耕种于耒山。”

③ 《论语·季氏》(第十六篇)：“丘也闻有国有家者，不患寡而患不均，不患贫而患不安。盖均无贫，和无寡，安无倾。”

公。在他看来，商汤灭夏，是因为夏桀“灭德作威”[①]而使“民坠涂炭”[②]，人民处于极端困苦的境地；周代殷商，是因为纣王“诞淫厥泆”[③]，大肆游乐。殷代先王怀着谨慎的态度去治理人民，不敢追求安逸舒适的生活。平素衣着俭朴，惟在“能保惠于庶民”[④]，从而深受庶民拥戴。因此，周公认为，统治者过分追求个人物质生活的享受是亡国的先兆。管仲发展了周公的这一思想，认为如果统治者能够恪守俭德、节财、节用，那么就可以使“农夫不失其时，百工不失其功，商无废利，民无游日，财无砥滞。故曰：俭其道乎!”[⑤]这就是说，俭是安定民生的“大道理”。

第四是出于修养个人道德的需要。个人的道德修养不是一个单纯的个人好恶问题，而是与社会生产力水平相适应的社会产物，反过来会促进社会道德和生产力水平的提升。对于官员的要求是“克勤于邦，克俭于家”[⑥]，对于国家能够勤勤恳恳，对于家庭能够勤俭节约；对于个人的要求是“静以修身，俭以养德”[⑦]，依靠内心的安静来修养身心，依靠俭朴的作风来培养品德。不论是官员，还是平民，能够耐得住清贫的人，就是有道德的贤人。孔子曾称赞子路能够穿着破旧的丝棉袍，与穿着狐貉皮袍的人站在一起也不感到羞耻的行为[⑧]；称赞自己最钟爱的弟子颜回能够安贫乐道，因而是一位贤人[⑨]。

第五是满足倡导社会风气的需要。社会风气，是个人修养、居家理财、治国安邦诸方面的习惯与传统的总称。中国传统的诸子百家中，都主张尚

---

① 《尚书·汤诰》:“(夏桀)灭德作威，以敷虐于尔万方百姓。尔万方百姓，罹其凶杀，弗忍荼毒。”

② 《尚书·仲虺之诰》:“有夏昏德，民坠涂炭。”

③ 《尚书·多士》:“诞淫厥泆，罔顾于天显、民祇。”

④ 《尚书·无逸》:“作其即位，爰知小人之依，能保惠于庶民，不敢侮鳏寡。”

⑤ 《管子·法法》。

⑥ 《尚书·大禹谟》。

⑦ (三国)诸葛亮，《诫子书》。

⑧ 《论语·子罕》:“衣敝缊袍，与衣狐貉者立，而不耻者，其由也与?”

⑨ 《论语·雍也》:“贤哉，回也，一箪食，一瓢饮，在陋巷，人不堪其忧，回也不改其乐。贤哉，回也!”

俭，要求个人恪守俭德、修身养性，认为“俭，德之共也；侈，恶之大也”[①]。孔子的弟子子贡说孔子有“温、良、恭、俭、让”[②]五种美德，其中的“俭”，就是指孔子在生活上朴素俭约的表现。孔子自己也说：“饭疏食饮水，曲肱而枕之，乐亦在其中矣。不义而富且贵，于我如浮云。”[③]可见他是把俭德当作自己修身养性的法宝来加以恪守的。

关于“成由俭、败由奢”的道理，最早见于法家代表人物韩非的著作[④]，他讲了一个非常发人深省的历史故事。轩辕黄帝的后裔由余，其祖先原为晋国人，因避乱而逃到西戎。有一次戎王派由余对秦国进行国事访问，穆公问：“我曾听说治国之道而未能亲眼看见，希望听听古代君主得国失国常常因为什么？”由余回答：“我曾经听说过，常常因为俭朴得国，因为奢侈失国。”穆公说：“我不感到耻辱而向你打听治国之道，你却用俭朴来回答我，为什么？”由余回答：“我听说过去尧拥有天下，用陶器吃饭，用陶器喝水。他的领土南到交趾，北到幽都，东西到达日月升落的地方，没有不臣服的。尧禅让天下，虞舜接受下来，所做的食具，都是砍伐山上树木制作成的，削锯成器，修整痕迹，在上面涂上漆和墨，送到宫里作为食器。诸侯认为太奢侈，不臣服的方国有十三个。虞舜禅让天下，传给夏禹，夏禹所做的祭器，在外面染墨，里面绘上红色，缦帛做车垫，草席饰有斜纹边缘，杯勺有花纹，酒器有装饰。这就更加奢侈了，而不臣服的方国有三十三个。夏王朝灭亡，殷商接受天下，所做的大辂，旗子上装有九条飘带，食器雕琢，杯勺刻镂，白色的墙壁和台阶，垫席织成花纹。这就更加奢侈了，不臣服的方国有五十三个。君主都注重文彩华丽了，而愿意服从的越来越少。所以我说，节俭是治国的原则。”由余出去后，穆公就召来内史廖，对他说：“我听说邻国有圣人，是抗衡国家的忧患。现在由余就是个圣人，我很担心。我将怎么办？”内史廖说：“我听说戎王居住的地方，荒僻简陋而道路遥远，没有

---

① 《左传·庄公二十四年》。

② 《论语·学而》：“子禽问于子贡曰：‘夫子至于是邦也，必闻其政，求之与，抑与之与？’子贡曰：‘夫子温、良、恭、俭、让以得之。夫子之求之也，其诸异乎人之求之与？’”

③ 《论语·述而》。

④ 《韩非子·十过》。

听过中原的声乐。您不妨赠给他女子歌舞，去扰乱他的政事，然后替由余请求延长回国的时间，来疏远由余的劝谏。他们君臣有了隔阂，然后就可以谋取了。”于是，穆公就派内史廖把十六个女乐赠送给戎王，趁机替由余请求延长回国的时间。戎王看到女乐而感到高兴，安排酒席在帐篷中痛饮，每天听女乐，整年不迁徙，牛马没有水草吃，死了一半。由余回国，马上劝谏戎王，戎王不听，由余就离开戎国来到秦国。秦穆公拜他为上卿，向由余询问戎的兵力情况和地理形势，然后出兵伐戎，兼并十二个国家，开辟一千里土地。所以说，沉溺于女子歌舞，不关心国家政事，是亡国的祸害。

今天的人们听了这个故事，也许会觉得很“搞笑”。其实，许多重大事件背后的原因，往往就是这么简单。秦穆公成为春秋五霸之一的原因，就是送了十几个美女给他的潜在对手。因此，要说治国难，确实难，涉及政治、军事、经济、地理、气候、国民等数不清的因素；要说治国易，在由余的眼里也确实不难，无非是一个“俭”字。唐代诗人李商隐根据由余的理念，写了一首著名的《咏史》诗，其中“历览前贤国与家，成由勤俭败由奢”成为千古名句。可以说，这首诗是李商隐对前朝历史进行的非常精确的概括和总结，指出古代君主治理国家的教训，成功主要由于勤俭，奢侈则招致破败。“成由勤俭败由奢”的规则，同样适用于当代以及未来万世。现在的官员要带头遵守这条规则，否则，他们把纳税人的钱都吃掉了、喝掉了、坐掉了、住掉了、占掉了，国家还能余下多少？大力发展盘剥经济，掠夺和洗劫民间财富，百姓还能剩下多少？

不论古今中外，都是倡导“以俭为美”的社会风气。比如，古罗马政治家、哲学家及悲剧作家辛尼加说：“节俭本身就是一个大财源。”美国思想家、诗人爱默生说：“节俭是你一生中用不完的美宴。”法国启蒙思想家、社会学家孟德斯鸠说：“奢侈只是从他人的劳动中获得安乐而已。”法国伟大的启蒙思想家、哲学家、教育家、文学家卢梭说：“舒适的享受一旦成为习惯，便使人几乎完全感觉不到乐趣，而变成了人的真正的需要。”与俭相反，“竞豪奢”[①] 和“繁华竞逐”[②] 的社会，早晚有一天会走向灭亡，最后的结局便是“商女不知亡国恨，隔江犹唱后庭花”[③]。

天道酬勤，天佑奋进。勤奋是国与家的财富之源，只有勤奋不懈的努力，才能不断地为国家创造出殷实和富足。在创造财富的过程中，如果不能进行有效的规范和管理，不能把创造出来的财富积累下来，就意味着创造无实际意义。节俭会增强勤奋的动力，善于节俭的国家就是一个有光明前途的国家。否则，历史的悲剧就会反复地重演，那便是“秦人不暇自哀，而后人哀之，后人哀之而不鉴之，亦使后人而复哀后人也”[④]！

控制欲望：惟恪守本分方能感知幸福

说起“幸福”，这大概是近年来在中国出现频率最高的词汇之一了。中国目前的基本国策是“以经济建设为中心”，道理很简单，就是要通过经济建设积累雄厚的物质基础，从而使中国人民能够过上幸福的生活。搞经济建设，就要研究经济学。经济学就是研究如何为人们的幸福生活奠定物质基础的学问。关于这一点，我们不妨从经济学大师们的经典著作中寻找一点理论根据。亚当·斯密说：“被看作政治家或立法家的科学的一个分支的政治经济学，提出两个不同目标：第一个目标是为人民提供充分的收入或生计，更恰当地说，是使其能为自己提供这样的收入或生计；第二个目标是，为国家或社会提供足以提供公共服务的收入。政治经济学的目标是使人民和君主都富裕起来。”[⑤]“富裕起来”是什么含义？它意味着人民生活得幸福，至少在物质生活方面是如此。阿弗雷德·马歇尔认为，人类动机分为两类：追求满

---

① （宋）柳永，《望海潮》词：“市列珠玑，户盈罗绮、竞豪奢。”

② （宋）王安石，《桂枝香·金陵怀古》词：“念往昔、繁华竞逐，叹门外楼头，悲恨相续。

③ （唐）杜牧，《泊秦淮》诗：“烟笼寒水月笼沙，夜泊秦淮近酒家。商女不知亡国恨，隔江犹唱后庭花。”

④ （唐）杜牧，《阿房宫赋》。

⑤ （英）亚当·斯密，《国富论》，唐日松等译，华夏出版社，2005 年 1 月版，第 309 页。

足和避免牺牲[①]。如果这两个动机都得以实现，那么人岂不就感觉“幸福”了吗？马歇尔对人的“欲望”做了很清晰的阐述：“经济学主要是研究人类的欲望、理想及人类本性中的其他情感问题的”[②]；“对金钱的欲望并不排斥受金钱以外因素的影响，欲望本身也许是出于高尚的动机”[③]；“人类的欲望和需求在数量上是无穷无尽的，在种类上也是多种多样的，但总的来说还是有限的，并能得到满足的”[④]。这说明，马歇尔首先肯定人是有“欲望”的，而且认为“欲望”是能够得到满足的。马克思就更不用说了，他的全部学说的出发点和落脚点，就是为了使全世界“不幸福”的人们能够过上幸福的生活。我们尊奉他为思想导师，其根本的理由也正在于此。

近些年来，社会上有一种“特别”的声音，认为“攀比、欲望，都是不幸福的因素”[⑤]。确实，很多事物没有攀比的可能，比如，有人“出生在比较好的家庭”，一般人没有这个条件，根本没有攀比的资本；有人认为“能力之外的资本等于零”，而很多人则念念不望自己在成长的道路上得到过很多人的恩惠，尤其是给予自己肉体和精神力量的家庭，无论怎么无视“能力之外的资本”，它也不会是“零”；有人随便说一句话，便会成为社会议论甚至效仿的对象，而普通老百姓则连发表自己意见的机会都没有。

从广义上来说，“攀比”无非是“欲望”作祟的结果，因此，可以把“攀比”与“欲望”理解为一回事，总之是“错误”的动机导致了“错误”的行为。中国有很多俗语就是为不要有“欲望”、不要去“攀比”而提供依据的，比如“人比人要气死，鸡比鸭子要淹死”，再比如“龙生龙，凤生凤，老鼠的儿子会打洞”，等等。在隋朝之前还没有科举的年代里，实行的是“九品中正制”的选官制度，如果不是出身在士大夫或官宦家庭，就没有当官的资格。现在社会上流行“官二代”、“官三代”，也颇有一点“子（女）承父（母）业”的意思。印度电影《流浪者》中，有一位“大人物”说了一

① （英）阿弗雷德·马歇尔，《经济学原理》，廉运杰译，华夏出版社，2005年1月版。

② 同上，第12页。

③ 同上，第18页。

④ 同上，第73页。

⑤ “攀比和欲望都是不幸福的因素”，腾讯财经［微博］，2012年4月1日。

句“法官的儿子一定是法官，贼的儿子永远是贼”的警世名言，主人公穷小子拉兹不服气，但他虽然进行了抗争，却并不能改变其“流浪者”的地位和身份。中国在“文革”中有“老子英雄儿好汉，老子反动儿混蛋”的“血统论”，热血青年遇罗克看不惯，撰写《出身论》予以反驳，结果被枪毙了。由此说来，古今中外皆反对“攀比”，原因是只要“攀比”，就说明有“欲望”，结果便是缺乏“幸福的因素”，因而就不会“幸福”。

中国有“穷文富武”的说法，意即富家子弟有钱请武师教授武学，穷人家的子弟无此财力，只能选择一个“比投资”相对低廉的营生：读书。这种营生究竟低廉到什么地步？古有案例：头悬梁①、锥刺骨②，说明不需要通过“抽烟喝茶”来提神醒目；凿壁借光③、囊萤积雪④，说明连“省油的灯”都可以节约；沙地画字⑤，说明可以免去购买笔墨纸砚这“文房四宝”的费用。富家子弟武艺在身时，就有了与别人打斗的本钱。“打斗”本身就是一种“攀比”行为，所表达的意思就是不愿意输给别人。穷人家的子弟学会做文章之后，也有了一种“攀比”的资格，混得好的，考个秀才、进士，将来也有可能实现“朝为田舍郎，暮登天子堂”的梦想；再不济也可做个私塾里的教书先生，虽然说“家有三斗糠，不做孩子王”，但总比“脸朝黄土背朝天，炒菜舍不得放油盐”的农夫生活要强一些。

在封建社会，习文也好，练武也罢，无非是“学好文武艺，贷与帝王家”，使自己能够生活得幸福一点，因而是一种“攀比与欲望”的表现。但这种“攀比与欲望”绝不是“幸福”的原因，而是“不幸福”的现象。富家子为了获得与人“攀比”的本钱而遭受“闻鸡起舞”的瞎折腾，哪里有什么

---

① 《太平御览》（卷363）引《汉书》：“孙敬字文宝，好学，晨夕不休，及至眠睡疲寝，以绳系头，悬屋梁。后为当世大儒。”

② 《战国策·秦策一》：“（苏秦）读书欲睡，引锥自刺其股。”

③ （晋）葛洪，《西京杂记》（卷二）：“匡衡字稚圭，勤学而无烛，邻舍有烛而不逮。衡乃穿壁引其光，以书映光而读之。”

④ 《晋书·车胤传》：“车胤恭勤不倦，博学多通，家贫不常得油，夏月则练囊盛数十萤火以照书，以夜继日焉。”《孙氏世录》：“晋孙康家贫，常映雪读书，清介，交游不杂。”

⑤ 《宋史·欧阳修传》：“欧阳公四岁而孤，家贫无资。太夫人以荻画地，教以书字。”

“幸福”可言？穷小子为了具备与人“攀比”的资格而过着“十年寒窗”的苦日子，哪里有什么“幸福”可言？与其不“幸福”，不如不“攀比”，因为这种“攀比”本来就像是“灰姑娘嫁白马王子”和“穷小子娶富家千金”那样的“天方夜谭”而不能实现。不是“不能”，而是“不可能”，因为“攀”的本意就是抓住东西向上爬。既然你的“出身”低下，哪里有可能具有与人“攀比”的资格呢？要想向上爬，这岂不就是“高攀”吗？而这种“高攀”的结果，就是失去了许多“幸福的因素”。

人在阴影中呆久了，就有可能成为阴影的一部分。含着金银汤匙出身、伴着锦衣玉食长大的人，哪里能体会到穷人家那种衣不遮体、食不果腹的难处和窘迫呢？就像那个傻瓜皇帝司马衷一样，看到饿肚子的人，便会奇怪“何不食肉糜”[①]。这些人让别人不要“攀比”、不要有“欲望”，或许是因为他们已经觉得与穷人比这些没什么意思了，要改口味了，改为与富人比节俭了。由此可见，即使是“真理”，从不同人的嘴里说出来的效果，是完全不同的，就比如一个成年人告诉路人“地球围着太阳转”这个真理的时候，别人会认为他是个疯子，而假如一个三岁小孩说出这句话时，极可能被认为是一块天才的坯子。这就是“人心惟危，道心惟微，惟精惟一，允执厥中”[②]的道理。这十六个字便是儒学乃至中国文化传统中著名的“十六字心传”，是舜帝告诫大禹如何治理国家的大道，其中最难以把握的就是危险难测的人心，因为“人之病疼各别，或在声色，或在货利，或在名高，一切胜心、妒心、悭心、吝心、人我心、是非心，种种受病，不一而足”，“夫天下之大根本，莫过于人心；天下之大肯綮，莫过于提醒天下之人心”，为了正人心，就要钻研学术，“天下之治乱，由人心之邪正；人心之邪正，由学术之明晦，学术之明晦，由当事之好尚”，“学术明则人才兴，人才兴则风俗正而治化翔洽矣”，因此，“明学术”就是“为匡时第一要务”。[③]

话又说回来，如果是“真理”，不管是谁说出来的，也不会改变“真理”

① 《晋书·惠帝纪》：“帝尝在华林园，闻虾蟆声，谓左右曰：‘此鸣者为官乎？私乎？’或对曰：‘在官地为官，在私地为私。’及天下荒乱，百姓饿死，帝曰：‘何不食肉糜？’其蒙蔽皆此类也。”

② 《尚书·大禹谟》。

③ 李颙，《二曲集》，中华书局1996年版，第2页。

的成色，它仍旧是“真理”。就比如这个“攀比、欲望，都是不幸福的因素”的说法，乍听起来很刺耳，有一种“得了便宜还卖乖”的感觉，但细细想来，也确实是这么回事。抛开那些“坐着说话不腰疼”的达官贵人们的虚伪性不说，单就“控制欲望”这个修炼来说，确实是值得人们深思并力行的。

古代的贤哲们对克制欲望均有着清晰而共同的认识。老子认为，“五色令人目盲，五音令人耳聋，五味令人口爽，驰骋田猎令人心发狂，难得之货令人行妨”，所以，人们应该“见素抱朴，少私寡欲”①。孔子对君子控制低级欲望提出了具体的要求：“君子有三戒。少之时，血气未定，戒之在色；及其壮也，血气方刚，戒之在斗；及其老也，血气既衰，戒之在得。”② 年少的时候，血气还不成熟，身体还在成长阶段，如果过度贪恋美色，必然会损伤血气，损害身体。色为佛家“五蕴”③ 之一，是物质的积聚，并非单指女色。年少的时候，知识阅历还不成熟，思维意识还在充实之中，容易这山望着那山高，就像小猫钓鱼，一会儿看着这个好玩儿，一会儿看着那个有趣儿，结果到头来两手空空，白耗精神。戒之在色，就是要镇定，心要安住，要专心地做一件事情，一门深入，笃志而行。壮年时戒斗，这里的斗不是指打架斗殴，而是指精神方面的争强斗胜。不管是本能的驱使，还是虚荣的牵引，中年人有一个共性，就是时时处处都想要胜过别人而让自己出人头地。当然，没有争斗就不是生活，也就没有社会和个人的进步，语言的争斗，事业的争斗，异性的争斗都是人之常态，但争强好胜要避免伤及天理人情，不择手段、损人利己而达到所谓的“胜”其实是大失败。即使是竞争，也应该通过合法合理的手段。等到老年，血气已经衰弱了，要戒除贪得无厌。生活常识告诉我们，很多人越老越吝啬，越老越贪婪。老年人如夕阳，少年人如朝阳，这是非常鲜明形象的比喻。老年人感觉世界是年轻人的了，就会产生心理不平衡，这就需要学会放下，放下外在了，心就静寂了，再回望来时的路，无非是一片灯火阑珊，已经分不清曾经谁是谁了，正所谓“寂寞来时路

① 《道德经》（第十九章）。

② 《论语·季氏》。

③ 《般若波罗蜜多心经》：“观自在菩萨，行深般若波罗蜜多时，照见‘五蕴’皆空，度一切苦厄。”“五蕴”是指“色、受、想、行、识”这五种不同的聚合。

多远，归去路多长”[①]。人生如阳，朝阳蓬勃，中升辉煌，夕照温和，在不同的年龄阶段把握自己，就是把握自己的命运。

上述“三戒”告诉我们，人生要说真有什么值得骄傲的事情，往往不是来自和他人竞争的结果，成功常来自于对自我的要求。但目前的社会太过强调竞争，设定的目标都不是人生自我的体现，都以胜过周遭人事为目的。这样的恶性竞争，使人待到老年真想做些什么，却已经是心有余而力不足了，更遑论向后辈传授智慧与经验了。问题在于该怎么戒法？古人说：“圣人同于人者血气也，异于人者志气也。血气有时而衰，志气则无时而衰也。少未定、壮而刚、老而衰者，血气也。戒于色、戒于斗、戒于得者，志气也。君子养其志气，故不为血气所动，是以年弥高而德弥卲也。”[②] 这实际上也就是孟子所说的“持其志，无暴其气”[③]，用志气去控制血气，就是要用理性的缰绳去约束情感和欲望的野马。如果不想年老时叹悔，现在就该做足“反求诸己”[④] 的功夫，养生追求的不仅是健康的身体，同时也要净化自己的心灵。

君子不仅要控制低级欲望，更要追求高尚境界。孟子对此提出了具体的要求：“君子有三乐，而王天下不与存焉。父母俱存，兄弟无故，一乐也；仰不愧于天，俯不怍于人，二乐也；得天下英才而教育之，三乐也。”[⑤] 孟子说的这三乐，是指君子的三种人生乐趣。父母都健在，兄弟姐妹也都没有什么灾病事故，从而得以享受天伦之乐，这是人的普遍自然的期望。它所表达的深层次含义是：躬行孝悌会给人带来道德的满足和快乐，因为这是人内心道德本性的需要，因而也是一大快乐。为人处事合乎道义，上不愧对于天，下不羞对于人，言行举止能合乎自己的良心本性要求，做到问心无愧，从而获得心灵的安宁，这便是一大快乐。君子传道育人，能得到天下英才，启发他们的心智，解答他们心中的各种疑惑，传授给他们知识，看到他们茁

① 电视连续剧《帝师刘伯温》片尾曲《心中日月长》的歌词（作者：顾笑言、徐天生）。

② （宋）朱熹，《论语集注·季氏第十六》。

③ 《孟子·公孙丑上》。

④ 《孟子·离娄上》：“行有不得者，皆反求诸己，其身正而天下归之。”

⑤ 《孟子·尽心上》。

壮成长，并通过他们把真理遍传天下，为社会所用，泽惠百姓，这对君子来说，无疑也是人生一大快乐。

“君子”是儒家的理想人格，孟子认为：“君子所以异于人者，以其存心也。君子以仁存心，以礼存心。”① 君子与常人根本不同的地方在于他能够把道德良知存放在自己心里，时刻不忘，而这是常人做不到的。因此，孟子的“君子三乐”是一种较高层次的道德境界上的主体内心体验，也就是说，只有君子才能获得这样的快乐。

君子的“三戒”与“三乐”，无疑都包含了“俭”的内容。对于普通人而言，最大的欲望还是物欲，就是对财富和消费的追求。实际上，财富分为有效财富和无效财富，消费也分为有效消费和无效消费。有效与无效两者之间虽然没有明确的划分界线，但有着具体的判别准绳，概括为一个字，就是“俭”。这个字具有了作为道德范畴所包含的度的意义。一般来说，在俭与奢之间，圣哲先贤们主张尚俭而斥奢。孔子的弟子林放向孔子请教“礼”的本质时，孔子回答：“礼，与其奢也，宁俭；丧，与其易也，宁戚。”② 孔子认为，礼的本意是反应人的内心情感和美德的，而不是做给别人看的，因此，不必通过铺张浪费来炫耀什么，只要节俭就好了；丧礼不用办得十全十美，只要能让人发起哀伤就好了。孔子还说：“奢则不逊，俭则固。与其不逊也，宁固。”③ 春秋时代各诸侯、大夫等都极为奢侈豪华，他们的生活享乐标准和礼仪规模都与周天子没有区别，这在孔子看来，都是越礼、违礼的行为。尽管节俭就会让人感到寒酸，但与其越礼，则宁可寒酸，以维护礼的尊严。但是，孔子并不是无限制地要求节俭，当他的学生子贡要把鲁国每月初一用来祭祀祖庙的一只活羊“节俭”下来时，孔子便不高兴地说“尔爱其羊，我爱其礼”④，你疼惜的是那头羊，我珍惜的却是形式背后的礼仪。

通过孔子对两件事情不同的态度可以看出，“俭”不是绝对的，主要看在什么环境之中、针对什么事情说的。比如，春秋时的管仲就主张大量消费

---

① 《孟子·离娄下》。

② 《论语·八佾》。

③ 《论语·述而》。

④ 同上。

以促进大量生产，以此来繁荣社会经济，“兴时化若何？莫善于侈靡”[①]，这里的“侈靡”二字，“主张大量消费，大量生产；大量兴工，大量就业”[②]。需要指出的是，管仲的这一经济思想是在生产力得到发展、人们的消费水平得到提高、而消费观念却显得停滞不前的情况下提出来的，主张通过增加对积压产品的消费来刺激生产，使社会整体消费与生产二者之间始终保持一种良性循环状态。因此，这种“尚奢”思想从社会经济管理的角度来看有一定的合理性，与他的“尚俭”思想并不矛盾。管仲所主张的消费主要是指有效消费而不是无效消费。现代社会经济发展的动力之一，便是消费，但过分地追求奢华，就是一种“犯罪”，“那些有一千条裙子、一万双鞋子的女人们是有罪的；那些有十几辆豪华轿车的男人们是有罪的；那些置买了私人飞机、私人游艇的人是有罪的。尽管这个世界上有了钱就可以为所欲为，但他们的为所欲为是对人类的犯罪，即便他们的钱是用合法的手段挣来的”[③]。

诸葛亮在临终前给后主刘禅的遗表中谈了对待子孙衣食的态度和自己的工作、生活观[④]，可以说是为后世的所有官员树立了行为的榜样，也确立了判别的准绳，令人神往和感佩。诸葛亮的“鞠躬尽瘁，死而后已”[⑤]，表达了一种“士为知己者死”的政治道德观；他希望刘禅“清心寡欲，约己爱民”[⑥]，则是表达了一种“俭以养德”的生活价值观。从马歇尔关于人的动机是“追求满足和避免牺牲”的理论来看，诸葛亮之所以持有这种道德观和价值观，无疑认为这样才是幸福的人生。由此看来，控制欲望，恪守本分，才能感受到幸福。对这个观点的最好诠释，莫过于宋代著名学者司马光在给

---

① 《管子·侈靡》。

② 郭沫若，“《侈靡篇》的研究”，《奴隶制时代》，科学出版社，1956 年 11 月版。

③ 莫言在东亚文学论坛上的演讲，“哪些人是有罪的”，2014 年 6 月 9 日。

④ （三国）诸葛亮，《临终遗表》：“臣家成都有桑八百株，薄田十五顷，子孙衣食，自有余饶。至于臣在外任，无别调度，随身衣食，悉仰于官，不别治生，以长尺寸。若臣死之日，不使内有余帛，外有赢财，以负陛下。”

⑤ 诸葛亮，《后出师表》：“凡事如是，难可逆见。臣鞠躬尽瘁，死而后已；至于成败利钝，非臣之明所能逆睹也。”

⑥ 诸葛亮，《临终遗表》：“伏愿陛下清心寡欲，约己爱民，达孝道于先君，存仁心于寰宇，提拔隐逸以进贤良，屏黜奸谗以厚风俗。”

儿子的一篇文章中所引用的一段话[①]：

> 吾今日之俸，虽举家锦衣玉食，何患不能？顾人之常情，由俭入奢易，由奢入俭难。吾今日之俸岂能常有？身岂能常存？一旦异于今日，家人习奢已久，不能顿俭，必致失所。岂若吾居位、去位、身存、身亡，常如一日乎？

这段话是宋仁宗初年时的宰相张知白说的。宋史对张知白给予极高的评价："知白在相位，慎名器，无毫发私。常以盛满为戒，虽显贵，其清约如寒士。"[②] 司马光对张知白十分敬重，对他前面所说的那段话大发感慨："呜呼！大贤之深谋远虑，岂庸人所及哉！"司马光本人在这篇文章中讲了一段同等重要的话：

> 夫俭则寡欲，君子寡欲，则不役于物，可以直道而行；小人寡欲，则能谨身节用，远罪丰家。故曰："俭，德之共也。"侈则多欲。君子多欲则贪慕富贵，枉道速祸；小人多欲则多求妄用，败家丧身；是以居官必贿，居乡必盗。故曰："侈，恶之大也。"

司马光从理论上阐明了"尚俭"能够培养"直道而行"和"谨身节用"的崇高人格，而且也证明了"俭以修身"的可操作性，就是"寡欲"。由此看来，"节俭即幸福"的观点在理论上是站得住脚的，在实践中也是行得通的，仁人君子完全可以通过控制欲望来躬行这一理念。

---

① （宋）司马光，《训俭示康》。

② 《宋史·列传第六十九》。

举措第七

硕辅之士：栋梁之才对事业的独特贡献
木秀于林：耿介之士被贬谪的历史现象
伯乐相马：不拘一格降人才的旷世通则

【原文】

举措之政，谓举直措诸枉也。夫治国犹于治身，治身之道，务在养神，治国之道，务在举贤。是以养神求生，举贤求安。故国之有辅，如屋之有柱，柱不可细，辅不可弱；柱细则害，辅弱则倾。故治国之道，举直措诸枉，其国乃安。夫柱以直木为坚，辅以直士为贤。直木出于幽林，直士出于众下。故人君选举，必求隐处，或有怀宝迷邦，匹夫同位；或有高才卓绝，不见招求；或有忠贤孝悌，乡里不举；或有隐居以求其志，行义以达其道；或有忠质于君，朋党相谗。尧举逸人，汤招有莘，周公采贱，皆得其人，以致太平。故人君悬赏以待功，设位以待士，不旷庶官，辟四门以兴治务，玄纁以聘幽隐，天下归心，而不仁者远矣。夫所用者非所养，所养者非所用，贫陋为下，财色为上，谗邪得志，忠直远放，玄纁不行，焉得贤辅哉？若夫国危不治，民不安居，此失贤之过也。夫失贤而不危，得贤而不安，未之有也。为人择官者乱，为官择人者治，是以聘贤求士，犹嫁娶之道也，未有自嫁之女，出财为妇。故女慕财聘而达其贞，士慕玄纁而达其名，以礼聘士，而其国乃宁矣。

【译文】

所谓举措，就是重用正直贤良之士，摈弃奸邪谄媚之徒。治理国家就像修身一样。修身之道，关键在于颐养精神；治国之道，关键在于举贤任能。颐养精神可以使身体健康安泰，举贤任能可以使国家长治久安。一个国家有了辅佐之臣，就如同一座房屋有了栋梁支柱。柱子不可细小，辅臣不可软弱。柱子如果细小，房屋就会倒塌；辅臣如果软弱，国家就会衰亡。因此，治国之道，在于重用正直贤良之士，摒弃奸邪谄媚之徒，只有这样国家才能安定。柱子中，以修直的木材最为坚固；辅臣中，以耿介的人才最为贤良；修直的木材常常生长在深山老林之内，耿介的贤人往往存在于芸芸众生之中。君主要选拔起用贤良，一定要到隐秘的地方去寻访。有的人怀才不遇，与普通人混在一起；有的人技能高超，却没有被招用；有的人忠贤孝悌，而乡里不加推荐；有的人想通过隐居来追求自己的远大志向，有的人想践行礼义来表达自己的人生态度；有的人对君主忠心耿耿，却受到奸邪小人的谗言陷害。当年唐尧推举遁世隐居的贤人，商汤从有莘氏中请出伊尹，周公从地位卑微的人中选拔人才，他们都找到了旷世奇才，终于实现了天下太平。因此，君主应该公开悬赏来对待有功之臣，设置高位来期待贤良之士。为了不使各种官位空缺，应广开言路，广泛征求治国安邦的良策。要用贵重礼品征聘隐士奇才，使天下百姓心悦诚服，那么奸邪小人自然也就远离了。如果想要任用的人没有供养起来，而供养起来的人却无法任用，出身贫贱而才华横溢之士居于下位，贪财好色之徒却居于上位；奸佞谄媚的小人踌躇满志，忠诚耿介的贤才横遭贬谪；舍不得用贵重礼品来招贤纳士，这样怎么能够得到贤能之士的辅佐呢？如果国家处于混乱状态而得不到治理，老百姓无法安居乐业，这就是失去贤才的恶果。如果失去贤才而国家却没有危险，任用贤才而国家却不能安定，从来就没有这样的事情。如果君主根据自己的喜好来为某人安排官职，国家就容易发生混乱；如果根据官职的需要而安排合适的人才，国家就容易得到治理。君主聘贤求士，与普通人嫁女娶妻的道理是一样的，从来没有谁家的姑娘愿意自己拿出钱财主动去做人家的媳妇。女子往往是因为爱慕男子的聘礼而献出自己的贞节，贤士常常是因为受到君主的礼遇而利用自己的名声。用礼义去聘用贤士，国家就会安定了。

【解读】

这篇文章的核心就是八个字：“治国之道，务在举贤。”只要有人群的地方，就有人才；只要有社会需求，就会有各种各样的人才。问题的关键是，不同的人才该何时用、何事用、何地用、如何用、被谁用。对于用“好人”而不用“坏人”的理念，人人都不会反对，但关键是如何区分、辨别和寻找“好人”，什么样的表现才是“坏人”。治理国家是一项独特的智力游戏，需要用什么样的人，确实是一个难题。诸葛亮在《出师表》中就明确指出过：“亲贤臣、远小人，此先汉所以兴隆也；亲小人、远贤臣，此后汉所以倾颓也。”这应该是诸葛亮的人才观和用人观的明确表述。

硕辅之士：栋梁之才对事业的独特贡献

关于什么是“贤”、如何举“贤”的问题，诸葛亮的观点十分明确，“举直措诸枉”，就是重用正直贤良之士，摈弃奸邪谄媚之徒。诸葛亮在临终前给后主刘禅的遗表中，劝告刘禅要“提拔隐逸以进贤良，屏黜谗奸以厚风俗”①，而且以自己作为例子，说明“贤良”的特点就是“赋性拙直”。“鸟之将死，其鸣也哀；人之将死，其言也善。”② 一般来说，人到了生命的尽头，一切的争斗，一切的算计，一切的荣耀，一切的耻辱，都已成为过去，反省自己的一生，回归生命的本质，所以会说出真心话来。诸葛亮的临终遗言应该是他自己的真实想法，所表达的这种选人、用人的思想是他自己一生所坚持的价值理念。

诸葛亮在本篇中指出：“国之有辅，如屋之有柱，柱不可细，辅不可弱；柱细则害，辅弱则倾。”这里的“辅”，是指“硕辅”，就是贤良的辅佐之臣，也是国家的栋梁之才。“柱以直木为坚，辅以直士为贤”，明确地说明了只有让那些正直的贤士担任国家要职，掌握政要大权，国家才能治理好。一个国家有了硕辅之士，就如同一座房屋有了栋梁支柱，而栋梁的作用是任何其它材料所不可完全代替的。

那么，硕辅之士到底可以发挥什么样的作用呢？请看北宋政治家司马光

① （三国）诸葛亮，《临终遗表》。

② 《论语·泰伯》。

的一段话[①]：

昔周得微子而革商命，秦得由余而霸西戎，吴国得伍员而克强楚，汉得陈平而诛项籍，魏得许攸而破袁绍。彼敌国之材臣，来为己用，进取之良资也。王猛知慕容垂之心久而难信，独为不念燕尚未灭，垂以材高功盛，无罪见疑，穷困归秦，未有异心，遽以猜忌杀人，是助燕为无道而塞来者之门也，如何其可哉！故秦王坚礼之以收燕望，亲之以尽燕情，宠之以倾燕众，信之以结燕心，未为过矣。猛何汲汲于杀垂，乃为市井鬻卖之行，有如嫉其宠而谗之者，岂雅德君子所宜为哉！

司马光提到的几位历史人物，都堪称硕辅之士。

微子，商王帝乙的长子，纣王的庶兄。微子多次劝谏纣王改正自己的缺点，但见“纣终不可谏”，便与太师箕子和少师比干商量怎么办。箕子认为“今诚得治国，国治身死不恨；为死，终不得治，不如去”。微子便远离纣王而逃到微（微子的封国，今山西省潞城县东北）。周武王灭商后，微子去武王军门请罪。周武王很受感动，乃释其缚，“复其位如故”[②]。

由余，周携王余臣之后，其祖先原为当时的晋国人，因避乱而逃到西戎。后来，由余奉命出使秦国，见秦穆公贤明大度，便留在了秦国。秦穆公元年（公元前659年）投入秦国，被秦穆公任为上卿，为秦穆公出谋划策，帮助秦国攻伐西戎，“益国十二，开地千里，遂霸西戎”[③]，使秦国位列春秋五霸，逐渐由一个偏处西隅、被称为夷戎的落后邦国发展成为吞并六国、建立中国历史上第一个强大王朝的大帝国，并成为世界古代史上东方民族中的佼佼者。

伍员，即伍子胥，其父伍奢为楚平王子建太傅，因受大臣费无忌的谗害，与其长子伍尚一同被楚平王杀害。伍子胥从楚国逃到吴国，成为吴王阖闾的重臣，是姑苏城的营造者，至今苏州有胥门。公元前506年，伍子胥协同孙武带兵攻入楚都，伍子胥掘楚平王墓，鞭尸三百，以报父兄之仇。吴国

① 《资治通鉴·晋纪二十四·海西公下》。

② 《史记·宋微子世家》。

③ 《史记·秦本纪》。

倚重伍子胥等人之谋，西破强楚，北败徐、鲁、齐，成为诸侯一霸[①]。北宋政治家王安石评价伍子胥："子胥出死亡捕窜之中，以客寄之一身，卒以说吴，折不测之楚，仇执耻血，名震天下，岂不壮哉！"[②]

陈平，西汉的开国功臣之一，少时喜读书，有大志，曾为乡里分肉，分得十分均匀，受到父老乡亲的称赞。他说："使平得宰天下，亦如是肉矣！"[③] 他先后参加楚汉战争和汉初平定异姓王侯叛乱的各次战役，成为汉高祖刘邦的重要谋士。刘邦困守荥阳时，陈平建议捐金数万斤，离间项羽君臣，使项羽的重要谋士范增忧愤而死。汉高祖六年（前 201 年）又建议刘邦伪游云梦，逮捕韩信[④]。次年，刘邦被匈奴困于平城（今山西大同北部）七天七夜，后采纳陈平计策，重贿冒顿单于的阏氏，才得以解围。[⑤]

许攸，三国时袁绍帐下谋士，官渡之战时其家人因犯法而被收捕，许攸因此背袁投曹，并为曹操设下偷袭袁绍囤粮之所乌巢的计策，袁绍因此而大败于官渡。后许攸随曹操平定冀州，因自恃其功而屡屡口出狂言，终因触怒曹操而被杀。[⑥]

在点明这几个人的主要贡献之后，司马光说了一句带有总结性的话："彼敌国之材臣，来为己用，进取之良资也。"他们原来都是敌对方的大臣，当时的君主想法设方把他们拉到自己的阵营而为自己所用，这些人也都成为建功立业的贤良人才。换句话说，司马光认为这些人都是硕辅之士，他们所

---

① 《史记·伍子胥列传》。

② （宋）王安石，《伍子胥庙记》。

③ 《史记·陈丞相世家》："里中社，平为宰；分肉食甚均。父老曰：'善，陈孺子之为宰！'平曰：'嗟乎！使平得宰天下，亦如是肉矣。'"。

④ （明）甄伟，《东西汉演义》第八十八回"汉高帝伪游云梦"："却说帝问计于平，平曰：'韩信变诈百出，人不可测。以臣愚见，惟陛下伪游云梦，可以擒信耳。盖古者天子四时巡狩，随东西南北，各有所适，以观民风，陛下命驾出游云梦，会诸侯于东楚西界，传制有出巡而不至者，命将统兵伐之。韩信闻陛下驾幸东楚，必出郊候驾，待谒见之时，即便令武士擒之。此特一人之力耳，不尤胜于诸将劳师动众，然后以决胜负耶？'"

⑤ 《史记·陈丞相世家》。

⑥ 《魏略》："绍破走，及后得冀州，攸有功焉。攸自恃勋劳，时与太祖相戏，每在席，不自限齐，至呼太祖小字，曰：'某甲，卿不得我，不得冀州也。'太祖笑曰：'汝言是也。'然内嫌之。其后从行出邺东门，顾谓左右曰：'此家非得我，则不得出入此门也。'人有白者，遂见收之。"

起的作用，是一般的人才所起不到的，因为一般的人才不具备他们这些硕辅之士所具备的内禀特质，也没有遇到能使他们充分发挥作用的机会和君主。接着，司马光以责备的口气提到了中国历史上堪与诸葛亮比肩的另一位人物——前秦宰相王猛。

西晋在“八王之乱”之后寿终正寝，在此前后，中国北方开始陷入十六国纷争的泥淖，而南方立足未稳的东晋政权也处于风雨飘摇的险境。就是在这幅杂乱无章、硝烟弥漫的历史画面上，出现了两个高大的身影，“关中相国资王猛，海内苍生望谢安”[①]。王猛，被苻坚誉为诸葛亮式的人物，也是后世公认的杰出的政治家、军事家，但司马光却对他提出批评，这到底是怎么回事呢？

当时另一个地方割据政权前燕的纲纪颓紊，日益腐败，处于风雨飘摇之中。东晋大将桓温攻燕结束后，前燕反悔食言，没有将虎牢（今河南荥阳西北汜水镇）以西土地割让给前秦，前燕使者说：“顷者割地，行人失辞。有国有家，分灾救患，理之常也。”[②] 前秦遂以此为借口，派王猛率军讨伐前燕，并以慕容垂长子慕容令为参军，充当向导。慕容垂是前燕大将，因在国内遭受排挤而投奔前秦，受到前秦王苻坚的赏识。王猛深知慕容垂有雄略，将来可能引发祸患，便对苻坚说：“慕容垂，燕之戚属，世雄东夏，宽仁惠下，恩结士庶，燕、赵之间咸有奉戴之意。观其才略，权智无方，兼其诸子明毅有干艺，人之杰也。蛟龙猛兽，非可驯之物，不如除之。”苻坚未从，说：“吾方以义致英豪，建不世之功。且其初至，吾告之至诚，今而害之，人将谓我何。”[③] 苻坚不仅没有采纳王猛的建议，反而以慕容垂为冠军将军，封宾都侯。

虽然苻坚对慕容垂信任有加，但王猛对慕容垂却一直放心不下，便设下一个圈套。出发前，王猛去拜会慕容垂，慕容垂为他饯行。王猛一副依依惜

---

① （明）贝琼，《送王克让员外赴陕西》诗：“貂裘万里独冲寒，旧是含香汉署官。白雪作花人面落，青山如凤马头看。关中相国资王猛，海内苍生望谢安。应念东南有遗佚，采芝深谷尚盘桓。”（收入清代沈德潜编辑的《明诗别裁集》）

② 《晋书·苻坚载记》。

③ 同上。

别的神态，叹息道："今当远别，卿何以赠我，使我睹物思人？"[①] 慕容垂很受感动，顺手解下佩刀相赠。同年十二月，秦军攻洛州刺史慕容筑镇守的洛阳。前燕帝慕容暐派卫大将军慕容臧率军驰援，进至荥阳，王猛派部将率精锐轻装兼程奔袭，大败之于石门。太和五年（369 年）正月，王猛写信给慕容筑："国家今已塞成皋之险，杜盟津之路，大驾虎旅百万，自轵关取邺都，金墉穷戍，外无救援，城下之师，将军所监，岂三百弊卒所能支也。"[②] 慕容筑因援军不至，十分恐惧，于是举城投降。王猛攻下洛阳后，买通慕容垂的心腹金熙，令他带着慕容垂送给王猛的佩剑，装着偷偷摸摸的样子找到慕容令，假传慕容垂的口信说："吾父子来此，以逃死也。今王猛疾人如仇，谗毁日深；秦王虽外相厚善，其心难知。丈夫逃死而卒不免，将为天下笑。吾闻东朝比来始更悔悟，主、后相尤。吾今还东，故遣告汝；吾已行矣，便可速发。"[③] 慕容令感到有些可疑，踌躇终日，但见到父亲随身佩带的短剑，又不能不信，于是伪装出猎，投奔前燕石门守将慕容臧。王猛立刻上表弹劾慕容令叛逃，慕容垂因恐惧而逃跑，被苻坚派来的骑兵追获。但苻坚并没有责备慕容垂，反而安慰他说："卿家国失和，委身投朕。贤子志不忘本，犹怀首丘。《书》不云乎：'父父子子，无相及也。'卿何为过惧而狼狈若斯也。"[④] 于是复其爵位，恩待如初。

前文引述司马光责备王猛的那段话，说的就是这件事情，无非是批评王猛出于小心眼而搞了小动作，像一个市井无赖，出于嫉妒苻坚对慕容垂的信任而进谗言，急切地要设计将其杀掉，不像是正人君子的所为。

对于司马光的这一段感言，需要做一些具体的分析。

首先，政治领域的"雅德君子"其实是不存在的。慕容垂因在自己的国家内受到猜忌而投身于他国，是在一种非常情况下的无奈之举，王猛与苻坚其实都是看到了这一点，只不过他们出于自己所处的位置而做出不同的反应，就像当年刘备在曹操手下时，有人也看出刘备非池中物而建议曹操及早

① 《资治通鉴·晋纪二十四·海西公下》。
② 同上。
③ 同上。
④ 《晋书·慕容垂载记》。

除之，但曹操从收揽人心的角度来分析问题，做出了相反的决策。苻坚眼中的慕容垂与曹操眼中的刘备是一样的，收留他，无非是想起到正如司马光所说的“礼之以收燕望，亲之以尽燕情，宠之以倾燕众，信之以结燕心”的政治效果，而绝不能用所谓的“雅德君子”的标准来衡量他的行为。

其次，慕容垂是一个什么样的人。慕容垂年少时聪明有器度，其父慕容皝常对诸弟说：“此儿阔达好奇，终能破人家，或能成人家”①，因此取名霸。慕容皝本想立他作世子，因遭群臣劝谏而作罢，但对他的宠爱仍超过世子，这也引发了后来燕景昭帝慕容俊对他的猜忌。在前燕，慕容垂屡立战功却郁郁不得志，公元351年领导前燕军于枋头之战中大败东晋的桓温，反遭受当政的慕容评的排挤，无奈携子出奔前秦，是否真心投诚，实在是一件只有苍天可鉴的事情。事实上，王猛临终前告诫苻坚，千万不要兴兵伐晋②，但正是这个慕容垂极力怂恿苻坚伐晋③，结果在淝水（在今安徽境内）之战中一败涂地。之后，慕容垂等其他鲜卑、羌族的贵族便乘机举兵造反，纷纷割据自立，把前秦的一统江山搅得七零八落，慕容垂更是于384年中兴燕室，建立后燕。

再次，王猛是一个什么样的人。后世的人们对王猛的评价普遍很好，明代张大龄对王猛的评价具有典型性：“景略之才，不下管、葛，而坚举国听之，间者必死，虽名君臣，实肝胆肺腑，故景略得以尽其材。而坚亦勤政爱民，仁恕恭俭。景略死而坚渐骄，伐晋之举，急于混一，说者咸谓鲜卑、西羌未之早除。不知景略若在，苌等几上之肉，何能为哉！故景略之存亡则苻氏之兴衰也。”④ 这段评价是说王猛的才能不亚于管仲和诸葛亮，受到苻坚

---

① 《北史·慕容垂》。

② 《晋书·王猛传》：“及疾笃，坚亲临省病，问以后事。猛曰：‘晋虽僻陋吴、越，乃正朔相承。亲仁善邻，国之宝也。臣没之后，愿不以晋为图。鲜卑、羌虏，我之仇也，终为人患，宜渐除之，以便社稷。’”

③ 《资治通鉴·晋纪二十六》：“慕容垂言于坚曰：‘弱并于强，小并于大，此理势自然，非难知也。以陛下神武应期，威加海外，虎旅百万，韩、白满朝，而蕞尔江南，独违王命，岂可复留之以遗子孙哉！《诗》云：‘谋夫孔多，是用不集。’陛下断自圣心足矣，何必广询朝众！晋武平吴，所仗者张、杜二三臣而已，若从朝众之言，岂有混一之功乎！’坚大悦曰：‘与吾共定天下者，独卿而已。’”

④ （明）张大龄，《晋五胡指掌》。

的充分信任，使其才能得以尽情地施展。可惜的是，苻坚未能听从王猛的遗言，贸然兴兵伐晋，结果兵败后被当时归顺前秦的西羌首领姚苌所杀。如果王猛在世，像姚苌这样的人，简直就像是案板上的肉，不会有所作为的。因此，王猛的存亡代表着苻坚政权的兴衰。

关于硕辅之士的重要性，清代思想家魏源说了一段很重要的话①：

> 为治者不专注其大，而但事节目，则安危否泰之大端，失之目睫矣。用人者不务取其大，而专取小知，则卓荦俊伟之材，失之交臂矣。故为国家厘细务百，不若定大计一；为国家得能吏百，不若得硕辅一。君子以细行律身，不以细行取人，不以剸剧理繁塞艰巨。国于天地，有与立焉。斯见小欲速之弊祛，而百年苞桑之业固也。

这段话的意思是说，治国的人如果不把注意力集中在大事上，而只是注意一些枝节问题，这样就会在眨眼之间丧失对关系国家安危的重大事项的判断力。如果用人者不注重人才的大节，而只注意一些细小的技巧，那么具有卓越才能的人就会失之交臂。因此，为国家做好一百件微小的事情，不如决定一项重大的政策；替国家找到一百名能干的一般官吏，不如找到一名贤良辅佐之臣。君子通过细小的行为来严格要求自己，但不因细小的行为来选择人才，更不会因治理繁乱的事务而阻塞了选拔人才的重大使命。如果本着这样的理念去治理国家，那么国家也就可以立于天地之间了。假如革除了这种急于求成、见小利而忘大义的弊端，那么国家的百年基业就像桑树的根系那样稳固了。

按照魏源的判别标准，王猛无疑是中国历史上少有的硕辅之士，而且可以说是硕辅中的硕辅。他生前辅佐苻坚统一了中国北方，建立了强大的前秦。他临终时的遗言，寥寥数语，却都关系到前秦国家的兴衰存亡，可谓一言中的，胜过千言万语。王猛死后八年的历史结局，完全证实了他的非凡远见。苻坚在淝水惨败后经常痛悔自己忘记王猛遗言的大错，但悔之晚矣，终成千古之恨。

---

① （清）魏源，《默觚下·治篇一》。

历史上有一种说法：明朝不是亡于崇祯，而是亡于万历。[1] 清朝的乾隆皇帝对这种说法的原因写过一段话[2]：“明之亡非亡于流寇，而亡于神宗之荒唐，及天启时阉宦之专横，大臣志在禄位金钱，百官专务钻营阿谀。及思宗即位，逆阉虽诛，而天下之势，已如河决不可复塞，鱼烂不可复收矣。而又苛察太甚，人怀自免之心。小民疾苦而无告，故相聚为盗，闯贼乘之，而明社遂屋。呜呼！有天下者，可不知所戒惧哉？”历史学家黄仁宇对万历朝的政治得失有过一段评论[3]：“1587 年，是为万历 15 年，岁次丁亥，表面上似乎是四海升平，无事可记，实际上我们的大明帝国却已经走到了它发展的尽头。在这个时候，皇帝的励精图治或者晏安耽乐，首辅的独裁或者调和，高级将领的富于创造或者习于苟安，文官的廉洁奉公或者贪污舞弊，思想家的极端进步或者绝对保守，最后的结果，都是无分善恶，统统不能在事实上取得有意义的发展。因此我们的故事只好在这里作悲剧性的结束。万历丁亥年的年鉴，是为历史上一部失败的总记录。”

上述种种观点，都是说万历朝种下了明朝灭亡的种子。这种说法就宏观方面来说有一定的道理，因为按照辩证法的观点，任何事物都有其两面。在其极盛的时候，肯定已经埋下了衰亡的种子。但是，从微观的层面来说，实际上没有找到根本原因，而是以一种大而化之的说法掩盖了具体的矛盾。明朝的灭亡，有其根本原因，这就是封建专制制度的腐朽性和王朝周期性更替的规律性；同时也有着具体的直接原因，这就是没有硕辅或者硕辅的作用没有得到充分的发挥。明末民族英雄袁崇焕之死，固然有崇祯皇帝疑心重的因素，但当时的首辅温体仁不顾国家利益，为一己私利而向崇祯进谗言，则是促使崇祯下毒手的重要原因。温体仁辅政八年，没有提出过任何经国济世的方略，没有建立过任何利国利民的功业，是一个十足的庸才，但在结党营私、玩弄权术上却是一个高手。明亡前夕，御史吴履中上书总结崇祯治国的失误时说：“温体仁托严正之义，行媚嫉之私，使朝廷不得任人以治事，酿

① 《明史・神宗本纪》：“明之亡实亡于神宗。”（清）赵翼，《廿二史札记・万历中矿税之害》：“论者谓明之亡，不亡于崇祯而亡于万历。”

② 《明长陵神功圣德碑》。

③ 黄仁宇，《万历十五年》，中华书局，2006 年版。

成祸源，体仁之罪也。”[①] 这个说法可谓一针见血。但是，崇祯就因为温体仁“斤斤自守，不殖货賄”，所以“始终敬信之”[②]，结果在短短几年之内将明朝拖进山穷水尽的绝境，可谓罪不容诛。接替温体仁的状元首辅周延儒，缺乏雄才大略，又不善指挥军事，面对农民起义军的风起云涌而一筹莫展，率军抗击清兵却畏缩不前，天天饮酒作乐，而且谎报战绩。这样的人当政，明王朝的结局也就可想而知了。正如张居正的改革成果被万历帝葬送一样，国家缺少硕辅的恶果是一定会表现出来的。

凡硕辅之士，除了他们生前的功业之外，往往极有远见，能够预料身后事的结局。王猛临终前对苻坚的劝诫与春秋时的管仲临终前对齐桓公的劝诫，具有典型性。可惜的是，苻坚与齐桓公最终违背了这两位硕辅之士的嘱托而自行其事，最后都落得个可悲的下场，前者被杀，后者被活活饿死。这说明，只有硕辅之士以及硕辅之言，而没有理解和正确使用硕辅的领导者，硕辅的历史价值也无从体现。

木秀于林：耿介之士被贬谪的历史现象

中国人很熟悉这样一段话：“木秀于林，风必摧之；堆出于岸，流必湍之；行高于人，众必非之。前鉴不远，覆车继轨。”[③] 树木如果高出树林，风必然把它摧断；土堆如果高出河岸，河流必然把它冲垮；品行高于常人，众人必然非难他。前车之鉴不远，翻车是因为继续按着旧的轨道走。

这段话出自三国时魏国文学家李康的《运命论》。这篇文章旨在探讨国家治乱与士人个人出处之间的关系问题。作者从“五德更运”的观点出发，认为各个朝代按五行更始，以次相代。这种“运”不是杰出人物的努力所能改变的，而个人的穷达贵贱又受个体命运的“命”与时代命运的“时”摆布，所谓“治乱，运也；穷达，命也；贵贱，时也”。作者在文中列举了一

---

① （清）谷应泰，《明史纪事本末》。

② （清）张岱，《石匮书后集·烈皇帝本纪》。

③ （三国）李康，《运命论》。

系列的历史人物与事件，来证明上述推论。作为一个在专制制度下成长起来的文人学士，李康对成就圣人的条件提出自己的看法，“圣人所以为圣者，盖在乎乐天知命矣”。“乐天”，就是乐观、开朗；“知命”，就是知道自己的命是由上天决定的。因此，君子总是乐从天道的安排，保持乐观的心态，用豁达的心胸面对每个人、每件事，因为“顺天道之常数，知性命之始终，任自然之理，故不忧也。”[①] 凡事顺其自然，因此也没有什么可忧虑的。正是怀着这样的信念，因此圣人“遇之而不怨，居之而不疑也；其身可抑，而道不可屈；其位可排，而名不可夺”，不管碰到什么不如意的事情也不怨恨，处于什么不如意的状况也不疑惑；即使自己的身体受到抑制，而天道不能受委屈；即使自己的地位可以被排斥，而名分不可以被剥夺。

现实生活中本不存在真正意义上的“圣人”，因此，很多以圣人的理念作为自己行为规范的人常常受到现实社会的排斥，这是因为“忠直之迕于主，独立之负于俗，理势然也”，忠厚直率而违背君主的意愿，独立超凡而违背世俗的习惯，那么在生活中处处碰壁也就是理所当然的事情了。作者从“木秀于林，风必摧之；堆出于岸，流必湍之”的自然现象，看到了现实生活中“行高于人，众必非之”的社会现象。但是志士仁人“蹈之而弗悔”，乃是为了“遂志而成名”。作者通过这段文字，曲折地反映出魏晋之际知识分子对待现实政治生活中一些现象的矛盾心情，反映出一种无奈的情绪。谁能想到，这段话竟然成了中国人自古以来嫉妒成性的证据，实在是一种谶语。

我们不禁要问，作者的这种观点，究竟是一种对个人际遇不满的牢骚话呢？还是带有某种普遍的规律性呢？不论是哪种情况，其产生的原因是什么？要回答这几个问题，我们先来分析一下作者李康及其当时所侍奉的君主的情况。

李康生活在三国魏明帝曹叡时期，曾作《游山九吟》。但这篇文章已经失传，只有唐代欧阳询主编的《艺文类聚》中提到一句《游山九吟序》：“盖人生天地之间也，若流电之过户牖，轻尘之栖弱草。”这句话表达了作者对人生苦短的叹息，也反映了魏晋时期政治上失意的知识分子的人生态度。据

---

① 《易·系辞上》。

载，魏明帝对李康的文章很赏识，但对他没有更多的提拔奖掖，他本人的仕途记载只有“初仕为浔阳长，有政绩”几个字，对他的个性描述是“性狷介，不能和俗”，由于正直而不能与世俗同流合污。魏明帝曹叡是曹丕的长子，由于其生母甄夫人得罪了曹丕而被杀，因此没有很快被立为太子①，有一段时间曹丕甚至打算立另一个儿子作为太子。有一次，曹叡跟着曹丕去狩猎，见到母子两鹿。曹丕射杀了母鹿，命令曹叡射杀子鹿。曹叡说：“您已经杀掉了母鹿，我实在不忍心再杀掉它的孩子。”说完哭泣不已。曹丕于是放下了弓箭，对曹叡十分赞许，遂下定决心要立其为太子②。

这个故事说明，如果曹叡当时的做法不是为了博得曹丕的欢心而“做秀”的话，那么他也算得上是一个宅心仁厚之人。在文学上，他继承了其祖曹操与其父曹丕的特质，能诗文，祖孙三人被称为魏之“三祖”。他在继位之后，曾经颁布过一个诏令③：

> 世之质文，随教而变。兵乱以来，经学废绝，后生进趣，不由典谟。岂训导未洽，将进用者不以德显乎？其郎吏学通一经，才任牧民，博士课试，擢其高第者，亟用；其浮华不务道本者，皆罢退之。

这个诏令的意思是说，世上朴实有用的文章，都深受王教的影响而变化。自汉末战乱以来，儒家经典衰微，年轻人的兴趣和追求，也不放在对经典的学习和研究上，这岂不是官府训导不力，在官员的选拔任用上不重德行而造成的严重后果吗？官吏们只有真正学通一部经典，方可具备管理百姓的能力。对博学高才者要严格考核，从中选拔真正的优秀者立即予以重用；而对那些华而不实的无能之辈，则一律予以罢退。

这个诏令说明曹叡对知识和人才的尊重，同时也有把儒学作为维护封建统治道统的国家意识形态的目的。除了颁布这个诏令，他还将魏文帝曹丕的

---

① 《三国志·魏书·明帝纪》：“黄初二年为齐公，三年为平原王。以其母诛，故未建为嗣。”

② 《魏略》：“帝常从文帝猎，见子母鹿。文帝射杀鹿母，使帝射鹿子，帝不从，曰：‘陛下已杀其母，臣不忍复杀其子。’因涕泣。文帝即放弓箭，以此深奇之，而树立之意定。”

③ 《三国志·魏书·明帝纪》。

《典论》刻在石碑上，立于宗庙的大门之外，表明他对文学的重视。《典论》是曹丕作太子时所撰写的一部学术著作，在其中的《论文》一篇中讲了一段十分重要的话：

> 盖文章，经国之大业，不朽之盛事。年寿有时而尽，乐荣止乎其身，二者必至之常期，未若文章之无穷。是以古之作者，寄身于翰墨，见意于篇籍，不假良史之辞，不托飞驰之势，而声名自传于后。

曹丕把文学摆到了与事功并立的地位，这是对儒家“太上立德、其次立功、再次立言”[①] 传统思想的补充、完善和发展，把“立言”的内容丰富了，从而突出强调了文学的“经国”作用和“不朽”意义。曹叡把乃父的大作刻石立碑，其重视文学对于治国作用的意图是十分明显的。

李康的文章，包括《运命论》在内，正是在这种背景下受到曹叡的赏识的。他在文中所表达的“木秀于林，风必摧之”的观念，是否得到曹叡的同意，不得而知，但从这篇文章的核心内容以及当时的政治环境来看，我们基本上可以回答前面提出的几个问题了。

首先，这种观点是不是李康对个人际遇不满的牢骚话？言为心声。李康是一个“性狷介，不能和俗”的人，想必在道德上对自己有更高的要求；他能写出使魏明帝感到惊奇的文章，想必在文学上的造诣很高，这一点，我们在他的《运命论》中就可以切身感受得到。他的从政能力也是出众的，“初仕为浔阳长，有政绩”。但后来为什么在仕途上没有得到更大的发展呢？史书上没有更多的记载，但从他的文章中可以找到原因，那便是“行高于人，众必非之”。由于遭人嫉妒，所以他的仕途就不会有更大的发展了。这篇文章或许就是他因为在仕途上发展得不顺利，为自己撰写的一份“工作总结”或者一个“人物小传”，也算是“圣贤发愤之所为作也”，其原因不外是“意有所郁结，不得通其道，故述往事，思来者”。[②]

其次，这种现象是不是带有某种普遍的规律性？李康在《运命论》中举

---

① 《左传·襄公二十四年》：“太上有立德，其次有立功，其次有立言，虽久不废，此之谓不朽。”

② （汉）司马迁，《报任安书》。

了孔子的例子：

> 夫以仲尼之才也，而器不周于鲁卫；以仲尼之辩也，而言不行于定哀；以仲尼之谦也，而见忌于子西；以仲尼之仁也，而取仇于桓魋；以仲尼之智也，而屈厄于陈蔡；以仲尼之行也，而招毁于叔孙。

孔子有杰出的才华，却不能在鲁国和卫国得到重用；孔子有雄辩的口才，他的主张却不能在鲁定公和鲁哀公那里得到实行；孔子具有虚怀若谷的精神，却被子西所忌妒；孔子最讲仁义，却与桓魋结下了怨仇；孔子极有智慧，却在陈国和蔡国受了委屈；孔子有高尚的品行，却受到叔孙的诽谤。

李康列举的这些事情，可以说构成了孔子个人历史的主要篇章，也是对"行高于人，众必非之"的观点所作的注释，尤其以孔子在楚国受到子西挑拨的遭遇这件事情最为典型了，这就是著名的"子西沮封"的故事。

孔子在楚国时与楚昭王一度关系融洽，昭王在很多事情上都听取孔子的意见，而且还想把有户籍登记的七百里土地封赠给孔子，使他能留在楚国辅佐政事。如果这件事情做成了，就会影响到楚国权贵的利益。于是，楚国的令尹子西出来阻挠了，而且所说的话十分直率，丝毫没有拐弯抹角①。子西说的话句句是实，正是这些实话，引起了楚昭王对孔子及其弟子的担忧，于是，不但未封土地给孔子，反而加强了对他的戒备，并开始冷淡孔子及其弟子们。孔子再怎么贤明，也想不到子西在背后给他"捅刀子"。正是孔子及其弟子们的"行高于人"，因此，才会促使像子西一类的人对他们"非之"。孔子后来对子西不愿意作评价，只是以一句不置可否的"彼哉彼哉（这个人哪，这个人哪）"② 来应付别人的问话，想必他是对子西有意见，但碍于自己头上这顶"圣人"的帽子而不好爆"粗口"吧。

---

① 《史记·孔子世家》："昭王将以书社地七百里封孔子。楚令尹子西曰：'王之使使诸侯有如子贡者乎？'曰：'无有。''王之辅相有如颜回者乎？'曰：'无有。''王之将率有如子路者乎？'曰：'无有。''王之官尹有如宰予者乎？'曰：'无有。''且楚之祖封于周，号为子男五十里。今孔丘述三王之法，明周召之业，王若用之，则楚安得世世堂堂方数千里乎？夫文王在丰，武王在镐，百里之君卒王天下。今孔丘得据土壤，贤弟子为佐，非楚之福也。'昭王乃止。"

② 《论语·宪问》。

李康在《运命论》中讲完上述事实后，做了一点总结：

夫道足以济天下，而不得贵于人；言足以经万世，而不见信于时；行足以应神明，而不能弥纶于俗；应聘七十国，而不一获其主；驱骤于蛮夏之域，屈辱于公卿之门，其不遇也如此。

道义足以周济天下，而不能得到人们的尊重；言论足以经略万世，而不能在当时被信任；行为足以感应神明，而不能为世俗所包容。孔子应聘七十国，而没有获得一个君主的知遇，驰骋于蛮、夏的区域，受屈辱于公卿之门，是如此的不逢机遇！后来孔子的孙子子思，以及子思的徒弟子夏的儒学造诣不及孔子，但由于命好，因此他们所受到的优厚待遇远远超过孔子。作者认为这就是命运在作怪，所谓“治乱，运也；穷达，命也；贵贱，时也。”实际上，这是个人与国家之间的利益之争，不是什么命运的问题。在封建专制制度下，读书人的出路就是“学好文武艺，贷于帝王家”一途。不论人的品行多么高尚，才学多么广博，只要存在不正当的利益竞争，那么这种“行高于人，众必非之”的现象就带有普遍的规律性。

再次，产生这种现象的根本原因是什么？造成这种“行高于人，众必非之”的原因是很多的。从个人来说，如果恃才傲物，别人就不会待见；如果文人相轻，相互就会攻击；如果功高震主，上级就会压制。从上级来说，如果武大郎开店，就会嫉贤妒能；如果作风粗暴，就会不尊重人才。从组织来说，如果奉行“不为天下先”的老庄哲学，就是不思进取，当然没有必要重用贤才；如果专制独裁，就不会有人才脱颖而出的机制。

孔子在楚国遇到一位叫做接舆的世外高人，他对孔子进行劝诫的话，算是对机遇和政治环境的解释，这就是著名的“楚狂接舆”的故事。①

孔子受到楚昭王冷落，很失望。有一天，楚国有个叫接舆的隐士从孔子门前经过，听到琴声，就跟着唱起来：“凤鸟啊，凤鸟啊，你的德行为什么

---

① 《庄子·人间世》：“楚狂接舆歌而过孔子，曰：‘凤兮凤兮，何德之衰！往者不可谏兮，来者犹可追也！已而已而，今之从政者殆而！’孔子下，欲与之言。趋而去，弗得与之言。”“孔子适楚，楚狂接舆游其门曰：‘凤兮凤兮，何德之衰也。来世不可待，往世不可追也。天下有道，圣人成焉；天下无道，圣人生焉。方今之时，仅免刑焉！福轻乎羽，莫之知载；祸重乎地，莫之知避。已乎，已乎！临人以德。殆乎，殆乎！画地而趋。迷阳迷阳，无伤吾行。吾行却曲，无伤吾足。’”

这样衰微？过去的就不要再说了，未来还可以追赶得上。算了吧，算了吧，现在从政的人多么危险啊！天下的仁义道德，那是因为圣人成全而来的。天下失去仁义道德，也是因为圣人而产生的。今日的天下，能够免去刑罚就不错了。给人民带来福利，轻得就像那羽毛，能解决什么问题呢？而那灾祸接连降于大地，毫无办法来躲避它。完了，完了！在这个时候，你给百姓以仁德，有何用啊，有何用啊。”孔子知道这是一位世外高人，赶忙跑出门想与他交谈。他却很快地避开了，孔子终于没能同他说上话。

接舆已经说出了当时的政治环境不利于孔子施展他的政治抱负，其实，他本人也何尝不是与孔子一样怀才不遇的贤人。他本名陆通[①]，字接舆，“好养性，躬耕以为食。楚昭王时，通见楚政无常，乃佯狂不仕，故时人谓之楚狂。”

孔子周游列国14年，碰到多个隐士。隐士在中国虽产生较早，但作为一种文化现象，则始于周而盛于春秋战国时期。隐士“须含贞养素，文以艺业。不尔，则与夫樵者在山，何殊异也。”[②] 真的隐士的人格特点是寻求诗意的栖居，是人性的一种回归，是对仕隐情结的一种解脱。隐士的大量出现，既反映了当时社会的复杂与阴暗，也体现了他们不与恶俗同流合污的气节。周初因“义不食周粟”[③] 而隐居首阳山并最终饿死的伯夷、叔齐，就被孔子确认为“不降其志，不辱其身”[④] 的典范，尽管孔子不完全赞同隐士们的认识和行为选择，但他本人面对污浊与混乱的社会现实，也曾有过“道不行，乘桴浮于海”[⑤] 的无奈假设。孔子还说过：“贤者辟世，其次辟地，其次辟色，其次辟言。”[⑥] 把“避世”视为贤者的最高境界，表明了他与隐士在心灵上有契合之处。因此，当楚狂接舆“凤歌笑孔丘”时，孔子不以为忤，而且希望与之交流。当长沮、桀溺通过子路规劝孔子当“避世之士”时，孔子虽不赞同，但也没有说出什么激烈的言辞，只是失落地表达了自己

---

① （晋）皇甫谧，《高士传·陆通》。

② 《南史·隐逸》。

③ 《史记·伯夷列传》。

④ 《论语·微子》。

⑤ 《论语·公冶长》。

⑥ 《论语·宪问》。

因“鸟兽不可与同群”和“天下无道”而参与社会变革的原因。[①]

史评《运命论》的作者李康“性狷介”，这个“狷”字是正直的意思。凡隐士都有“狷”的个性，正如孔子所说：“不得中行而与之，必也狂狷乎！狂者进取，狷者有所不为也。”[②] 楚狂归隐，不是不思进取，而是知时务而等待时机的远见卓识者。与孔子所不同者，在于楚狂欲救一代之政治、一时之天下，生不逢时的时候，便潇洒清高地度过一生，所谓“天地闭，贤人隐”[③]；孔子不仅欲救一代之政治、一时之天下，更要救万世之政治、千秋之天下，孔子不为一时不得志而舍弃当世的救济之心，更不会因为自我不得志而舍弃行道于万世之志。但这也只能是“圣人”的情怀，一般人是不会如此去想、更不会如此去做，李白就很欣赏接舆的“狷”性，从而写出了“我本楚狂人，凤歌笑孔丘”[④] 的诗句。

在封建独裁专制制度下，只有君王圣明，才能使圣贤君子大有作为；如果君王无道，圣贤君子不仅会自己退隐，而且相互号召远离无道之君，从而以“狂”或“狷”的形象出现在世人面前。不论是“狂”，还是“狷”，都是对当时政治现实所做出的反映。对于“圣”者来说，假如能够得到“狂者”的相知，也是一件幸事，至少在道义上不显得孤独；对于执政者来说，如果不能识别和正确使用“圣者”，那么只会产生众多的“狂者”和“狷者”。圣人被排斥，狂者、狷者又有意无意地避开，那么，这样的执政者能够长治久安吗？这样的政治环境能够保持清明吗？

开放的楚国，善于学习的楚人，偏偏拒绝了孔子及其思想，这只能说是孔子的大悲剧，也是时代的大悲剧。这说明，一个超越自己时代的人是孤独的，一个先知的路是艰难的。一言以蔽之，正是这种没有公开竞争公职的独

---

① 《论语·微子》：“长沮、桀溺耦而耕，孔子过之，使子路问津焉。长沮曰：‘夫执舆者为谁？’子路曰：‘为孔丘。’曰：‘是鲁孔丘与？’曰：‘是也。’曰：‘是知津矣。’问于桀溺，桀溺曰：‘子为谁？’曰：‘为仲由。’曰：‘是鲁孔丘之徒与？’对曰：‘然。’曰：‘滔滔者天下皆是也，而谁以易之？且而与其从辟人之士也，岂若从辟世之士哉？’耰而不辍。子路行，以告。夫子怃然曰：‘鸟兽不可与同群，吾非斯人之徒与而谁与？天下有道，丘不与易也。’”

② 《论语·子路》。

③ 《易·坤·文言》。

④ （唐）李白，《庐山谣寄卢侍御虚舟》诗。

裁专制制度，才会导致“行高于人，众必非之”的社会现象。假如楚昭王给孔子一个公开竞聘的机会，而且孔子能否当选由下层广大群众来决定，那么，子西的谗言还能够起作用吗？假如没有这种制度上的保障，即使有再多的“与天地合其德，与日月合其明，与四时合其序，与鬼神合其吉凶”[①] 的圣人，也只能是老百姓所盼望的一种虚幻的道德“图腾”，不仅与世事无补，反而会起到麻醉人们神经的作用。

在中国历史上，还存在着一种与隐士完全不同的独特政治现象——贬官文化，它是“中国文化中极其夺目的一个部位”[②]。在古代，很多官员同时也是文学家或者某一方面的行家里手，每当在遭受朝廷的贬谪之后，会留下相当多的诗词文章，客观上对思想和文化发展作出了独特的贡献，著名的有“西伯拘而演《周易》；仲尼厄而著《春秋》；屈原放逐，乃赋《离骚》；左丘失明，厥有《国语》；孙子膑脚，《兵法》修列；不韦迁蜀，世传《吕览》；韩非囚秦，《说难》、《孤愤》；《诗》三百篇，大底圣贤发愤之所为作也”。这些东西表达了这些人郁郁不得志的情怀，因为“人皆意有所郁结，不得通其道，故述往事、思来者”，“退而论书策，以舒其愤，思垂空文以自见”[③]。久而久之，就形成了一种独特的贬官文化，这大概是“行高于人，众必非之”的历史现象的体现形式。在中国历史上的政治领域，从屈原算起一直存在的这种“贬官”现象，促使后人对人性进行思考、对制度进行反思。

前文中提到孔子在楚国不受待见，其实，许多贬官的处境是一样的，只是孔子不是贬官、而是去求官而已。历史上著名的贬官、唐宋八大家之一的柳宗元，因参与王叔文改革运动而被贬永州，十年之后被皇帝的一纸诏书召回长安。柳宗元从永州返回长安，经过了楚地的汨罗江，不由自主地想起曾经被贬的屈原。当年的屈原悲悲戚戚，此时的柳宗元喜气洋洋，心态虽然相仿，但心境却大不相同。柳宗元对未来抱有无限的期望，回想起先贤屈原，激励着自己要有所作为，不要辜负了这开明的时代，写下了“为报春风汨罗道，莫将波浪枉明时”[④] 的诗句。然而，柳宗元到达长安后，由于受到时任

① 《易·文言传》

② 余秋雨，“洞庭一角”，《文化苦旅》，东方出版中心，1992 年 3 月版。

③ （汉）司马迁，《报任安书》。

④ （唐）柳宗元，《汨罗遇风》诗。

宰相武元衡的排斥，不仅没有被重用，反而又被贬到了更为偏远的柳州，这真是朝廷与他开了个天大的玩笑。对于朝廷而言，个人是没有独立存在的意义的，只有王朝宠之、贬之的臣吏，只有帝王的唯我独尊。

柳宗元二次被贬，与被贬广东连州的另一位大诗人刘禹锡同路。柳、刘二人于公元 793 年（贞元九年）同为赐进士及第，踏上仕途的二十多年来，肝胆相照，英雄相惜，是中唐文坛上的“双星”。从步入仕途到“永贞革新”，从革新失败到被贬谪，从奉旨返京到再度远谪，他们始终患难与共。公元 815 年（元和十年），二人作为“十一年前南渡客，四千里外北归人”[①]，分别从永州、朗州回到长安，满以为劫难已过，对前途充满希望和幻想，谁知不到一个月，却被外放至更为荒僻的边州远地任职。刘禹锡对长安官场的腐败昏庸实在是忍无可忍，压抑不住愤怒之气，写诗嘲讽新贵。“玄都观里桃千树，尽是刘郎去后栽”[②]，讽喻十年以来由于投机取巧而在政治上得意的新贵们，不过是我刘禹锡被排挤出长安后才被提拔起来的罢了。由于“语涉讥刺，执政不悦”[③]，因此再次遭贬。这年三月，二人打点行装，携家带口，又一次踏上南下之路。就心态而言，彼此都凄然伤感。之前，二人都幻想着有朝一日能东山再起，造福桑梓。但朝廷一再疏远，新贵们造谣中伤，他们的理想已被残酷的现实击得粉碎，纵有雄才大略仍无用武之地，因而更加愤懑。柳宗元便有“皇恩若许归田去，晚岁当为邻舍翁”[④] 的打算。刘禹锡则更为低调：“耦耕若便遗身世，黄发相看万事休。”[⑤] 他们已把功名看淡，看到了东山再起已是遥不可及的前景。到衡阳后，一人往西南去了柳州，一人向南直奔连州，歧路分手，万语千言，甚为凄楚。柳宗元写下了“伏波故道风烟在，翁仲遗墟草树平”[⑥] 的句子，借用汉代伏波将军马援和苏武的典故，表达了两人惜别肠断的真实情感。刘禹锡写下了“重临事异

---

① 柳宗元，《诏追赴都二月至灞上亭》诗。
② （唐）刘禹锡，《元和十年自朗州承召至京戏赠看花诸君子》诗。
③ 《旧唐书·刘禹锡传》。
④ 柳宗元，《重别梦得》诗。
⑤ 刘禹锡，《答重别》诗。
⑥ 柳宗元，《衡阳与梦得分路赠别》诗。

黄丞相，三黜名惭柳士师”[①] 的句子，借用西汉贤相黄霸和春秋时柳下惠的典故，表达了对被贬的愤怨和对朋友分别的惋惜之情。这两位大诗人的诗句，可谓字字含情，句句有泪，深沉而郁抑，哀伤而悲凄，道尽了贬官上天无门、入地无路的哀伤，读来令人伤心落泪。随着时间的推移，他们的魅力被增益了，他们的文化意识和文化人格进一步上升了，但后人是无法真正体会到他们当时那种绝望心境的。

制度是重要的，也是带有根本性的，但制度不能解决所有的问题。中国的贬官文化，除了制度之外，还有一个人性与国情的问题，这就是“行高于人，众必非之”的忌妒心理。

心理学家认为，忌妒情感从人与人之间的竞争关系中孕育，其根源在于占有欲没有得到满足。在面对“人好我差，人有我无”这样的现象时，心里便不是滋味，潜意识中希望占有属于别人的东西。当无法占有别人的东西时，便去破坏别人的东西，力图把别人拉回到和自己一样的起跑线上。忌妒别人的人常有挫折感和忿忿不平的情绪，这种情绪很容易互相感染，所以，他们很容易抱团去对付那些优秀的人。“行高于人，众必非之”就是这个原因。子西在楚昭王面前说孔子的坏话，除了有维护楚国贵族的既得利益外，不能排除子西本人对孔子和他的一群弟子们的忌妒心。与柳宗元和刘禹锡同时代的权贵们，无法写出柳、刘二人的诗文，否则，我们今天应该也能够读到他们的作品了。由忌妒而产生掣肘、造谣中伤、孤立他人等种种行为，会产生犹如火山喷发的冲击力，这是一种十分可怕和残忍的消极力量。如果这种忌妒的情绪与政治上的利益与权力之争结合在一起，那就会产生极其可怕的后果。中国历史上十个杰出人物的惨死结局，可以促使我们反思一下产生这种可怕后果的环境与土壤。

韩信，作为汉朝开国第一功臣的地位，应该是无可争议的，所谓“功无二于天下，而略不出世者也”[②]。可怜这位“连百万之众，战必胜，攻必取”[③] 的千古名将，竟被小女人吕后诱斩于长乐钟室，并被诛杀父、母、妻

① 刘禹锡，《再授连州至衡阳酬柳柳州赠别》诗。
② 《史记·淮阴侯列传》。
③ 《史记·汉高祖本纪》。

三族，只是成就了“成也萧何，败也萧何”[1] 和“鸟尽弓藏，兔死狗烹”[2] 这两个成语。哀哉！痛哉！所谓谋反，无非是对他当初的“戴震主之威，挟不赏之功”[3] 的经历和功绩进行报复和打压的借口而已。

商鞅，辅佐秦孝公通过变法使秦国国力跃居于各国之首，其功不可没。他提出的很多变法主张，如“法古无过，循礼无邪”；“前世不同教，何古之法？帝王不相复，何礼之循”；“治世不一道，便国不法古。汤、武之王也，不循古而兴；殷夏之灭也，不易礼而亡。然则反古者未必可非，循礼者未足多是也”；“当时而立法，因事而制礼”[4]，等等，至今都有借鉴意义。其“徙木立信”的壮举，被毛泽东称赞为“此诚我国从来未有之大政策”[5]；其变法的效果更是惠及当时，泽被后代，“鞅去卫适秦，能明其术，强霸孝公，后世遵其法”[6]。但他由于执法严厉，得罪了不少权贵人物。秦孝公死后，曾被商鞅割去鼻子的公子虔告发他“欲反”。秦惠王下令逮捕商鞅，施以“车裂”（即五马分尸）的刑罚。一个“欲”字，竟使一代名臣落得如此下场。

李斯，不仅是辅助秦王横扫天下的政治家，也是小篆的发明人，“小篆入神，大篆入妙”，现在泰山石刻据说好多都是他的手笔。他的文章水平也是屈指可数的，以《谏逐客书》最为典型。鲁迅就说“秦之文章，李斯一人而已”[7]。他主导制定秦朝的法律，统一了车轨、文字和度量衡制度[8]，其政治主张的实施对中国和世界产生了深远的影响，奠定了中国两千多年政治制度的基本格局。就是这样一个杰出人物竟被指鹿为马的小人赵高陷害，被腰

---

① （宋）洪迈，《容斋续笔·萧何给韩信》：“信之为大将军，实萧何所荐，今其死也，又出其谋。故俚语有‘成也萧何，败也萧何’之语。”

② 《史记·越王勾践世家》：“蜚鸟尽，良弓藏；狡兔死，走狗烹。越王为人长颈鸟喙，可与共患难，不可与共乐。子何不去?”《史记·淮阴侯列传》：“果若人言，‘狡兔死，走狗烹；飞鸟尽，良弓藏；敌国破，谋臣亡。’天下已定，我固当烹!”

③ 同上。

④ 《商君书·更法篇》,《史记·商君列传》。

⑤ 毛泽东,《商鞅徙木立信论》(1912 年 6 月)。

⑥ 《史记·太史公自序》。

⑦ 鲁迅,《汉文学史纲要》(1926 年)。

⑧ 《史记·李斯列传》。

斩于咸阳，以至于再想与儿子出城门牵着黄狗追兔子的机会也没有了[①]。

韩非，战国时期著名的哲学家、散文家，也是“依法治国”的开山鼻祖，第一次明确提出了“法不阿贵”的思想，主张“刑过不避大臣，赏善不遗匹夫”[②]，这是对中国法治思想的重大贡献，对于清除贵族特权、维护法律尊严，产生了积极的影响。他的法家学说，为秦国一统天下打下了坚实的理论基础。当时的李斯是宰相，但这个宰相肚子里撑得了船，却装不下一介书生韩非子，因忌妒韩非的才学而在秦王面前进谗言，“使人遗非药，使自杀”[③]，这个中国历史上最伟大的法学家就这样死于别人的忌妒了！

晁错，汉景帝的老师，被称为“智囊”。曾先后上书言兵事、边防，主张重农贵粟，力倡削弱诸侯，更定法令，招致王侯权贵忌恨。为了加强对地方势力的控制，汉景帝采纳晁错“削藩”的建议而打击各地诸侯的势力。各地诸侯（历史上称为“七国”）打出了“诛晁错，清君侧”的口号。汉景帝一看没法收拾了，只好拿晁错做挡箭牌，采用突然袭击的卑鄙手段将其诛杀。景帝派中尉到晁错家，传达皇帝命令，骗晁错说让他上朝议事。晁错穿上朝服，跟着中尉上车走了。车马经过长安东市，中尉停车，忽然拿出判他死刑的诏书，向晁错宣读。这个忠心耿耿为汉家天下操劳的杰出人物，就这样被腰斩了，真是应了他父亲临死前的一句“刘氏安矣，而晁氏危矣”[④]的预言。忠臣无罪，惨遭杀害，这真是天大的冤案啊！

岳飞，中国历史上“尽忠报国”[⑤]的典型，南宋最杰出的军事统帅。岳飞治军赏罚分明，纪律严整，又能体恤部属，以身作则，他率领的“岳家军”号称“冻杀不拆屋，饿杀不打掳”，金人流传着“撼山易，撼岳家军难”[⑥]。岳飞反对朝廷“仅令自守以待敌，不敢远攻而求胜”[⑦]的消极防御战

---

① 《史记·李斯列传》：“二世二年七月，具斯五刑，论腰斩咸阳市。斯出狱，与其中子俱执，顾谓其中子曰：‘吾欲与若复牵黄犬，俱出上蔡东门逐狡兔，岂可得乎！’遂父子相哭，而夷三族。”

② 《韩非子·有度》。

③ 《史记·老子韩非列传》。

④ 《史记·袁盎晁错列传》。

⑤ 《宋史·岳飞传》。

⑥ （宋）岳珂，《鄂国金佗稡编》（卷九）。

⑦ （宋）岳飞，《奏乞本军进讨刘豫札子》。

略，一贯主张积极进攻，以夺取抗金斗争的胜利。他是南宋初期唯一组织大规模进攻战役的统帅，其文学才华也是将帅中少有的，其不朽的词作《满江红·怒发冲冠》是千古传诵的爱国名篇。文天祥评价岳飞“建功树绩，载在史册，千百世后，如见其生。至于笔法，若云鹤游天，群鸿戏海，尤足见干城之选，而兼文学之长，当吾世谁能及之”①。岳飞的命运是注定的，因为当朝的皇帝赵构和宰相秦桧出于保持他们自身地位的考虑，不能让岳飞的北伐大业取得成功，因此以“莫须有”② 的罪名，在风波亭勒死了岳飞父子，岳飞临终前只有哀叹“天日昭昭！天日昭昭！”③

刘基（字伯温），元末明初杰出的军事家、政治家、文学家，明朝开国元勋。刘基通经史、晓天文、精兵法，辅佐朱元璋完成帝业、开创明朝并尽力保持国家的安定，因而驰名天下，被后人比作诸葛武侯。朱元璋多次称刘基为“吾子房也”④。在文学史上，刘基与宋濂、高启并称“明初诗文三大家”，“所为文章，气昌而奇，与宋濂并为一代之宗”⑤。中国民间广泛流传着“三分天下诸葛亮，一统江山刘伯温；前朝军师诸葛亮，后朝军师刘伯温”的说法。但是，“前看五百年，后算五百年”的刘伯温最终也没有逃出朱元璋的如来佛手心。史书记载，刘伯温是吃了胡惟庸送的药之后，病情加剧而死⑥。许多人认为这是朱元璋借胡惟庸之手杀掉刘伯温的，不久之后，胡惟庸全家也遭灭门之灾。

解缙，明朝第一才子、内阁首辅、《永乐大典》总纂修、对联大师。单

---

① 据载，文天祥观看了岳飞手书的唐朝李华《吊古战场》一文后，写下了这段肺腑感言。杭州岳庙现存文天祥手迹拓片。

② 《宋史·岳飞传》：“狱之将上也，韩世忠不平，诣桧诘其实。桧曰：‘飞子云与张宪书虽不明，其事体莫须有。’世忠曰：‘莫须有三字何以服天下？’”

③ （宋）曾三异，《因话录》：“岳武穆狱案，今在莆阳陈鲁公家。始者无狱辞也，但大书‘天日昭昭，天日昭昭’八字。”

④ 《明史·刘基传》：“基虬髯，貌修伟，慷慨有大节，论天下安危，义形于色。帝察其至诚，任以心膂。每召基，辄屏人密语移时。基亦自谓不世遇，知无不言。遇急难，勇气奋发，计画立定，人莫能测。暇则敷陈王道。帝每恭己以听，常呼为老先生而不名，曰：‘吾子房也。’”

⑤ 《明史·刘基传》。

⑥ 《明史·刘基传》：“基在京病时，惟庸以医来，饮其药，有物积腹中如拳石。其后中丞涂节首惟庸逆谋，并谓其毒基致死云。”

从对华夏文化的贡献来说，解缙的确是居功至伟、史无前例的。他主持编撰的《永乐大典》，3.7亿余字，2万多卷，“包括宇宙之广大，统会古今之异同”①，可谓当时古今文化的集大成者。解缙的才华也曾经深得明成祖朱棣的赏识，他多次对大臣们讲“天下不可一日无我，我则不可一日少解缙”。可惜的是，解缙虽然精通天文地理，熟悉三教九流，但对专制独裁体制下的政治却认识不足，为人耿直，刚正不阿，不畏权贵，屡次上疏，针泛弊政，弹劾奸佞小人，由此导致一生坎坷，时而得宠，时而失宠，时而升迁，时而贬谪，最终被打入大牢。一天深夜被灌得酩酊大醉，拖入雪地，不明不白地死去，妻子宗族发配辽东②。

方孝儒，明代著名的散文家，学富五车，才华横溢。朱棣夺得皇位后要他投降并命他起草诏书，他却写了“燕贼篡位”四字，朱棣要灭其九族。他破口大骂，灭我十族又如何？人本有九族，何来第十族？朱棣横下一条心，把方孝孺的朋友门生也列作一族，连同宗族合为“十族”一同处死。当初朱棣起兵时，他的军师姚广孝曾经对他说：“城下之日，彼必不降，幸勿杀之。杀孝孺，天下读书种子绝矣。”③ 朱棣当初是应允的，但在金銮殿上，由于方孝孺的极不配合，嗜杀成性的朱棣最终违背了诺言，残暴地灭了他的十族，总计873人全部凌迟处死！

袁崇焕，明朝著名的军事将领，戎马一生，为守卫明朝东北边疆、抵御清军进攻，立下了赫赫战功。不幸遭奸佞陷害，致使崇祯帝中了皇太极的离间计，错杀袁崇焕，造成千古奇冤。更可悲的是，袁崇焕被处死时，竟被不明真相的群众生咬活割，惨不忍睹④。袁崇焕的绝命诗充满着一股人间的正气：“一生事业总成空，半世功名在梦中。死后不愁无勇将，忠魂依旧守辽东。”

---

① （清）钱大昕，《十驾斋养新录·永乐大典》。

② 《明史·解缙传》：“锦衣卫帅纪纲上囚籍，帝见缙姓名曰：‘缙犹在耶？’纲遂醉缙酒，埋积雪中，立死。年四十七。籍其家，妻子宗族徙辽东。”

③ 《明史·方孝孺列传》。

④ （明）张岱，《石匮书》：“刽子手割一块肉，百姓付钱，取之生食。顷间肉已沽清。再开膛出五脏，截寸而沽。百姓买得，和烧酒生吞，血流齿颊。”《明季北略》：“心肺之间，叫声不绝，半日而止。”《明史·袁崇焕传》：“遂磔崇焕于市。兄弟妻子流三千里，籍其家。崇焕无子，家亦无余赀，天下冤之。”

这十个人的惨死，哪里是什么“行高于人，众必非之”，简直就是“君叫臣死，臣不得不死”！在这种封建专制独裁制度下，哪里还有人的尊严、生命的尊严、文化知识的尊严、公理与正义的尊严？有的只是帝王的生杀予夺与草菅人命！南北朝时宋国的大将檀道济临死前说的那句“自毁长城”[①]，道出了这种专制独裁制度的残酷性、落后性、腐朽性与非人性！

人在阴影中呆久了，就有可能成为阴影的一部分。有些东西靠生命和时间，是无法带走与冲洗干净的。在中国这块特殊的土壤里和中国人这个特殊的群体中，把忌妒表现得淋漓尽致。有一位作家如是说[②]：

> 对于一位优秀人物来说，中国生活的千万个环节中，每个环节都杀机四伏。中国社会对于优秀人物怀着本能的仇恨和恐惧。在中国绵延不绝的政治运动中，互相揭发、互相诬陷、卖友求荣、卖亲求荣的现象是如此普遍。一个人只要受到权力的敌视或迫害，几乎马上就要从社会结构和伦理关系中开除出去，谁也不敢拜访你，谁也不敢跟你打招呼跟你握手跟你聊天，谁也不敢给你写信，谁也不敢喊你为老师为同志为父亲为叔叔。虽然还有人谈到你，但那是按着官方口径进行诬陷和诽谤，也许还有人来敲门，但那是为了宣布跟你划清界线。

我不敢说这段话都是正确的，但我敢说这段话里所说的事情是无人敢于全部否定的。到底是谁造成这种情况的呢？还是上述这位作家部分给出了答案：“领袖不只是代表人民，而且的的确确是由人民培养出来的。有什么样的人民就会有什么样的领袖，从而也就有什么样的民族和社会。”这也就是说，中国人自己在自己的国土上、在自己的历史长河中，锲而不舍地一代一代地造就了今天的这种独特的政治和社会环境，尽管具体到每一个人可能并没有做具体的恶，但是，“吾虽不杀伯仁，伯仁由我而死”[③]。如果我们真的认为“文革”时期的一切悲剧都是毛泽东一个人的责任，那么也就意味着，既然现在毛泽东已经去世多年了，中国就永远不会重复同样的悲剧了！但事

---

① 《南史·檀济道传》：“乃复坏汝万里长城。”

② 摩罗，“巨人何以成为巨人”，《领导文萃》，1998 年 4 月 15 日。

③ 《晋书·王导传》。

实是这样吗？在这片土地上的每一个人都对这种状况有责任，每一个人都难辞其咎；要改变这种状况，绝不能靠某个或某几个“圣人”，而是要靠每一个人。

伯乐相马：不拘一格降人才的旷世通则

北宋词人毛滂，曾任杭州法曹、武康县令，一生仕途不得意。他在担任杭州法曹时，与浙江富阳的歌妓琼芳很要好，在辞官时写了一首《惜分飞》词赠她：

泪湿阑干花着露，愁到眉峰碧聚。此恨平分取，更无言语空相觑。

断雨残云无意绪，寂寞朝朝暮暮。今夜山深处，断魂分付潮回去。

琼芳在时任杭州刺史的苏东坡举行的宴会上唱了这首词。苏东坡问是谁做的，琼芳回答是辞官而去的毛滂。苏东坡顿感此人是个人才，说：“郡寮有词人不及知，某之罪也。”① 于是马上派人追回了毛滂，盘桓多日，以其可与唐之孟郊、贾岛比美。毛滂由此名声大振。

早在武则天当皇帝的时代，发生过一个类似的事情。徐敬业起兵反叛时，诗人骆宾王写了《为徐敬业讨武瞾檄》一文。文中攻击谩骂武则天，文笔极为精彩，有声有色又有气势。武则天得知这篇文章的作者是骆宾王时，十分惋惜地说；“这样的人才，怎么让他流落？这实在是宰相的过错啊！”②

毛滂能词，受到苏轼的赏识；骆宾王能文，受到武则天的赏识。在遇见苏轼之前，毛滂也能诗，无人看得起他；骆宾王在未写这篇檄文之前，诗文也很好，无人把他当回事。这是为什么？未遇识才之人。难怪苏轼自责“郡寮有词人不及知，某之罪也”，武则天批评“宰相之过也，人有才如此，而使之流落不偶乎”。苏轼曾经向朝廷荐举毛滂，称赞他“文词雅健，有超世

① （宋）黄升，《花庵词选》。

② 《资治通鉴·唐纪十九》：“又曰：‘试观今日之域中，竟是谁家之天下！’太后见檄，问曰：‘谁所为？’或对曰：‘骆宾王。’太后曰：‘宰相之过也。人有如此才，而使之流落不偶乎！’”

之韵”[1]，但因各种原因，毛滂一生的仕途并不得意。骆宾王后来逃亡不知所终，名列唐初“四杰”的一代英才，从此沉寂无声。后来有一个故事说骆宾王在徐敬业兵败之后没有死，而是出家当和尚了。其中一个证据是宋人记载的一个故事[2]：

宋之问贬黜，放还至江南，游灵隐寺。夜月极明，长廊行吟曰：“鹫岭郁岧峣，龙宫锁寂寥。”句未属，有老僧点长明灯，问曰：“少年夜久不寐，何耶？”之问曰：“适偶欲题此寺，而兴思不属。”僧请吟上联，即曰：“何不云‘楼观沧海日，门对浙江潮’。”……迟明更访之，则不复见矣。寺僧有知者曰：“此宾王也。”

以上这段传说，版本多有不同，更为史学家们所争议。假如真有此事，说明老年骆宾王的诗才仍旧敏捷。“人有才如此，而使之流落不偶”，确实是“宰相之过”。

上述苏轼与毛滂、武则天与骆宾王的故事，都验证了一个古老的命题：“世有伯乐，然后有千里马。千里马常有，而伯乐不常有”[3]；“使骥不得伯乐，安得千里之足”[4]。

回头再说武则天的“伯乐”之能。武则天用人，主要是通过完善、发展科举制度来培养和选拔人才。此前的科举制度分常举与制举两种：常举是经常举行的考试选官制度，主要有进士、明经、明法、明书、明算、秀才等科目；制举是皇帝临时特诏的科举考试，不常进行。武则天不仅增加了常举的难度、制举的次数，而且于载初元年（690 年）2 月 14 日在神都洛阳创立了殿试；又于长安二年（702 年）春正月，在重返长安大明宫期间“初设武举”。从此，在应试的群体中，除云集大批舞文弄墨的饱学之士，还涌动着许多舞枪弄箭的骁勇将材，足见武则天时期科举制度的蓬勃发展。这里仅以各朝进士及第者的增多为例。高祖朝 56 人，太宗朝 205 人，高宗朝（大部分时间武则天辅政）555 人，则天朝 464 人。高宗、则天朝总共录取进士

① （宋）毛滂，《东堂集》（卷六）。

② （宋）计有功，《唐诗纪事》。

③ （唐）韩愈，《马说》。

④ （汉）韩婴，《韩诗外传》（卷七）

1019人。贺知章、张九龄、张说等，就是这个时期金榜题名的。这些人才都参与了盛唐文明的创造，因此，可以说武则天是盛唐文明的开拓者。

武则天用人任官，赏善罚恶很分明。首先能够破格用人，甚至鼓励有才能者自荐为官。她量才授职，进贤才、退不肖也十分果断。武则天不仅严格监控中枢官吏，而且对下面的官吏要求也很严。为统一赏善罚恶的标准，武则天指令北门学士撰成《百僚新诫》；由她出题、北门学士未曾完成的《臣轨》一书，于长寿二年（692年）由她自撰面世，从此赏善罚恶更有了具体的规范，核心内容是要百官“事君以忠”。武则天还以农业是否发展，作为奖惩地方官的标准。规定所辖州县境内“田畴垦辟，家有余粮”，官吏则于升奖；如“为政苛滥，户口流移”[①]，则必加惩处，轻者降薪，重者随时免官。武则天统治时期经济是发展的，并为后来的开元盛世奠定了物质基础。

武则天器重谏官、监察官、法官等，但最倚重的则是宰相。武周朝共有过宰相75人，其中有姚崇、裴炎、狄仁杰等。而武则天最倚重的宰相，当属狄仁杰。关于狄仁杰的故事，近年来的影视剧已经拍得很多了，此处不赘述。综观上述武则天的用人机制，有得有失，其功效还是主要的。因此，唐中期的宰相陆贽赞扬武则天善于用人、赏罚分明，“深责既严，进退皆速，不肖者旋黜，才能者骤升，是以当代谓知人之明，累朝赖多士之用”[②]。唐宪宗时的宰相李绛在奏对时也说“武后命官猥多，而开元中有名者皆出其选，古人言拔十得五，犹得其半”[③]。北宋史学家司马光也认为，武则天“挟刑赏之柄以驾驭天下，政由己出，明察善断，故当时英贤亦竟为之用”[④]。

清代的龚自珍写过一首脍炙人口的诗：

九州生气恃风雷，万马齐喑究可哀。
我劝天公重抖擞，不拘一格降人才。

这首诗好，好就好在最后一句，要不拘一格降人才。所谓“不拘一格”，就是不能总是一种方式。中国封建社会选拔人才的主要方式是考试——科举

① 《大唐诏令集·诫励风俗敕》。
② 《旧唐书·陆贽传》。
③ 《新唐书·李绛传》。
④ 《资治通鉴·唐纪二十一》

制，在此之前的汉晋是推荐——九品中正制。不论哪种方式，都离不开对人才的正确鉴别。伯乐相马，主要靠个人的经验，有不周全之处；考试属于“赛马”，比个人推荐要进步一些。但是，考试并不能选出所有最优秀的人才。清代著名的“中兴名臣”之一的左宗棠，只是一个举人的身份，考了很多次进士也没有考取，最后索性不考了，转而潜心研究山川、地理、军事诸方面的知识。如果单论考试成绩，试问，与左宗棠同时代的很多进士甚至状元们，有哪一个可以取得收复新疆这样的业绩？考试能考出管仲与鲍叔牙的“管鲍之交”[①] 吗？考试能考出“脱颖而出”[②] 的毛遂吗？考试能考出“完璧归赵”[③] 的蔺相如吗？前文提到的明代崇祯朝的首辅周延儒，是万历四十一年的状元，当时年仅 21 岁，可谓考生中的翘楚，但这位状元最大的“功绩”就是加速了明朝的灭亡。

考试是相比较而言的一种公平的选人办法，这是谁也不否认的。问题在于，考试不能鉴别所有的人才。对于管理岗位的人才来说，尤其是政治领域的“硕辅之士”，主要不能靠考试，而要靠实践，此所谓“宰相必起于州郡，猛将必发于卒伍”[④]。即使实践中已经涌现出了一流人才，但如果没有赏识并推荐这类人才的人，那也是白搭。千里马如果碰不上伯乐，也只能是拉拉盐车而已。

“千里马常有，而伯乐不常有”这句话，还有一层意思，就是要尊师敬道。每个人的成长、成才、成功，都离不开某一位或几位不同形式的“伯乐”。即使那些“金榜题名”的考试成功者，其实也有各种“伯乐”在其中榜之前的赏识、鼓励和支持，甚至在中榜之后的提携更为重要。苏轼推荐毛滂，是一种善举；他当年受欧阳修推荐，是他能够成名的重要原因。正是欧阳修当年有意让苏轼“出一头地”[⑤] 的雅量和伯乐之能，才有青史留名的苏

---

① 《列子·力命》，“生我者父母，知我者鲍子也。此世称管鲍善交也。”

② 《史记·平原君虞卿列传》：“使遂早得处囊中，乃颖脱而出，非特其末见而已。”

③ 《史记·廉颇蔺相如列传》：“相如曰：‘王必无人，臣愿奉璧往使。城入赵而璧留秦；城不入，臣请完璧归赵。’”

④ 《韩非子·显学》。

⑤ 《宋史·苏轼列传》：“（欧阳修说）读轼书，不觉汗出。快哉快哉！老夫当避路，放他出一头地也。”

东坡；也正是鲍叔牙当年处处提携管仲，才有“九合诸侯、一匡天下”[①] 的管仲。

“忠益者莫大于进人，进人者各务其所尚”[②]。千里马也不是哪个养马场的专利，无非是“直木出于幽林，直士出于众下”。因此，“人君选举，必求隐处”，君主必须到平民百姓中去求贤，设位以待士，不拘一格选人才。在封建社会，等级森严，讲究门第，诸葛亮能够打破这种观念，不但要有勇气，更要有眼光，而这正是硕辅之士的显著特点或能力，其中莫过于识别人才的“伯乐”之能。不论什么样的政治制度，相马也好，赛马也罢，总是要有一个把马牵出马棚、带到赛场的人。这大概算是不拘一格降人才的旷世通则吧。

① 《论语·宪问》：“管仲相桓公，霸诸侯，一匡天下，民到于今受其赐。微管仲，吾其被发左衽矣。”

② （三国）诸葛亮，《称姚掾教》。

考黜第八

知政在野：尊重专业人士的尚贤精神
奖惩分明：衡量官员优劣的阳光法则
权为民赋：确立民主法治的监督体制

【原文】

考黜之政，谓迁善黜恶。明主在上，心昭于天，察知善恶，广及四海，不敢遗小国之臣，下及庶人，进用贤良，退去贪懦，明良上下，企及国理，众贤雨集，此所以劝善黜恶，陈之休咎。故考黜之政，务知人之所苦。其苦有五：或有小吏因公为私，乘权作奸，左手执戈，右手治生，内侵于官，外采于民，此所苦一也；或有过重罚轻，法令不均，无罪被辜，以致灭身，或有重罪得宽，扶强抑弱，加以严刑，枉责其情，此所苦二也；或有纵罪恶之吏，害告诉之人，断绝语辞，蔽藏其情，掠劫亡命，其枉不常，此所苦三也；或有长吏数易守宰，兼佐为政，阿私所亲，枉克所恨，逼切为行，偏颇不承法制，更因赋敛，傍课采利，送故待新，夤缘征发，诈伪储备，以成家产，此所苦四也；或有悬官慕功，赏罚之际，利人之事，买卖之费，多所裁量，专其价数，民失其职，此所苦五也。凡此五事，民之五害，有如此者，不可不黜，无此五者，不可不迁。故书云："三载考绩，黜陟幽明。"

【译文】

所谓考黜，就是升迁忠良之士，罢黜奸邪之徒。贤明的君主，其内心光明苍天可鉴，广泛考察世间的善恶，德泽遍布四海，不疏漏小地方的官吏，甚至普通百姓的表现都在他的视野之内。任用贤明忠良之士，贬斥贪腐懦弱之徒，使国家上下秩序井然，处理政务的分寸把握恰当，使贤才像雨水一样汇集起来，进而达到鼓励善良、罢黜邪恶、消除隐患的目的。要想做好对官吏的考黜工作，务必了解使老百姓深恶痛绝的各种恶劣行为，具体说来，有五种表现：一是小官吏假公济私，贪污腐败，利用手中的权力肆意妄为，欺瞒上司，压榨百姓。二是官吏断案不公，法令不明，有时使无辜获罪，生死不保；有时欺软怕硬，将重罪轻判；有时刑讯逼供，制造冤案。三是纵容罪恶的官吏，打击反映冤情的平民，断绝言路，对冤情隐匿不查，与亡命之徒狼狈为奸，徇私枉法的行径真是世间少有。四是高级官员经常变更地方官吏，直接插手各种政务，结党营私，顺我者昌，逆我者亡；做事仓促急迫，行为偏激而不守法纪；巧立名目，横征暴敛，旧税未完，新赋又至，想方设法搜刮民脂民膏；投机钻营，趋炎附势；借为国家储备钱粮之名，行谋取私利之实。五是官吏贪功慕利，利用职权为亲朋好友办事；在商业贸易中虚报数额，垄断价格，与民争利，致使百姓失去生计。这五种恶劣行为，对百姓危害甚深，不可不除去；反之，没有这五种恶劣行为的官吏，要予以奖赏提升。所以《尚书》中说："新官上任三年后，需考核其功绩，罢黜贪腐无能的官员，晋升贤良能干的官员。"

【解读】

明朝的著名改革家张居正，最重要的政绩就是对官员进行考核，为此制定了严格的制度——考成法。比张居正早了一千多年的诸葛亮，在那个时候就提出并实施对官员的考核，可见诸葛亮确实不是一般的人物。他在这篇文章中全面论述了对官员进行考核的目的、范围及内容，考核的目的是"迁善黜恶"，就是升迁忠良之士，罢黜奸邪之徒；考核的范围是"广及四海，不敢遗小国之臣，下及庶人"，就是所有的官员都是被考核的对象；考核的内容是"务知人之所苦"，就是要了解清楚使老百姓感觉深恶痛绝的各种恶劣行为。

知政在野：尊重专业人士的尚贤精神

诸葛亮在本篇中所说的考察官员的范围是“广及四海，不敢遗小国之臣，下及庶人”，在今天的人们听起来，似乎没有什么高明之处，可能觉得是老生常谈。但是，如果我们了解了诸葛亮当时所处的社会政治环境，那么他的这一观点就是比较先进的政治理念了，既具有世界观的意义，更具有方法论的价值。

中国上古年间的政治制度是“禅让制”，指在位君主生前便将统治权让给他人，著名的例子有尧将自己的位子让给舜，舜后来又让给禹。尽管传说的成分居多，但人们至今仍然津津乐道，可见此举的影响力是多么的深远。形式上，禅让是在位君主自愿进行的，是为了让更贤能的人治理国家。这种制度的说法最早出现于《尚书》[①]，但后世对其真实性一直存在争议。历史学家顾颉刚指出：“禅让之说乃是战国学者受了时势的刺激，在想象中构成的乌托邦”，“这时墨家为了宣传主义而造出来的”[②]。不管是真是假，这种制度听起来实在是令人“神往”。之所以“神往”，是因为其“可贵”；之所以“可贵”，是因为其“稀少”。正因为“物以稀为贵”，就不会有很大的“市场”，其生命力自然有限了。尽管后世有一些朝代的更迭据说就是“禅让”，其实也是在“刀剑”寒光中的被迫行为，真不是什么“让贤”的壮举，发生在“烛影斧声”[③] 之中的“兄终弟及”的传位表演，徒为后人添一些茶余饭后的谈资而已。

随着这种极其“稀少”的禅让制的逐渐没落，另外一种政治制度——世袭制（世卿世禄制），就应运而生了。世袭制就是名号、爵位以及财产等按

---

① 《尚书·尧典》：“唐虞之道，禅而不传。尧舜之王，利天下而弗利也。禅而不传，圣之盛也。”

② 胡适、钱玄同、顾颉刚，《古史辨》（第七册）。北平朴社出版社，1926 年版。

③ 指宋太祖赵匡胤暴死、宋太宗赵光义即位之间所发生的一个谜案。由于赵匡胤并没有按照传统习惯将皇位传给自己的儿子，而是传给了弟弟赵光义，后世因此怀疑赵光义谋杀兄长而篡位。

照血统关系世代传承，这种制度最好理解，实行起来最为简单，就是君主下台或者死亡后，将自己的九五之尊传给自己的儿子，随之而来的就是将一切的权力和利益统统传下去。这种政治制度据说始于西周时期，“在周王国和各诸侯国里，世袭的卿大夫便按照声望和资历来担任官职，并享受一定的采邑收入，这就是世卿、世禄制度”①。在这种制度下，“各种各样的官吏，大都是世袭的，世代享有特殊的、神圣不可侵犯的地位”②。根据史书的记载，西周的开国元勋、周武王的胞弟、周成王的叔父周公旦，其长子封在鲁国，“次子留相王室，代为周公”③；同样有卓著功勋的召公奭，其长子封在燕国，“而次子留周室，代为召公”④。

商鞅变法时废除了世卿世禄制，而是实行依军功大小确定贵族身分高低的制度，“宗室非有军功论，不得为属籍。明尊卑爵秩等级，各以差次名田宅，臣妾衣服以家次。有功者显荣，无功者虽富无所芬华”⑤。这种制度有利于中下层人士而不利于奴隶主旧贵族，因而，招致了他们的怨恨，“商君相秦十年，宗室贵戚多怨望者”⑥。历史上任何一次变法，不仅是一种治国方略的重新选择，更是一种利益格局的重新调整，这也是改革受阻的真正原因。商鞅最后遭受车裂的酷刑，其根本原因是触动了贵族的利益。不过，商鞅的“幸运”在于他自己创设的制度，并没有“人亡政息”，而是一直被延续下去。秦始皇统一中国之后，虽然也把开垦田地和军功作为选官的依据，但这些都不是完备的选官制度，只是一种“重赏之下必有勇夫”的权宜之计。

到了汉代，为了适应国家统治的需要，建立了一整套选拔官吏的制度，名为“察举制”，就是自下而上推选人才的制度，也叫“选举”。汉高祖刘邦首次颁布求贤诏，要求郡国推荐具有治国才能的贤士大夫，这些人“有肯从

---

① 杨宽，《战国史（中国断代史系列）》，上海人民出版社，2003 年 4 月版。

② 郭沫若主编，《中国史稿》，中国地图出版社，1996 年 6 月版。

③ 《史记·鲁周公世家》。

④ 《史记·燕召公世家》。

⑤ 《史记·商君列传》。

⑥ 同上。

我游者，吾能尊显之”[1]，由是而开“察举制”的先河。汉文帝下诏要求“举贤良方正能直言极谏者，以匡朕之不逮”[2]，并且定下了考试的“对策”和等第。汉武帝时的“察举制”达到完备，各种规定相继推出。其后，各种科目不断充实，特别是有了统一的选才标准和考试办法。考试是汉代察举制度的重要环节，被举者经考试后，由政府量才录用，这样既保证了选才标准能贯彻实行，选出真正的人才，还能保证竞争的相对公平，使下层人士有进入国家管理层的可能。对官员的考试制度到隋唐以后更发展成为“科举制度”，并且实行了1300年之久，成为中国重要的选官制度。

门阀制度大体萌芽于东汉后期，初步形成于曹魏、西晋，确立、鼎盛于东晋及南北朝前期，而衰落于南北朝后期[3]。中国中古时期的门阀制度，最主要的特征在于按门第高下选拔与任用官吏；至于士族免徭役，婚姻论门第，“士庶之际，实自天隔”[4] 等特征，都是由前者逐渐派生的。因此，门阀制度在相当长的时期内，主要属于政治制度的范畴，社会制度的成分是次要的。门阀制度的集大成者，莫过于曹丕执政时开始实行的“九品中正制”[5]，实质上就是按照家庭出身的高低来授予相应官职的制度。当时，曹氏父子为了建立统一的中央集权政府，需要得到广泛的社会支持。在选官制度改革问题上，曹操在世时实行“唯才是举”[6] 的政策对世家大族势力造成了不少抑制和打击，然而世家大族势力不断膨胀发展的客观形势又使曹魏政权不得不予以正视，只好转而与世家大族达成妥协，设置由中央委任的中正

① 《汉书·高帝纪》。

② 《史记·孝文本纪》。

③ 徐国富，陈杰栋，杜茜，“浅述魏晋南北朝的门阀制度”，《法制与社会》，2010年第20期。

④ 《宋书·王弘传》。

⑤ 九品中正制的主要内容就是选择“贤有识鉴”的中央官吏兼任原籍地的州、郡、县的大小中正官，负责察访本州、郡、县散处在各地的士人，综合德才、门第定出“品”和“状”，供吏部选官参考。所谓“品”，就是综合士人德才、门第（家世官位高低）所评定的等级，共分为上上、上中、上下、中上、中中、中下、下上、下中、下下九品。所谓“状”，就是中正官对士人德才的评语，一般只有一两句话，如“天才英博，亮拔不群”、“德优能少”等，这是对东汉后期名士品评人物的制度化。

⑥ （三国）曹操，《求贤令》：“二三子其佐我仄陋，唯才是举，吾得而用之。”

官去掌握地方选举，而中正官又都由世家大族出身的大官兼任，这样，世族渗透进选举官吏的过程中，中央政府和世族势力在选拔人才这个问题上，矛盾开始缓和，士族开始逐渐垄断权力。这种制度主要着眼于缓和中央政府与世家大族的矛盾，以求得世家大族对曹丕代汉称帝的支持，实际上也是一种利益的交换，与世袭制比较起来，除了对维护家族统治起作用之外，对于公平、公正的用人制度建设则没有丝毫的进步意义，反而颠覆了“唯才是举”的用人政策。到了隋唐时期，为了巩固国家政权，当政者大力打击门阀士族，为提拔寒门之士而采用科举制度，于是导致门阀制度走向消亡。唐末的社会动荡，彻底扫荡并结束了门阀制度。[①]

评判上述各种制度的优劣，并没有简单的标准。因为每种制度的产生、完善到最后灭亡，都有其深刻的社会背景。就以汉代门阀制度的产生来说，至少有政治与经济两大因素。从政治上说，自汉武帝以来，社会崇尚儒术，官僚多以经术起家，至东汉时逐渐形成了累世公卿的状况。例如，曹操的政治对手袁绍的家族就出现过“四世三公”[②]，是当时典型的门阀世家，这就已经不是“官二代”的问题了，而是“官三代”、“官四代”直到“千秋万代”。曹魏政权实行的九品中正制，使得世族地主能够凭借家世出身参与政权。从经济上说，西汉中后期，土地兼并十分严重，逐步形成官僚、商人、地主三位一体的豪强地主势力。刘秀的东汉政权是在豪强地主支持下建立起来的，因此，豪强地主在东汉王朝享有政治上和经济上的特权。他们在政治上把持中央和地方政权，经济上兼并土地，经营庄园，逐渐成为名门大族。因此，士族地主在东汉开始形成，为后来魏晋南北朝时期士族制度的确立提供了政治和经济基础。

诸葛亮本人实际上也是世家子弟，他在青少年时期所生活的社会环境，正是门阀制度从形成到成熟的时期，诸葛家族当时是琅琊郡的望族，具有相当的社会影响力。这个因素不能不说是诸葛亮成长和成才的重要原因，除了

---

① 宁志新，朱绍华，“门阀士族的衰落与衰亡原因”，《河北学刊》，2002 年第 5 期。

② 《三国志·魏志·袁绍传》记载：汉代袁安在汉章帝刘炟时为司徒，儿子袁敞为司空，孙子袁汤为太尉，曾孙袁逢为司空，袁隗为太傅，四世居三公位，人称“四世三公”。《后汉书·杨彪传》记载：“自震至彪，四世太尉，德业相继，与袁氏俱为东京名族云”。弘农杨氏与汝南袁氏皆为汉末四世三公的大族。

在经济上可以支持其读书、游学的行为外，口口相传的社会声望也有利于他被社会认可。同时，当时的社会环境就是战乱频仍，他所生活的荆襄地区虽然相对平静，但受北方战乱的影响是随处可见的，这也正是他专心于时政和军事研究的直接动因。后来，他被刘备“三顾茅庐”请出来，参与了具体的行政管理工作，广泛地接触了社会实际生活，切身认识到什么事情该依靠什么人，在自己的政治实践中实行“集思广益”① 的方针，而不是真把自己当作无事不晓、无所不能的“卧龙”。

汉代政论家王充说过一句十分有名的话：“知屋漏者在宇下，知政失者在草野，知经误者在诸子。”② 知道房屋漏雨的人在房屋下，知道政治有过失的人在民间，知道经书有错误的人在诸子。从一般的意义上来理解这三个含义，就是要当政者多调查研究、多向下层人士了解情况。如果我们挖掘一下这三个含义的深意，实际上表达了一种“术业有专攻”③ 的职业意识和尚贤精神。

谁需要“知屋漏”？房子的主人或者房客，其他无关的人是不需要知道的；怎么知道“屋漏”？需要站在房檐下亲身体验，而不是想当然地推测或猜想。同样的道理，当政者需要知道政策有什么失误，方法是深入民间进行调查研究；读书人才需要知道经文正确与否，不读书的人是不需要、也不会知道经文有什么错误的。房主（房客）、当政者和读书人，都是各自领域中的专业人员，他们需要知道与自己专业相关的事情。但现实生活中常常有“当局者迷、旁观者清”的状况，因此，清醒的当局者为了确认自己所做的事情、所持的观点是否正确，除了个人的思考与分析之外，获得他人的见解就变得不可或缺了。而对于提出意见的人来说，在感受意见、征集意见和表达意见的过程中，实际上又变成了“专业人士”，否则，便不可能对“政失”、“屋漏”和“经误”提出意见。

中医理论认为，人体的健康有赖于全身经脉气血的运行畅通，所谓“通则不痛，痛则不通”。社情民意对于一个社会来说，就像人体的经脉气血，

① （三国）诸葛亮，《教与军师长史参军掾属》：“夫参署者，集众思，广忠益也。”

② （汉）王充，《论衡·书解》。

③ （唐）韩愈，《师说》：“是故弟子不必不如师，师不必贤于弟子，闻道有先后，术业有专攻，如是而已。”

如果遭遇梗阻，社会就会生病。如果民意通道不畅，那么老百姓要么有冤无处伸，要么好不容易反映上去的问题却长期得不到解决，年深日久愈积愈深的怨气终于在沉默中爆发了。民谚有“隔行如隔山”之说，同时也有“隔行不隔理”之说。不管是专业人士还是非专业人士，要想搞清楚一个问题，总要借鉴他人的力量与智慧，这就是“理”；体现这个“理”的重要方法就是开通民意。以治国为例，需要经常掌握最基层的情况，以便根据实际情况修改政策和工作方法，以达到政通人和的为政目的。

后人描述诸葛亮的智慧时，常常说他“仰观识天文，俯察知地理”。从知识的掌握来说，这是可能的，只要用功，只要专心，就能掌握一定的天文与地理知识。但是，作为一个政治家，仅有天文、地理知识是远远不够的，更需要了解民情，这就需要对基层官吏和普通老百姓想什么、盼什么、怎么办的问题有直接的了解，这种体察民情、倾听民意的想法和做法，对于治理国家是必不可少的。用今天的话来说，就是“三问”——问政于民、问需于民、问计于民。普通老百姓最关心自己的利益，最知道自己的事情该怎么办。制定并执行政策的依据，就是民意，而收集与整理民意也需要专业知识与专门人员。否则，只是一些零碎的信息，并不足以形成可供执行的方针与政策。从这个意义上来说，“知政于野”不仅仅只是了解民情民意，而且体现出一种尊重并依靠专业人士的尚贤精神。

职业精神在政治领域所应该产生的效果之一，就是韩非说的“宰相必起于州部，猛将必发于卒武”[①]，这种观点是对“四世三公”现象的一种颠覆，反映了一种朴素的“实践出人才、实践出真知”的思想意识，并不认同所谓的“官二代”、“官三代”的天然合理性，因为这些人既无专业主义的激情，更无专业精神的历练，只是靠“祖荫”而占据高位，是没有能力、也没有意愿处理涉及老百姓切身利益的日常事务的。这个道理也很简单，就是“不学自知，不问自晓，古今行事，未之有也”[②]。

① 《韩非子·显学》。

② （汉）王充，《论衡·知实》。

奖惩分明：衡量官员优劣的阳光法则

考试一词，对于中国人来说，再熟悉不过。远的不说，就说发生在老百姓身边的事情，几乎到了无事不考的地步：个人职务、职称晋升要考试，年底评级、评奖要考试，子女升学、求职要考试；技术人员要考试，公务员要考试，领导干部要考试。为什么要考试？因为一般认为，考试是一种比较公平的办法，省去许多“走后门”的现象。

考试的实质，是一种资源和利益的分配方式。由于社会资源的有限性和信息的不对称性，就存在着各种竞争，为了使广大社会公众相对公平地参与竞争，从而获得自己想要得到的资源或利益，就不能不考试。在政治领域，对官员的考核，是一个永恒的话题。考察中国历史，历朝历代几乎没有不考试的，只是考试的方式与内容存在差异而已。就以前文所提到的几种选官制度来说，不管是察举制，九品中正制，还是科举制，都是考试的方法，无非是公平不公平、或者公平程度的问题。考试方法和内容恰当，执行起来就容易，效果也比较好，一般人心里也比较服气；反之，效果就会差，严重的时候会导致“亡党亡国”。比如，“九品中正制”下产生的“四世三公”式的“官二代”、“官三代”等弊端，就会引发社会动荡，进而导致朝代更迭。因此，历代有所作为的政治家，在他们推行改革时，无不把对官员的考核方法和内容作为最为重要的举措。

明朝万历年间的张居正提出的“考成法”，就是对官员管理制度的一场革命。在张居正的改革之前，明代并不是没有对官吏的政绩进行考核的制度。依据明制，京官每六年“京察”一次，地方官每三年“大计”一次。但由于后期的吏治腐败，法令不行，这些制度或者流于形式，或者成为官员们的争权手段。作为在这种环境中长期浸淫的张居正，深切认识到了这种制度变质的严重性并提出自己的改革方向①：

器必试而后知其利钝，马必驾而后知其驽良，今用人则不然。

① 《明史纪事本末·江陵柄政》。

官不久任，事不责成，更调太繁，迁转太骤，资格太拘，毁誉失实。臣愿皇上慎重名器，爱惜爵赏。用人必考其终，授人必求其当。仍敕吏部严考课之法，审名实之归。

张居正还对考核标准进行了严格的界定①：

敕下吏部，慎选良吏，牧养小民。其守令贤否殿最，唯以守己端洁，实心爱民，乃于上考称职，不次擢用。若但善事上官，干理簿书，而无实政及于百姓者，虽有才能干局，止于中考。其贪污显著者，严限追赃，押发各边。毋徒炫于声名，毋尽拘于资格，毋摇之以毁誉，毋杂之于爱憎，毋以一事概其平生，毋以一眚掩其大节。

“考成法”的核心内容是两条：

一是要求六部和都察院把所属官员应办的事情规定期限，并分别登记在三本账簿上，一本由六部和都察院留作底册，另一本送六科，最后一本呈内阁。

二是六部和都察院按账簿登记，逐月进行检查。对所属官员承办的事情，每完成一件须登出一件，反之必须如实申报，否则以有罪处罚；六科也可根据账簿登记，要求六部每半年上报一次执行情况，违者限事例进行议处；最后内阁同样也依据账簿登记，对六科的稽查工作进行查实。

依据“考成法”而编制的三本账，严格控制着从中央到地方的各级官吏。每逢考核地方官的“大计”之年，便强调要将秉公办事、实心为民的官员列为上考；专靠花言巧语、牟取信任的官员列为下考；对于那些缺乏办事效率的冗官，尽行裁撤。张居正当政期间，裁革的冗员约占官吏总数的十分之三。同时，张居正又广泛甄选人才，提拔拥护改革、政绩卓越的官员，委以重任，因为有考成法在，“立限考成，一目了然”，彻底打破了论资排辈的传统偏见，不拘出身和资历，大胆任用人才。

张居正的“考成法”对今天同样具有现实意义。主要表现在：

第一，要注重考核工作的实效，提高工作效率。中国历史有一个怪圈，那就是每一个王朝都往往在走入巅峰后，立即由盛而衰，无法长期保持这种

① 《张文忠公全集》。

盛世的局面。其中原因很多，然而有一点是肯定的，当一个社会承平日久之后，总是会表现出只重形式不重实效的浮夸风气，于是官场中欺上瞒下、伪报虚报的现象滋生蔓延，政令往往成为一纸空文。“考成法”正是针对这一弊病而采取的对策，通过“月考、岁籍”的方法促使官员们言行如一，慎始慎终，提高了政府的办事效率。这对我们今天也是很好的借鉴。

第二，要注重上下级之间的相互监督，完善层层督察与监察制度。内阁控制六科，六科督察六部，六部督察地方藩、臬等司及抚按官，再以两司督察府州县官，是“考成法”体系的核心构架，其体系中最巧妙之处在于利用六科监察六部。用品级低的官员监督高官，甚至弹劾高官，这本是明代的传统。在明代的各种史料中，朝廷要员被言官弹劾而辞官致仕的比比皆是，如嘉靖后期的权相严嵩就是被御史邹应龙弹劾而致仕的。明代的监察制度相当完善，除设六科之外还有专门的监察机构——都察院，这是与我们今天所提倡的司法与监察独立于行政之外的精神是相一致的。

第三，要注重对已有制度的推陈出新，抓好贯彻落实。张居正是一位十分讲究遵从祖制的政治家，他采取的很多措施，诸如焚毁书院、整饬边防，甚至一条鞭法等改革都是尊祖制而行的，而考成法在一定程度上也是继承了《大明会典》的很多内容。在他请定考成的奏疏中用大段的文字说明其考成法是尊祖制的，原来《大明会典》中已有类似考成法的内容。张居正重新拿出这些已有的祖制，希望“自今伊始，申明旧章”，并加以推陈出新，严格地贯彻落实。我们可以说他的考成法是对祖制的继承，但却是在它已经被人们遗忘的时候拿出来，添加以符合时代的内容，因此这就是一种创新。

张居正的改革实践已经成为了历史，对他这个人到底该怎么看？尽管有见仁见智的标准区别，但就其作为一个政治家在历史上的定位而言，后世对他的评价还是比较趋于一致的。史家对他有一段带有某种权威性的评价：“张居正通识时变，勇于任事。神宗初政，起衰振隳，不可谓非干济才。而威柄之操，几于震主，卒致祸发身后。”[①] 崇祯皇帝朱由检说：“思陵之季，抚髀思江陵，而后知：得庸相百，不若得救时之相一也。”[②] 近代梁启超认

① 《明史·张居正传》。

② 当年明月，《明朝那些事儿》，中国友谊出版公司，2008年版。

为他是“明代唯一的大政治家”[①]。历史学家熊十力认为：“汉以后二千余年人物，真有公诚之心，刚大之气，而其前识远见，灼然于国覆种奴之祸，已深伏于举世昏偷，苟安无事之日。毅然以一身担当天下安危，任劳任怨，不疑不布，卒能扶危定倾，克成本原者，余考之前史，江陵一人而已。”[②] 旅美历史学家黎东方认为：“以施政的成绩而论，他不仅是明朝的唯一大政治家，也是汉朝以来所少有的。诸葛亮和王安石二人，勉强可以与他相比。诸葛亮的处境比他苦，不曾有机会施展其经纶于全中国。王安石富于理想，而拙于实行，有本事获得宋神宗的信任，而没有才干综核僚佐与地方官的名实。”[③] 小说家当年明月认为：“他是一个天才，生于纷繁复杂之乱世，身负绝学，他敢于改革，敢于创新，不惧风险，不怕威胁，是一个伟大的改革家；他独断专行，待人不善，生活奢侈，表里不一，是个道德并不高尚的人。”[④] 学者陈泽敏认为：“张居正有着天使与恶魔这两面。他也是一个真正的英雄，是一个孤独的英雄。即使是现在又有多少人能够懂他？”[⑤]

张居正的“考成法”在历史上是有意义的，而且在当时也确实产生了明显的效果，“虽万里外，朝下而夕奉行”[⑥]，说明行政效率非常高；“太仓库所储，足支八年”[⑦]，说明财政状况有了明显的改善。但他死后不久，即遭灭门辱身之祸，改革之功也毁于一旦，酿成了中国历史上最大的悲剧之一。这一悲剧，不仅是张居正个人的悲剧，也是时代的悲剧。张居正当政十年，所揽之权，是神宗皇帝的大权，这是张居正效国的需要，但他的当权便是神宗的失位。在权力上，张居正和神宗成为对立面。张居正的效忠国事，独揽大权，在神宗的眼里便是一种蔑视主上的表现。张居正在位期间，个人生活上确有不检点之处，这也成为“政敌”们攻击他、万历皇帝对他进行清算的

---

① 梁启超，《中国历史研究法补编》，中华书局，2010 年版。

② 齐义虎，“熊十力：《韩非子评论：与友人论张江陵》”，《哲学门》第十七期，北京大学出版社，2008 年版。

③ 黎东方，《细说明朝》，上海人民出版社，2010 年 2 月版。

④ 当年明月，《明朝那些事儿》，中国友谊出版公司，2008 年版。

⑤ 杨嵩，《为官之道》，中国国际广播出版社，2006 年版。

⑥ 《明史·张居正传》。

⑦ 《张文忠公全集·文忠公行实》。

一个导火索。万历新政失败，深刻地反映了中国封建社会专制独裁的政治制度已经走到了尽头，再无回天之力。

考试作为一种对社会存在的各类人物进行相对公平的测试与衡量的方法，总是有利有弊。最大的利，就是相对公平；而最大的弊，就是难免挂一漏万，以埋没了真正的人才。

有人曾经拿出两份收藏在国家图书馆的名单，第一个名单上的人是傅以渐、王式丹、林召堂、刘子壮、陈沅……；第二个名单上的人是李渔、洪升、顾炎武、金圣叹、黄宗羲、吴敬梓、蒲松龄、袁世凯……。第一份名单上的都是清朝的状元，第二份名单上的都是清朝的落弟秀才。对于大多数人来说，哪份名单上的人知道得相对多一些呢？状元们肯定是考试的高手，但他们做出了哪些能使后人记得住的成就呢？这就是考试的弊端，其背后则是教育的弊端。

针对这个弊端，人们就试图对教育和考试的方法和内容进行变革，出发点倒是好的，就是兴利除弊。比如，张居正的前辈、北宋改革家王安石，在其当政期间就对考试内容和方式进行过改革，制定了著名的《三舍法》。对于学校教育，提出以学校的平日考核来取代科举考试，把太学分为外舍、内舍、上舍三等，“上等以官，中等免礼部试，下等免解”[①]，后来地方官学也推行此法，反映了班级教学的特色。对于科举考试，在殿试时取消诗、赋、论，而改为考时务策，就是针对当时的现实问题出一个题目，让考生回答，以检验考生对社会现实的观察与思考的能力。但不论如何改革，总有不尽如人意之处，而且有一些真正的人才并不喜欢考试。比如当代国学大师季羡林，在其求学清华期间，于 1934 年 3 月 31 日的日记中就对考试进行过抱怨：“没做什么有意义的事——妈的，这些混蛋教授，不但不知道自己泄气，还整天考，不是你考，就是我考，考他娘的什么东西？”[②] 这大概反映了相当一部分学生对考试的态度吧。民国时期的著名学者梁实秋更是把考试看作

---

① 《宋史·选举志》。

② 季羡林，《清华园日记》，辽宁美术出版社，2003 年 1 月版。据说，这些日记在后来出版时，编辑曾提出“做适当删减”，季羡林在后记中写道：“我考虑了一下，决定不删，一仍其旧，一句话也没有删。我七十年前不是圣人，今天不是圣人，将来也不会成为圣人。我不想到孔庙里去陪着吃冷猪肉。我把自己活脱脱地暴露于光天化日之下。”

是人生三大苦事之一[①]，可见，考试也不是一件多么令人喜欢的事情。

不论对考试持什么态度，在人类社会中，这是一个绕不开的话题。对于官员的考核，更是一个不需要讨论要不要、而是要讨论考什么、怎么考和由谁考的问题。考核官员的核心，就是要解决他们“对谁负责”的问题。比如，前文中提到的历史上的各种选官制度下对官员的考核，其方法与结果是完全不同的。在皇权世袭的制度下对皇帝继承人的选拔，基本上可以不考虑候选人的实际品行与能力，而只需要考虑其资格及背景就可以了。在这种制度下，就会产生像晋惠帝司马衷这样的“傻瓜皇帝”，不为别的，就是因为他是晋武帝司马炎的儿子，属于嫡出的“根正苗红”的“官二代”。他当了皇帝之后，也不需要知道怎么处理国事，甚至也可以不知道田地里的青蛙为何而叫，更不用知道老百姓为何不吃“肉粥”，说明在当时的制度下，皇帝并不需要知道老百姓的疾苦。在“察举征辟”的制度下，各级官吏在察举和征辟中具有极大的徇私舞弊的空间，因此，到了东汉末年，竟然出现了不识字的秀才、与父母分居的孝子和手无缚鸡之力的带兵将领的怪现象[②]。

如果只对其上级负责，是一种考法；如果只对其治下的老百姓负责，又是一种考法。那么，究竟是对上负责，还是对老百姓负责，又由什么因素决定呢？这就涉及到政治制度的选择与运行的根本性问题。《宋史》中记载着一个有趣的故事。宋神宗熙宁四年（1091 年）三月，宋神宗赵顼在资政殿召对二府大臣议事。三朝元老、枢密使文彦博对神宗说：“祖宗法制具在，不须更张，以失人心”。神宗说：“更张法制，于士大夫诚多不悦，然于百姓何所不便？”文彦博回答：“为与士大夫治天下，非与百姓治天下也。”[③]

文彦博提出了一个“士大夫”的问题。那么，谁是“士大夫”呢？“此所谓士大夫，指言内外在官之人”[④]，宋代的所谓“士大夫”，就是指这些当官的人。所谓“皇帝与士大夫共治天下”，就是说皇帝与当官的人共治天下，

---

① 梁实秋，《梁实秋散文集·谈考试》：“少年读书而要考试，中年作事而要谋生，老年悠闲而要衰病，这都是人生苦事。”

② （晋）葛洪，《抱朴子·审举》：“故时人语曰：举秀才，不知书；察孝廉，父别居；寒素清白浊如泥，高第良将怯如鸡。”

③ （宋）李焘，《续资治通鉴长编》（卷 221）。

④ 《资治通鉴》（卷 288）胡三省所作的注。

这是中国官僚政治体系的本质。同时，这句话也是一把打开封建官僚政治体制“暗箱”的“钥匙”，那就是皇权与士大夫阶层的相互依附与合作关系，构成了统治阶层的核心。东晋时期的“王与马，共天下”[①] 的现象，实质上体现了作为皇权代表的司马氏家族与作为门阀士族代表的王氏家族的依附与合作关系。文彦博是当时朝中重臣，属于“士大夫”阶层，确实无疑。在他和以他为代表的“士大夫”集团的心目中，既然天下是皇帝与士大夫共治的，那么又关百姓何事呢？既然如此，那么对管治老百姓的各级官吏进行考核时，老百姓“便”与“不便”并不重要，重要的是要使“士大夫”们不要“诚多不悦”；“士大夫”们只要“诚悦”了，那么与“士大夫”们共治天下的皇帝又怎么会“不悦”呢？事实上，宋朝有“不杀大臣及言事官”[②] 的惯例，也在某种程度上表示认可这种“与士大夫共治天下”的政治格局，同时也表示了对士大夫集团的尊重。

除了道义上的尊重之外，还有实力上的差距。宋代理学家程颢有一次与宋神宗讨论人才问题，宋神宗当时感到人才不足，表示“朕未之见也”。程颢当场指责道：“陛下奈何轻天下士？”宋神宗马上“耸然”连声道：“朕不敢！朕不敢！”[③] 宋神宗为何不敢“轻天下士”？南宋高宗赵构给出了答案：“朕学问安敢望士大夫！”[④] 自己的学问不行，当然只能依赖有学问的士大夫阶层了；而士大夫们的“学好文武艺，贷与帝王家”的初衷也有了实现的条件，可谓两全其美。这种相互依附与合作格局的形成，其实就是一种阶级立场决定了的政治态度与思维方式，反映了封建社会阶级统治的实质。

文彦博的话里还透出这样的意思，士大夫与百姓是对立的，士大夫的利益是第一位的，皇帝应首先考虑士大夫的利益而不是百姓的利益。由此可

---

① 《晋书·王导传》：“及帝登尊号，百官陪列，命导升御床共坐。导固辞，至于三四，曰：‘若太阳下同万物，苍生何由仰照！’帝乃止。”《晋书·王敦传》：“（元）帝初镇江东，威名未著，敦与从弟导等同心翼戴，以隆中兴。时人为之语曰：‘王与马，共天下。’”《南史》（卷21）：“晋自中原沸腾，介居江左，以一隅之地，抗衡上国，年移三百，盖有凭焉。其初谚云：‘王与马，共天下’。盖王氏人伦之盛，实始是矣。”

② 《宋史·曹勋传》：“艺祖（宋太祖）有誓约藏之太庙，不杀大臣及言事官，违者不祥。”

③ 《河南程氏外书》（卷7）。

④ 《系年要录》（卷151）。

知，什么样的政治态度与思维方式，便决定了对官员怎么考试、考什么的行为方式。这涉及善恶的标准，迎合上级而损害百姓的利益，就是一种最大的恶行！正因如此，必然会走进“旧时王谢堂前燕，飞入寻常百姓家”[①] 的历史必然。

在平时的一些具体考核中，也能判别出不同衡量标准所产生的效果的差异性。如果某单位在分配住房时规定，不论结婚还是单身，都可以得到一套房子，那么，这种规定会导致已婚夫妇排着队去法院登记离婚。这种现象显然是荒唐的，说明这种规定的导向是错误的。再比方，如果对体育特长生进行加分而不进行现场考核，那么就会出现很多虚假的成绩，一个班里几乎人人是体育健将。须知，任何的检测报告都有比较高的作假概率，而在众目睽睽之下的现场测试，就会把造假的现象揭露。对官员优劣的衡量，不能只凭其上级说什么，更要由其服务的对象——老百姓来做出评价，这种评价绝不是“相面”，更不是“抓阄”，而是靠官员实实在在的绩效。“夫有功者必赏，则爵禄厚而愈劝；迁官袭级，则官职大而愈治。夫爵禄大而官职治，王之道也。”[②] 绩效好的，提拔重用；绩效差的，降级使用。这就是诸葛亮用这个“黜”字的本意，也正是他的“亲贤臣、远小人”的具体举措。这应当成为衡量官员优劣并决定官员升降的“阳光法则”，也就是韩非所说的“王道”。

权为民赋：确立民主法治的监督体制

前文引述的北宋朝廷重臣文彦博所说的皇帝“为与士大夫治天下，非与百姓治天下”的话，并不是他不小心说漏了嘴，而是当时的政治现实，也是封建社会的本质。在“君权神授”的意识里，人们对权力来源的认识是明确的，就是上天把统治万民的权力授予某一“有德行”的家族，这种权力是“世袭罔替”的。在这种权力框架下，权力的运作及其成效就不需要老百姓说什么，或者说，表面上可以听听老百姓的意见，也只是一种“做秀”，实

① （唐）刘禹锡，《乌衣巷》诗。

② 《韩非子·显学》。

质上对权力的运作不会产生实质性的影响。

对权力来源的不同理解，会产生不同的权力运作体系和考评体系。运作体系是过程控制，考评体系是结果导向，介于这两者之间的是一种更重要的监督体系，它既对权力的运作过程产生制约，又对权力运作的结果产生导向。之所以需要一个有效的监督体系，是因为存在着人性的善恶和制度的优劣问题。

性善与性恶的问题，是中国历史上儒家与法家长期争论不休的问题。对人性的测试，没有一个指标体系，因此永远也不可能有结论。但有一点是肯定的，那就是人既是环境的产物，又受环境的影响，这也就是“近朱者赤、近墨者黑”的道理。一般而言，人既是天使，又是野兽，人性总有恶的一面。在政治领域中，人性决定了官员总会不断寻求有利于自己的东西[①]，这也就是说，这个世界上并无什么“特殊材料制成的人”，“糖衣炮弹”的杀伤力是客观存在的。为了有效防止“物必先腐，而后虫生”[②]，必须对人尤其是掌握一定权力的官员进行监督。

既然人性中有恶的成分，那么就要靠制度来约束人性恶的一面，来宣扬人性善的一面。中国封建社会实行的独裁专制制度，并没有解决官员的腐败问题，反而在某些条件下会纵容甚至助长这种腐败。有人认为，封建残余的存在，是当今腐败加剧的原因。这个看法有一定的道理，但也不完全如此。因为即使是封建社会，也没有说官员是可以腐败的，至少在正式的法律文件中找不到这样的表述。况且，既然是“残余”，那么应该随着时间的推移也该有一个自然的“衰减”而变得越来越少吧，但事实并不如此。反观当今社会的腐败越来越蔓延的现象，就知道是另有原因了。因此，制度设计问题的背后，除了权力的来源之外，还有一个更重要的因素，就是通过制度体系对权力进行监督和约束。

中国封建社会的政治制度中，也有监督体系，比如历朝历代都设置有谏官和监察御史，而且在某些时候也会产生一些作用。但由于权力来源这个根本性因素的作用，使得监督的有效性大打折扣，因此在很多时候只是一种统

① 韩福东，“对话朱厚泽”，《同舟共进》，2010 年第 7 期。

② （宋）苏轼，《范增论》：“物必先腐也，而后虫生之。”

治集团内部权力争斗的工具，对制度建设并没有起到根本性的作用。

监督的必要性与独立性源于权力具有腐蚀性。英国19世纪的历史学家阿克顿勋爵，针对当时西方宗教势力标榜的“教皇无误论”，给教皇写信，认为不管是世俗的还是宗教的，权力都是腐朽的。他在信中说了一句惊世骇俗的话：“权力导致腐败，绝对权力绝对腐败，伟大的人物几乎都是坏人。”[①] 美国前国务卿基辛格曾经说：“权力乃是终极的春药。”既然权力的负作用如此之大，那就一定要想办法把它“关进笼子里”。对于官员来说，除了官德修养之外，最重要的限制其滥用权力的手段就是监督。不受人民监督的政权必然腐败，而腐败是社会动乱的催化剂。

“权为民赋”，就是说权力是人民给的，这也就是说天地之间人民最大。所谓“人民”，应该具备这样几个基本的特征：一是人民具有群体性，各有各的价值取向和社会角色，而不是单指哪一个利益集团；二是人民具有话语权，就是对各类社会事务都有做出独立判断和评价的权力；三是人民具有知情权，就是要求政府必须把具有公共利益属性的各类信息以各种不同的方式公开；四是人民具有鉴别力，所谓“群众的眼睛是雪亮的”，能够分辨得清楚善恶，人民最关心自己的事情，人民是不能欺骗的；五是人民对官员进行监督的权力是神圣不可侵犯的，任何人、任何组织不得以任何形式予以干涉。

监督不能靠几个“热心人”，也不能靠几个“不怕得罪人的人”，而是要靠一整套完善有效的制度设计。只有先保证监督的独立性，才能有监督的有效性，这两者犹如“一枚硬币的两面”，一面不能离开另一面而独立存在。记得有一个电视剧中有这样的情节，一个农村老太太与村干部吵架，她说了一句话：“难道你还能把我发配到城市里去？”这句话很简单，但表达了很深刻的含义，就是“我把你怎么样了，而你却不能把我怎么样”。这恰恰是评价监督的独立性和有效性的直接判据：如果我监督了你，你能把我怎么样？

假如我监督了你，你可以把我怎么样，那么这样的监督是无效监督，是形式主义，后果更坏。因为这种监督不是独立的，监督者会受到被监督者的

---

① 约翰·爱默里克·爱德华·达尔伯格－阿克顿，《自由与权力》，侯建译，北京：商务印书馆，2001年版。

报复。前面提到的那位村干部，如果他手里有足够的权力，而且他本人是一个恶棍，那么他虽然不会把老太太“发配”到城里，但他完全有可能把她送到城里的监狱中。在独裁专制制度下，根本不会有监督的独立性与有效性，因为监督者除了“效忠”被监督者外，别无其他谋生之道。

假如我监督了你，你不能把我怎么样，这样的监督是有效监督，它表明监督者的权利有足够的法律保障，不会因为监督这一行为本身而受到非法的侵害。在民主政体下，这种监督的独立性和有效性容易得到法律保障，因为监督者只对某一个组织或机构负责，而不对被监督者负责；社会氛围比较宽松，假如不从事这个监督的工作，仍然有其它安身立命的途径，而不至于遭到非法的报复，甚至失去了生存的条件。

监督的独立性与有效性，也要靠民主与法治来确立并予以保障，这也正是实施“宪政”的题中应有之义。清末著名的五大臣出洋考察西方列强的宪政，镇国公载泽回国后在一份奏折中就说“宪政有利于国，有利于民，最不利于官”①。从今天的角度来看，“官”是人民的“公仆”，当然不能谋私利，而“宪政”既然“有利于国，有利于民”，那么为什么不做呢？当然，施行“宪政”所碰到的最大障碍也正在于此。彻底铲除中国历史上长期的封建专制独裁所遗留下来的消极影响，唯一的出路就是走民主与法治的道路，也就是说，要想把“权为民赋”的思想予以实践，必须有一整套民主制度作保障，以确保人民有真正选择的机会。人民最知道选择什么样的人来当政，比如，“子产听郑国之政，以其乘舆济人于溱、洧”②，子产治理郑国，用自己乘坐的车子帮助别人渡过溱水和洧水，这样的“听政者”，人民会不选他吗？假如更进一步，像孟子所说的那样，“岁十一月，徒杠成；十二月，舆梁成，民未病涉也。君子平其政，行辟人可也，焉得人人而济之？”如果十一月份把走人的桥修好，十二月份把行车的桥修好，百姓就不会为渡河发愁了。在上位的人搞好了政治，出行时让行人回避自己都可以的，哪能一个个地帮别人渡河呢？因此，孟子评价说“惠而不知为政”，子产虽然仁惠却不懂得治理政事的方法，因为“为政者，每人而悦之，日亦不足矣”，治理政事的人，

---

① 纪彭，“乱世清末的官二代们”，《国家人文历史》，2013年第96期。

② 《孟子·离娄下》。

对每个人都一一去让他喜欢，时间也就太不够用了。对于上述两类人，如果没有比较，人民就不会有鉴别，从而也就不知道该怎么选。假如按照孟子的标准来看，人民当然知道该选择谁了。这就涉及到一个民主的操作方式，就是全体人民必须在一个共同的法律规则框架之下行使自己的民主权力。法治与人治的根本区别，不在于一个国家有没有法律，而在于所有个人和组织都不得超越法律之上，在于所有的纠纷尤其是政治纠纷必须在法律框架下解决。

天下何物最大？道理最大。[①] 天下最大的道理，莫过于“权为民赋”，而不是什么“君权神授”。如果知道了这个道理，那么就可以做到“以万乘之尊而屈于匹夫一言，以四海之富而不得以私于其亲与故者。”[②] 根据“权为民赋”原则设计出一整套体现民主与法治精神的监督体制，这是中国未来民主政治建设的核心课题。世界上所有成功的经验，都是我们借鉴的对象；所有失败的教训，都是我们防范的覆辙。为了在保持社会稳定的大环境中进行民主法治建设，唯一的办法只能是“以民主的方式追求民主，以自由的方式追求自由，以正义的方式追求正义”，除此之外，采取其它任何极端与暴力的方式，都会引发强烈的社会动荡，都是不符合最大多数中国人民的根本利益的。那种“无量金钱无量血，可怜购得假共和”[③] 的历史悲剧，在中国绝不能再次重演！

---

① 《中兴两朝圣政》记载：（南宋）乾道四年（1168 年）三月午，明州州学教授郑耕道进对，奏：“太祖皇帝尝问赵普曰：‘天下何物最大？’对曰：‘道理最大’。太祖皇帝屡称善。夫知道理为大，则必不以私意而失公中。”

② 同上。

③ 语出辛亥革命志士蔡济民的《书愤》。

治军第九

文治武功：传统国家战略的两大基石
攻守兼备：大国军队建设的客观要求
精兵之道：提高军队素质的根本途径

【原文】

治军之政，谓治边境之事，匡救大乱之道，以威武为政，诛暴讨逆，所以存国家安社稷之计。是以有文事必有武备，故含血之蠹，必有爪牙之用，喜则共戏，怒则相害；人无爪牙，故设兵革之器，以自辅卫。故国以军为辅，君以臣为佐，辅强则国安，辅弱而国危，在于所任之将也。非民之将，非国之辅，非军之主。故治国以文为政，治军以武为计；治国不可以不从外，治军不可以不从内。内谓诸夏，外为戎狄。戎狄之人，难以理化，易以威服，礼有所任，威有所施。是以黄帝战于涿鹿之野，唐尧战于丹浦之水，舜伐有苗，禹讨有扈，自五帝三王至圣之主，德化如斯，尚加之以威武，故兵者凶器，不得已而用之。夫用兵之道，先定其谋，然后乃施其事，审天地之道，察众人之心，习兵革之器，明赏罚之理，观敌众之谋，视道路之险，别安危之处，占主客之情，知进退之宜，顺机会之时，设守御之备，强征伐之势，扬士卒之能，图成败之计，虑生死之事，然后乃可出军任将，张禽敌之势，此为军之大略也。

夫将者，人之司命，国之利器，先定其计，然后乃行。其令若漂水暴流，其获若鹰隼之击物，静若弓弩之张，动若机关之发，所向者破，而劲敌自灭。将无思虑，士无气势，不齐其心，而专其谋，虽有百万之众，而敌不惧矣。非仇不怨，非敌不战。工非鲁般之目，无以见其工巧；战非孙武之谋，无以出其计运。夫计谋欲密，攻敌欲疾，获若鹰击，战如河决，则兵未劳而敌自散，此用兵之势也。故善战者不怒，喜胜者不惧。是以智者先胜而后求战，暗者先战而后求胜。胜者随道而修途，败者斜行而失路，此顺逆之势也。将服其威，士专其力，势不虚动，运如圆石，从高坠下，所向者碎，不可救止，是无敌于前，无敌于后，此用兵之势也。故军以奇计为谋，以绝智为主，能柔能刚，能弱能强，能存能亡，疾如风雨，舒如江海，不动如泰山，难测如阴阳，无穷如地，充实如天，不竭如江河，终始如三光，生死如四时，衰旺如五行，奇正相生，而不可穷。

故军以粮食为本，兵以奇正为始，器械为用，委积为备。故国困于贵买，贫于远输，攻不可再，战不可三，量力而用，用多则费。罢去无益，则国可宁也；罢去无能，则国可利也。夫善攻者，敌不知其所守；善守者，敌不知其所攻。故善攻者不以兵革，善守者不以城廓。是以高城深池，不足以为固；坚甲锐兵，不足以为强。敌欲固守，攻其无备；敌欲兴阵，出其不意；我往敌来，谨设所居；我起敌止，攻其左右；量其合敌，先击其实。不知守地，不知战日，可备者众，则专备者寡。以虑相备，强弱相攻，勇怯相助，前后相赴，左右相趋，如常山之蛇，首尾俱到，此救兵之道也。故胜者全威，谋之于身。知地形势，不可豫言。议之知其得失，诈之知其安危，计之知其多寡，形之知其生死，虑之知其苦乐，谋之知其善备。故兵从生击死，避实击虚。山陵之战，不仰其高；水上之战，不逆其流；草上之战，不涉其深；平地之战，不逆其虚；道上之战，不逆其孤。此五者，兵之利，地之所助也。

夫军成于用势，败于谋漏，饥于远输，渴于躬井，劳于烦扰，佚于安静，疑于不战，惑于见利，退于刑罚，进于赏赐，弱于见逼，强于用势，困于见围，惧于先至，惊于夜呼，乱于暗昧，迷于失道，穷于绝地，失于暴卒，得于豫计。故立旌旗以视其目，击金鼓以鸣耳目，设斧钺以齐其心，陈教令以同其道，兴赏赐以劝其功，行诛伐以防其伪。昼战不相闻，旌旗为之举；夜战不相见，火鼓为之起；教令有不从，斧钺为之使。不知九地之便，则不知九变之道。天之阴阳，地之形名，人之腹心，知此三者，获处其功。知其士乃知其敌；不知其士，则不知其敌；不知其敌，每战必殆。故军之所击，必先知其左右士卒之心。

五间之道，军之所亲，将之所厚，非圣智不能用，非仁贤不能使。五间得其情，则民可用，国可长保。故兵求生则备，不得已则斗，静以理安，动以理威，无恃敌之不至，恃吾之不可击。以近待远，以逸待劳，以饱待饥，以实待虚，以生待死，以众待寡，以旺待衰，以伏待来，整整之旌，堂堂之鼓，当顺其前，而覆其后，固其险阻，而营其表，委之以利，柔之以害，此治军之道全矣。

【译文】

所谓治军，就是整治国境上的事情，匡正挽救混乱局面的方法，展示武力的威严，平定暴乱，讨伐叛逆，这是保全国家、安定社会的根本大计。治理国家需要礼义教化，但必须以强大武力作为后盾。这就如同含血的蛀虫一样，必须有爪牙作为自己的防身之器，高兴时用它来相互游戏，愤怒时用它来相互攻击。人没有爪牙这样的工具，所以设置了军队来保卫自己。因此，国家要靠军队来自卫，君主要靠臣子来辅佐。军队强盛，国家就安定；军队衰弱，国家就危险。安定与危险的关键就在于君主所任命将领的素质。不为百姓着想的将领，既不能成为国家的良辅，也不能成为军队的主帅。因此，治理国家以文治为原则，治理军队以武功为根本；治理国家不能不考虑外部的环境，治理军队不能不考虑内部的因素。所谓内部，就是华夏等中原部族；所谓外部，就是戎狄等少数民族。对于戎狄等少数民族，难以用礼义来教化他们，易于用武力去征服他们。该用礼义时就用礼义去教化，该用武力时就用武力去威慑。正因如此，黄帝与蚩尤在涿鹿附近开战，唐尧与丹朱在丹水之滨拼杀；舜讨伐有苗氏，禹讨伐有扈氏。即使像五帝三王这些最圣明的君主，他们如此有德行，而且善于教化，还要使用武力。武力真是一种凶器，只有在迫不得已时才可使用。使用武力的原则，首先要制定战胜敌人的计策，然后才能指挥军队作战。了解各种自然条件，观察士兵的心理状态，熟悉各种武器装备的性能，颁布奖励和处罚的条例，侦察敌人的作战计划，查明行军道路的状况，辨别出安全和危险的地方，预测敌我双方的种种情形，把握进攻和退却的时机，利用有利时机，作好防守的准备，强化进攻的阵容，充分发挥士兵的才能，谋划取得成功和避免失败的计划，考虑有关军队生死存亡的大事，然后才能任命将领率军出征，摆开擒获敌人的阵势，这些都是涉及军队出征的大政方针。

将领既主宰着百姓的生命，又是国家的主要依靠力量，在率军出征时，首先必须制定作战计划，然后才能发布作战命令。将领的号令一下，全军如山洪暴发，声势浩大；追击敌人如老鹰扑食，势在必得；军队停止时，如张满的弓弦，蓄势待发；行动时，如待扣的板机，一触即发，所向披靡，使强敌不战而溃。如果将领没有计谋，士兵缺乏斗志，军心不一，而将领又独断专行，那么虽号称百万大军，敌人也无所畏惧。没有仇隙不怨恨，不是敌人不开战。工匠没有鲁班那样的眼光，就看不出技艺的精巧；打仗没有孙子那样的谋略，就看不出计划的远见。作战计划要保密，攻击敌人要迅疾；擒获敌人要像老鹰扑食，发动进攻要像河堤决口，这样一来，军队还没有疲劳而敌人已四面溃散了，这就是用兵的威势。能征善战的将领不会发怒，经常得胜的将领临危不惧。聪明的将领首先胜券在握，然后寻求作战；愚笨的将领首先作战，然后争取胜利。得胜之师沿途修桥补路，以便快速行军；失败之旅随意穿行小道，最后迷失方向，这就是顺应和违背事物的规律而产生的不同结果。将领保持威严，士兵专心效力；既不虚张声势，也不轻举妄动，而是要看准时机，像巨大的圆石从山头滚落一般，将下面的敌军击碎，使其根本不可能救援和阻止。无论迎面与敌交战或背后袭击敌人，都可以战无不胜，这是用兵的声势。指挥作战必须运用奇谋妙策，展示出超凡绝伦的智慧，能控制柔刚，能掌握强弱，能驾驭存亡，迅速时像倾盆而下的暴雨，舒展时如风平浪静的江海，稳固时如巍然不动的山岳，变化时如阴阳转化不可捉摸，战术运用的灵活性像大地一样广阔无穷，像天空一样浩渺无垠，像江河一样永不枯竭，像日月星辰一样周而复始，像四季一样循环往复，像阴阳五行一样相克相生，奇和正相互依赖、相互转化，没有穷尽。

军队要以粮食足备为根本，打仗要以奇正互用为原则，合理使用各种器械，积极储备各种物资。物价飞涨，国家就会陷入困苦；长途运输，国家就会陷入贫穷。因此不可连年征战，必须量力而行，因为开支太多就会造成浪费。取消没有益处的军事行动，国家就会安定祥和；免去没有能力的将领职务，国家就能获得利益。善于进攻的军队，可令敌人不知自己在哪里防守；善于防守的军队，可使敌人不知我军从哪里进攻。善于进攻的军队，不会仰仗锋利的兵器；善于防守的军队，不会依赖坚固的城墙。城墙再高大、护城河再深阔，也不足以固守；铠甲再坚厚、武器再锋利，也不表明强大。敌人想坚守城池，就向他们没有防备的地方进攻；敌人要列阵作战，就向他们没有意料的地方袭击；我方撤退敌人进攻，就要守好自己的营门寨墙；我方前进敌人扎营，就要进攻敌人的左右两翼；估计到敌人要集中兵力时，就应首先攻击敌人的主力部队。不了解应该防守的地方，不清楚作战的时机，那么就会觉得需要防备的地方很多，而需要集中力量防守的地方就显得力量不够。因此，作战时考虑一定要周到，强者和弱者要相互搭配，勇者和怯者要相互救助，前军和后军要相互照应，左侧和右翼要相互联络，就像常山的蛇一样，首部和尾部都能护卫中央，这就是军队救援的方法。因此，胜利者要保全威严，遇事要考虑自身的情况，充分了解地形地貌，这些都不可预先告诉他人。反复研究，则知敌人的形势好坏；用计试探，则知敌人的安危状况；推测盘算，则知敌人的强弱多寡；对比实力，则知敌人的生死存亡；深思熟虑，则知敌人的愁苦喜乐；周密谋划，则知敌人的防备疏密。因此，用兵的原则是保存自己，消灭敌人，避开敌人实力强劲的部队而攻打敌人防守空虚的地方。在山区作战，不要仰攻敌人；在水上作战，不要逆流而行；在草地作战，不要深入腹地；在平原作战，不要中敌圈套；在路上作战，不要围歼孤敌。这五个方面，是借助地势之利的用兵原则。

行军作战中，善于利用局势就会成功，谋略计策泄露就会失败，长途运输粮食就会挨饿，临时动手掘井就会受渴，遭受纷烦骚扰就会疲劳，敌人按兵不动就会松懈，敌人闭门不战就会怀疑，贪图蝇头小利就会中计，害怕惩治责罚就会后退，争取奖励赏赐就会前进，受到强制逼迫就会软弱，能够随机应变就会强大，陷入敌人包围就会困顿，首先与敌接触就会恐惧，夜里大呼小叫就会惊慌，敌人情况不明就会混乱，没有行军道路就会迷失，军队陷入险地就会绝望，遭敌突然进攻就会失败，事先周密计划就会获胜。因此，树立旌旗是让士兵看到信号，鸣锣击鼓是让士兵听到号令，规定刑罚是让士兵齐心协力，宣布军令是让士兵步调一致，实行赏赐是激励士兵杀敌立功，厉行诛伐是防范士兵违抗命令。白天作战，士兵不能相互照应，就高举旗帜传递信号；夜里作战，士兵不能相互看见，就点火击鼓指挥战斗；对于不服从命令的行为，就坚决执行战场纪律。不了解各种地形的有利之处，就不懂得各种随机应变的诀窍。对于军队作战来说，自然界气候的变化、地形地势的情况和人心的向背是三个重要的因素，充分了解这三个因素，处理各种事务时都能获得成功。了解自己的情况，也就可以了解敌人的情况；反之，不了解自己的情况，也就不了解敌人的情况；不了解敌人的情况，就是每战必败。因此，军队在出击之前，将领必须首先了解自己的幕僚和士兵的心思。

军队中有五种间谍，得到军队的信任和将领的厚待，如果将领不是圣明睿智和仁义贤良的人，那么是不可以派遣和利用间谍的。五种间谍获取了敌人的情报，那么百姓就可以动员起来，国家的安全就可以得到长久的保障。因此，军队为了求得生存，就必须事先做好各种作战准备，在迫不得已的时候才进行战斗。军队驻扎时要保障自己的安全，行动时要展现出雄壮的军威，不要冀求敌人不来进攻，而是凭借自己的充分准备而使敌人无法进攻。以我方接近战地的部队，攻击远道而来的敌军；以我方休息得好的部队，攻击疲惫不堪的敌军；以自己吃饱喝足的部队，攻击忍饥挨饿的敌军；用我方实力强劲的部队，攻击敌人虚弱无力的部队；以自己处于有利形势的部队，攻击处于不利形势的敌军；以我方占有优势的兵力，攻击人数处于劣势的敌人；以我方士气正旺的部队，攻击士气低落的敌军；用我方的伏兵，攻击来犯的敌人。整理好战斗的旗帜，准备好发令的锣鼓，行军时前后呼应，巩固险要地带，修筑防御工事，以小的利益引诱敌人，然后予以沉重打击，这就是治理军队的全部道理。

【解读】

一部《孙子兵法》的开篇说得很分明："兵者，国之大事，死生之地，存亡之道，不可不察也。"治军是治政的一个重要方面，甚至是不可缺少的方面。诸葛亮在本篇中，重点讲了治军的战略原则，将治军提高到"存国家、安社稷之计"的高度，讲清楚了国防的重要性和军队对内对外的任务。国防与军队建设是国家存亡的关键，是社会安定的保障，是国家机器不可缺少的要件。国家要想确保安全和安定，就必须制定正确的军事战略，建立一支强大的国防力量。

文治武功：传统国家战略的两大基石

孟子说“不嗜杀人者能一之”[①]，不喜欢杀人的国君能统一天下。这当然也是一种观点，就是儒家要行仁政，不靠武力服人。实际上，武力也并非只是“嗜杀”，在很多情况下只是一种万不得已而用之的工具[②]。因此，孔子说：“有文事者必有武备，有武事者必有文备。”[③] 孔子说这句话的时候，正是碰到了一件需要武备的军国大事，这就是齐鲁夹谷之会[④]。事情的结果，孔子不仅在两国国君聚会时没有在礼仪上吃亏，而且还逼迫齐景公退还了齐国从前侵夺鲁国的几处土地，从而证明孔子绝不是“知礼而无勇”的人。孔子的“勇”从哪里来的？单凭他心中的浩然正气吗？或许有一点，但主要还是以军事实力为后盾，才有如此果敢的行为。

老北京有两座城门，一座叫“崇文”[⑤]，一座叫“宣武”[⑥]。北京市将崇

---

① 《孟子·梁惠王上》：孟子见梁襄王。出，语人曰：“望之不似人君，就之而不见所畏焉。卒然问曰：‘天下恶乎定？’吾对曰：‘定于一。’‘孰能一之？’对曰：‘不嗜杀人者能一之。’”

② 《道德经》（第三十一章）：“兵者不祥之器，非君子之器，不得已而用之，恬淡为上。胜而不美，而美之者，是乐杀人。夫乐杀人者，则不可得志于天下矣。”

③ 《史记·孔子世家》。

④ 《春秋·左传》：“夏，公会齐侯于祝其，实夹谷。孔丘相。犁弥言于齐侯曰：‘孔丘知礼而无勇，若使莱人以兵劫鲁侯，必得志焉。’齐侯从之。孔丘以公退，曰：‘士兵之！两君和好，而裔夷之俘以兵乱之，非齐君所以命诸侯也。裔不谋夏，夷不乱华，俘不干盟，兵不逼好。于神为不祥，于德为愆义，于人为失礼，君必不然。’齐侯闻之，遽辟之。”

⑤ 《魏书·高祖纪下》：“国家虽崇文以怀九服，修武以宁八荒，然于习武之方，犹为未尽。”（唐）李暠，《奉和圣制送张说上集贤学士赐宴》诗：“偃武尧风接，崇文汉道恢。”

⑥ （汉）张衡，《东京赋》：“武节是宣”。

文区和宣武区这两个行政区划撤销以后，引起社会上的种种议论[①]。地名是文化的表达，是历史的凝结，既记忆着个人的生活历程，也承载着民族文化的遗产。“崇文”与“宣武”，其实质是表达了一种文治武功[②]的观念，这也是一种治国哲学的体现。

那么，文治与武功，到底哪个在前、哪个在后？关于这个问题，汉高祖刘邦手下的儒臣陆贾给出了回答。

西汉时期，汉高祖刘邦手下的大臣陆贾经常在他面前谈论《诗》、《书》，刘邦十分反感，训斥他：“老子的天下是骑马征战得到的，哪里用得着什么诗书!”[③]。陆贾毫不畏惧，当场给刘邦上了一堂生动的历史课[④]。刘邦一向被人们认为“痞性”太多而“德性”太少，但就是这位流里流气的汉高祖却具有一个别人所无法企及的优点，那就是听劝，而且会用人。当年在进军关中的时候，他因自己对儒生的怠慢而受到“高阳酒徒”[⑤] 郦食其的挖苦后而知错能改，采纳郦生的攻心之策，一路劝降各地守将，遂赶在项羽之前进入关中。后来在汉中出征之前，采纳萧何的意见，大胆重用韩信，这是在军事上击败项羽的关键举措。今天，他又受到陆贾的“教训”，虽然有点不高兴，但脸上也没有表现出怒气而是露出惭愧的神情，于是，就对陆贾说：“那就请您尝试着总结一下秦朝失去天下而我得到天下的原因，以及古代各王朝成功和失败的原因所在。”[⑥] 于是，陆贾先后撰写了十二篇论述国家兴衰存亡的征兆和原因的文章，得到刘邦的肯定，后来这些文章结集为《新语》。

---

① 2010 年 7 月 1 日，国务院批复北京市撤销原宣武区、崇文区。崇文、宣武突然走入历史，从独具韵味的地名成为了承载记忆的符号。消息一经发布，有人质问，一个没有“文”、“武”的北京，何以“德胜”天下？更有网友以“不能崇文宣武，徒留混账东西”的牢骚话来泄愤。

② 《礼记·祭法》：“汤以宽治民而除甚虐，文王以文治，武王以武功，去民之灾，此皆有功烈于民者也。”

③ 《史记·郦生陆贾列传》：“乃公居马上而得之，安事诗书!”

④ 同上：“居马上得之，宁可以马上治之乎？且汤武逆取而以顺守之，文武并用，长久之术也。昔者吴王夫差、智伯极武而亡；秦任刑法不变，卒灭赵氏。向使秦已并天下，行仁义，法先圣，陛下安得而有之？”

⑤ 同上：“走！复入言沛公，吾高阳酒徒也，非儒人也。”

⑥ 同上：“试为我著秦所以失天下，吾所以得之者何，及古成败之国。”

应该说，汉初的政治家和思想家对秦朝速亡的历史进行总结，不只是陆贾一人，刘邦也绝不会仅仅因为陆贾的一番话就完全改变了他的整个治国指导思想，而是有其现实的社会原因的，就是国家在战乱之后需要休养生息，不能再把军事放在第一位。“武功”建立之后，必须依靠“文治”，这不仅是当时以陆贾为代表的汉初思想家的意见，更是刘邦本人在打天下的具体实践中的切身体会，是当时统治集团治国安邦的客观需要，也就是需要将“治术”从思想体系转变为一整套有效的可操作化和制度化的方略，由此便会带来选什么人、用什么人的现实问题。这一点，以陆贾为代表的思想家们和以刘邦为代表的政治家们都意识到了，因此才有双方的一拍即合，而绝不是简单的以陆贾目光如炬的智者身份来衬托刘邦从谏如流的明君形象。

那么，到底是文治在前，还是武功在前？恐怕不是一个“一分为二”的问题，而是一个“合二为一”的问题，还是孔子所说的“有文事者必有武备，有武事者必有文备”的话比较恰当。就以才华出众、智虑深远的陆贾来说，要想把事情办漂亮，也不能完全凭借自己的“三寸不烂之舌”。刘邦曾经委派他出使南越，劝说南越王归顺汉朝。他刚到南越时，南越王根本不把他放在眼里，以很不雅的坐姿与他见面。陆贾一介书生，在这种局面下又能怎么样呢？还是要搬出刘邦所建立的武功来吓唬他，“汉王起巴蜀，鞭笞天下，劫略诸侯，遂诛项羽灭之，五年之间，海内平定”。听说南越王曾经没有帮助汉王讨伐暴逆，各位文臣武将都想发兵来征讨你。只是汉王可怜百姓的劳苦，才没有这样做，而是派遣我来对你进行封赏，两家从此结好。如果你不听我的劝告，那么，汉王“使一偏将将十万众临越，则越杀王降汉，如反覆手耳”。听了陆贾的话，南越王马上端正坐姿，检讨自己的失礼行为，最后接受了陆贾的劝告，甘心做汉朝的臣属，而且对陆贾恭维了一番，说我们这里没有什么人可以与之交流思想的，先生来此，才使我听到了以往所听不到的话。

这段故事充分展现了陆贾以一介书生说服南越王归降的“神勇”。实际上，陆贾也没有说出什么精妙的话，无非是把双方的实力点破了，南越王害怕的还是汉朝的十万之众攻杀南越“如反覆手耳”。在这种情形下，没有“武备”的“文事”，简直就比“纸老虎”还要脆弱。

在中国的语言文字中，描写杰出人物常用的两个词汇是“雄才大略”和

"出将入相",这是把文治武功予以具体化、形象化、人格化。以汉武帝为例,司马迁在《史记》中对他的评价不算太高,只是记载了一些敬拜鬼神和封禅的事情。有人认为这是由于司马迁个人的不幸遭遇和政治异见,导致其对汉武帝这个时代的评述掺入了强烈的个人感情色彩和主观偏见。班固试图对《史记》的一些不足进行纠正,对汉武帝的雄才大略基本予以肯定①。班固认为,汉朝脱胎于群雄逐鹿的动乱时期,汉高祖刘邦拨乱反正以定天下,文帝、景帝把休养生息作为首要任务,还没有来得及考察总结历史的经验教训以及振兴文化事业。汉武帝初期,毅然罢黜百家,独尊儒术,并且大举选拔天下的贤才,并给他们以建功立业的机会。兴办太学,祭祀先人,改革历法,修订音律,创作诗歌音乐,去泰山封禅,礼敬神灵,继承周代的传统,振兴文化事业,呈现出一派值得称道的繁荣景象。其后代继承他的伟大事业,使国家表现出夏商周三代的良好精神风貌。

应该说,班固列举的这些事例,都是有史实可考的。在汉武帝在位的五十四年零一个月期间,共有十一项重大创举:一是首次使用年号;二是首次制定和颁布太初历法;三是首次绘制反映统治疆域的《舆地图》;四是首次进行皇帝主持的选拔人才的考试,开后世科举制的先河;五是首次推广使用耧车下种的耕作方式,后世中国使用了两千多年;六是首次派人出使西域,打通了丝绸之路,促进了中西方的经济、文化交流;七是首次派兵深入匈奴腹地并击败匈奴,彻底解除了匈奴对中原地区的侵扰威胁;八是首次将北方游牧民族纳入统治范围;九是首次将儒家思想作为国家的意识形态;十是首次以国家的意志将德治和法治相结合;十一是首次把铸造钱币的权力垄断于政府。正是因为这些功绩,班固才说,以汉武帝这样的雄才大略,假如继承文景的恭俭作风以惠及天下苍生,那么《诗》、《书》上所称道的古代帝王的功绩也不过如此。

---

① 《汉书·武帝纪赞》:"汉承百王之弊,高祖拨乱反正,文、景务在养民,至于稽古礼文之事,犹多阙焉。孝武初立,卓然罢黜百家,表章《六经》,遂畴咨海内,举其俊茂,与之立功。兴太学,修郊祀,改正朔,定历数,协音律,作诗乐,建封禅,礼百神,绍周后,号令文章,焕然可述,后嗣得遵洪业而有三代之风。如武帝之雄才大略,不改文、景之恭俭以济斯民,虽《诗》、《书》所称何有加焉!"

清代历史学家赵翼认为，班固只是肯定了武帝的文治，而没有论及其武功[①]，他认为，“仰思帝之雄才大略，正在武功”。正是由于汉武帝的武功，才开拓出中华民族今天的基本疆域。他北击匈奴，使得匈奴势力分崩离析；他开通西域，引得万国来朝；他经营东南，使得珠江流域进入统治范围；他开拓辽东，势力伸到朝鲜半岛。在他那个时代所开拓的疆土，从闽粤琼到川黔滇，从于阗阿尔泰到黑吉辽，勾勒了日后两千年间中华版图的基本轮廓，而其影响力所辐射的范围，由咸海、葱岭、兴都库什山脉直到朝鲜半岛，由贝加尔湖直到印度支那半岛。

对于汉武帝的行为动机，清代历史学家吴裕垂做了比较到位的分析[②]，认为他以舍我其谁的英雄气概，以攻为守，彻底清除匈奴侵扰的危害，为后世子孙奠基了繁荣昌盛的基础。至于他在施行其治国方略的过程中所表现出的穷兵黩武和穷奢极欲，也给人民群众带来沉重的负担，这是应该认识清楚的。毛泽东曾经对此有过一番评论：“汉武帝雄才大略，开拓刘邦的业绩，晚年自知奢侈、黩武、方士之弊，下了罪己诏，不失为鼎盛之世。”[③] 汉武帝不仅开创了制度，塑造了时代，他的业绩和作为也深深地熔铸进了我们这个民族的历史与传统之中。正是在汉武帝所建功业的基础上，西汉宣、元时期的大将陈汤在给皇帝的上疏中说了一句至今仍令人荡气回肠的硬朗话：“明犯强汉者，虽远必诛!”[④]

说到这里，我们已经知道不能把文治与武功截然分开了。秦、元时期的军力所向披靡，王朝却迅速土崩瓦解；两宋时期的文化繁荣鼎盛，国家却屡被异族欺凌；惟汉唐文韬武略并重，方能使国祚延绵三、四百年，期间达到盛世。种种史实说明，单以武治，刚猛易折；单以文治，软弱可欺；文武结

---

① （清）赵翼，《廿二史札记》：“专赞武帝之文事，而武功则不置一词。”

② （清）吴裕垂，《历代史案》：“武帝雄才大略，非不深知征伐之劳民也，盖欲复三代之境土。削平四夷，尽去后患，而量力度德，慨然有舍我其谁之想。于是承累朝之培养，既庶且富，相时而动，战以为守，攻以为御，匈奴远遁，日以削弱。至于宣、元、成、哀，单于称臣，稽玄而朝，两汉之生灵，并受其福，庙号‘世宗’，宜哉!”

③ 成林，“从‘汉武帝雄才大略’到应开拓进取，有所成就”，《大地》，2002 年第 19 期。

④ 《汉书·傅常郑甘陈段传》。

合，刚柔并济，方可长治久安。因此，文治与武功是传统国家战略的两大基石，也可以说是“文攻武卫”的先决条件，缺一不可。亚当·斯密说：“只有建立常备军，一国才能永续文明，或在相当长的时期内保存其文明。只有靠正规的常备军才能保卫一个文明国，同样，只有靠正规的常备军，一个野蛮国才能突然并相当地文明化。”“无论谁留心考察俄国彼得大帝变法所取得的成就，都会发现几乎所有这一切都源于正规常备军的建立。这支常备军是彼得大帝执行和维持所有其他规章的工具。俄罗斯帝国此后所享有的相当程度的秩序及和平，完全要归功于这种常备军的影响力。”[①] 如今的俄罗斯，也完全继承了这种传统。在金融危机的形势下，俄罗斯仍然决定加强其军事实力。在现代条件下，“文治武功”的国家战略不但没有过时，而且对于中国这样的大国还应进一步发扬光大。

关于新时期军队对于国家和人民的重要意义，可以从下述三个方面来理解。

首先，军队是国家安全的坚强柱石。国家领土主权完整，要靠军队来保证；支撑国家经济发展的重要战略目标（如铁路、城市交通要道、机场、核电站和大型水坝等）的安全，要靠军队来保护；确保国家可持续发展的国际投资项目和能源通道，要靠军队来保护。晚清的重要教训，就是武备松懈，从而导致中国人在两次鸦片战争、中法战争和中日战争中失败，结果向西方和日本赔了几亿两白银[②]，进而导致国弱民穷的局面。为了避免重蹈历史覆辙，就必须建立一支强大的军队，使之成为国家安全的坚强柱石。

其次，军队是和平生活的忠实卫士。人类的生存与繁衍需要空间和资源，人类的矛盾是由对资源和空间的占有和分配产生的。人类生活最重要的资源之一是空气，在空气充足的情况下，谁也不会感觉到空气的重要性。同理，在和平环境中，军队就是国家正常生活中的空气，须臾不可缺少。习近

① （英）亚当·斯密，《国富论》，唐日松等译，华夏出版社，2005 年 1 月北京第 1 版，第 506 页。

② 据网上刊载的北京大学历史系一位佚名学者的研究报告，清政府向日本的赔款总计约合库银 3.6 亿两，折合日币 5.1 亿元。这是一笔巨大的财富，其数目是日本实际军费支出的 3.4 倍，也是日本当时全国年度财政总收入的 6.4 倍。（http://wenku.baidu.com/view/c4ca5169a45177232f60a2e7.html）

平于2012年12月视察深圳和广州时，讲过苏联共产党倒台的原因就是政治腐败、思想异端和军队不忠。[①] 军队要成为和平生活的忠实卫士，人民才能够真正安居乐业。军队与国防建设这类事情，只能由国家来组织实施。正如亚当·斯密所说："只有国家的智慧才能使其出于自身利益花费大部分时间从事这种特殊职业。而很多国家，甚至在国家存亡要求有这种智慧的时候，常常仍没有这种智慧。"[②] 这样做的原因也是很清楚的，"勤劳并因此致富的国家是最有可能受到攻击的国家，除非国家在国防上采取新措施，人民的自然习性会使其根本不能保卫自己。"[③]

再次，军队是民族精神的外化形式。美国总统奥巴马曾经表达过要用强大的军事力量守护美国价值观的意愿[④]。这种意愿的表达，试图让世界相信，美国维护民主自由的态度是真诚的，维护国家利益的立场是坚定的。价值观，其实就是一种民族精神，这种精神层面的东西看不见，没有直接的测量指标，怎么来衡量？军队就是一种外化的形式。谈武，不单单是一种武力、武器、武术，更重要的是一种武道。我们可以反对日本的军国主义，但是对于日本的武士道精神[⑤]必须予以足够的重视，因为它是日本民族精神的一种外化形式，会通过国家行为尤其是外交政策对世界产生影响。实际上，日本的武士道精神，最初来源于中国春秋战国时代的豪侠人格。日本军国主

---

① 《凤凰周刊》2013年第7期第11页，转载BBC的评论"习近平促中共警惕苏共倒台教训"。

② （英）亚当·斯密，《国富论》，唐日松等译，华夏出版社，2005年1月北京第1版，第501页。

③ 同上。

④ 奥巴马在其第二个总统就职演讲中说："我们将通过强大的军力和法制保护我们的人民，捍卫我们的价值观。"

⑤ 武士道起源于日本镰仓幕府，后经江户时代吸收儒家和佛家的思想而形成。武士道是以为主君不怕死、不惜命的觉悟为根本，为实现个人对于集体、团体的价值，尽可能地发挥自己的能力，强调"毫不留念的死，毫不顾忌的死，毫不犹豫的死"的为主君毫无保留的献身取义、舍己成仁的武士精神。武士道在人格上容易导致极端的两重性：自狂而又自卑；信佛而又嗜杀；注重礼仪而又野蛮残暴；追求科学而又坚持迷信；欺压弱者而又顺从强者，等等。武士道是日本文化精神的核心，对日本民族性的影响颇深，今天日本人的生活方式、精神信仰中，都留下了武士道精神的印痕。

义的鼓吹者石原莞尔[①]认为，中国原先也是有“武士”的，但这种“武士”在宋朝以后永远消失了，而在日本得到了发扬光大。这种现象，足以让中国人永远浩叹！再看看日本的军歌：“……冲向高山，让尸骸填满沟壑；走向大海，让浮尸浮满洋面。”这种歌词，足以让中国人立即警醒！当然，我们中国人也有自己的民族精神，这就是红军在两万五千里长征中表现出来的大无畏精神。红军长征，被美国作家索尔兹伯里比作犹太人出埃及、汉尼拔翻越阿尔卑斯山和美国人征服西部，“本世纪中没有什么比长征更令人神往和更为深远影响世界前途的事件了。”美国前总统国家安全事务助理布热津斯基说：“对崭露头角的新中国来讲，长征的意义绝不只是一部无可匹敌的英雄主义史诗，它的意义要深刻得多。它是国家统一精神的提示，也是克服落后东西的必要因素。”[②]

既然是基石，那就不能随便变动。法国思想家伏尔泰说：“要在这个世界上获得成功，就必须坚持到底；剑至死都不能离手。”世界上很多国家的国徽上都有剑和鹰的图形，也是一种崇尚武力的标志。1974 年，巴基斯坦解放组织领导人阿拉法特在联合国的讲台上发表演讲时，声称自己是“带着橄榄枝和自由战士的枪来到这里的”，提醒世界“不要让橄榄枝从我的手中失落”。在阿拉法特看来，保护橄榄枝的最好武器便是他手中的枪。梁启超在其《中国之武士道》一书的《自序》中写道：“泰西日本人常言，中国之历史，不武之历史也；中国之民族，不武之民族也。呜呼！吾耻其言，吾愤

---

① 石原莞尔（1889—1949 年），日本思想家、政治家，军国主义鼓吹者。1920 年代曾著书：《现在及将来的日本国防》、《战争史大观》、《扭转国运的根本国策——满蒙问题解决案》、《关东军领有满蒙计划》、《从军事上看日美战争》、《满蒙问题我见》，并在这些理论的基础上提出自己的战争地缘理论。石原认为发源于中亚的人类文明分为东西两支，几千年来各自发挥其特长和特点，不断进步，而最近两三个世纪的发展更是突飞猛进。时至今日，这两个文明已形成隔着太平洋而相互对峙的局面。这种局面必将导致战争，战争之后将走向统一，最终“创造最后最高的文明”，使人类文化进入“黄金时代”，“人类最后的大战争”是“以日美为中心而进行的世界大战争”，首先是持久战争，然后是决战战争。他主张，为了“以战养战”、持久作战，以取得决战胜利，必须占领中国东北作为日本的战略资源供应基地。他的侵略战略直接指导了日本关东军发动的“九一八”事变和侵占中国东北。

② 刘声东，张铁柱，“国防大学政委刘亚洲上将谈甲午战争”，《新华每日电讯》，2014 年 4 月 12 日第三版。

其言，吾未能卒服也。”他认为自黄帝以来，华夏民族就是靠武力征服夷蛮后在这广博的土地上生息繁衍，并且自有正史开始以来，卓越的尚武人物不计其数，其中选取了70多个春秋战国时期的著名人物作为中国武士道精神的体现者。他从“穆然以思”得出这样一个结论：“中国民族之武，其最初之天性也；中国民族之不武，则第二之天性也。”梁启超为中国的武士道“招魂”，目的是为了唤起国人的尚武精神，不再苟且偷安混沌度日。为了在这个世界上确保安全地生存，中国人必须重新塑造适合于新的历史条件下的“尚武”精神，从而为文治与武功这两大基石注入强大的精神力量。

攻守兼备：大国军队建设的客观要求

1993年1月5日，即将卸任的美国总统乔治·布什在美国著名的西点军校发表演讲，系统阐述了他对于美国国家安全事务的看法，其主题就是军事干涉。布什在演讲中宣称，美国的目标就是“利用冷战结束这个前所未有的机遇，努力为这个新世界建立一种新秩序，各国政府要对内实行民主、宽容和经济自由的政策，对外则承诺以和平的方式解决不可避免的争端，不威胁或使用武力。”他还说，美国现在是世界上唯一的超级大国，其职责就是“运用自己的道德与物质资源，以促进民主与和平”。在这个过程中，美国“有责任、也有机会进行领导”，因为“没有其它国家能担当这一职责”。对于如何获得领导地位的问题，布什认为“需要时间，需要耐心，需要努力”，真正的领导地位“要求具有使用武力的意愿”，而且“一旦确信使用武力有意义，就必须尽可能为此项行动赢得最大的支持”。如果使用武力得不到国际社会的支持，那么美国就“不得不单独采取行动”。

布什的这篇演说辞的捉刀人是时任总统特别助理和国家安全委员会参谋班子的高级主任、后来担任布鲁金斯研究所对外政策研究中心主任的理查德·哈斯。此人对美国的军事干涉很有研究，撰写了一本专著：《新干涉主义：

冷战后美国军事力量的使用》[①]。哈斯在这本书中反复强调了这样一个观点：军事力量继续占据着美国对外政策以及国际关系的中心位置。他通过对冷战后美国主要的军事干涉行动所做的分析，论证他的这种观点，并且为美国的军事干涉寻找理论根据，同时进一步宣称美国应该成为“世界领袖”。

说到战争，我们就会自然联想到平时熟悉的“战略、战术”的词汇。其实，细究起来，战争的构成，除了战争这个概念本身之外，还有战役和战斗以及完成这类武装活动所需要采取的战略和战术等概念。战争，是“扩大了的搏斗”[②]，是敌对双方为了达到一定的政治、经济目的而进行的武装斗争，是用以解决阶级和阶级、民族和民族、国家和国家、政治集团和政治集团之间矛盾的最高斗争形式，“战争是一种政治行为”，“是一种真正的政治工具”[③]，是政治通过暴力手段的继续，“政治是不流血的战争，战争是流血的政治”[④]。战役是介于战争与战斗之间的一个承上启下的层次和环节，它是军队按照一定的企图，在一定的时间和空间内所进行的一系列战斗的总和。战斗，是从属于战役的小部队之间展开的较小空间和较短时间内的武装活动，其目的是歼灭或击溃敌人，攻占或扼守某些地区和目标。

为了夺取战斗、战役直到战争的胜利，需要采取恰当的战略和战术。战略是指导战争全局的方略，通常指军事战略，即战争指导者为达成战争的政治目的，依据战争规律所制定和采取的准备和实施战争的方针、策略和方法。战术是指导和进行战斗的方法，是准备与实施战斗的理论和实践，简言之，战术是为了打赢一场战斗所采取的方法。

战争还涉及到“战略均势”、“战役守势”和“战术攻势”的概念。战术攻势，说的是进攻，只是表达了“进攻是最好的防御”的思想，但并不排除防守。事实上，在很多具体的战斗中，防守有时候恰恰是为进攻做准备。至于说到具体的某一场战斗，战场形势瞬息万变，根本无法分辨出何时是守、

---

① （美）理查德·N·哈斯，《新干涉主义》，殷雄、徐静译，新华出版社，2000年7月第一版。

② （德）卡尔·冯·克劳塞维茨，《战争论》，中国人民解放军出版社，2005年1月版。

③ 同上。

④ 毛泽东，《论持久战》（1938年5月）。

何时是攻，哪里在守、哪里在攻。比如，战场上经常用到的“围魏救赵”和“围城打援”的战术，就不能说到底是攻还是守，只能说攻中有守、守中有攻，守是为保护自己，攻是为消灭敌人，都是方法。朝鲜战争期间的上甘岭战役，志愿军坚守阵地，白天守，晚上变成了攻；敌人为了夺取阵地需要进攻，我军要进行反攻，此时敌人变成了守。因此，只要是消灭敌人的方法，都可以理解为“攻势”；只要是保护自己的方法，都可理解为“守势”。攻守之间的转换，要根据战场的形势和双方力量的消长情况来决定。“积极的防御”，常常是一种后发制人的战略。

战役守势的概念，就是不在某一个区域空间里主动向敌人挑衅，而是采取以静制动、先礼后兵的谋略思想，让敌人尽可能多地暴露出战略意图，然后采取正确的战术手段，通过一个个具体的战斗将敌人的有生力量消灭。有时候需要通过进攻的方法来达到防守的目的，比如，用导弹“点穴”的方式打击对方的军事基地或战略要地，从而削弱对方的进攻能力，以保护自己的重要目标不受敌方的侵犯，这是“攻”还是“守”呢？两者之间没有什么明确的界线。因此，不能说“攻”是主动的，“守”就是被动的。《孙子兵法》中所说的“无恃其不来，恃吾有以待也；无恃其不攻，恃吾有所不可攻也”①，“善攻者动于九天之上，善守者藏于九地之下，故能自保而全胜也”②，实质上包含了攻守兼备的思想。

通过战术攻势和战役守势，最终要达到战略均势的目的。均势，是主权国家通过自身或联盟的力量来制衡潜在或现实的对手，实现力量均衡，从而达到维护国家安全的目的。均势理论的系统阐述在近代才出现，但均势观念和对均势的运用却古已有之。古希腊城邦国家雅典和斯巴达的对峙，中国战国时期的合纵连横，三国时代蜀吴联合抗魏，都体现了运用均势战略的理念。维持均势的力量既包括外交，也包括军事，同时也包括诸如经济、文化等方面的软硬实力。就其军事力量来说，一个国家不论是单干还是结盟，都离不开攻与守两个方面，只是自己直接的攻守力量与借用同盟者的攻守力量的区别。均势战略的实现，必须借助一些手段和方法。这些方法不外乎两

---

① 《孙子兵法·九变篇》。

② 《孙子兵法·军形篇》。

种：一种是增强自己的力量，另一种是削弱对手的力量。削弱对手的力量是外因，增强自己的力量则是内因，也就是做到攻守兼备，这是达到军事上的战略均势的必要条件。否则，只强调一个方面，而忽视了另一个方面，都不会有“均势”，更谈不上“优势”；反之，如果只采取被动挨打的“守势”，不仅不可能维持“战略均势”，而只会处于“战略劣势”。以当今世界第一强国的美国来说，其对外战略就经历了一个从奉行孤立主义的“守势”到主导北约扩大的“攻势”的过程①。在此期间，由于前苏联在第二次世界大战后的崛起和失去对核武器的垄断后，不得不与对手形成“战略均势”。前苏联解体后，美国趁机再次进行战略扩张，以北约东扩为标志，重新形成“攻势战略”。美国之所以会有这些战略调整，其中的原因之一就是其拥有“攻守兼备”的军事力量。

攻守兼备，这只是一个军队建设的战略定位问题。以什么样的指导思想来实现这一战略，则是另外一个带有根本性的重大理论和实践问题。单就军事谋略来说，我国历史上的许多兵书战策浩如烟海，几乎历朝历代都有自己

① 美国建国初期，在对外战略上实行的是孤立主义，开国元勋华盛顿等人的“孤立主义”思想被奉为圭臬，指导着美国的对外政策。19世纪末20世纪初，自由资本主义进入帝国主义阶段，美国资本迫切需要开辟广阔的海外市场，于是，美国开始实行战略扩张政策。美国历史上共有四次较大的战略性扩张。第一次以“门罗主义”为标志，其理论基础是当时拉美普遍存在的“泛美主义”思潮。1823年12月2日，美国总统门罗在致国会咨文中阐述美国对外政策原则的宣言中提出了“门罗主义”，宣布任何欧洲强国都不得干涉南、北美洲的事务，否则就是对美国不友好的表现。第二次以“门户开放政策”为标志，其理论基础是马汉的“海权理论”。1899年9月，美国国务卿海约翰在分别致送英、法、德、日、意、俄六国的照会中提出了“门户开放政策”，美国承认列强在中国的“势力范围”，美国要在一切“势力范围”内取得通商自由，享受低税率和一切特权利益。第三次以“杜鲁门主义”为标志，其理论基础是以斯派克曼等人为代表的美国式“地缘战略观念”。1947年3月12日，美国总统杜鲁门在国情咨文中提出一项新的殖民主义纲领，即“杜鲁门主义”：美国有领导“自由世界”、“援助”某些国家“复兴”的“使命”，以“防止共产主义的渗入”，等等。第四次以“新干涉主义”为标志，其理论基础是“国家主权过时论”。苏联解体之后，美国成为世界上唯一的超级大国，以霸权主义的态势开始转向重新安排世界秩序，奉行“新干涉主义”：随着新的千年的临近，国际社会应当改变传统的国际关系准则，“必须对不干涉内政原则的重要方面加以限制”，“国家主权不及人权重要”，“我们不是为土地而战，而是为价值观而战”。同时强调，军事干预是一种重要手段，要大力扩充军备，强化军事联盟。

的军事家、军事思想家和战略家的著作涌现出来，但就其原创性和经典性来说，也就是那么有限的几部著作：《六韬》、《孙子》、《吴子》、《左传》和《素书》等。有人说，《老子》也是兵书，或许也有几分道理，因为此书中确实有许多论述军事方面的内容。诸葛亮的《心书》，有很多内容都是采集上述几本军事著作的论述而成的。坦率地说，这些著作虽然也有从政治上论述军事意义的内容，但本质上仅仅是兵书战策，还无法上升到指导整个国家进行军事建设的战略理论的高度。尽管《孙子》中说“上兵伐谋，其次伐交，其次伐兵，其下攻城”[①]，表面上似乎强调“伐谋”、“伐交”的重要性，以达到“不战而屈人之兵”的意图，但这种“谋”和“交”还是为了取得军事胜利的工具，同时也是“伐兵”和“攻城”作为其发挥作用的物质基础的。另外，在中国古代的读书人心目中，兵书是不登大雅之堂的，因为在正经读书人的眼中，这些东西无非是一些权谋家们见不得人的“私货”，对经邦济世没有什么太大的作用。天朝大国的自视甚高，局限了政治家、军事家和思想家们的眼光和思维，因此也就很难形成完整和长远的国家战略以及实行这种战略的国家意志。

军事战略是国家战略的一部分，前者应当服从后者。但是，如果军事战略出了问题，仗打败了，那么所谓国家战略也只能是一张废纸。中国的历史，首先是世界历史进程的一部分，然后才是自己发展的历史。要思考中国未来的国家意志和国家战略，就需要更多地借鉴世界上的先进理论与成功实践，看一看具有战略远见和世界视野的战略家们是怎样从全球的角度看待自己的国家战略与军事战略的。

在涉及地缘政治的军事和国家战略领域，以美国海洋历史学家马汉[②]的“海权论”最为著名。马汉引证英国在拿破仑时代的战争中获得海上霸权的

---

① 《孙子兵法·谋攻篇》。

② 阿尔弗雷德·塞耶·马汉（Alfred Thayer Mahan，1840—1914），“海权论”的创立者。1859年毕业于美国海军军官学校，一生从军，最初担任新港海军学院历史学与战略学的讲师；1886—1889年及1892—1893年两度出任该校校长；1898年担任美西战争的指挥官；1899年代表美国出席海牙裁军会议，但坚决反对裁军；1902—1903年被推为美国历史学会会长。马汉的著作甚丰，有关海权的理论散见于其著作中，并未有专书。其中以1890年出版的《海权对1660—1783年历史之影响》、1911年出版的《海军战略论》较为著名。

事实，来证明欲发展海权必须以强大的海军控制海洋，以掌握制海权①。马汉认为，海权的发展属外线作战，以攻击为主要任务，陆权则以防御为主。一个国家有了优势的海军、优良的海外基地、海港，才能凭借海权的力量与敌人抗衡。拥有广大而又富饶的海外殖民地及优良海港，有利于舰队补给、维修，对延伸海军战斗能力有很大助益。海权必须能确保自己的交通线安全，并同时能切断敌人的交通线。交通线愈长，则海权所能赐予的利益也就愈大。而交通线的建立，就依赖线上的各个海外基地与海港了。

马汉的海权论，对世界列强各自的国家军事战略的形成与发展产生了重要的影响。美国的老罗斯福于 1901 年当选总统后，受到马汉海权思想的极大影响，致力于发展海权。除了扩建舰队并积极夺取太平洋各战略岛屿外，还开凿并控制巴拿马运河及加勒比海的战略海上基地，最终成为当今海权霸主。英国对马汉的海权思想推崇备至，于 1889 年提出海军扩充计划时，马汉的理论成了最强力的辩护理由。法国很重视马汉对于法国海军政策的批评，并且称赞其思想具有真正的创造性。德国也深受马汉影响，致力于发展海军，但德国却忽略了马汉的一项重要训条，即“一个国家无法同时发展陆权与海权”，导致德国陆军反而受经费影响而削弱了战斗力。

与海权论相对应的是陆权论。19 世纪末，随着工业的迅速发展和陆地机械运输革命的发生，使海权逐步让位于陆权。最早阐述这一观点的是英国

---

① 拿破仑几次企图渡过海峡征服英国，但皆告失败，于 1798 年征埃及时，其海军在尼罗河口海战中遭英国纳尔逊将军所率舰队的重创，地中海制海权尽失，本国与埃及远征军的交通线被切断而告失败。1801 年，拿破仑为了削弱英国的商业实力，号召各国“武装中立”，俄国、丹麦、瑞典及普鲁士皆参加，一致反对在波罗的海行使交战国权利。英国必须仰赖波罗的海各国输入橡木、绳索和帆布，所以无法容忍上述诸国参加武装中立，乃派遣波罗的海舰队，以武力来打破拿破仑的武装中立政策。在哥本哈根海战中击败丹麦海军舰队而取得进出波罗的海的自由后进入芬兰湾，打破武装中立的政策。1805 年，在特拉法加海战中，英国舰队击败法西联合舰队，建立英国海军的无敌霸权。（参阅李则芬的《中外战争全史》第九册第二十二篇第四章，台北黎明文化事业股份有限公司，1985 年 1 月版）。

地理学家和著名的地缘政治学家麦金德[①]，他第一个区分了陆权与海权的观念，认为随着陆上交通工具的发展，欧亚大陆的“心脏地带”成为最重要的战略地区。在麦金德看来，整个世界的历史就是大陆强国和海洋强国相互斗争的历史，尽管海权强国占过优势，但从长远的观点来看，由于陆权国家人力和物力资源丰富，并且交通日益改善，海权国家终将被陆权国家所压制。因此，他认为世界力量重心所在的欧、亚、非三洲由于陆上交通发达，已变成一个世界岛；世界岛的中心位于欧亚大陆中部的心脏地带，其范围大致西起东欧，东至中西伯利亚和蒙古，南起小亚细亚、亚美尼亚、波斯和中国的西藏，北至北冰洋。其外围则依距离的远近和人力资源的情况，除东欧这个门户外，其余方向海权国家均不易进入，成为世界上最大的天然堡垒，而占据心脏地带的国家却屡屡向欧亚大陆边缘地带扩张。据此，麦金德断言，占据东欧是控制心脏地带的关键，并把他的全球战略思想归纳成著名的三段警句：“谁统治东欧，谁就控制了心脏地带；谁统治心脏地带，谁就控制了世界岛；谁统治世界岛，谁就控制了全世界。”

麦金德的陆权论在其后半个世纪中成为西方地缘政治学的通行理论，直到今天，多数西方战略家还是按照麦金德提供的视角来观察世界。事实上，人们从第二次世界大战后西方集团从未放松对东欧的争夺这一事实中，就不难找到麦金德地缘政治思想的痕迹。作为对麦金德的地缘政治观的发展，美国著名地缘政治学家斯皮克曼提出了“边缘地带理论”，他认为，“谁支配着

① 哈尔福德·约翰·麦金德（Halford John Mackinder，1861—1947），英国地理学家与地缘政治家。历任牛津大学高级讲师和第一任地理系主任、伦敦经济和政治学院院长、英国下院议员。他认为地理学是探讨人类与自然环境相互作用的科学。提出陆心说，首次以全球战略观念分析世界政治力量，对英国大学地理教育的发展起了重要作用。著有《历史的地理枢纽》、《不列颠与不列颠的海洋》和《民主的理想和现实》等。

边缘地区，谁就控制欧亚大陆；谁支配着欧亚大陆，谁就掌握着世界的命运”①。

人类的行为既然是争夺生存空间的，那么就少不了地缘政治的这种哲学。不论是马汉的海权论，还是麦金德的陆权论，也不论它们的内容如何，其实质是权力在空间中的配置和使用。当今世界，海权和陆权的理论都没有过时，仍有验证其正确性的现实例证，只不过随着时代的发展，在其基础上增加了更多的内容。每次人类交往形式的变革都会给地缘政治增加新的内容，比如飞机的出现带来了“制空权”的理念，而网络信息技术的发展则让虚拟空间成为国家边疆的一部分。

任何先进理念都不是空穴来风。“天战”与“制天权”并非军事未来学家臆造出来的，其问题的提出，总是可以追溯到历史和现实政治、经济、科技、军事和意识形态等方面的肇因。首先，世界军事大国，尤其是美国和前苏联争夺太空绝对优势。外层空间是未来战争的重要战场。基于率先建立天上军事优势的认识和考虑，美国和前苏联的军备竞赛早已从空中、陆地和海洋引向外层空间。从1957年前苏联的第一颗人造地球卫星上天，到冷战期

---

① 尼古拉斯·斯皮克曼（Nicholas John Spykman，1893－1943），荷兰裔美国人，地缘战略学家，国际关系学者，被称为“围堵政策之教父”。他是美国外交政策的古典现实主义的发起者之一，将东欧政治思想带入美国。曾在耶鲁大学国际研究所任职。1944年，斯皮克曼死后一年，其遗著《和平地理学》（The Geography of the Peace）出版。本书继续强调欧亚大陆权力平衡对美国的重要性。斯氏认为美国最大的风险就是让任何国家控制边缘地带，他预测，战后苏俄是欧亚大陆最大的强权，中国则是东亚的强权。德国要靠法国与东欧（包括俄国）平衡，而英美则必须维持欧亚大陆的海上与空中接点。欧洲、中东与远东的边缘地带将是战后战略意义最高的地区。美国必须确保这些区域之中不会出现强权。他在此书的最后，提醒“战争的结束不是权力斗争的结束”。斯氏认为在第二次世界大战中要避免完全消灭德国或日本，因为在欧洲，“从乌拉尔山脉到北海的俄国不会比从北海到乌拉尔山脉的德国更好”；在亚洲也要避免完全消灭日本，因为以中国的大小、地理位置、天然资源与人力来说，中国将成为大陆强权，到时美国不得不与日本联手维持亚洲权力平衡。

间美国的“高边疆”论[1]和“星球大战”计划[2]，再到美国的“国家导弹防御”（NMD）系统[3]，世界军事大国一天也没有停止过争夺太空绝对优势。美航天司令部在其“2020年设想”中称：“今天的军事作战十分依赖于航天能力，在21世纪将更加依靠航天能力”；俄罗斯2000年制订的军事学说也称，“未来战争将以天基为中心”，“制天权将成为争夺制空权和制海权的主要条件之一”。为什么有这样的认识？因为他们知道，“在空中被击败，就是最终失败”[4]。

从海权到陆权再到空权和天权，反映了世界军事战略发展的轨迹，而且这四“权”绝不是“分立”的，而是相互渗透、相互补充、相互协调的“统一体”，没有谁主谁次、谁优谁劣、谁攻谁守的问题。一旦我们的咽喉被人家的“空中之剑”扼住，我们的四肢被人家的“陆上绳索”捆住，那就意味着我们已经成为任人宰割的“羔羊”，而这是任何正直的中国人所不愿意看到的结局。因此，中国没有别的办法，只能顺应世界先进军事战略理念，将攻守兼备作为国家军事战略的核心，建立一支拥有海战、陆战、空战、天战能力的现代化军事力量，这是中国军队建设的客观要求。

---

① “高边疆”一词最初于1980年由美国总统里根的国家安全顾问、前美国安全委员会特种计划室主任丹尼尔·格雷厄姆提出来的。该理论有四个特色：一是对以往传统战略观念的突破；二是对美国战后执行的“确保相互摧毁”战略的突破；三是向人们展示了未来空间防御作战的发展趋势；四是把军事企图与非军事目的有机地结合起来。正如格雷厄姆自己所强调的，“‘高边疆’不仅是一项军事战略，它还是处理美国和美国盟国正当的经济和政治愿望以及安全需要的一项真正的国家战略”。由此，以“高边疆”战略为代表的新战略理论，对世界产生了巨大的影响。

② “星球大战计划”是美国“战略防御计划（Strategic Defense Initiative，也称 Star Wars Program，简称SDI）的简称。该计划源自美国前总统罗纳德·里根在冷战后期（1983年3月23日）的一个著名演说。1985年1月4日由美国政府立项开发，定名为“反弹道导弹防御系统的战略防御计划”，计划于1994年开始部署，于20世纪90年代宣布中止。该计划的核心内容是以各种手段攻击敌方的外太空洲际战略导弹和航天器，以防止敌对国家对美国及其盟国发动的核打击。

③ “国家导弹防御”（National Missile Defence System，简称 NMD），是用于拦截攻击美国的远程和洲际弹道导弹、保卫美国全境安全的防御系统、指挥系统和拦截系统。这是一个集防御性与进攻性于一体的武器系统，它与美国强大的核武库相结合，将使美国更富于进攻性。

④ （意）朱利奥·杜黑，《制空权》，解放军出版社，1986年版，第202页。

精兵之道：提高军队素质的根本途径

环视中国的战略生存环境，可谓是“四战之地”[①]，其结果就是“天下有变，常为兵冲”。综合分析我国的陆上、海上、空中和太空的安全形势，从来不会有乐观的结果。这倒并不只是形而上的“居安思危”或者“生于忧患、死于安乐”的理念说教，而是活生生的现实摆在我们的面前。

先说陆上安全形势。

在我国的西部，与印度接壤。历史上两国之间就存在一些领土争端，其背景是英国殖民主义者于1858年占领印度后，以此作为跳板，向我国进行渗透和侵略。1914年，当时英国的占领军和中国的西藏地方政府签订了《西姆拉条约》，英印政府外交大臣麦克马洪构想了一条印藏分界线，以喜马拉雅山脊分水岭的连接线作为界线，有东中西三段，共两千公里长的边境线，这就是当时划分的中印两国的边境线。新中国成立以后，对这条所谓的“麦克马洪线”不予承认，但可以用外交谈判的方式解决争端。印度表示谈判的先决条件是中国承认东中西三段和麦克马洪线。在谈不拢的情况下，两国于1962年打了一仗，中国军队得胜后“班师还朝”，以维持两国边境线的现状。印度则得寸进尺，不仅不退兵，反而后来又重新占领了该地区，并建立了一个名为“阿鲁纳恰尔邦”的行政区，企图造成将其纳入印度领土的既成事实。目前中印边界问题又参杂了一些国际因素，就是美国和俄罗斯争相控制印度，使其成为遏制中国的一个工具，印度也想借助美国、俄罗斯、英国这些国家来制衡中国。这些历史遗留问题怎么办？总是拖下去，拖的时间越长问题也会越复杂。

中亚也是一个多事的区域。阿富汗与中国之间有一条“瓦罕走廊”，边境线长约50多公里，历史上曾为中国领土，是古丝绸之路的一部分，也是华夏文明与印度文明交流的重要通道，当年唐玄奘去印度取经时就是走的这

① 《史记·乐毅列传》：“赵，四战之地也，其民习兵，伐之不可。”《后汉书·荀彧传》：“颖川，四战之地也，天下有变，常为兵冲。”

条路。2001年的“9·11事件”之后，美国出兵颠覆了阿富汗的塔利班政权，可谓“一箭双雕”。美国打击阿富汗，表面上说是反恐，但实质是借机进军中亚腹地，然后从新疆和西藏侧翼对中国进行战略震慑，同时对俄罗斯的腹地进行战略震慑。目前，美国在中亚地区拥有数个军事基地，包括阿富汗的巴格拉姆空军基地和吉尔吉斯斯坦的马拉斯空军基地，在巴基斯坦、乌兹别克斯坦和塔吉克斯坦也都有军事基地。从马拉斯空军基地和巴格拉姆空军基地到我国新疆的乌鲁木齐，民航基本上不超过一个小时，战斗机只需二十多分钟，这是对我国西部领土安全的直接威胁。这些基地建起来之后要撤，就不是那么随便的事情了。另外，美国与拥有丰富石油资源和作为中亚交通要冲的伊朗交恶，对我国很容易造成“城门失火、殃及池鱼”的安全威胁。

我国北方最大的邻居是俄罗斯，中俄之间有长达七千公里的边境线，在中国漫长的历史中，俄罗斯是侵略中国最多的国家。俄罗斯对中国始终是提防的，包括当年中苏友好时期赫鲁晓夫说中国人是“黄祸”，须知那时双方处于好得恨不得合穿一条裤子的“蜜月期”啊！后来爆发的珍宝岛战争，差点把两国拖入更大的武装冲突甚至全面战争之中。

与中国的东部相邻的朝鲜，更是一个埋伏着诸多不定因素的危险区域。朝鲜现在已经拥有了核武器，而且将“先军政治”作为基本国策。将来随着国际地缘政治环境的变化，这些危险因素到底对谁产生的威胁最大，现在真是不好判断，但对中国的地缘安全环境来说绝非福音。

与我国的西南地区接壤的一些东南亚国家，目前虽然没有大的冲突，但将来也很难说，尤其是我国与越南曾经因西沙和陆地边境争端打过两仗，我国虽然都取得了胜利，但今后究竟会怎么样，现在也不好判断。

再说海上安全形势。

目前我国海上安全形势的基本态势是：主权岛屿被侵占，海洋资源被掠夺，海洋权益被侵犯，海防纵深被压缩，海上通道被控制。在东沙、中沙、南沙和东海、黄海等海域，几乎与邻国都有争端和摩擦，涉及的内容包括领海归属、专属经济区和空中识别区，涉及的国家包括日本、越南、菲律宾、马来西亚和印度尼西亚，这些国家占了中国50多个岛屿。针对目前南海的情况，中国政府提出“搁置争议、共同开发”[1]，实际的情况是争议被搁置了，但共同开发却没有实现，仍都是他们在开发，上述国家有1000多口油井在南海日夜开采石油，已经开采30多年了。

在上述国家和区域中，以日本在东海对我国海上安全的威胁最大。最近几年两国围绕着东海钓鱼岛所发生的一些事情，就是这种威胁的直接反映。美国在日本驻军，唆使日本在东海占地，这样一来美国就可以经过台湾、菲律宾群岛向南构成对中国的一道封锁线。我国现在的贸易通道主要是南海的马六甲海峡，经过此海峡的压力越来越大，主要是海上贸易出海的压力越来越大。美国、印度和新加坡这些国家对中国也很担心，他们对于如何封锁海峡，防止中国南下也有一些想法。

总的说来，我国目前的海上和陆上安全形势严峻，尤其是海上安全问题，已经到了既失领土、又丢面子的地步了，不论是谁，都想从我们身上咬一口肥肉。不要说民族尊严和国家主权，就单从保障我国海上能源和贸易通道的角度来说，也不能让这种状况继续进行下去了。通过外交谈判处理争端，以维护我国的利益，这是一个办法，但有些问题已经不是通过谈判就可以解决的了。比如，南沙这片海域的岛屿被别国占领已经成为事实，靠外交谈判就想把南沙被占的领海收回来，几乎是不可能的。正如一位女外交官所说，“军人在战场上拿不到的东西不要指望外交官能用嘴巴拿回来”[2]。

上述这么多问题，如果不以坚实的武力为后盾，形势只能是越来越恶化。为今之计，只有横下一条心，将军队的实力搞上去，使其真正成为国家领土主权完整的“守护神”。这么大的国土和领海面积，这么复杂的周边环境，如果想靠军队的人数多来布点防守，是完全不可能的。怎么办？只能走精兵之道，着力于提高军队的内在素质和战斗力，进而形成强大的威慑力。

对于精兵，我们的老祖宗一直有着明确的看法，认为“兵在精而不在

① “搁置争议，共同开发（shelving differences and seeking joint development）”是邓小平在20世纪70年代针对中日领土争议提出的政策主张，后来也运用于南海问题。

② 2013年，时任外交部副部长的傅莹在国防大学的一次座谈会上说：“我缺钙，天天补还补不上。今天到了你们国防大学，你们在座的都是军人，我要讲一个意思，就是你们军人在战场上拿不到的东西，不要指望我们这些外交官用嘴巴给你们拿回来。”

多，将在谋而不在勇”[1]。建设一支精兵，需要思考并回答如下一些关键问题。

一是过去的优势，现在还是不是优势？我军从建军以来，一直以陆军为优势兵力，新中国成立初期，中国军队员额一度达600万。陆军也确实在历次战争中起到了决定性的作用，如朝鲜战争、中印战争和中越战争，都是以陆军为主而建功立业的。随着国家转入和平建设时期，中国军队先后经历了十次成建制裁军，历次裁军均以陆军部队为主。1985年，中国军队在百万大裁军的同时，组建由多兵种组成的集团军，并进行机械化集团军试点，陆军部队结构发生了战略性变化。陆军结构脱胎换骨，步兵不再唱主角，而是陆军航空兵、特种兵等专业技术兵种进一步加强。随着军队结构的变化，其任务也会随着发生变化；或者可以反过来说，正是因为军队任务的变化，才导致军队结构的变化。今天的中国陆军，积极推进由区域防卫型向全域机动型转变。陆军加快发展陆军航空兵、轻型机械化部队和特种作战部队，加强数字化部队建设，逐步实现部队编成的小型化、模块化、多能化，提高空地一体、远程机动、快速突击和特种作战能力。今后，应该进一步缩减陆军，加强海军、空军和第二炮兵，以增强军力投放的效率和远距离打击的能力。加强海军建设，对于融入世界文明具有特殊的意义。文明世界就是靠海洋连结的，当今中国的海运量已经占到世界海运总量的20%，到本世纪末将占到40%，超过美国。各国海军，就是文明世界最强大的“守护神”。无论是当年的英国、日本，还是今天的美国，都无不依靠强大的海军，维系着与世界的联系。今后中国军队建设的顺序一定要由“陆空海”变为“海空陆”。中国发展海军的目的，并不是要像100多年前的日本那样去与英国、美国争夺海洋霸权，而是在遵守国际海洋现有秩序的前提下，首先是维护本国、其次是参与维护世界各国的海运安全，这样也会在客观上为搞好与各国的合作关系提供保障。因此，中国要尽可能利用自己的大国优势与正确的战略规划，以强大的海上力量为后盾，使海洋利益最大化。

二是过去的战略方针，现在是否有点过时了？我军过去奉行的是人民战争的方针，其实就是人海战术，把敌人放进来，然后将其淹没在人民战争的

① （明）徐渭，《英烈传》（第七十一回）。

“汪洋大海”之中。这种战略方针在自身处于综合弱势的情况下是可以理解的，但其本质是消极避战，没有丝毫的主动性和机动性，是从游击战争走过来的一种惯性思维。纵观今天的世界军事战略和我国安全环境，必须对这种“人海战术”进行扬弃。一方面要继续发扬人民战争的精神力量，另一方面要确立“短平快”的速战速决的指导思想，通过局部和短暂的战争行为，将敌人打痛、打倒、打怕，使其对我国使用威慑力量的决心和意志产生畏惧，从而不敢轻举妄动。

三是过去的指导思想，现在是否成为一种思维负担了？过去一直倡导“决定战争胜败的是人，而不是武器”的思想，这在冷兵器或还需要人与人正面交锋的非智能型热兵器时代，或许是正确的、也是有效的方针。人的主观能动性的发挥是有一定限度的，劣势装备打败优势装备不能超过一定的条件。随着科学技术、尤其是军事领域科学技术的快速发展，忽视武器改进的思想已经过时了。即使在上古年间的冷兵器时代，古人对武器装备的重要性就已经有了充分的认识了。管子认为“器械功，则伐而不费”[①]，墨子认为“库无备兵，虽有义而不能征无义”[②]。古典经济学家亚当·斯密说：“战争技术当然是所有技术中最高贵的，随着社会的进步，战争技术必然成为最复杂的技术。”[③] 恩格斯说：“手枪战胜利剑，即使最幼稚的公理论者在这里也应当明了，暴力不是单纯的意志行为，它要求促使意志行为实现的非常现实的前提，特别是工具，其中，较完善的战胜较不完善的；其次，这些工具必然是生产出来的，同时也可以说，较完善的暴力工具即一般所说的武器的生产者，战胜较不完善的暴力工具的生产者。一句话，暴力的胜利是以武器的生产为基础的，而武器的生产又是以整个生产为基础，因而是以经济力量，以‘经济情况’，以暴力所拥有的物质资料为基础的。”[④]列宁说：“一支军队不准备掌握敌人已经拥有或可能拥有的一切武器、一切斗争手段和方法，谁

① 《管子·七法》(第六)。

② 《墨子·七患》(第五)。

③ (英) 亚当·斯密，《国富论》，唐日松等译，华夏出版社，2005 年 1 月北京第 1 版，第 500 页。

④ 《马克思恩格斯全集》(第 20 卷)，人民出版社，2006 年 6 月版，第 181 页。

都会认为这种行为是愚蠢的甚至是犯罪的。”[①] 毛泽东说：“军队一旦得到新式武器的装备，它就会更加强大。”“革新军制离不了现代化，把技术条件增强起来，没有这一点，是不能把敌人赶过鸭绿江的。”[②] “我们现在已经比过去强。以后还要比现在强，不但要有更多的飞机和大炮，而且还要有原子弹。在今天的世界上，我们要不受人家欺负，就不能没有这个东西。”[③] 人类社会发展过程中，技术的进步首先是从军用装备技术开始的。远距离的定点、精确打击技术和能力的提高，已经彻底改变了战争的形态，交战双方不用见面就能分出胜败。在这种新战争形态下，必须把武器装备、尤其是远距离打击能力的提高放在相当重要的位置上，从而锻造出自己的一击必中、一剑封喉的“利器”。

四是过去激励士气的手段，现在是否仍然有必要？军队的各级文工团，在我军历史上曾经起到过很大的作用，不仅可以调节部队官兵的精神生活，更是激励士气的有效手段。现在的和平环境中，类似的组织是否仍有必要、或者有多大的必要性？军队虽然自成体系，但也需要有融入社会和使用社会资源的意识与行为。其他一些机构，比如军队中以竞技体育为目的的体工大队，是否有着与文工团一样的问题？建设精兵，在形式上和本质上都需要“消肿”，这类机构或许就是被“消”的合适对象。军队不需要“歌星”、“影星”、“舞星”和“体育名星”，而是需要扎扎实实的战斗力。

五是过去的练兵内容，现在的战争形态是否仍然需要？军队是打仗的组织，士兵需要熟练地掌握武器的使用方法并提高使用技巧。比如射击和擒拿格斗，这是过去战争形态中的基本技能，但在现代化的远距离作战方式下，射击的作用恐怕要大打折扣了，擒拿格斗更是很少有用武之地。即使需要射击，恐怕打伤敌方一个士兵比打死敌方一个士兵更能削弱敌方的战斗力，因为看到身边的战友阵亡，会激发活着的士兵的复仇心理；而打伤一个士兵，其他战友应该对他进行救护，这样不是就可以削弱其战斗力了吗？再比如，有些部队训练战士们用头碎石、用手劈砖等这类所谓“硬功夫”，但在现代

① 《列宁选集》（第 4 卷），人民出版社，1995 年 1 月版，第 249 页。
② 《毛泽东选集》（第 2 卷），人民出版社，1991 年 7 月版，第 511 页。
③ 毛泽东，《论十大关系》（1956 年 4 月）。

战争中，这种“硬功夫”又有多少作用呢？须知军事训练并非武术表演，战场需要什么，就要练什么；战场缺乏什么，就要补什么。与其将功夫花在这类花拳绣腿式的训练上，还不如扎扎实实地掌握好现代化武器装备的使用技巧。

此外，全国战区的优化设置、地方军事机构的精简、各兵种比例的匹配以及全军将士廉洁爱民、献身国防的思想意识的强化，也是建设精兵的重要内容，特别是要坚决杜绝军队内部的贪污腐败，因为这是在自毁长城啊！一支腐败之军是没有战斗力的，因而也打不赢战争。甲午中日海战，装备并不差于日军的北洋舰队惨遭覆灭，其命运实际上早就由战前的昏庸腐败注定了。军队腐败是最危险的腐败，军队容忍腐败就是容忍失败。腐败是军队战斗力的“第一杀手”，敢不敢坚决反腐败，能不能以“零容忍”的态度防止腐败，是检验一支军队有没有灵魂、是不是人民子弟兵、能不能为国家和人民而战的试金石①。

如果对上述问题有了比较明确的认识，那么也就找到了建设精兵的正式途径；或者也可以这样说，解决这些问题，就是在建设精兵。总的来说，精兵要有这样一些特征：人数要少，兵种要齐；陆上要少，海空要多；层次要少，能力要强；给养要足，官兵要廉；成本要低，素质要高。最终的目的还是那句老话：“召之即来，来之能战，战之能胜。”

中国春秋时期的军事家司马穰苴说：“国虽大，好战必亡；天下虽安，忘战必危。”② 春秋时期的另一位著名军事家吴起认为山河之固“在德不在险”③。拿破仑说：“世上只有两种力量：利剑和思想。从长远而论，利剑总是败在思想手下。”这几种说法，都把武力的有限性说得很深刻了。有人说，中国人应该走和平发展的道路，不要搞什么航空母舰，不要搞军备竞赛。学

① “军队腐败程度已前所未有”，《环球时报》，2014 年 5 月 12 日。

② 《司马法·仁本》。

③ 《史记·孙子吴起列传》：“吴起事魏武侯。武侯浮西河而下，中流，顾而谓吴起曰：‘美哉乎！山河之固，此魏国之宝也！’起对曰：‘在德不在险。昔三苗氏左洞庭，右彭蠡，德义不修，禹灭之；夏桀之居，左河济，右泰华，伊阙在其南，羊肠在其北，修政不仁，汤放之；殷纣之国，左龙门，右太行，常山在其北，大河经其南，修政不德，武王杀之。由此观之，在德不在险。若君不修德，舟中之人尽为敌国也。”

日本，学德国，我们就起来啦。新加坡前总理李光耀说："我相信中国领导人已学到，如果和美国从事军备竞赛，稳输无疑。你自己就把自己搞得破产。因此呢，避免挑战，头低一点，面带微笑，忍个四十年、五十年吧。"[①] 我们有理由相信讲这种话的人的意愿是善良的，但多少有些一厢情愿。事实上，新中国成立以来，我们几乎一直处于战争状态，从 1950 年到 1979 年，在不到 30 年的时间里，打了六、七场大大小小的战争。这并不表明我们愿意打仗，而是当时的主客观形势使得我们不得不打。一直到现在，环视一下我们的周边环境，有多少炮口在对着我们？在我们低头忍耐的时候，恐怕人家就把我们的头强摁到地上了。这也叫做"不以人的主观意志为转移"吧。

战争与和平，是社会政治的不同表现形态，是社会政治在其发展的不同阶段必然出现的历史现象，对人类社会生活产生深刻的影响，受到人们的普遍关注。战争是两次和平之间的间歇期，和平是两次战争之间的间歇期，战争与和平既相互排斥，又相互联结，并在一定条件下互相转化。政治发展到一定的阶段，再也不能照旧前进，就有可能爆发战争，用以扫除政治道路上的障碍；障碍既除，政治目的达到，战争结束，代之以和平；障碍没有扫除干净，战争仍将继续进行。战争是流血的政治，和平是不流血的政治。

我们赞同人类文明的主流认知，那就是反对形形色色的暴力（包括因宗教、种族、政治等因素引发的暴力），反对造成大量人员伤亡和财产损失的战争，反对以种种理由实行的极权体制。我们要呼唤和平，因为战争是全人类的灾难。我们反对通过武力掠夺殖民地资源，以谋求经济、政治霸主地位的旧游戏规则。我们赞同在各国独立自主的基础上通过自由贸易增长财富的新游戏规则。但是我们明白，新游戏规则有时会被人为破坏，战争有时是不可避免的。争夺基础性生存资源（包括土地、海洋）是历史上绝大多数战争的根源，具体内容和方式在当今信息化时代的条件下会有变化，但不会有本质的变化。打了五十年的阿以战争，其实质就是争夺土地和水资源的战争。对于某些国家和某些民族来说，要维护自己的生存权和发展权，就要准备战

---

① Graham Allison，Robert D. Blackwill，Ali Wyne，《去问李光耀：一代总理对中国、美国和全世界的深思》，林添贵译，台湾时报文化出版企业股份有限公司，2013 年 7 月版。

争，只有准备打仗才能赢得发展的空间和时间。

人类的文明进步与国际社会新秩序的确立，使得人类的战争观发生了巨大的变化。战争作为攫取一国、一派自私利益的重要手段，已经不再被视为正当，而且也难以实现。战争对于一般民众的故意伤害，已经被普遍认为是一种犯罪行为。正如二战期间盟军最高统帅艾森豪威尔于 1947 年在美国西点军校毕业典礼上说过的那样："战争是人类最悲惨和最愚蠢的闹剧；蓄意或鼓动挑起战争是反对全人类的邪恶肮脏罪行。"① 艾森豪威尔是一位军人，从他的嘴里说出这种话，自有一种震撼力和说服力。反对战争、避免战争就应该成为人类共同的任务。但是，只要有国家存在，只要有利益纷争，只要资源是有限的，就会有战争。前文所述的中国目前所处的战略安全环境十分严峻，需要我们进一步强调"天下虽安，忘战必危"的意识。正如一首诗所写的那样："为了不再有战争，我们不得不拿起了枪。"在国家利益这一残忍的领域里，容不得任何温情，谁要抱着一丝一毫的幻想，谁就会遭到大历史的残酷惩罚。我们在这里再次重温一下前文所引述的亚当·斯密的观点："只有建立常备军，一国才能永续文明，或在相当长的时期内保存其文明。"

① 2014 年 5 月 28 日，美国总统奥巴马在西点军校毕业典礼上发表讲话时，引用了艾森豪威尔的这句话。

赏罚第十

赏罚分明：是非善恶的判别准则
抑强扶弱：执法维权的道义准则
悲天悯人：促进和谐的良心准则

【原文】

赏罚之政，谓赏善罚恶也。赏以兴功，罚以禁奸，赏不可不平，罚不可不均。赏赐知其所施，则勇士知其所死；刑罚知其所加，则邪恶知其所畏。故赏不可虚施，罚不可妄加，赏虚施则劳臣怨，罚妄加则直士恨，是以羊羹有不均之害，楚王有信谗之败。夫将专持生杀之威，必生可杀，必杀可生，忿怒不详，赏罚不明，教令不常，以私为公，此国之五危也。赏罚不明，教令有不从；必杀可生，众奸不禁；必生可杀，士卒散亡；忿怒不详，威武不行。赏罚不明，下不劝功；政教不当，法令不从；以私为公，人有二心。故众奸不禁，则不可久；士卒散亡，其众必寡；威武不行，见敌不起；下不劝功，上无强辅；法令不从，事乱不理；人有二心，其国危殆。故防奸以政，救奢以俭，忠直可使理狱，廉平可使赏罚。赏罚不曲，则人死服。路有饥人，厩有肥马，可谓亡人而自存，薄人而自厚。故人君先募而后赏，先令而后诛，则人亲附，畏而爱之，不令而行。赏罚不正，则忠臣死于非罪，而邪臣起于非功。赏赐不避怨仇，则齐桓得管仲之力，诛罚不避亲戚，则周公有杀弟之名。书云：“无偏无党，王道荡荡；无党无偏，王道平平。”此之谓也。

【译文】

所谓赏罚，就是奖励良好行为、处罚恶劣行为。奖赏是为了鼓励建立功业，处罚是为了堵塞邪门歪道。奖赏不能不公平，处罚不能不公正。赏赐一个人要让别人了解他为什么受到赏赐，那么勇敢顽强之士就会奋力死战；处罚一个人要使别人明白他为什么受到处罚，那么行为恶劣之徒就会有所畏惧。因此，奖赏不能凭空而授，处罚不能胡乱施行。如果奖赏虚设，有功之臣就会心生怨恨；如果处罚胡来，正直之士就会打抱不平。中山国君因羊汤分配不均而激怒大臣司马子期，结果招来灭国之灾；楚怀王因听信小人谗言而疏远三闾大夫屈原，最后遭受亡国之祸。将领掌握着对部下的生杀大权，但如果不能谨慎用权，就会产生危及国家的五种祸患：一是没有死罪却被杀或本来是死罪却免死，二是无缘无故地乱发脾气；三是奖励和处罚没有明确的标准；四是朝令夕改、没有规矩；五是假公济私、中饱私囊。如果奖罚不够明确，那么号令就不被听从；如果死罪可以存活，那么邪恶就不能禁绝；如果活罪反而被杀，那么士兵就四散逃亡；如果将领喜怒无常，那么威信就不能树立。赏罚不明确，部下就不会杀敌立功；教育不得当，士兵就不会遵守法令；公私不分明，士兵就不会忠心耿耿。如果邪恶不能禁绝，国家就不能长治久安；如果士兵四散逃亡，军队人数就越来越少；如果将领没有威信，士兵就不会主动杀敌；如果法令不能坚决执行，事情就无法得到处理；如果人人怀有二心，国家就处于危险境地。政治清明才能防止邪恶，作风节俭才能制止奢侈。忠贞正直之士可以判决刑狱，廉洁奉公之人可以主持赏罚。如果赏罚公平而没有偏向，那么别人即使死到临头也会心服口服。如果路旁还有饥民，而官吏的马厩中却有肥马，这种行为就是不顾别人死活而只顾自己敛财，对别人刻薄而对自己优厚。君主应当先征集礼物，然后进行奖赏；先进行教育，然后进行惩罚，这样就会使别人亲近并归附、敬畏并爱戴，不需要下命令，就会按照他的旨意去行动。如果赏罚不公正，那么忠臣就会无罪却被诛杀，奸臣就会无功却被提升。奖赏不应回避仇人，齐桓公就因不计前嫌而重用管仲，得以成就霸业；惩罚不应回避亲属，周公就因大义灭亲而诛杀弟弟，从而树立威信。《尚书》中说："处事公正，没有偏向，圣王之道就会宽广无边；没有偏向，处事公正，治理国家就会井然有序。"说的就是这个道理。

【解读】

唐太宗李世民说："国家大事，唯赏与罚。"[①] 这里面的道理也是明确的，"赏当其劳，无功者自退；罚当其罪，为恶者咸惧"，所赏的人和他的功劳相当，无功的人自然退避不争；所罚的人和他的恶行相当，做坏事的人才会感到畏惧。这样一来，"赏罚不可轻行也"，为政的人就知道赏罚不能轻率施行，"唯赏与罚，不可不当"。实施赏罚的指导原则是，"赏一人而天下悦者，赏之；罚一人而天下惧者，罚之"；"有功者，虽仇亦必赏；有罪者，虽亲亦必罚"[②]。假如做到了这些，那么，"大道之行，天下为公矣；唯天下之至公，其圣王能之"[③]。知道了赏罚的重要性之后，就要进一步明确赏罚的尺度即准则。理解本文的要义，就在于对"准则"二字的理解。所谓准则，就是人的行为或道德所遵循的标准或原则。关于赏罚的准则，唐代史学家吴兢认为"赏不遗疏近，罚不阿亲贵，以公平为规矩，以仁义为准绳"[④]；中国历史上第一个状元孙伏伽在向李世民进谏时也说"赏罚之行，无贵贱亲疏，惟义所在"[⑤]，但如果对"义"没有明确的定义，那么在实际操作中仍然是一笔糊涂账。实际上，指导赏罚实践的准则有三条：判别准则、道义准则和良心准则。这三条准则，哪一条都不可偏废，而且需要同时用它们对所施行的赏罚进行综合判别，才不会使赏罚失度。

赏罚分明：是非善恶的判别准则

赏罚分明的先决条件，就是要有明确的判别是非对错的准则，而不能公说公有理、婆说婆有理。从一般意义上来理解，是非与对错似乎是一回事

---

① 《贞观政要·封建第八》。
② 《贞观政要·赏罚第九》。
③ 同上。
④ 《贞观政要·择官》。
⑤ 《新唐书·孙伏伽传》。

情。但要深入想一想，这两个概念似乎又有所不同。简单地说，“是非”说的是真不真的问题，属于事实判断，有客观标准，有几分证据，说几分话；“对错”说的是该不该，属于道德判断，见仁见智。许多自然科学的定理、定律的正确与否属于前者，价值观、审美观等方面的差异属于后者。

人们的是非判断来源于对“事情应当如何”的认识，是一种理性的、有意识的、自觉的、自省的思考。是非观与对错观是一种缓慢发展起来的能力，它完全基于个人的经历和教育，并且在不同文化中会产生巨大的差异。在很多情况下，在一种文化中被认为正确的事，对另一种文化而言就可能是错误的。例如，对于一些群体来说，吃猪肉是正常的事情，但对于伊斯兰教徒来说，则是一种对“真主”的亵渎行为。从某种意义上说，是、非、对、错只是四个符号而已，只是此时此地的“真不真”与“该不该”的问题，在彼时彼地，可能结论正好相反。肚子饿的时候，吃饭是“该”，也就是“对”；肚子饱时吃饭就是“不该”，也就是“错”；而“吃”本身则无所谓是非对错。是非与对错是两个典型的二元对立命题，其判断标准是相对的。例如，所谓事实判断中的“事实”，是全部事实，还是部分事实？法院判案所遵循的“以事实为依据，以法律为准绳”的基本原则中的“事实”也不是全部的事实，而是法庭所能够获取的事实。

在区分对错的道德判断中，所谓的“道德”，常常使人陷入困境。例如，价值观是一种对人生、事物的看法或评价，是一种比较的行为，而不是一个准则。若仅以个人价值观来评论人事的是非，是不够理性客观的，因而也不可能得出一个比较理性客观的结论，即使皇帝的“金口玉言”，也不一定能够判定是非，“天子之所是未必是，天子之所非未必非”①。在捷克作家米兰·昆德拉的笔下，萨宾娜对她的情人托马斯说：“我喜欢你的原因，是你毫不媚俗。在媚俗的王国里，你是魔鬼。”② 萨宾娜对人的喜好的判断，完全是由她自己的价值观所决定的，实在不好说是非与对错。在滚滚红尘里，被人们视为“魔鬼”的人物，也许往往就是天使本人。托马斯这样一个毫不媚

① （明）黄宗曦，《明夷待访录·原臣》。

② （捷克）米兰·昆德拉，《不能承受的生命之轻》，许钧译，上海译文出版社，2003年7月版。

俗的人，在捷克当时的社会政治环境下就是一个“魔鬼”，他的处境可想而知，其结局也不言而喻。在曹雪芹的笔下，林黛玉或许也是传统社会这个“媚俗的王国里”的“魔鬼”。她不但从来不去劝宝玉“去立身扬名”，从来不说功名利禄、武死战文死谏之类的“混账话”，而且全部生命就犹如花朵、犹如诗歌，不为传世，不为功名，只是生命的本真流露、灵魂的激情燃烧。两次“葬花”[①]，一次“焚稿”[②]，恰似精神祭礼，展现出她的惊世奇绝。可叹的是，在这个“花谢花飞飞满天”的世界里，她感受到的现实是“一朝春尽红颜老，花落人亡两不知”，等待她的唯一结局只能是“质本洁來还洁去”。萨宾娜和林黛玉的行为到底是对、是错？谁有资格可以对这种人生观和道德观做出评判？

那么，天下到底有没有是非？庄子认为，“天下是非果未可定也，虽然，无为可以定是非”[③]；“天下非有公是也，而各是其所是”[④]。“公是”就是指主体间共同认可的真理性认识。显然，庄子从论辩本身无法客观地判定出发，认为主体间的意见分歧与是非争执并不存在定论，每个人都自以为是，主体间不可能对真理性认识达成共识。[⑤] 在庄子看来，主体间之所以存在意见的分歧和观点的差异，其原因在于人皆有“成心”（或“师心”、“机心”）。所谓“成心”，就是“域情滞者，执一家之偏见者”[⑥]，也就是说，认识主体具有偏见或先入之见，“各师成心，其异如面”[⑦]。庄子认为，主体间存在的一切意见分歧与观点差异都缘于“成心”。另一方面，假如我与你意见相左，发生了关于是非对错的争论，那么能否找出一个第三者来对我们的论辩加以客观地判定呢？庄子认为这也是不可能的[⑧]：

吾谁使正之？使同乎若者正之，既与若同矣，恶能正之？使同乎我者正之，既同乎我矣，恶能正之？使异乎我与若者正之，既异

---

① 《红楼梦》第 23 回和第 27 回。
② 《红楼梦》第 97 回。
③ 《庄子·至乐》。
④ 《庄子·徐无鬼》。
⑤ 晋荣东，“庄子论‘辩’中的主体间性问题”，《文史哲》，1997 年第 2 期。
⑥ 《庄子·齐物论》，成玄英注。
⑦ （南朝）刘勰，《文心雕龙·体性》。
⑧ 《庄子·齐物论》。

乎我与若矣，恶能正之？使同乎我与若者正之，既同乎我与若矣，恶能正之？然则我与若与人俱不能相知也，而待彼也邪？

这段话的意思是说，请一个第三者来评判，或者与你的意见相同，或者与我的意见相同，或者与你我的意见都不相同，或者与你我的意见都相同，但是无论在哪一种情况下，这个第三者本身已经成为了论辩过程中的一方，所以不可能对存在于你我之间的意见分歧和是非争执做出客观的判定。因此，我们两人究竟谁是谁非，你我他都无从知道。由于无法对展开于主体间的关于不同意见和观点的是非对错的论辩加以客观地判定，因此，天下就没有是非。

庄子站在无是无非的“道”的立场，批评有是非分别的“各是其所是”，主张从根本上超越名相是非，“是亦彼也，彼亦是也。彼亦一是非，此亦一是非”[①]。不幸的是，庄子这个观点本身就介入了是非的争论之中了。这是因为，正如孟子所言，“是非之心，人皆有之”，它不是由外物决定的，而是每个人“固有之也”[②]。至于要不要争论，这是一个态度或修养的问题，认为“是非不必争你我，彼此何须论短长”[③]，无非觉得是非“自有公论”[④]，而这个所谓的“公论”恰恰也是某种争论的结果。如果有人受到委曲和压迫，那么总要找机会发出不满和反抗的呼声，也即“物不平则鸣”[⑤]。因此，“事有是非必争，物失其平则鸣”，宣称是非不能通过争论来分辨，恰恰说明这个世界是有是非的，问题的焦点无非是以什么准则来判断是非。

虽然是非与对错没有绝对的标准，只有相对的标准，但这并不意味着就不能对是非与对错进行判断。鲁迅说：“地上本没有路，走的人多了，也便

---

① 同上。

② 《孟子·告子上》：“恻隐之心，人皆有之；羞恶之心，人皆有心；恭敬之心，人皆有之。恻隐之心，仁也；羞恶之心，义也；恭敬之心，礼也；是非之心，智也。仁义礼智非由外铄我也，我固有之也。”

③ （明）憨山大师，《醒世歌》。

④ （南朝）刘义庆，《世说新语·品藻》：“抃庚公响又问：‘何者居其右？’王曰：‘自有人。’又问：‘何者是？’王曰：‘噫！其自有公论。’”

⑤ （唐）韩愈，《送孟东野序》：“大凡物不得其平则鸣，草木之无声，风挠之鸣；水之无声，风荡之鸣。”

成了路。”[1] 人为什么要走，是因为有需求，所以才有了路；而路是要人走的，如果没有人走了，路也就没有了。世界上本来没有是非对错，说的人多了才分是非对错；假如没有是非对错，也就无需争论；而争论的发生正是因为有是非对错。因此，在正常的社会生活中，对变化中的事物产生是非与对错的争论和探讨，以求取得社会共识是天经地义的简单道理，尤其是来自于全社会的争论和探讨，更具普适性价值，此所谓“知屋漏者在宇下，知政失者在草野，知经误者在诸子”[2]。问题在于，人们对事物进行判断后的结论是否一定属于非“黑”即“白”。实际上，就世界上的大多数事物做出判断的话，其中的“不同”要远远多于“是非”和“对错”。即使有两方水火不能相容，也并不一定一个是“是”，一个是“非”；或者一个是“对”，一个是“错”。如果用“不同”和“差异”来看待问题，而不是用“对错”、“黑白”、“是非”的观点来看待问题，类似的龃龉会减少很多。比如，汉人的传统是人死后应入土为安，但藏族同胞则是实行天葬，认为人被鸟吃了才是一种福气。这就是一种“不同”和“差异”，而不是原则性的“是非”与“对错”，更谈不上道德不道德的问题，充其量是一种来源于传统的游戏规则而已。

金木水火土这五行总是相生相克，循环往复，它反映了事物的永恒特征。是非、对错在某种条件下也是可以相互转化的，“物极必反”[3] 说的就是这个道理。清代史学家赵翼在悼杜甫诗中的句子“国家不幸诗家幸，赋到沧桑句更工”[4]，便是对这种相对判断标准的形象写照，反映了“坏事变好事”的辩证法。对于个人的人生境遇来说，也是如此。司马迁讲过七件事情[5]：“文王拘而演《周易》，仲尼厄而著《春秋》。屈原放逐，乃赋《离骚》。左丘失明，厥有《国语》。孙子膑脚，《兵法》修列。不韦迁蜀，世传《吕览》。韩非囚秦，《说难》、《孤愤》。《诗》三百篇，大抵圣贤发愤之所为

---

① 鲁迅，《呐喊·故乡》。

② （西汉）王充，《论衡·书解篇第八十二》。

③ 《吕氏春秋·博志》：“全则必缺，极则必反。”《鹖冠子·环流》：“物极则反，命曰环流。”《史记·田叔列传》：“夫月满则亏，物盛则衰，天地之常也。”

④ （清）赵翼，《题遗山诗》。

⑤ （西汉）司马迁，《报任安书》。

作也。”这些人在不同程度上受到了当政者的不公对待，可谓“非”或“错”，但他们奋发有为，在各自领域做出了不朽的成果，反过来对当政者又有益处，可谓“是”或“对”。因此，在这段论述中，我们能够深刻地体会到是非之间与对错之间相互转化的辩证过程。

在管理工作中，是非主要指原则问题，而对错则主要指方法问题。对于管理者来说，如果没有是非的原则性和对错的艺术性，不能正确理解这两个二元对立命题之间的相互转化的客观规律，就不能确立明辨是非与对错的标准，也就不能有效解决现实生活中出现的各种矛盾和问题，有时甚至会起到激化矛盾的相反作用。如果细小的社会矛盾不能及时和有效地解决，那么有可能造成一种暗示性的纵容，久而久之，社会就容易走入无序和麻木的氛围，进而导致社会的失范、秩序的混乱和矛盾的激化。制定判断是非对错的准则，是规范人们的行为和维护社会秩序的重要手段。爱国华侨领袖陈嘉庚先生在抗日战争时期著名的11字电报提案“敌未出国土前言和即汉奸”[①]，就是一个确定判断是非与对错准则的典范。如果没有这个提案所确定的鉴别汉奸的准则，那么，汪精卫之流的卖国言行也许会因庄子的“天下非有公是也，而各是其所是”的诡辩术而起到蒙骗国人的作用。

是非与对错的判断标准，永远具有相对性。只有承认这一点，我们才能够确立正确的是非观与对错观，才能真正确立辩证唯物主义的世界观。对于任何组织或团体来说，鼓励什么，支持什么，反对什么，禁止什么，都要有明确的准则，否则，什么事情也干不了。一般来说，凡干实事的人，就要说话，就要办事，就要待人；老办事难免有错，老待人难免有怨，哪怕是万分

---

① 1938年10月28日，国民参政会第一届二次会议即将在重庆开幕。此时中国抗战正进入紧急关头，广州失陷，国民政府被迫从武汉撤到重庆；而身为议长的汪精卫却发表一篇篇演说和谈话，或隐或现地大放“和平”烟幕，销蚀中国军民的抗日斗志，引起了国内人民和海外侨胞的强烈愤慨。南洋华侨筹赈祖国难民总会主席、国民参政员陈嘉庚因事未能回国与会，从新加坡向大会提前发来一份反对求和的电报提案，其意为“敌未出国土前言和即汉奸”。这份电报提案一到会场，不一会儿便有20位参政员联署，经激烈辩论、修改后在大会上表决通过，给了国民党内妥协投降势力以当头棒喝。据说当时主持会议的恰恰是汪精卫，提案交付会议讨论及通过后照例必须由他当众宣读，这令他极为狼狈。当汪精卫高声朗读时，脸色大变，讨论时又坐立不安，其所受刺激很深。陈嘉庚的忠肝义胆，众口称颂，爱国志士邹韬奋更将他的这份提案誉为“古今中外最伟大的一个提案”。

之一，在这种情况下，如果组织上旗帜鲜明地支持、鼓励干事的人，当他们受到非难时，敢于为这些人撑腰、鼓劲，坚持改变那种功过不分、赏罚不明的做法，那么就不会出现“干的不如看的，看的不如捣乱的”的怪现象。否则，大家都是“以其昏昏，使人昭昭”①，不论是非，不分对错，最后的结果就是干事的人变成了毛病最多的人，不干事而整人的人反倒变成专给人“治病”的人②。许多恶行与恶语受到无形的鼓励，或者赚到了利益，或者逃过了制裁，使得公理正义不愿眷顾善良无辜的人们。赏罚分明，在这种时候真如久旱的甘霖。

中国古代的贤哲们对赏罚分明作为是非对错的判别准则有着深刻的认识，并提出了许多精辟的见解。赏罚的目的是诸葛亮在本篇中所说的“赏以兴功，罚以禁奸”；赏罚的原则是“用赏贵信，用刑贵正”③；赏罚的对象是“刑过不避大臣，赏善不遗匹夫”④；赏罚的时机是“是非明而后可以施赏罚”⑤；赏罚不行的后果是“有功而不赏，则善不劝；有过而不诛，则恶不惧”⑥，“赏不劝谓之止善，罚不惩谓之纵恶”⑦。类似这样的说法还有很多，基本上把赏罚的本质说透了。西方的许多心理学家和管理学家通过很多的理论与实证研究，对赏罚分明的这一准则提供了支持性的证据，而且给出了许多操作性的具体方法。比如，根据期望理论⑧，如果个体感到在努力与绩效之间、绩效与奖赏之间、奖赏与个人目标的满足之间存在密切联系，那么他就会付出高度的努力。当员工感到自己的绩效使自己获得奖励时，他会在往

① 《孟子·尽心下》：“贤者以其昭昭使人昭昭，今以其昏昏使人昭昭。”

② 李瑞环，《学哲学用哲学》，中国人民大学出版社，2005 年 9 月版。

③ 《鬼谷子·符言》。

④ 《韩非子·有度》。

⑤ （宋）王安石，《九变而赏罚可言》。

⑥ （西汉）刘向，《说苑·政理》。

⑦ （东汉）荀悦，《申鉴·政体》。

⑧ 期望理论，又称效价－手段－期望理论，是美国心理学家和行为科学家维克托·弗鲁姆（Victor H Vroom）于 1964 年在《工作与激励》中提出来的激励理论：(1) 工作能提供给员工真正需要的东西；(2) 员工所欲求的东西是和绩效联系在一起的；(3) 只要努力工作就能提高绩效。

后的工作中付出更多的努力。根据强化理论[①]，组织的奖励强化了个人的绩效，如果管理层次设计的奖励系统在员工看来是用于奖励卓越的工作绩效的，那么奖励将进一步强化和激励这种良好绩效。根据公平理论[②]，个人在将自己的付出所得与所得比率同相关他人的比率进行对比，若感到二者之间不公平，将会影响到个体的努力程度。这三种激励理论，可以看作是西方化的“赏罚分明”理论，它们完全可以作为许多管理问题的是非对错的判别准则。

抑强扶弱：执法维权的道义准则

诸葛亮有一个理念：“有强者抑之，有弱者扶之。”[③] 意思是说，如果有人强横，就要逼他们收敛；如果有人羸弱，就要对他们扶持。应当说，这种“抑强扶弱”的行为反映了人们普遍认同的社会道德观，它的对立面就是“恃强凌弱”的霸道行为。所谓“强”和“弱”，也是一种相对的比较，而没有绝对的标准。这就需要我们对现实生活中的一些现象进行分析与判别。

首先，表面上的“平等”是否体现了实质上的“公平”。从执行纪律的角度讲，应该本着“法律面前，人人平等”的方针行事，这是维护平等与公正的根本准则。但是，社会生活的复杂性，往往对这些看似义正辞严的原则提出挑战，有时候表面上的平等并不意味着实质上的公正。有一幅漫画，把“平等”与“公正”的区别说得极其透彻。有三个身高不同的人在墙外观看

① 强化理论，又称行为修正理论或行为矫正理论，是美国心理学家和行为科学家斯金纳（Burrhus Frederic Skinner）等人提出的一种理论，认为人是没有尊严和自由的，做出或不做出某种行为，只取决于一个影响因素，那就是行为的后果。斯金纳提出了一种“操作条件反射”理论，认为人或动物为了达到某种目的，会采取一定的行为作用于环境。当这种行为的后果对他有利时，这种行为就会在以后重复出现；不利时，这种行为就减弱或消失。人们可以用这种正强化或负强化的办法来影响行为的后果，从而修正其行为。

② 公平理论，又称社会比较理论，是美国心理学家约翰·斯塔希·亚当斯（John Stacey Adams）于1965年提出的，认为员工的激励程度来源于对自己和参照对象的报酬和投入比例的主观比较感觉。

③ 诸葛亮，《将苑·将诫》。

里面的球赛，但由于墙比另外两个小个头的人都要高，只有那个高个子可以看到里面。于是，每人给他们一个櫈子，让他们站在上面。三个櫈子一般高，对他们三个人而言是平等的，但个头最小的那个人还是看不到里面的球赛，他还是得不到“公正”。如果把高个子脚下的櫈子也给了他，让他站在叠起来的两个櫈子上，他就可以看到里面的球赛了，这种情况下，他并没有受到“平等”的对待，但他得到了“公正”。人们具有追求“平等”、“公正”和“自由”的本能，这些观念，假如不能落实到每一个具体的个人的身上，那就一点价值也没有，而实现的方式就是以个人是否得到实惠来衡量。这幅漫画，就体现了一种“抑强扶弱”的情怀，而正是这种情怀才能体现出“公正”这一道义准则。

青史留名的明代大清官海瑞，提出一个断案的准则[①]：

> 窃谓凡讼之可疑者，与其屈兄，宁屈其弟；与其屈叔伯，宁屈其侄；与其屈贫民，宁屈富民；与其屈愚直，宁屈刁顽。事在争产业，与其屈小民，宁屈乡官，以救弊也。（乡官计夺小民田产债轴，假契侵界威逼，无所不为。为富不仁，比比有之。故曰救弊。）事在争言貌，与其屈乡官，宁屈小民，以存体也。（乡官小民有贵贱之别，故曰存体。若乡官擅作威福，打缚小民，又不可以存体论。）

海瑞的这种断案准则，古人早已有之，例如，“与其失去了好人，还不如有利于坏人”[②]，“与其杀害无辜的人，宁可放过犯罪的人”[③]。世事繁杂，海大人不是福尔摩斯，在审案的实践中也会遇到案情一时无法厘清的时候。那个年代没有诸如照相、录相和DNA分析之类的破案工具，诉讼双方有时也无法提供完整的材料，整个案情不可能得到全景式的“回放”，因此只能由办案者按照长幼、贫富、贤不肖、贵贱等一般性的常识并结合自己的实践经验，照顾弱势一方或者尊长一方。这样或许会心安理得一些，理由是可以“救弊”，也可以“存体”。按照“法律面前，人人平等”的原则，海瑞的这种做法是不够公正的，但在那个时代，他有勇气克服恃强凌弱、官官相护的

---

① 陈义钟（编校），“兴革条例”，《海瑞集》（上册），中华书局，1962年版，第117页。

② 《左传·襄公二十六年》：“与其失善，宁其利淫。”

③ 《尚书·大禹漠》：“与其杀不辜，宁失不经。”

官场弊端;那时的乡宦一般来说属于知书识礼的阶层,通过“宁屈小民”来保存这个阶层的体面,应当说也是一种勉为其难的选择。有人将海瑞所列举的六个差别保护的例子和判别准则概括为“海瑞定理”①,具体包括公平定理、差别定理和疑罪从无原则,这也算是对海瑞在中国司法实践中所做贡献的总结。根据一般的经验和常识,穷人和小民占有的经济资产必定比乡宦少;而在中国传统社会中,兄长、叔伯、愚直和乡宦占有的文化资产比弟侄、刁顽多。据此,在经济资产的两可案件中,无法明晰的产权应配置给经济资产缺乏的人;在文化资产的两可案件中,无法明晰的产权应配置给文化资产丰裕的人。这样就按照差别保护原则做出判决,从而体现“抑强扶弱”的理念。有些案件的事实不清,证据不足,暂且让那些“强者”吃一点亏,委曲一下,对他们来说也不一定就是事实上的“冤案”,因为他们也提不出强有力的证据。正是基于这些考虑,海瑞才使用了一个“屈”字,而没有用“判”字,真是“智技殊绝于人”②。由此可见,海瑞绝不是一个简单的“以熟读诗书的文人治理农民”③ 的腐儒,而是一位从实际出发、具有创新思维的司法实践家。

纵观海瑞的一生,有两大特点:其一,他是一个不畏权贵的人。他以六品小官的身份,抱着必死的决心毅然向嘉靖皇帝上疏,力陈他继位以来的种种恶行,这便是有名的“直言天下第一事疏”。这种敢于与当朝皇帝作对而不顾自己生死的人,自古以来能有几个?其二,他是一个铁面无私的人。他对一直有恩于自己的退休宰相徐阶也毫不留情,将徐家仗势多占的40万亩良田退还原主,并将徐阶的两个欺压良民的儿子及20多个家人依律问罪。这种为了维护社会公义而敢于与恩人和前辈撕破脸皮的人,自古以来又有几个?因此,即使海瑞的断案准则在某些方面有失偏颇,表面上看似乎不平等、也不公正,但其实质上仍然是一种抑强扶弱的道义准则,有其进步意

① 苏力,“‘海瑞司法定理’的经济学解读”,《中国社会科学》,2006年第6期。

② 诸葛亮,《后出师表》:“曹操智计,殊绝于人;其用兵也,仿佛孙吴。”

③ 黄仁宇,《万历十五年》,中华书局,1982年版。

义。如果真是按照海瑞的准则来断案，那么就不会发生诸如“佘祥林案”[1]、“赵作海案”[2] 和“念斌案”[3] 等等这样的冤案、错案了。佘祥林和赵作海的案子都是因为原来认定的“死者”后来“死”而复生，说明当时判案所用的“证据”都是假的，确凿无疑地属于冤案；而念斌案的证据不足、事实不清，如果不按疑罪从无的原则处理，就有可能又变成一起冤案。

其次，如何对待小善小恶。《三国志》的作者陈寿在评价魏武帝曹操时说：“勋劳宜赏，不吝千金；无功望施，分毫不与。”[4] 立有功勋应该奖赏，哪怕千金之重也不吝惜；没有功勋而指望施舍，应分毫不给。西汉时的宰相王嘉在评价汉宣帝刘询时说：“赏罚信明，施与有节，记人之功，忽于小过。”[5] 这段话言简意赅地点出了施行赏罚的原则：必须明白公正，没有偏私；必须言而有信，说到做到；必须谨慎适度，不滥奖乱罚。小功劳也应给

① 佘祥林，男，湖北省京山县雁门口镇人。1994 年 1 月 2 日，佘妻张在玉因患精神病而走失，张的家人怀疑她被丈夫杀害。同年 4 月 28 日，佘祥林因涉嫌杀人被批捕，后被原荆州地区中级人民法院一审判处死刑，剥夺政治权利终身。后因行政区划变更，佘祥林一案移送京山县公安局，经京山县人民法院和荆门市中级人民法院审理，佘于 1998 年 9 月 22 日被判处 15 年有期徒刑。2005 年 3 月 28 日，张在玉突然从山东回到京山。同年 4 月 13 日，京山县人民法院经重新开庭审理，宣判佘祥林无罪。2005 年 9 月 2 日，佘祥林领取 70 余万元国家赔偿。

② 赵作海，男，河南省商丘市柘城县老王集乡赵楼村人。1999 年因同村赵振晌失踪后发现一具无头尸体而被拘留，2002 年商丘市中级人民法院以故意杀人罪判处其死刑，缓期二年执行。2010 年 4 月 30 日，赵振晌回到村中。同年 5 月 9 日，河南省高级人民法院召开新闻发布会，认定赵作海故意杀人案系一起错案，宣告赵作海无罪，同时启动责任追究机制。2010 年 5 月 17 日，赵作海领到国家赔偿金和困难补助 65 万元。

③ 念斌，男，福建省平潭县人。2006 年 7 月 27 日夜，福建省平潭县澳前村两户居民家中多人出现中毒症状，其中两人经抢救无效死亡。警方经过侦查，认为其邻居念斌有重大作案嫌疑，并对其予以逮捕并提起公诉。该案历时 8 年 9 次开庭审判，4 次被判处死刑并立即执行。2010 年 10 月，最高人民法院以“事实不清、证据不足”为由，发出不核准死刑的裁定书，并撤销原判，发回福建省高院重审。2011 年 5 月 5 日，福建省高院也撤销了福州市中级法院对念斌的死刑判决，该案件发回福州中院重新审判。2011 年 9 月 7 日，该案在福州中院再次开庭审理，在没有新事实新证据的情况下，福州中院于同年 11 月 24 日再次对念斌判处死刑，剥夺政治权利终身。2014 年 8 月 22 日，福建高院做出终审判决，上诉人念斌无罪。

④ 《三国志·魏书·武帝纪》。

⑤ 《汉书·王嘉传》。

予奖励，“小功不赏则大功不立”[①]；小过失则应予宽恕，“小怨不赦则大怨必生”[②]。这几点做到了，就会收到赏罚的最佳效果。

《三国志》的作者陈寿对诸葛亮有一个评价：“善无微而不赏，恶无纤而不贬”，加之诸葛亮其他方面的才干，其结果是“终于邦域之内，咸畏而爱之，刑政虽峻而无怨者，以其用心平而劝戒明也”。至于诸葛亮到底处理了哪些小的赏善罚恶的事情，并不多见于史实，只是陈寿在其著作中做了综述，“科教严明，赏罚必信，无恶不惩，无善不显，至于吏不容奸，人怀自厉，道不拾遗，强不侵弱，风化肃然也”。诸葛亮在刘备去世后，成为事实上握有蜀汉最高权力的人，无论大事小情，他都要亲自处理，“事无巨细，亮皆专之”；即使晚年在率军北伐时，身体已经不好了，仍然保持着这种亲力亲为的作风，“二十罚已上皆自省览”[③]，因此，这种“无恶不惩，无善不显”的事情应当是有根据的。诸葛亮自己举过一个例子[④]：

> 前后所作斧，都不可用。前伐鹿角，坏刀斧千余枚，赖贼已走。间自令作部作刀斧百枚，用之百余日，初无坏者。尔乃知彼主者无意，以收治之，非小事也。若临敌，败人军事矣。

在诸葛亮看来，斧头质量的好坏，绝不是什么小事，而是关系到两军对阵时能否取胜的关键，因此，对制造斧头的负责人的不负责任行为必须予以追究。中日甲午海战中，清政府战败，原因固然很多，但炮弹质量差是一个重要原因，不仅舰炮发射的炮弹不爆炸，而且海岸炮台发射的炮弹也不爆炸[⑤]，因此始终未能用炮火击沉任何日舰。可见，事情的大小有时不在于事情本身，而要看它所产生的后果，正所谓“千丈之堤，以蝼蚁之穴溃；百尺之室，以突隙之烟焚”[⑥]。正是基于这个道理，刘备临终时告诫刘禅“勿以

---

① 《素书·遵义章》。

② 同上。

③ 《晋书·宣帝纪》。

④ 《诸葛亮集·作斧教》。

⑤ 据日方记载，清军旅顺口炮台发射的炮弹，“虽其响轰轰，但我兵因之死伤者甚少，之所以如此，无他，海岸诸炮台发射敌之大口径炮弹，其弹中大半填装以大豆或土砂故也”。（《炎黄世界》，2013 年第 10 期）

⑥ 《韩非子·喻老》。

恶小而为之，勿以善小而不为”[①]。当今社会出现很多涉及施工质量的“豆腐渣工程”[②]，相当一部分是由于负责人的不负责任而造成的，假如碰到诸葛亮，将会无一例外地统统被“收治之”。

再次，严格要求与抑强扶弱是否可以有机融合起来。在企业管理中，有一种所谓“强势管理”，是指通过流程制度或者领导者的意志对团队进行强制、硬性的自上而下的管理。强势管理模式的优点是可以打造一个“劲往一处使”的团队，从而改变团队松散、吃大锅饭的局面；这种管理的缺点是带有一定的“威胁”和“强制”的意味，如“末位淘汰制”，有违“以人为本”、“注重人的全面发展”的科学化管理理念。

中国素有“温良恭俭让”的与人为善的儒家文化传统，凡事以不撕破面子、保持一团和气为目的；而西方的管理似乎只崇尚个人能力，把“面子”看得不是太重。事实上，西方人也不是完全都是崇尚能力主义者，特别是一些大企业的领导人，也十分注重与员工的思想沟通。尽管华尔街的金融分析家或通用公司的投资者认为，美国通用电气公司董事长兼首席执行官杰克·韦尔奇的最大贡献是在股市上造就了世界上最具价值的公司，但是，这位把一半时间花在人事上的总裁却说：“我最大的成就是发现人才。他们比绝大多数首席执行官都要优秀。”[③] 与员工沟通的方式多种多样，韦尔奇所采取的最有效方式之一就是经常使用便笺。每当他从董事长文具夹中拿起黑色圆珠笔，很快会有便笺通过传真机传给员工，而原件在两天后会邮寄到员工手中。这些便笺中的话语亲切质朴，发自内心，蕴含着一种感人的力量。通用公司一位名叫伍德伯恩的经理，曾因不愿影响女儿的学业而婉拒一次升迁。在韦尔奇知道这件事的当天，伍德伯恩便收到一张便笺：“比尔，我们喜欢你有许多原因，其中一个原因就在于你是一个非常特别的人。今天早上，你又一次证明了这一点。这样做对于你本人和你的家庭都有好处。坚持你的优先考虑。”伍德伯恩说：“这表明韦尔奇看重我并非因为我是经理，而是一个

---

① 《三国志·蜀书·先主传》。

② “豆腐渣工程”是原国务院总理朱镕基在 1998 年全国性洪水施虐期间说的，当年的长江洪灾就是以往的豆腐渣工程加重了灾情。从此，“豆腐渣工程”就成为了那些烂工程的代名词。

③ 王孝明，《管人的技巧》，经济管理出版社，2004 年 1 月版。

人。这很重要。”

韦尔奇也有对员工严厉的一面，这使得他在许多人的心目中是一个令人敬畏的人。有一位第一次见韦尔奇的经理，在汇报工作时因紧张过度而发抖，他直言告诉总裁：“我非常紧张。妻子警告我，如果我通不过这次考验，她会把我赶出家门。”汇报结束后，韦尔奇在飞机上请人给那位经理家送去一打玫瑰花和一瓶酒，并给经理的妻子写了一张便笺：“你丈夫今天表现得很出色。我们非常抱歉几周来让他和你备受煎熬。”一张便笺看似普通，却发挥了难以估量的作用。员工们这样评价说：“韦尔奇在最上面讲了些什么，最下面的人也可以听得一清二楚。”

韦尔奇所做的这几件事情，就是对“抑强扶弱”理念的最好诠释，而且，他本人的实践表明，严格要求与抑强扶弱一点也不矛盾，它们只是一枚硬币的两个面而已。

悲天悯人：促进和谐的良心准则

赏罚是一种治理或管制的手段，它本身并不是目的。通过赏罚来形成一种被某个组织或群体中的大多数成员接受的秩序或氛围，或者说达到社会和谐，这才是它的目的。执法维权，本身没有错误，它既是社会的需要，也是执法者的职责。问题在于，通过赏罚即执法维权而达到社会和谐的这一终极目的，除了前文中所述的判别准则和道义准则外，还需要执法者有自己的良心准则，这就是悲天悯人的情怀。这种情怀，常常体现在怜惜弱者的痛苦，“畏天命而悲人穷也”①，而不是悲叹自己一时的不得意，“岂为一己之不遇乎”②。

良心是中国儒家所创造的一个名词，意指被现实社会普遍认可并被自己所认同的行为规范和价值标准。孟子说：“虽存乎人者，岂无仁义之心哉？

---

① （唐）韩愈，《争臣论》。

② （清）黄宗羲，《朱人远墓志铭》。

其所以放其良心者，亦犹斧斤之于木也。”[①] 宋代大儒朱熹对孟子的这一说法进行了阐释：“良心者，本然之善心。即所谓仁义之心也。”[②] 良心是一定的社会关系和道德关系的反映，是人们的各种道德情感、情绪在自我意识中的统一，是人们在履行对他人和社会义务过程中形成的道德责任感和自我评价能力，对于人们的行为具有判断、指导和监督的作用。当我们说某人有良心时，其实是说他有良知。“人之所不学而能者，其良能也；所不虑而知者，其良知也。”[③] 良知也应该是一种“本然之善心”，但这种“善心”不是自发的，而是需要人们去挖掘它。明代大儒王阳明据此提出“致良知”的心性之学。《大学》有“致知在格物”的话，“致”是通过事情磨练，见诸客观实际。王阳明认为，良知人人具有，个个自足，是一种不假外力的内在力量。“致良知”就是将良知推广扩充到事事物物，也就是知行合一的过程。王阳明的“知行合一”的哲学观念包含两层意思：其一，知中有行，行中有知，“知行原是两个字，说一个工夫”。其二，以知为行，知决定行，“知是行的主意，行是知的工夫；知是行之始，行是知之成”[④]。王阳明将心学凝成四句话：“无善无恶心之体，有善有恶意之动。知善知恶是良知，为善去恶是格物。”

知行合一的观念深化了道德意识的自觉性和实践性的关系，克服了朱熹提出的知先行后的弊病，但是同时也抹去了朱熹知行说中的知识论成分，结果造就了以后的王学弟子任性废学的弊病，清初的思想家们甚至把明亡的原因归于王学的弊端。例如，顾炎武说：“以一人而易天下，其流风至于有百余年之久者，古有之矣，……其在于今，则王伯安之良知是也。”[⑤] 王船山也认为王学末流之弊就是从王阳明本身出来的：“姚江王氏阳儒阴释诬圣之邪说，其究也，刑戮之民、阉贼之党皆争附焉，而以充其‘无善无恶圆融事理’之狂妄。”[⑥] 费密说：“清谈害实，始于魏晋，而固陋变中，盛于宋南

---

① 《孟子·告子上》。

② 《朱熹集注》。

③ 《孟子·告子上》。

④ （明）王阳明，《传习录》。

⑤ （清）顾炎武，《日知录》（卷十八）。

⑥ （清）王船山，《正蒙注序论》。

北。……无论其未尝得而空言也，果‘静极’矣，‘活泼泼地会’矣，‘坐忘’矣，‘心常在腔子里’矣，‘即物之理无不穷，本心之大无不立，而良心无不致’矣，亦止与达摩面壁、天台止观同一门庭。……何补于国？何益于家？何关于政事？何救于民生？”[①]

从良心说到良知，总是强调一个“致”字即实践的观点。王阳明历来被认为是“立德、立言、立功”的“三不朽”人物，但他本人的学术思想在后世产生了如此的后果，则是他本人所万万没有预料得到的。由此可见，世上本无什么“不朽”，凡人、凡事、凡言都要经过实践的检验，尤其是言论和思想，哪怕当初的主观愿望是多么的良好，在实践面前也没有丝毫的防卫能力。

“和”是中国传统文化的核心概念，也是和谐社会重要的文化内涵。作为传统哲学范畴的中庸，其完整意义包括中、和两个方面。“中”表示采取正确的方法，“和”反映达到理想的目的，“致中和，天地位焉，万物育焉”[②]。所谓“执中致和”，就是通过正确的方法，实现美好的理想，达到事物发展的最佳境界。“和谐”，描述的是事物的内在联系，是事物内在联系规律的精髓，是事物存在的本质特征，是事物静止的一种表现形式。凡是存在的都是合理的，凡是存在的也都是和谐的。没有事物的和谐，也就不会有事物的存在。和谐与发展并不是不可分割的，很多事物的发展都是不和谐的，但不影响其发展，这是由于和谐是相对的，此处的和谐在它处可能是不和谐的，你看着是和谐的，其他人看可能是不和谐的，和谐不和谐并没有一个标准，因人因事因地因时而异。可以说，宇宙正是不和谐的产物，如果正物质与反物质和谐了，世界就湮灭了，由于其不和谐不对称，才有了我们的宇宙。这就是杨振宁和李政道的宇称不守恒定律[③]所告诉我们的关于物质世界的一条基本原理。和谐的理想状态永远也不会存在，只会有残缺的和谐，只会产生残缺的美，没有完整的美，这正是“月有阴晴圆缺，人有悲欢离合，

① （清）费密，《费氏遗书·弘道书》。

② 《礼记·中庸》。

③ 宇称不守恒定律（Parity Non－conservation），是指在弱相互作用中，互为镜像的物质的运动不对称。这一定律由杨振宁和李政道提出，吴健雄通过实验予以证实。杨、李因此而获得 1957 年诺贝尔物理学奖。

此事古难全”[1]。

和谐就是将看似不可调和的矛盾，运用合理的手段与方法，使之得到圆满的解决。而和谐社会就是将这种矛盾置于一种合理的行为框架之内，运用公共管理的手段将矛盾化解。因此，和谐社会应该是社会的各种要素相互协调，社会结构合理，社会运行有序，社会中的各种事物具有良好的生长和发展环境。因此，和谐社会不仅仅在于它的物质意义，更在于它的精神意义，不仅要物质丰富，更要让每个社会成员之间互相认同和接纳，进而达到身心愉悦的状态。从伦理的角度看，和谐社会应该是一种充满仁爱，到处洋溢着温情、善良和互相帮助的社会。虽然古代的“和”没有反对等级和差别，也没有指望消灭不平等，反而在一定意义上肯定了等级和差别的合理性，但孔子又说“君子和而不同”[2]，用“和”与“同”相对立，否定了单一排他所造成的发展机能的萎缩，所以“和”又有反对绝对同一，反对简单服从，主张思想文化上的多元化的意义。概括地说，和谐社会应该是一个思想活跃，包容万象，多种文化共存的社会。

现在让我们通过一个在网络上流传的故事，来体会什么是悲天悯人的良心准则。

1935年冬天，是美国经济最萧条的一段日子。这天，在纽约市一个穷人居住区内的法庭上，正在开庭审理着一个案子。站在被告席上的是一个年近六旬的老太太，因偷盗面包而被面包房的老板告上了法庭。她衣衫破旧，满面愁容，脸上透出羞愧的神情。法官问道：“被告，你确实偷了面包房的面包吗?”老太太低着头，嗫嚅地回答：“是的，法官大人，我确实偷了。”法官又问：“你偷面包的动机是什么，是因为饥饿吗?”“是的。”老太太抬起头，两眼看着法官，说道：“我是饥饿，但我更需要面包来喂养我那三个失去父母的孙子，他们已经几天没吃东西了。我不能眼睁睁看着他们饿死。他们还是一些小孩子呀。”听了老太太的话，旁听席上响起叽叽喳喳的议论声。法官敲了一下木槌，严肃地说道：“肃静。下面宣布判决!”说着，法官把脸转向老太太：“被告，我必须秉公办事，执行法律。你有两种选择，处以10

① （宋）苏轼，《水调歌头·明月几时有》词。

② 《论语·子路》。

美元的罚金或者10天的拘役。”老太太一脸痛苦和悔过的表情，她面对法官，为难地说：“法官大人，我犯了法，愿意接受处罚。如果我有10美元，我就不会去偷面包。我愿意拘役10天，可我那三个小孙子谁来照顾呢?”这时候，从旁听席上站起一个四十多岁的男人，他向老太太鞠了一躬，说道：“请你接受10美元的判决。”说着，他转身面向旁听席上的其他人，掏出10美元，摘下帽子放进去，说：“各位，我是现任纽约市市长拉瓜迪亚，现在，请诸位每人交50美分的罚金，这是为我们的冷漠付费，以处罚我们生活在一个要老祖母去偷面包来喂养孙子的城市。”法庭上，所有的人都惊讶了，都瞪大了眼睛望着市长拉瓜迪亚。法庭上顿时静得连地上掉根针都听得到。片刻，所有的旁听者都默默起立，每个人都认真地拿出了50美分，放到市长的帽子里，连法官也不例外。

这个故事表达了这么几层意思：其一，法官应执行法律。他做到了，判处老太太10美元的罚款，维护了法律的尊严。其二，市长拉瓜迪亚表现出悲天悯人的情怀，他当场动员人们为老太太募捐，也是一种自我批评的体现。其三，这个案子唤醒了人们同情弱者的良心，同时也告诉人们，居住在一个地方的人对该地方的穷人都有责任，居住在一个国家的人对该国家的穷人都有责任。这个案子的结果也成就了拉瓜迪亚这位美国著名政治家的声誉，他在纽约市的政绩为人们广为称颂，现今纽约市拉瓜迪亚地区机场就是以他的名字命名的。

悲天悯人和良心，说的是一种人情；赏罚则说的是法律。关于法律与人情的关系，中国历来有两个说法，一是“法不容情”，法律的刚性容不得人情的偏私，既定的规则一定要遵守，不能因人情而有所偏颇。二是“法律不外乎人情”，法律并非凭空产生，一般不会超出人类社会的正常情感伦理，即基本符合社会的伦理道德和人的思想感情，也就是说，法律富含人性化。前者说的是执法的规则，后者说的是立法的规则。对于一些强悍者（如手里掌握权力的官员，或者一些有后台的人），执法时做到“法不容情”，这是世人的祈盼与正义的呼声，比如包公铡皇亲的故事，历来被人们所津津乐道。

这是一种“治国制刑，不隐于亲”[①] 的正直行为。但生活中常常有一些相对的弱者触犯了法律或规则，执法者又该怎么办呢？孔子所主张的“父为子隐，子为父隐”[②]，也并非就是指父子之间相互包庇的行为，这个“隐”字是“隐括”，是一种矫正竹木邪曲的工具，意思是父子之间也要相互严格要求。苏轼在担任杭州知府时，对走私绵纱的读书人吴味道网开一面，成全了他赴京城赶考的美事。苏轼的具体做法可以商榷，但他对吴味道的同情心还是值得肯定的。前文中提到的拉瓜迪亚就做得很好，既维护了“法不容情”的法律尊严，又体现了“法律不外乎人情”的人格尊严。为了更好地理解这一话题，让我们再举一个发生在美国纽约的例子。

在纽约的冬天，每当暴风雪来临，所有公司职员不必上班，学校也可以停课，但纽约公立学校建校以来从未停过课，每天清晨校车总是准时出现在街道上，老师们则在前扫雪开道。暴风雪来了还要上课，这不是让孩子们找罪受吗？许多家长十分愤怒，打电话质问学校。学校给他们的解释是：虽然纽约有许多条件优越的家庭，但也有许多贫民子弟，那些孩子在家里没有足够的食物，甚至取暖也成问题。而按时上学的孩子可以得到学校免费提供的一份食物，并且很充足，吃不完还可以带回家作为晚饭，这样孩子们的生活可以得到最基本的保障。家长更加不解，于是又问：“那么，为什么不能只让穷人家的孩子到校呢？”学校如此回答：“我们不希望让穷人的孩子感到自己与别的孩子不一样，不让他们的心灵出现永远的伤痛。”这个故事比前一个故事的主题更加深化了，因为前一个故事只是表明人们要有同情心，不应该对弱者冷漠；这个故事则是告诉人们，施舍的最高标准是维护受施者的尊严。这样，施舍才达到了目的，施舍才不至于变味，才不至于变成一种变相的伤害。

诸葛亮的执法原则是“尽忠益时者虽仇必赏，犯法怠慢者虽亲必罚，服罪输情者虽重必释，游辞巧饰者虽轻必戳”[③]，反映了他的抑强扶弱、悲天

---

① 《左传·昭公十四年》：“叔向，古之遗直也，治国制刑，不隐于亲，三数叔鱼之恶，不为末减。曰义也夫，可谓直矣。”

② 《论语·子路》：“叶公语孔子曰：‘吾党有直躬者，其父攘羊，而子证之。’孔子曰：‘吾党之直者，异于是，父为子隐，子为父隐，直在其中矣’”。

③ 《三国志·诸葛亮传》。

悯人的仁者情怀，他奖赏“尽忠益时者”，原谅“服罪输情者”，惩罚“犯法怠慢者”，处决“游辞巧饰者”，这就是“法律不外乎人情”的体现。“赏罚者，不在于必重而在于必行”①，严刑峻法固然可畏，重奖厚赏当然可喜，但若不实现，仅仅是纸上谈兵，只能画饼充饥而已。因此，“刑罚之要，在于明当，不在于重。苟不必有罪，虽捶挞之薄，人莫敢犯；若容可侥幸，虽参夷之严，不足惩禁”②。只有言出法随，令行禁止，恪守奖惩条例，才能达到惩前毖后、赏一劝百的目的。否则，“虽日用斧钺于市而民不去恶矣，日赐爵禄于朝而民不兴善矣”③。赏罚的最高境界就是使人无过，使社会和谐。让无辜者得到正义的眷顾，固然是法治社会的道义所在，但让那些弱小者感受到法治的温暖，“关津若要知名姓，乃是孤儿寡妇船”④，更是人类高尚情怀的表现。这是一种促进社会和谐的良心准则。

① （三国）徐干，《中论》。

② 《资治通鉴·齐纪五》。

③ 徐干，《中论》。

④ （宋）刘斧，《青琐诗话》：“范文正公镇越。民曹孙居中死于官，其家大窘，遗二子幼妻。长子方三岁。公乃以俸钱百缗赗之，其他郡官从而遗之，若有倍公数。公为具舟，择一老吏送，辖其舟且诫其吏曰：‘过关防，汝以吾诗示之。’其诗曰：‘一叶轻舟泛巨川，来时暖热去凉天。关防若要知名姓，乃是孤儿寡妇船。’公之拯济孤贫，可见也。”

喜怒第十一

意气用事：用权理事的最大忌讳
情绪控制：心平气和的从政修养
不怒自威：仁厚君子的人格魅力

【原文】

喜怒之政，谓喜不应喜无喜之事，怒不应怒无怒之物。喜怒之间，必明其类。怒不犯无罪之人，喜不纵可戮之士，喜怒之际，不可不详。喜不可纵有罪，怒不可戮无辜，喜怒之事，不可妄行。行其私而废其功，将不可发私怒而兴战，必用众心，苟合以私忿而合战，则用众必败。怒不可以复悦，喜不可以复怒，故以文为先，以武为后，先胜则必后负，先怒则必后悔，一朝之忿而亡其身，故君子威而不猛，忿而不怒，忧而不惧，悦而不喜。可忿之事，然后加之威武，威武加则刑罚施，刑罚施则众奸塞。不加威武，则刑罚不中，刑罚不中，则众恶不理，其国亡。

【译文】

所谓喜怒，就是不值得高兴的事情就不要高兴，不应该生气的事情就不要生气。高兴也好，生气也罢，一定要有明确的标准和对象。生气时，不能冒犯无罪之士；高兴时，不要纵容该死之人。不论是高兴还是生气，一定要谨慎把握。高兴时，不能纵容有罪之人；生气时，不要杀戮无辜之人。不论是高兴还是生气，都不能肆意胡来。如果喜怒的情绪受到私心的控制，那么必然会毁掉事业。将领不能因私愤而发动战争，因为只有上下齐心协力才能取胜。如果为了发泄私愤而发动战争，那么即使军队人数众多也必然失败。

生气时不可以马上转向高兴，高兴时也不可以马上转为生气。因此，将领必先修文德，而后再求武功。否则，即使初期胜利了，最后也会失败，而且生气之后随之而来的便是后悔。一时的愤怒，会导致失败身亡。因此，君子的行为应当是保持威严但不粗暴凶狠，内心气愤但不随意发火，忧心忡忡但不担忧畏惧，愉悦快乐但不洋洋自得。如果碰到令人生气的事情，要显示出一种威风凛凛的气势；这种气势显示出来之后，就可以施加刑罚；刑罚施加之后，就能杜绝一切邪恶。如果不显示出威风凛凛的气势，那么所施加的刑罚就会不适当；刑罚不适当，那么各种恶行就得不到遏制，这样国家就会灭亡。

【解读】

晋代的嵇康说："养生有五难：名利不灭，此一难也；喜怒不除，此二难也；声色不去，此三难也；滋味不绝，此四难也；神虑转发，此五难也。"[①] 唐代医学家孙思邈将这"五难"收入他的《千金方》之中。嵇康和孙思邈把喜怒提到养生的高度来看待，可见，"喜怒"不是一个简单的事情，更不能简单地认为只是领导人的个性脾气问题。

意气用事：用权理事的最大忌讳

意气指主观偏激的情绪，在这种偏激情绪下处理事情，往往事与愿违。有这样一句话：发脾气，是本能；把脾气压回去，是本事。任何人都是既有感性的一面，也有理性的一面。当遇到事情时，如果多一分理智的思考，少一分盲目的冲动，那就是一种成熟的表现。也许有人会说，意气用事往往表现的是真实的情感，真实的自我。这话也不错。比如一个小孩子，假如言谈举止是一个"小大人"，那就失去了许多乐趣。但是，如果是一个领导者或从政者，那么"孩子气"式的意气用事，往往会坏了大事。

三国时，曹操手下有一位大将夏侯渊，作战勇猛，常常打胜仗，由此而

① （晋）嵇康，《答难养生论》。

变得更为骄纵。曹操看在眼里，忧在心上，因此经常对他进行劝诫："为将当有怯懦时，不可但恃勇也。将当以勇为本，行之以智计。但知任勇，一匹夫敌耳!"[①] 作为一个统帅三军的将领，如果一味地在战场上拚拚杀杀，那就如同一个普通士兵一样，对方只要派一个勇夫就可以把他击败。夏侯渊听了曹操的话之后作何感想，史书上没有记载，后人不得而知。后来，夏侯渊据守汉中时，与刘备手下的大将黄忠对阵，战死于定军山下。作为三军主帅而身死，与他只知任勇而不谙计谋的个性，有很大的关系。

与夏侯渊相反，刘备手下的大将赵云，则是一位智勇双全的大将。民间耳熟能详的"空城计"的故事，其实主角不是诸葛亮，而是赵云。建安二十年（公元 219 年），曹操统兵 20 万，与刘备争夺汉中。曹军把粮米运到北山之下，堆积如山。黄忠认为敌粮可取，引兵前去，但过了约定时间尚未回营。于是赵云带了几十个骑兵出营探视，正碰上曹操大军。赵云突遇大军，丝毫不乱，挺枪骤马杀入重围，左冲右突，如入无人之境。曹兵始遭赵云猛然冲击，阵势散乱，但不久就围拢起来。赵云救出黄忠，奋力杀出重围，已靠近自己的营寨。但他发现部将张著在敌阵受伤被围，遂又杀入重围，救出张著，突围而出。曹军在后紧紧追赶。沔阳长张翼见曹兵追来，提议让军士闭门拒守。然而赵云不但不允许关城门，反而命令将营门大开，令将士偃旗息鼓。曹军追到，见营门大开，不见旌旗，不闻金鼓，怀疑有伏兵，引兵欲退。曹兵刚一转身，赵云一声令下，营中将士万弩齐发，赵云更令营中擂鼓。鼓声大震，号角齐鸣。曹军惊骇，自相践踏，拥到汉水旁边，落水而死者不计其数。次日，刘备特意来到赵云昨日作战之处进行巡视，表扬赵云："子龙一身是胆也!"[②]

从这两个故事可以看出，夏侯渊与赵云的不同之处，就是后者不会意气用事，而是遇事冷静，想出克敌制胜的妙计。假如赵云也逞匹夫之勇，率领部下倾城而出，与曹军拚命，恐怕中国历史上就不会有这么一出"空城计"了，赵云个人和整个蜀汉的历史也该重写了。

---

① 《三国志·魏书·夏侯渊传》。

② 《三国志·蜀书·赵云传》裴松之注引《赵云别传》。

关于匹夫之勇，孟子曾经有过精辟的论述[①]。有一次齐宣王对孟子说："我有个毛病，就是喜欢'勇'"。孟子回答："勇，有小勇、大勇之别，希望大王不要好小勇。"一个人手握利剑，瞪大眼睛，高声吼道："谁敢抵挡我!"这就是匹夫之勇，只能抵挡一人的进攻。《诗经》说："文王义愤激昂，发令调兵遣将，把侵略莒国的敌军阻挡，增添了周国的吉祥，不辜负天下百姓的期望。"周文王一发怒，便使天下百姓都得到安定。这是周文王的勇。《尚书》说："上天降生了老百姓，又替他们降生了君王，降生了师表，这些君王和师表的唯一责任，就是帮助上帝来爱护老百姓。所以，天下四方的有罪者和无罪者，都由我来负责，普天之下，何人敢超越上帝的意志呢?"所以，只要有一人在天下横行霸道，周武王便感到羞耻。这是周武王的勇。周武王也是一怒便使天下百姓都得到安定。孟子总结说："现在大王如果也能做到一怒便使天下百姓得到安定，那么，老百姓就会唯恐大王不喜好勇啊。"

诸葛亮在本文中说："喜不可纵有罪，怒不可戳无辜。"这是对领导者从政理事所确定的一个根本原则。领导者作为个人来说，肯定有自己的好恶，这是他个人的自由，别人也不好干涉。但是，这种个人的好恶绝不能体现在从政理事中，否则，就变成了随心所欲的意气用事了。

媒体曾经报导过这么一个事情，湖南省的《衡阳日报》用了几十年的报头，在不到一周的时间内，竟然三次"变脸"。[②] 按理说，一家报纸的报头字体更换一下，也算不上什么"军国大事"，不值得小题大作。但是，引起网民好奇的是两个问题：其一，在短短一周的时间内为何频频更换报头?"好好的报头，5 天换 3 次，太儿戏了，这又不是小娃娃过家家"。其二，是什么人有这么大的权威，说换就换？原来是新来的市委书记有此"雅好"，他在担任怀化市委书记时，就曾经更换过《怀化日报》的报头。市委书记是

---

① 《孟子·梁惠王下》。

② 据《中国产业经济信息网》2013 年 4 月 28 日报道，从 4 月 19 日起，《衡阳日报》的报头题字就不再是那个一直熟悉的字体，换成了一个略显厚重的"毛体"草行体。然而这个改变也仅仅维持了三天。4 月 22 日，《衡阳日报》的报头题字又再一次被调换，厚重的"毛体"被一个清秀的行草体所代替。相比之前的改变，这次的"换脸"则更显"短命"，这次的改变仅维持了一天。4 月 23 日，《衡阳日报》的报头题字再次被更换回 4 月 19 日的那个"毛体"草行体。

一个地方的“一把手”，拥有很大的权力，换一张在他管辖之下的地方报纸的报头，简直易如反掌。由于不是第一次了，因此老百姓称其为“换字书记”。这篇报道说出了人们的心里话：

> 一把手应该要管的是民生经济等“大是大非”，而不是只懂得去上演“皇帝的新衣”。报纸吸引人的不应该是报头，还是内容。如果仅靠改报头来满足个人品味喜好，那还不如调整报纸的内容来满足广大群众的期盼。毕竟这不是一份只给一个人看的家庭私报！

要说历史上有没有只给一个人看的“家庭私报”？有！当年的大总统袁世凯就“享受”过这样的“特权”。其长子袁克定为了满足其父当皇帝的野心，单独为他印制一张《顺天时报》，上面专登拥护帝制的文章，由此也误导了袁世凯对当时世道民心的判断，结果走上了一条不归路。

李瑞环有一次在谈三亚城市建设时曾经说过一段话：“最怕碰上‘不懂、主观、有权’的领导。不懂不可怕；不懂、不听别人意见才可怕；不懂、不听意见但说了可以不算也无大害，最可怕的是碰上不懂、主观又有权‘三位一体’的人，其破坏性常常是无可弥补的。”[①] 上述这位衡阳市委书记，是否属于这类“三位一体”的人，不大清楚。但从报道的内容来看，报纸的报头说换就换，而且“一周三换”，说明在换报头这件事上，他是“有权”的，而且说了就算数。表面上，这是一个市委书记个人喜好的小事情，其实反映了他的意气用事的性格。一个报头的字体选择，他都要“一抓到底”，那么其他一些涉及民生的大事情上，他恐怕更是说话算数的人。报头的字体好坏，无关大局；但如果碰上涉及民生等的大事情，这种意气用事式的决断，恐怕会引发大的麻烦。因此，个人所担负的职务与简单的个人喜好应该分开。

透过领导者意气用事的表象，我们可以管窥到几个本质问题：

其一，如果不受到有效的约束，领导者个人永远是“唯我独尊”。一旦权力和地位不受监督，领导者就没有谦虚的态度和精神，不懂得尊重别人，以为自己手里有权就可以垄断真理，不论大事小情，自己的水平总是高于别人，甚至连选择报头这种事情的水平都要比别人高。现实生活中的吊诡之处

① 李瑞环，《辩证法随谈》，中国人民大学出版社，2007年4月版。

是，一旦这样的人非正常下台了，这种权力的丧失是肯定的，就连他所更换掉的报头字体也会被重新换回来，这就是所谓的“人亡政息”[①]。

其二，领导者的个人行为是由其所处的环境所决定的。领导者个人所处组织的氛围或机制是“家长制”、“一言堂”，没有领导想办而办不成的事情。在这种氛围里，绝不会有“一士之谔谔”，有的只能是“千人之诺诺”[②]。领导者最大的权力是用人权，在用人的问题上，不管组织程序多么严密、多么貌似公正，其实还是领导、尤其是“一把手”说了算[③]。

其三，如果这样的孤立事例多了，说明整个社会体制仍然是人治而不是法治。人治社会中，政府告诉人民享有什么权利，凡是政府不允许的，人民都不能做；法治社会中，人民批准政府享有什么权力，凡是人民不认同的，政府都不能做。作为政府代言者或代行者的领导人，其行为总是意气用事，那就没有任何依法办事的意愿或约束。在法治社会中，遇到事情首先要找律师，按法律办；在人治社会中，遇到事情首先找有权力的熟人，视人情办[④]。

其四，再英明的领袖，也逃不过人亡政息的规律。历史记住汉谟拉比，不是因为他是国王，而是因为他的法典石碑。汉谟拉比活了四十年，但他的

---

① 《礼记·中庸》：“文武之政，布在方策。其人存，则其政举；其人亡，则其政息。”

② 《史记·商君列传》：“千羊之皮，不如一狐之掖；千人之诺诺，不如一士之谔谔。武王谔谔以昌，殷纣墨墨以亡。”

③ 据网上的一篇题为《程维高：一个下台省委书记的反思》的文章记载，有人问原河北省委书记程维高：“你告诉我，在现有体制下，一个省委书记权力大到什么程度？副厅以上的领导干部，你个人能不能说了算？”程回答：“绝对没有问题！我要看中了谁，一般操作是这样的，把组织部长叫过来，说我上一次在某某地方见到那谁，感觉他思路不错。其他都不要说，这个话朝这个地方一落，马上组织部会按照干部任免的程序去考察，然后会拿到常委会上来讨论。”

④ 我认识的一位老前辈讲了这么一个故事，她的儿媳妇在美国一个州政府工作，有一次碰到一件她认为不公的事情，于是找律师打官司，一直打了好几年。官司的结果如何，这位老前辈没有告诉我。我认识另一位某地方政府的党政高官，他自己对我讲过，有一次坐车去另一地区，半路上车子被扣了，他马上打电话找当地一位可以管束交警的官员，最后放行。这两个我本人亲耳听到的例子，极好地诠释了什么是法治、什么是人治。

法典活了四千年，是人类法治史上的第一座丰碑①。拿破仑创造了一个强大的法兰西帝国，但很快就分崩离析了，留名青史的则是一部《民法典》②。拿破仑在流放地圣赫勒拿岛临终前曾不无感慨地说：“我一生四十次战争胜利的光荣，被滑铁卢一战就抹去了，但我有一件功绩是永垂不朽的，这就是我的法典。”③ 至于法典内容本身的是非曲直，我们不能超越时空，不能按照今天的标准来审视奴隶社会和封建社会的所谓“法”的社会功能。比如，商鞅和韩非所谓的“法治”只是“惩罚”，其本质上还是“人治”，但单单是“有法”与“无法”的区别，就是一件惊世骇俗的事情。商鞅改革的成功之处，就是他的法治思想得到了普及，“秦妇人婴儿，皆言商君之法”④。商鞅本人最后虽然遭受车裂的刑罚，但“秦法未败”⑤，他以自己的生死换来其法治的成功，“令行而禁止，法出而奸息”⑥，遂奠定了“百代都行秦政法”⑦的历史格局。商鞅被后世誉为“法学之巨子，政治家之雄也”⑧。从这个角度来说，商鞅可谓“死得其所，夫复何恨”⑨。

---

① 《汉谟拉比法典》（The Code of Hammurabi）是古巴比伦国王汉谟拉比（约公元前1792——前1750年在位）颁布的法律汇编，是迄今发现世界上最早的一部完整保存下来的成文法典。

② 《拿破仑法典》（Napoleonic Code），又称《法国民法典》或《民法典》（Civil Code），广义指拿破仑统治时期制定的五个法典（民法、商法、民事诉讼法、刑法、刑事诉讼法）；狭义仅指其中的民法典。法学著作中常使用狭义概念，即1804年的《法国民法典》。这部法典至今仍在使用，但随着法国社会经济和政治的变化，法典也进行了一百多次修改。

③ 李其庆，“《拿破仑法典》的历史地位”，《学习时报》，2012年5月28日。

④ （西汉）刘向，《战国策·秦策》：“今秦妇人、婴儿皆言商君之法，莫言大王之法。”

⑤ 《韩非子·定法》：“及孝公、商君死，惠王即位，秦法未败也。”

⑥ （西汉）刘歆，《全汉文·卷四十·新序论》：“商君极身无二虑，尽公不顾私，使民内急耕织之业以富国，外重战伐之赏以劝戎士。法令必行，内不私贵宠，外不偏疏远。是以令行而禁止，法出而奸息。”

⑦ 毛泽东，《七律·读〈封建论〉呈郭老》：“劝君少骂秦始皇，焚坑事业要商量。祖龙魂死秦犹在，孔学名高实秕糠。百代都行秦政法，十批不是好文章。熟读唐人封建论，莫从子厚返文王。”（《建国以来毛泽东文稿》第13册，中央文献出版社，1998年版，第361页。）

⑧ 陈启天，《商鞅评传》，台湾商务印书馆，1995年。

⑨ 《魏书·张普惠传》：“人生有死，死得其所，夫复何恨。”

领导人“唯我独尊”的霸道行为，都要“放在政治体制上来观察”①，而不是一个简单的个人脾气或修养的问题。通过法治的手段来制约领导人的意气用事才会有效，个别忠贞之士的劝诫和自己“唾面自干”的涵养，其实都是靠不住的，或者只能靠一时，而靠不了一世。一个领导人在任时出了问题而得不到及时的纠正，那么当其行为已经造成了相当的危害时，当事人的反思或许对后来者有警示，但对他本人而言，说什么都晚了②。

情绪控制：心平气和的从政修养

人类有几百种情绪，其微妙之处已经大大超越了人类语言所能够形容的范围。关于“情绪”的确切含义，心理学家和哲学家们给出了二十种以上的定义。尽管对情绪的定义各不相同，但都承认情绪是由以下三种成分组成的：一是情绪涉及身体的变化，这些变化是情绪的表达形式；二是情绪涉及有意识的体验；三是情绪包含了认知的成分，涉及对外界事物的评价。

人们根据许许多多的实践活动，总结出来很多关于发泄情绪的负面作用：

——情绪，是智慧不够的产物。

---

① 据《程维高：一个下台省委书记的反思》记载，程维高生前受到“开除党籍，撤销正省职级待遇”的处分。作为改革开放以来第三个被开除党籍的省委书记，被定性为“个人主义恶性膨胀，自恃位高权重，目无党纪，独断专行”。晚年的程维高，在不断地反思自己的为官历程、当年的言行和中国的政治制度：“我是很霸道，但是，这一切都要放在政治体制上来观察。这个体制让我有权力霸道，但是，现在我却没有任何机会去申诉、去说明自己的冤屈啊。”程去世的16天之前，有一次在电话里用很大的声音说：“没有司法独立，社会哪里会得到公正？”

② 程维高在自己写的《一个被开除党籍省委书记的反思》一文中写道：“我的一生中，是到最后5年中才体会到民主与法制的重要。这不是因为我当了5年的省人大主任，而是最后5年中我被审查过程中实际体会到的。回顾总结我的一生，特别是在河北的14年，我既有成功的一面，最后还是以不成功而告终。这既有复杂的客观因素，更有个人的主观因素，而个人形成因素，又同历史环境相伴而生。”他最后总结道：“没有充分的法制和民主，社会就会激化矛盾；没有充分的法制和民主，人民群众的积极性无法充分调动，社会主义现代化就是一句空话。”

——问题带来情绪，情绪不解决问题。

——发脾气是本能，控制脾气是本领。

——你成为不了心态的主人，必然会沦为情绪的奴隶。

——不要把不良的情绪挂在脸上，因为那是一种令人讨厌的表情。

——如果连自己的情绪都控制不了，即便给你整个世界，你也早晚毁掉一切。

——当你能控制自己的情绪时，你就是优雅的；当你能控制自己的心态时，你就是成功的。

对于一个担负领导重任的人来说，其个性与修养可以通过不同的情绪表达出来。有的人“喜怒不形于色”，有的人“喜怒形于色”，有的人“喜怒无常”。对于担负领导责任的人来说，不加掩饰地把自己的不良情绪暴露在公众面前，总不是一件好事情。因此，领导者必须对自己的情绪加以控制。

说到情绪控制，除了性格上的先天因素外，更多地是一种履行社会角色所必须的修养。一直以来，人们所津津乐道的刘备的“喜怒不形于色”[①]，除了刘备的性格因素之外，很大程度上是由于他的政治抱负和当时的社会环境所决定的。他为什么“好交结豪侠”？是因为他想笼络人心共谋大事，因此才不得不收起自己的火爆脾气，尽量克制不良情绪的发泄，以显示出自己的老成持重和领导能力。这样做的结果就是“年少争附之”，团结了不少年轻人与他共同奋斗。《三国演义》第二十一回中讲到曹操与他“青梅煮酒论英雄”。当曹操说“天下英雄唯使君与操耳”时，刘备一时情绪失控而把筷子掉在了地上。此刻正值大雨将至，雷声大作。刘备马上表现出“喜怒不形于色”的本事，急中生智，从容俯首拾起筷子，给自己打了个圆场：“一震之威，乃至于此。”曹操拿他打趣：“丈夫亦畏雷乎？”刘备说：“圣人云，迅雷风烈必变，安得不畏？”刘备凭着他过人的冷静，将失态轻轻掩饰过去了。他回到住地，向关羽和张飞说了自己为什么要在后园子里种菜的实话：“吾之学圃，正欲使操知我无大志；不意操竟指我为英雄，我故失惊落箸。又恐

① 《三国志·蜀志·先主传》：“少语言，善下人，喜怒不形于色，好交结豪侠，年少争附之。”

操生疑，故借惧雷以掩饰之耳。”关、张的马屁拍得震天响：“兄真高见！”

这段故事不完全是《三国演义》的作者罗贯中杜撰的，而是有史实为凭的[①]。刘备自以为高明，瞒过了曹操的眼睛。其实，他的这点把戏，曹操可谓洞若观火，只是天下尚未平定，自己正在用人之际，不便揭穿刘备的心思，也就顺水推舟放他一马。所谓“巧借闻雷来掩饰，随机应变信如神”，也无非是说书人为刘备张目的恭维话而已。但不管怎么说，刘备的随机应变的能力还是为他得了一分，性格中沉稳的因素在关键时刻发挥了作用，至少是博得了曹操的赏识。至于曹操不杀刘备而将其软禁[②]，或者后悔不该将他放虎归山[③]，那是出于一种政治策略上的考量，并不是“煮酒论英雄”的必然结果。

刘备善于控制情绪，这是在他寄人篱下的时期发生的事情。当他的处境发生变化之后，在需要从大局进行决策把握时，由于自己的意气用事而犯下了追悔莫及的大错。当他登基称帝后，为了给关、张报仇，不能控制自己的偏激情绪，不听众人的劝告，执意兴兵伐吴[④]，结果在夷陵之战中被东吴年轻将领陆逊打得一败涂地，使他多年的苦心经营付之东流，最后死在临时都城永安[⑤]。经此一挫，他在其职业生涯前期的一些所谓“喜怒不形于色”的表现，只能是一种投机性的表演，最终还是暴露了他的志向不坚、心意不

---

① 《三国志·蜀志·先主传》：“是时曹公从容谓先主曰：‘今天下英雄，唯使君与操耳。本初之徒，不足数也。’先主方食，失匕箸。”

② 《三国志·魏书·郭嘉传》：“刘备来奔，以为豫州牧。或谓太祖曰：‘备有英雄志，今不早图，后必为患。’太祖以问嘉，嘉曰：‘有是。然公提剑起义兵，为百姓除暴，推诚仗信以招俊杰，犹惧其未也。今备有英雄名，以穷归己而害之，是以害贤为名，则智士将自疑，回心择主，公谁与定天下？夫除一人之患，以沮四海之望，安危之机，不可不察！’太祖笑曰：‘君得之矣。’”

③ 《傅子》：“初，刘备来降，太祖以客礼待之，使为豫州牧。嘉言于太祖曰：‘备有雄才而甚得众心。张飞、关羽者，皆万人之敌也，为之死用。嘉观之，备终不为人下，其谋未可测也。古人有言：‘一日纵敌，数世之患。’宜早为之所。’是时，太祖奉天子以号令天下，方招怀英雄以明大信，未得从嘉谋。会太祖使备要击袁术，嘉与程昱俱驾而谏太祖曰：‘放备，变作矣！’时备已去，遂举兵以叛。太祖恨不用嘉之言。”

④ 《三国志·蜀志·先主传》：“初，先主忿孙权之袭关羽，将东征，秋七月，遂帅诸军伐吴。孙权遣书请和，先主盛怒不许。”

⑤ 同上：“陆议（陆逊）大破先主军于猇亭，将军冯习、张南等皆没。先主自猇亭还秭归，收合离散兵，遂弃船舫，由步道还鱼复，改鱼复县曰永安。”

定，因此，刘备只能算得上半个英雄；在一个当代外国女人的眼中，他甚至是一个没有性感的人[①]。诸葛亮在本篇中所说的“行其私而废其功，将不可发私怒而兴战，必用众心，苟合以私忿而合战，则用众必败”这段话，事实上就是对刘备生前伐吴这一历史事件的教训总结。诸葛亮本人则一生没有犯过这样的错误。他在《出师表》中说“先帝知臣谨慎，故临终寄臣以大事也”，说明刘备生前对他就有过类似的评价；刘备临终向诸葛亮托孤时说“君才十倍曹丕，必能安国，终定大事”[②]，这个评价也多少透露出刘备对自己不善控制情绪而造成恶果的自省之意吧。

能够控制自己情绪的人，是真正具有大智大勇的人。匹夫之勇或血气之勇是“匹夫见辱，拔剑而起，挺身而斗，此不足为勇也”[③]；“天下有大勇者，卒然临之而不惊，无故加之而不怒”，任何情况下都不会意气用事。因为这种人“所挟持者甚大，而其志甚远也”，他们的胸怀博大，修养深厚，可以顾全大局，不计个人得失。那么，究竟在什么情形下的表现才算是这种“天下大勇”呢？

一是对自己的事业尽忠职守。春秋时期楚国贤相（令尹）子文，“三仕为令尹，无喜色；三已之，无愠色”[④]。三次被提拔为宰相，看不到他有高兴的脸色；三次被免除宰相的职务，也没有生气埋怨的神色。“旧令尹之政，必以告新令尹”。每次卸下宰相的职务，总是把自己在任时的一切政务，毫无保留地告知新上任的宰相。孔子认为，这就是尽忠职守。魏晋时期“竹林七贤”之一的嵇康认为：“子文无欲卿相，而三登令尹，是乃君子思济物之意也，所谓达能兼善而不渝，穷则自得而无闷。”[⑤] 子文没有当卿相的愿望，却三次登上令尹的高位，这就是君子想救世济民的心意，也就是前人所说的在显达的时候能够兼济天下而始终不改变自己的意志，在失意的时候能够独

① 曲飞，“盐野七生的罗马：那是一个英雄辈出的时代”，《新京报》，2014 年 11 月 1 日。《罗马人的故事》（中信出版社，2013 年 11 月版）的作者、日本女作家盐野七生认为，在中国的历史人物中，她比较喜欢曹操，因为曹操的人生经历很刺激，看起来很性感；刘备虽然同样了不起，但他的人生不性感。

② 《三国志·蜀志·先主传》。

③ （宋）苏轼，《留侯论》。

④ 《论语·公冶长》。

⑤ （晋）嵇康，《与山巨源绝交书》。

善其身而内心不觉得苦闷。子文能够做到这一点，乃是他的从政观所决定的。“从政者，以庇民也”①，从政就是保护老百姓的。三次担任宰相，就是有机会为国办事，并不像一般人那样只想着升官发财，所以才会“无喜色”；三次被免职，是因为国家的事情有新的人才来接替办理，自己本着公心做好工作交接，所以才会“无愠色”。子文有这样的从政修养，根本用不着刻意控制自己的情绪，任何时候都会心平气和地处理国事，这才是具有大勇的人。

二是对自己的权位充满警惧。武则天当权时期的大臣娄师德，很受武则天的赏识，被任命为宰相。他的最大特点是“宽厚清慎，犯而不校”②，为人宽厚谨慎，受到别人的触犯或无礼也不计较。后来，他的弟弟被任命为代州刺史，在临行时，娄师德对他说：“我现在担任宰相，你又被任命为地方官，我们受到太过分的恩德，别人定会嫉妒，你打算如何保全这种地位呢？”他弟弟跪在地上说：“从今之后，即使有人唾我的脸，我也只是将其擦掉，绝不让哥哥替我担忧。”娄师德说：“这正是我所担忧的。别人唾你的脸，正是因为恼怒你。你将唾沫擦去，正是违背人家的意愿，反而会加重对方的恼怒。如果有人唾你的脸，你要笑着接受，让唾沫自干。”③ 这就是成语“唾面自干”的来历。这种修养也历来受到人们的高度赞赏，并且成为人们增强情绪控制能力、进而提升自身修养的榜样，所谓“中年涉事熟，欲学唾面娄”④。否则，便会得到“一朝权势歇，欲退无所归”⑤ 的悲惨下场。

三是对自己的理想矢志不渝。范仲淹说“不以物喜，不以己悲”⑥，表达的是中国传统的道家思想，其内在涵义是保持一种恒定淡然的心态，不因外界的好事而兴高采烈，也不因自己的不幸而垂头丧气。当面对具体的事情

① 《国语·楚语下》。

② 《资治通鉴·卷第二百零五》。

③ 同上：“其弟守代州刺史，辞之官，教之耐事。师德：‘吾备位宰相，汝复为州牧，荣宠过盛，人所疾也，将何以自免？’其弟曰：‘自今虽有人唾某面，某拭之而已，庶不为兄忧。’师德怅然曰：‘此所以为吾忧也！人唾汝面，怒汝也；汝拭之，乃逆其意，所以重其怒。夫唾，不拭自干，当笑而受之。’”

④ （唐）唐彦谦，《和陶渊明贫士诗七首》（之四）。

⑤ 唐彦谦，《和陶渊明贫士诗七首》（之一）。

⑥ （宋）范仲淹，《岳阳楼记》。

和对象时，这种淡然的心态会有不同的表现，“居庙堂之高，则忧其民；处江湖之远，则忧其君。是进亦忧，退亦忧；然则何时而乐耶？其必曰：先天下之忧而忧，后天下之乐而乐欤”。特别是后两句话，已经远远超越了“不以物喜，不以己悲”的个人情怀或修养，而是表达了一种“以天下为己任”[①] 的伟大政治抱负了，这是对孟子“与民同乐”[②] 思想的进一步升华。另外，孟子的“穷则独善其身，达则兼善天下”[③] 的处世原则，在范仲淹身上得到了集中的体现。他不仅是北宋著名的政治家和军事统帅，也是一位卓越的文学家和教育家。他领导的“庆历革新”运动，成为后来王安石“熙宁变法”的前奏；他对某些军事制度和战略措施的改善，使西线边防稳固了相当长的时期；经他举荐的一大批学者，为宋代学术鼎盛奠定了基础，最著名的学者是提出“横渠四教”的张载[④]。范仲淹写这篇文章的时候正贬官在外，“处江湖之远”，本来可以采取独善其身的态度，乐得清闲安逸。可是他不肯这样，仍然以天下为己任，用“先天下之忧而忧，后天下之乐而乐”这两句话来勉励自己和朋友。后来这种“先忧后乐”的思想和节操成为中华文明史上的宝贵精神财富。正因如此，范仲淹得到了后人极高的评价。朱熹称他为“有史以来天地间第一流人物”[⑤]；元好问称他“在布衣为名士，在州县为能吏，在边境为名将，其才、其量、其忠，一身而备数器。在朝廷则又孔子所谓大臣者，求之千百年间，盖不一见”[⑥]。

---

① 《南史·孔休源传》：“休源风范强正，明练政体，常以天下为己任。”

② 《孟子·梁惠王下》：“乐民之乐者，民亦乐其乐；忧民之忧者，民亦忧其忧。乐以天下，忧以天下，然而不王者，未之有也。”

③ 《孟子·尽心下》。

④ 张载，北宋哲学家，理学创始人之一。据《宋史·张载传》记载，他在 21 岁时，曾经向时任陕西经略安抚副使、主持西北防务的范仲淹上书《边议九条》，陈述自己的见解和意见，打算组织民团去夺回被西夏侵占的洮西失地，为国家建功立业。范仲淹在延州（今延安）军府召见了这位志趣不凡的儒生，张载谈论军事边防，保卫家乡，收复失地的打算得到了范仲淹的热情赞扬，认为张载可成大器（知其远器），劝他道：“儒家自有名教可乐，何事于兵。”勉励他去读《中庸》。张载听从了范仲淹的劝告，回家刻苦攻读儒家学说，终于悟出了儒、佛、道互补的道理，逐渐建立起自己的学说体系。他提出了著名的“横渠四教”：为天地立心，为生民立命，为往圣继绝学，为万世开太平。

⑤ （宋）朱熹，《朱子语类》（卷 129）。

⑥ （金）元好问，《遗山先生文集》（卷 38）

喜怒哀乐是人之常情，情绪不可能被完全消灭，但可以进行有效疏导、有效管理、适度控制[①②]。对于领导人来说，如果能把喜怒哀乐的情绪控制好，那么就具备了一名合格领导者的基本素质，进而有条件达到“中和”的境界[③]。

不怒自威：仁厚君子的人格魅力

领导者要不要别人害怕？如果要，那么别人究竟怕他什么，或者说这种怕来源于什么？如果不要，那么他的权威性怎么体现？

有一个成语叫“前倨后恭”，讲的是人与人之间的关系，指某人开始时对另一个人表现得傲慢无礼，后来态度发生了180度的大转变，对同一个人表现得十分恭敬。这个成语典出战国时苏秦的故事。苏秦拜著名的纵横家鬼谷子先生为师[④]，外出游历多年，弄得穷困潦倒，狼狈地回到家里，但碰到的景象却是“妻不下纴，嫂不为炊，父母不与言”。他的兄嫂、弟妹、妻妾都私下讥笑他：“周国人的习俗，人们都治理产业，努力从事工商，将那十分之二的盈利作为事业来经营。如今你却丢掉本行而去干耍嘴皮子的事，最后弄到穷困潦倒，不也是应该的嘛！”[⑤] 苏秦听了这些话，暗自惭愧、伤感，就闭门不出，刻苦学习，“读书欲睡，引锥自刺其股，血流至足”[⑥]。下了一整年的功夫，细心揣摩一本名为《阴符》的古书，自认为找到了说服国君的门道，“此真可以说当世之君矣”。于是再次外出游说列国，合纵诸侯抗秦，后来佩六国相印，名震天下。苏秦有一次出使赵国时，路过老家洛阳，随行

---

① （美）奇普·康利，《如何控制自己的情绪：最有效的22个情绪管理定律》，谢传刚译，中信出版社，2013年11月版。

② 舒砚（编著），《情绪控制十妙招》，电子工业出版社，2013年1月版。

③ （西汉）戴圣，《礼记·中庸》：“故君子慎其独也，喜怒哀乐之未发谓之中，发而皆中节谓之和。”

④ 《史记·苏秦列传》。

⑤ 同上：“周人之俗，治产业，力工商，逐什二以为务。今子释本而事口舌，困，不亦宜乎！”

⑥ 《战国策·秦策一》。

的车辆马匹满载着行装，各诸侯派来送行的使者很多，气派比得上帝王。周显王听到这个消息感到害怕，赶快找人为他清除道路，并派使臣到郊外迎接慰劳。他回到家里时，“昆弟妻嫂侧目不敢仰视，俯伏侍取食”。苏秦笑着问其嫂子：“你以前为什么对我那么傲慢，现在却对我这么恭顺呢?”他的嫂子赶紧俯伏在地上，弯曲着身子，匍匐到他面前，脸贴着地面请罪说：“因为我看到小叔您地位显贵，钱财多啊。”苏秦感慨地叹息说：“同样是我这个人，富贵了，亲戚就敬畏我；贫贱时，就轻视我，何况一般人呢！假使我当初在洛阳近郊有二顷良田，如今，我难道还佩带得上六个国家的相印吗?”①

苏秦是中国历史上了不起的人物，他具有“智足以强国，勇足以威敌，一怒而诸侯惧，安居而天下息”② 的杰出才能，“以纵横之术游诸侯，致位富贵，天下争慕效之”③。由于苏秦的才能和地位，对当时的政局发展有着极大的影响力，“沙埋古篆拆碑文，六国兴亡事系君”④，因此得到各国君主的恭敬，“万乘之主，莫不屈体卑辞，重币请交”⑤。在这种情况下，别人对他前倨后恭，也就在情理之中了。此时的苏秦，真可以说不怒自威了。

一般来说，前倨后恭都是由于当事人可以从对方获得利益才会有的行为变化。苏秦飞黄腾达以后，“位高金多”，不要说他的家人，就连他的亲戚朋友都沾光不少，“散千金以赐宗族朋友”⑥。当初，苏秦到燕国去，向人家借过一百钱作路费，现在富贵了，就拿出一百金偿还那个人，而且报答了以前所有对他有恩德的人。他的随从人员中，唯独有一个人没得到报偿，就上前去自己申诉。苏秦说：“我不是忘了您，当初您跟我到燕国去，在易水边上，您再三要离开我，那时正当我困窘不堪，对您存有很大的期望，所以把您放

---

① 《史记·苏秦列传》：“苏秦喟然叹曰：‘此一人之身，富贵则亲戚畏惧之，贫贱则轻易之，况众人乎！且使我有雒阳负郭田二顷，吾岂能佩六国相印乎！’”

② （汉）桓宽，《盐铁论·卷四·褒贤第十九》。

③ 《资治通鉴·卷三》。

④ （唐）贾岛，《经苏秦》诗。

⑤ （汉）桓宽，《盐铁论·卷四·褒贤第十九》。

⑥ 《史记·苏秦列传》。

在最后，您现在也可以得到赏赐了。”[①]

中国官场腐败的表现形式很多，其中就有这种前倨后恭的案例。唐代有一个官员裴佶，讲了一个极具戏剧性和讽刺性的故事[②]。

裴佶小时候，他的姑夫在朝中为官，名声很好。一次，裴佶到姑姑家，正赶上姑父退朝回来，深深叹口气说：“崔昭是什么人？大家一致说他好。一定是行贿了。这样下去，国家怎么能不混乱呢?”姑夫的话还未说完，守门人进来通报寿州刺史崔昭请求拜见老爷。姑父听后很是生气，呵斥守门人一顿，要用鞭子打守门人。过了很久，姑夫整束衣冠勉强迎见崔刺史。又过了一会儿，姑夫急着命家人给崔刺史上茶。一会儿，又命准备酒宴。一会儿，又命人喂饱崔刺史的马，给他的仆人饭吃。送走崔刺史后，裴佶的姑姑问他姑夫：“你为什么前边那么傲慢而后又那么谦恭?”裴佶的姑夫面带得意的神色走进屋门，挥手让裴佶离开这里，说：“暂且到书房里去休息一下。”裴佶出屋还没走下门前的台阶，回头一看，就看见他姑夫从怀中掏出一张纸，上面写着：赠送粗官绸一千匹。

裴佶的姑夫开始时很清高，看不起刺史崔昭，认为别人说他的好话，是因为都得到了他的贿赂。或许他的这类牢骚话传到了崔刺史的耳朵里，因此，今天崔刺史也来给他送礼了。在崔刺史的一千匹粗官绸面前，裴佶姑夫的“雅望”是假，过去的“酸葡萄”心理才是真，因此才有前倨后恭的表现。

还有另一种前倨后恭的现象，是由对方的名誉和地位所引发的，倒不一定会给当事人带来直接的好处。最典型的例子是一个有关僧人与访客的传说故事。[③]

有一个人到金山寺游玩，寺僧见他穿得很朴素——“布衣芒履”，瞟了他一眼说：“坐。”对小和尚说：“茶。”过了一会儿，僧问他是干什么的。回答说：“官。”僧人马上变得热情起来，说：“请坐。”并让小和尚“泡茶”。

---

① 同上：“初，苏秦之燕，贷人百钱为资，乃得富贵，以百金偿之。遍报诸所尝见德者。其从者有一人独未得报，乃前自言。苏秦曰：‘我非忘子。子之与我至燕，再三欲去我易水之上，方是时，我困，故望子深，是以后子，子今亦得矣。’”

② （唐）李肇，《唐国史补》。

③ （清）丁柔克，《柳弧》（卷一）。

再过一会，僧人又问他是什么官。此人慢吞吞地说："中堂。"僧人大惊，恭敬地说："请上坐"，再吩咐"泡好茶"。僧人请他为寺院题词，此人拿过笔来，写下一幅对联："坐，请坐，请上座；茶，泡茶，泡好茶。"

类似的故事，有人说发生在苏东坡身上，有人说发生在郑板桥身上，还有人说发生在刘墉身上，等等。对于我们这些看客来说，究竟发生在谁的身上，甚至究竟有没有这个事件，实在是没有考证的必要。但在我们的现实生活中，类似这种根据对方身份而采取截然相反态度的"势利"现象，绝不在少数。故事中的这位"中堂"大人倒是没有什么架子，出游时不仅没有前呼后拥的随从，居然还穿布衣草鞋，但他偏偏遇到一个长着一双"势利"眼的僧人，于是就用这种具有讽刺性的方式，给这个僧人上了一课，同时也给世人上了一课。

通过上述几个例子，我们能够体会到人情百态了。故事主人公的态度，倒是值得我们好好咀嚼。苏秦没有摆什么架子，只是发了一句"富贵则亲戚畏惧之，贫贱则轻易之"的感慨；崔刺史只是来送礼，更不会有架子，故事没有说他的言谈举止，但我们可以想象他对裴佶姑夫对他的态度变化后的感受，心里大概也会发出一声"可恶"来吧；至于那位"中堂"大人，倒是丝毫没有掩饰他对那位势利僧人的厌恶，于是以对联作答。他们都是官身，别人看重的也是他们的身份。这就提出一个问题：在平时的从政理事过程中，官员如何表现才算得上具有人格魅力？换句话说，他们该怎样做才能得到别人的敬重？除了官员所拥有的法律赋予的职位和权力外，这就不能不涉及到人格修养的问题了。

人格是指人的性格、气质、能力、道德品质等特征的总和，而人格魅力则指一个人在这些方面具有的能够吸引人的力量。在今天的社会里，如果一个人能受到别人的欢迎、容纳，那么他实际上就具备了一定的人格魅力。领导者的人格魅力是指领导者的道德风范、知识修养、心理素质、仪表等方面的综合体现，是一种权力之外的对他人的影响力。有人说，这种魅力与领导者的权力和职位无关，其实也未必如此。事实上，诸如坚定、果断等气质的表现，只有在行使领导职责时才会受到人们的关注；假如在日常生活的朋友圈子中也动不动就表现出这种气质，那么朋友就会说他是"官架子"太大了，因而也不会有朋友了。因此，人们说起领导者的人格魅力，总是离不开其所处的领导者的地位，而且也希望他们是君子。

在中国人的思想文化中，君子是一个极为重要的概念，同时也是在大众语言中应用最为广泛和频繁的词汇。在孔子之前，君子一词就已存在，而且具有明确的涵义。所谓君子，就是“君”的儿子，是对处于社会统治地位的贵族及其后代的统称和代名词。那么，最初的贵族凭什么拥有了比普通人更加尊贵的身份与地位呢？所谓的贵族之所以能够出现，并得到民众的认同，进而形成一个相对稳定的社会群体，在于这些人（及其祖先）拥有在原始部落对抗中保护自己所在部族成员的能力，并且愿意为此而奉献其能力。他们所拥有的尊贵的身份和特殊的权利，正是部落成员对此付出的酬劳。这也就是说，贵族之“贵”在于其承担的责任重大，而要完成这一重大责任又需要有足够的能力和高尚的品德。孔子认识到贵族精神的本质，这就是对社会的责任心和对个人的道德感，因此，他把君子概括为具备某种德行标准的、具备一定才能的、不依赖于血缘关系，而仅仅凭借自身的先天禀赋和后天努力，完成了自我塑造的德才兼备的、具有强烈的社会责任心和自我道德感的文士[①]。

按照儒家修身的标准，作为领导者的个人，必须是君子。领导者在表现自己的人格魅力时，绝不能滥用权力，而是要以德服人，这是因为“以力服人者，非心服也，力不赡也；以德服人者，中心悦诚服也”[②]；“以德服人，天下欣戴；以力服人，天下怨望”[③]。要做到以德服人，就需要按照君子的标准来修养自己的行为。君子的形象不是一个刻板的模式，应该有三种变化，即“望之俨然，即之也温，听其言也厉”[④]。君子远远望去严肃庄重，与其接近又觉得温和可亲，听他讲话时语言严厉不苟。领导者要养成不怒自威的气质，就需要从这“三变”下功夫。

首先，“望之俨然”。一个嬉皮笑脸的人，无论如何都会给人一种不值得信任的感觉；而一个冷静沉稳的人，总会让人觉得不怒自威。一个人远远看上去，仪态严肃庄重，说明他的内心是强大的，而且做到表里如一，使人觉

---

① 朱东，“君子——孔子为中国人延续的贵族血脉”，《国学精粹与生活艺术》（微信），2014年8月22日。

② 《孟子·公孙丑上》。

③ （宋）范仲淹，《奏上时务书》。

④ 《论语·子张》。

得凛凛不可侵犯。与这种气质相反的则是色厉内荏，就是外表非常严厉，内心却十分怯懦，其行为就是媚上欺下，正所谓“奸人外善内恶，色厉内荏，作为操止，像类贤行，以取升进，容媚于上”[①]。

其次，“即之也温”。君子也是存在于社会当中的，因此离不开与人的相处。在对待现实的态度或处理社会关系时，君子要表现出对他人和对集体的真诚热情、友善、富于同情心，乐于助人和交往，自励而不自大，自谦而不自卑，使他人感觉到一种如沐春风的亲和力。这种人善于控制和支配自己的情绪，时时保持乐观开朗和振奋豁达的心境，情绪稳定而平衡，与人相处时能给人带来欢乐的笑声，令人精神舒畅。

再次，“听其言也厉”。宋代大儒朱熹认为，“厉者，言之确”[②]，就是说话非常确实，绝不会信口开河。作为领导者，在一些特定的场合向其他人发表讲话，是其职责范围内的经常性工作。讲什么话、怎么讲、何时讲，这是大有讲究的。君子不随便说话，所谓“食无求饱，居无求安，敏于事而慎于言”[③]；君子不抢着说话，所谓“讷于言而敏于行”[④]；君子一旦开口，那就是斩钉截铁，掷地有声，而且说话算数，所谓“一言出口，驷马难追”[⑤]。君子说话的态度要真诚，口气要严肃，假如只是装出和颜悦色的样子，就不会得到别人的信任，所谓“巧言令色，鲜矣仁”[⑥]。

如果一个领导者做到了上述“君子三变”，那就意味着养成了不怒自威的气质，这是仁厚君子的人格魅力。这种气质乃是基于长期修养才能具备的领导型气场，即使不生气、不发火，也仍然不减威严的气质，从很平常的言谈举止中透出一股令人信服的精神状态，这种状态是那种“喜怒不形于色”的个人性格所远远无法企及的境界，更是那些前倨后恭和巧言令色的宵小之徒们见之就浑身不自在的镇邪法宝。

---

① （西汉）王充，《论衡·非韩》。

② （宋）朱熹，《论语集注》。

③ 《论语·学而》。

④ 《论语·里仁》。

⑤ （宋）欧阳修，《笔说·驷不及舌说》：“俗云：一言出口，驷马难追，《论语》所谓‘驷不及舌’也。”

⑥ 《论语·学而》。

治乱第十二

拆庙移神：精简机构以裁汰冗员
纲举目张：整顿纲纪以规范秩序
德以润身：修心养性以引领风气

【原文】

治乱之政，谓省官并职，去文就质也。夫绵绵不绝，必有乱结；纤纤不伐，必成妖孽。夫三纲不正，六纪不理，则大乱生矣。故治国者，圆不失规，方不失矩，本不失末，为政不失其道，万事可成，其功可保。夫三军之乱，纷纷扰扰，各惟其理。明君治其纲纪，政治当有先后，先理纲，后理纪；先理令，后理罚；先理近，后理远；先理内，后理外；先理本，后理末；先理强，后理弱；先理大，后理小；先理身，后理人。是以理纲则纪张，理令则罚行，理近则远安，理内则外端，理本则末通，理强则弱伸，理大则小行，理上则下正，理身则人敬，此乃治国之道也。

【译文】

所谓治乱，就是裁减冗员，精简机构，减少繁文缛节，除去表面形式，讲求实际内容。事务太过繁杂，就是一团乱麻；小事不加处理，就会酿成灾祸。三纲（君为臣纲、父为子纲、夫为妻纲）不端正，六纪（诸父、兄弟、族人、诸舅、师长和朋友之间的伦理关系）不理顺，就会产生大的祸乱。因此，治理国家就像做木工活一样，画圆要用圆规，画方要用矩尺，把握主要矛盾也不能忽视细枝末节，处理政务不能放弃原则。只有这样，事情才能做成，功业才可保全。如果军队内部出现纷纷扰扰的混乱局面，一定是有其原因的。贤明的君主在治国时要抓住大纲要领，处理事情应当有先有后。先抓大纲要领，后理顺各项纪律条规；先申明法令，后执行处罚；先处理眼前问题，后处理长远问题；先处理内部问题，后处理外部问题；先处理本质问题，后处理细节问题；先整治强横者的行为，后解决弱小者的问题；先处理大问题，后处理小问题；先管好自己，后管理别人。因此，三纲树立了，六纪也就理顺了；法令明确了，执行也就有依据了；眼前的问题解决了，长远的问题也就好办了；内部的问题解决了，外部的问题也就有头绪了；本质问题解决了，细枝末节也就没有妨碍了；强横者得到整治了，弱小者也就不受压制了；大问题解决了，小问题也就轻松了；上级官员的问题整治好了，下级官员的态度也就端正了；把自己管好了，就会得到别人的敬重。这些都是治理国家的原则。

【解读】

中国历史上只有两次重大的政治管理制度的变革，一次是秦始皇变革，确立了绝对的中央集权体制；另一次是辛亥革命，目标是推翻秦始皇的集权制，代之以分权与权力制衡的宪政体制。在这两次重大变革之间，有过无数次的政治体制改革，没有一次不涉及精简机构的，但都没有改变权力的绝对性。在绝对强势的权力面前，一切都是渺小的，学术是渺小的，思想是渺小的，真理是渺小的，民众是渺小的，社会是渺小的。在绝对权力的社会治理体制中，不管是什么阶层，也不管是什么人，只有纳入官僚体系中才能取得应有的地位[①]。正因为如此，中国的机构才越来越膨胀，冗员才越来越多，效率才越来越低。中国政治体制改革的内容之一，就是要改变组织机构臃肿重叠、层次过多、职责不清、缺乏效率的状况，做到结构合理、功能齐全、运转协调、灵活高效。精简机构是一场革命[②]。

---

① 黄卧云，“从秦始皇废分封到辛亥止帝制：对中国改革历史的思考”，《炎黄春秋》，2014 年第 7 期。

② 邓小平，《精简机构是一场革命》，1982 年 1 月 13 日。

拆庙移神：精简机构以裁汰冗员

中国历史上的独裁专制制度的核心是“家天下”，皇帝最重要的任务就是加强皇权，这就导致相权和地方权力不断削弱，中央权力不断加强。著名历史学家钱穆先生对中国两千年的历史大趋势进行了总结：“一个国家该要有一个凝固的中央。开始是封建，四分五裂，慢慢地就统一集中。然而自汉迄唐，就已有过于集权之势。到宋、明、清三朝，尤其是逐步集权，结果使地方政治一天天地衰落”。[①]“集权”这两个字，可谓是理解中国封建社会政治体制演变的一把“钥匙”。加强中央集权的办法之一，往往是用一些机构来监督另一些机构，叠床架屋，结果就造成机构臃肿，冗员众多，累积到一定程度，就又要进行一次机构改革，于是便形成了新的“集权”体制，然后再周期性地循环往复。

设置机构，以方便治理国家，这是人类社会的一个进步性标志，所谓“惟王建国，辨方正位，体国经野，设官分职，以为民极”[②]。夏代实行“六卿”制[③]，并且已初步建立了掌管军事、农事和赋税征收的机关。商代建立起以商王为中心的中央机构，设立了主管力役的司徒、主管工程的司空和主管刑狱的司寇；神权在当时的政治生活中占有重要地位，“国之大事，在祀与戎”[④]，因此掌管祭祀、占卜和纪事的宗教事务官的地位最为显要。西周中央机构有较大的发展，设有“三公”[⑤]，其下有“三事大夫”：常伯为掌管

---

① 钱穆，《中国历代政治得失》，三联书店，2001年版。

② 《周礼·天官·序官》。

③ “六卿”为司空、后稷、司徒、大理、共工、虞人，司空为首，其它分别掌管农业、教化、刑狱、营建百工和山泽畜牧。

④ 《左传·成公十三年》。

⑤ 《汉书·百官公卿表》：“太师、太傅、太保，是为三公。”（唐）杜佑，《通典》：“夏、商以前，云天子无爵，三公无官。周以太师、太傅、太保曰三公。汉以丞相、大司马、御史大夫为三公。后汉又以太尉、司徒、司空为三公。魏、晋、宋、齐、梁、陈、后魏、北齐皆以太尉、司徒、司空为三公。后周以太师、太傅、太保为三公。隋以太尉、司徒、司空为三公。大唐因之。”

民事的地方官，常任掌管官员的选拔，准人掌管司法；政府行政事务官分为两大系统：卿士寮和太史寮。卿士寮下有三个事务官：司徒、司马和司空，分别掌管农事、役徒征发和营建；太史寮是掌管历法、祭祀、占卜和文化教育的行政部门。这个演变过程，清楚地说明了所需掌管的事情增加，机构就增加，人员也就相应地增加了。

春秋、战国是社会剧烈变动时期，随着封建化进程的推进，各诸侯国政府机构发生了重要变化。春秋时各国相继出现了辅佐国君、处理政务的主要执政官，虽然名称各异，但职责相当于宰相，各类中央机构日益完善。战国时期，随着各国变法运动的开展，建立了封建专制主义的中央集权政体，设立了“百官之长”① 的丞相职位，相关机构的数量增加了，职责分工细致了。

秦汉时期实行“三公九卿”制②，其中丞相凌驾于其他“两公”之上，权力大，地位高，就连皇帝都需要到丞相府议政。这样的政治体制，当皇帝的当然会不爽，进行机构改革就是一种必然了。东汉中后期，少府下面主管宫中文书的收发和保管的尚书台，因为接近皇帝而为皇帝所倚重，于是可以发号施令，慢慢成为最高行政机关，将“三公”架空，相权受到削弱，皇权得到加强。曹魏时期，权力越来越大的尚书台干脆从少府独立出来。尚书台的长官尚书令的实权很大，相当于丞相，这又威胁到了皇权。隋唐时期实行“三省六部”制③，中书省决策，门下省审议，尚书省执行，相互牵制监督，各自对皇帝负责，皇权又得以增强。宋代变三省为两府，设中书门下与枢密院对掌文武事务，同时设三司掌管财政；中书门下一把手“平章事”、枢密院负责人“枢密使”和三司的长官“三司使”，成为事实上的宰相。明初，中书省权力大增，架空了皇帝的军权，朱元璋为了集权，废除中书省和丞相制，六部尚书归皇帝直接领导。但他也知道，“人主以一身统御天下，不可

---

① 《荀子·王霸》：“相者，论列百官之长，要百事之听。”

② “三公”指丞相、太尉、御史大夫，“九卿”指太常、郎中令（光禄勋）、卫尉、太仆、典客（大鸿胪）、廷尉（大理）、宗正、治粟内史（大司农）、少府。

③ “三省”指中书省、门下省、尚书省，“六部”指尚书省下属的吏部、户部、礼部、兵部、刑部、工部。每部各辖四司，共为二十四司。

无辅臣”[①]，因此找了一些内阁大学士充当心腹，慢慢形成“内阁制”。清承明制，康熙重建内阁，从翰林选一些人，搭起秘书班子，称南书房，雍正则设军机处。明清两朝的皇帝集权尤为突出，君尊臣卑的关系在不断强化。宋代以前，宰相保持了“坐而论道”的传统，可以坐着和皇帝议论政事；从宋代开始只能“立而奏事”；清代内阁大臣则干脆跪着奏事。

通过上述对中国历史上官制演变过程的简单梳理，我们就可以清楚地知道，随着社会事务的增多，各类办事机构必定相应增加，工作人员也就增加无疑。但是，一旦机构与官职的增加或增强对皇权产生了威胁，那么改革就是必然的了；改革的初始效应过去之后，反过来又变成制约皇权的机构或制度了。最典型的例子有枢密院和内阁的演变。

唐太宗李世民认为：“以天下之广、四海之众，千端万绪，须合变通，皆委百司商量、宰相筹划，于事稳便，方可奏行。岂得以一日万机，独断一人之虑也。”[②] 因此，唐初进一步完善了宰相制度，于贞观时期设立了政事堂，作为三省长官议事的地方，“唐于政事堂后列五房，有枢密房，以主曹务”[③]，所谓“主曹务”，即掌管皇帝的重要机密文书，这是枢密院设立的原因。但由于宦官权力的恶性膨胀，由宦官兼领的枢密使权力也就超越了制度本身而能废君、弑君了。到五代，皇帝们为了改变宦官干政的弊端，任用亲信加强中央集权，并让他们兼领节度，以分宰相之权，故而又出现枢密使权力凌驾于宰相之上，所谓“宰相之外，复有宰相，三省之外，复有一省矣”[④]。宋代吸取唐末、五代枢密院势力恶性膨胀的教训，削弱枢密院的实际权力而增加冗员，使其成为一个庞大臃肿而无权的虚设机构，规定宰相不能兼枢密使，是防止大臣权重而威胁皇权。期间又几经变化，到了南宋，一些权臣如秦桧、史弥远、贾似道等都曾以宰相兼任枢密使，但还不是定制。宋宁宗以后，宰相兼枢密使才成为定制。后来权臣兼任两职，使皇权受到极大影响。

---

① 《明史·太祖本纪》。

② 《贞观政要·政体》。

③ 《旧五代史·职官志·内职》条注“枢密使”，引项安世《家说》。

④ 《文献通考·职官考十二》。

明朝洪武初年的中央官制仍沿袭汉唐旧制，后来随着明太祖朱元璋的统治逐步加强，才定出自己的一套新制度，以巩固皇权，突出的特点就是取消丞相职位。洪武二十八年（公元1395年）六月，朱元璋对文武群臣说："自古三公论道，六卿分职。自秦始置丞相，不旋踵而亡。汉、唐、宋因之，虽有贤相，然其间所用者多有小人专权乱政。我朝罢相，设五府、六部、都察院、通政司、大理寺等衙门，分理天下事务，彼此颉颃，不敢相压，事皆朝廷总之，所以稳当。以后嗣君并不许立丞相，臣下敢有奏请设立者，文武群臣即时劾奏，处以重刑。"① 这套制度既不是复古，也不完全是创新，只是为了加强和巩固朱元璋个人的权力。随着时间的推移，后人也不得不对这个制度进行一些改革，以适应新的情况。明成祖朱棣常年御驾亲征，无法亲自总揽政事，于是一个帮助皇帝的"助手"机构——内阁便应运而生。最初，内阁只是皇帝秘书性质的机构，后来逐渐演变成可以与皇权对抗的文官体系，到了万历年间的张居正改革，内阁成为政府运转的中枢。明朝还出现了一种奇怪的政治格局，即内廷（皇宫）与外廷（政府）的机构完全对称：外廷有内阁，内廷有司礼监；外廷有三法司，内廷有东厂、锦衣卫；外廷有派往地方的总督、巡抚，内廷有派往地方的镇守太监、守备太监等等。这样，内廷、外廷相互制约，可以确保皇帝的决策地位，但同时也造成内外两大政治势力的争权夺利。

"政治制度是现实的，每一制度，必须针对现实，时时刻刻求其能变动适应。任何制度，断无二三十年而不变的，更无二三百年而不变的。但无论如何变，一项制度背后的本源精神所在，即此制度之用意的主要处仍可不变，于是每一项制度，便可循其正常轨道而发展。此即是此一项制度之自然生长。"② 历史上枢密院和内阁制度的演变过程，其实质是皇权与相权斗争的结果，同时也反映了中国古代具体制度在人治与法治之间的摇摆状况，也是具体制度初设时的主观愿望与实际结果之间的矛盾。作为一种制度，一旦建立，便多多少少带有一定的制约性。但中国专制独裁体制的主要特点，便是皇帝具有至高无上的权力，总是千方百计地将法治的制度控制在自己的权

① 《明太祖实录》（卷239）。

② 钱穆，《中国历代政治得失》，三联书店，2001年版。

力之下，使制度为自己的权力服务。因此，制度实行程度的深浅、制度的实际效用以及制度本身的破坏程度，往往依赖于制度执行者实际威望的高低和权力的大小，并不取决于制度本身的约束力和法治效力，因此其实质上还是人治，只是披了一层法律的“遮羞布”。这也说明了中国独裁专制制度的腐朽性和脆弱性，它是注定要灭亡的。

中央集权加强的过程，也是机构不断臃肿的过程。历史上虽然经过多次反复的改革，但每个朝代直到王朝灭亡，也没有形成一个定论，可见问题的复杂性。但总的来说，由于生产力的不发达，在自给自足的小农经济社会中的事务有限，中国封建社会的政府机构还是比较简略和有效运行的。随着生产力的发展，需要政府掌管或主导的社会事务逐渐增加，客观上成为了机构和人员增加、进而形成冗官、冗员的内在动力。

除了冗官、冗员，对国家造成很大危害的还有冗兵。宋太祖赵匡胤采纳了宰相赵普的建议，从“权”、“钱”、“兵”三方面加强中央集权，使文臣担任州郡长官，削弱宰相、节度使、州郡长官和武将的权力，虽然基本解决了地方分权与中央集权的矛盾，但由于军队是吃“皇粮”的，“不耕而食”①，“不收为兵，则恐为盗”②，因而给国家财政造成极大负担，使“冗兵”问题成为引人瞩目的重大问题。由于士兵的职业化、终身化，军队有进无出，形成了一支由老弱残疾组成的非战斗兵种——厢军③，这是积兵成冗的基本原因。这一切正是唐宋之际土地占有关系和人身依附关系的变化在军事领域中的反映，是“兵农合一”的征兵制被“兵农分离”的募兵制所取代的必然结果。④ 冗兵必然带来军队战斗力的下降，因此，为了建设一支战斗力强的精兵，就需要削减冗兵⑤。

当前，中国人民解放军的改革原则和方向，就是减少非战斗人员，“优

---

① 《庄子·盗跖》:“不耕而食，不织而衣，摇唇鼓舌，擅生是非。”

② （宋）欧阳修，《原弊》。

③ 宋太祖赵匡胤于干德三年（公元 965 年），将各地的精兵收归中央，成为禁军，剩下的老弱士兵留在本地，称为“厢军”，隶属侍卫司（实际上只是管辖厢军的“名籍”）。厢兵主要从事各种劳役，因而也称为“役兵”。

④ 王育济，“北宋‘冗兵’析”，《文史哲》，1989 年第 2 期。

⑤ （明）高攀龙，《答袁节寰中丞》:“损冗兵百可养壮士十，平时养壮士十，临事可得精兵百。”

化军队规模结构，调整改善军兵种比例、官兵比例、部队与机关比例，减少非战斗机构和人员”①。在非战斗机构和人员中，以各级各类文工团和文艺兵最为突出。在战争年代，军队中成立各式各样的宣传队，曾经起到激励士气、鼓舞人心、团结大众的作用，后来不断壮大，新中国成立后更是大规模扩充。尽管后来多次裁军，兵员人数不断减少，但军队文工团的编制和人数却不断增加，包括各大总部、各军兵种、各大军区及野战军和地方部队，都有独立、专职、级别相应的军队文工团，总人数相当庞大。据称，解放军有一万名文艺兵，军队系统有 30 个文工团，涉及 7 大军区。从国际上看，俄罗斯是最早创立军队文工团的国家，俄罗斯体制改革和军队裁减后，还剩下三支军旅歌舞团，但总人数不足一千人。美国及军队职业化程度比较高的西方国家，除保留军乐团用作外交、喜庆、礼仪外，早已从上世纪 80 年代就全部取消了军队文工团，慰问军队的表演，都来自民间，临时根据合同征召。其他发展中国家更是鲜有军队文工团这种奇怪的建制。长远而计，文艺人士职业化、市场化是潮流之势，政府及军队都没有必要承担这个沉重包袱。除文工团之外，军队中的体育、医疗、出版、教育等机构都不能过多、过滥，军队的非战斗人员的比例不能过高。军队的主要任务是能打仗、打胜仗，不需要“歌星”、“影星”、“舞星”和“体育名星”，因此军队体制改革都要围绕着这个根本任务进行，最大幅度地裁撤影响军队战斗力的机构和人员。

当代中国的行政效率低下，一直以来都为社会所诟病。说起中国的机构臃肿与人员冗余，堪称世界“一绝”。网上曾经公布一组数据，说明一个县的最高标准配置机构数量，共分为四类：县人大、政协、检察院、法院（4 个），县委部委办局（10 个），县政府委办局（54 个），县政府其它委办局（22 个），县人民团体（15 个）；县事业单位（35 个），以上累计共有 140 个机构。尽管后来也经过多次改革调整合并，没有这么多了，但机构臃肿重复，则是一个不争的事实。除了机构外，还有五花八门的职数超配，诸如副职、副秘书长、助理、巡视员、调研员，等等，造成了公共职位福利化的现

① 中共十八届三中全会通过的《中共中央关于全面深化改革若干重大问题的决定》中的“深化国防和军队改革”。

象。这样的机构设置和领导岗位设置，会产生很多的弊端。

相互扯皮推诿，职能弱化。以农业部门为例，县政府有粮食局、农业局、林业局、畜牧局、农村工作办公室、农业机械管理局、扶贫开发办公室等7个部门，其它领域也有不少这样的情况。在实际生活中，这“七个（部门）”与“一个（领域）”的关系如何分工、如何协调？这种重复设置的机构，反而是职责划分不清，过多的行政干预会导致服务职能弱化，重行政领导，轻便民服务。“鸡多不下蛋”，“三个和尚没水喝”，部门一多，动嘴的就多，动手的就少，必然影响工作效果和工作效率，于是便会出现“人人有权作恶，人人无权为善”① 的局面。比如，中国的机械工业领域，“事实已经证明，靠工业部门管企业的方法是管不好的。过去设置八个机械工业部，也难以把机械工业管好”②。

冗员数量庞大，人浮于事。有“庙”的地方，必定住着“神”。许多“神”其实是没有什么灵通的，无非是这里有个“庙”，它就来安身了。这种无用的“神”便是人间的冗员，就是政府机关中超过工作需要的人员，无才能但有关系，因而才有可能进入这个“庙”中，才出现了“厅级干部一走廊，处级干部一礼堂，科级干部一操场”的状况。冗员多了，必然争名夺利，人多矛盾多，有好处争着上，有责任争着推卸，内耗阻碍发展。冗员多了，反过来会推动“庙”越来越多、越来越大，工作效率必定越来越低。

浪费财政资源，负担沉重。只要有“神”存在的地方，就需要有人上贡，否则，这些“神”们是没办法生存下去的。冗员会加剧国民的税收负担，过度消耗社会的物质财富，无助于社会总体财富的积累③。正如美国税史学家查尔斯·亚当斯所说：“不必要的公务员是税收制度的寄生虫，西班牙与罗马一样，寄生虫的数量超过了纳税人。罗马行政机关发言人吉本说：‘惊人的组织会被自身的重量压垮’”。④ 有一个官，就必然配备一个官的诸

① 潘纯正，“精简机构是一场改变——一个做了30多年的中国梦”，《潘纯正自选集》，2014年5月20日。

② 《朱镕基讲话实录》（第三卷），人民出版社，2011年9月版，第30页。

③ 姚轩鸽，“冗员是税制的寄生虫”，《深圳特区报》，2014年7月15日。

④ （美）查尔斯·亚当斯，《善与恶：税收在文明进程中的影响》，翟继光译，中国政法大学出版社，2013年2月版。

多待遇，车子、办公室、秘书等等，这是对国家财政资源的一大浪费。

领导岗位众多，买官卖官。只要有一座“庙”，就会有“方丈”和其他大大小小的“和尚”。机构多了，本部门的官员就多，其上级分管的官员也多，于是便形成了“官多为患”的现象①。位置多了，就有人争夺，靠正常途径争夺不到，于是便挖空心思想出各种怪招，“买官卖官”便有了操作的空间和可能②。

社会有多种多样的力量存在，绝不只有政府一种力量，政府机构绝不是社会这个大舞台上的唯一“演员”，其他力量也绝不是“看客”，独角戏是不行的，必须对自己所扮演的角色和作用有清醒的认识和恰当的估计。为了克服官僚主义，提高工作效率，必须精简机构，这是社会治理现代化的必然要求。但是，过去那种简单化的裁减冗员，效果很差，原因是没有拆“庙”，过一段时间，被移走的“神”就又回来了，而且会招来更多的新“神”。权力部门化、部门利益化、利益集团化，集团个人化，部门利益当中有着极其复杂的集团利益、小团体利益、领导者个人利益，这些利益不会因为体制的改变而自然消失。俗话说，扬汤止沸，不如釜底抽薪，许多“庙”看似有存在的必要，其实更像是一根“鸡肋”，表面上“弃之可惜”，实际上“食之无味”，干脆不如“一拆了之”，否则，只治标不治本，早晚还会“死灰复燃”，以往的努力又前功尽弃，最后倒霉的还是老百姓。裁撤的原则就是诸葛亮所说的“省官并职，去文就质”。具体办法有四：

一是合并同类。原则上一件事情只能由一个部门去办，不能由几个部门

① 据媒体报道，2006 年 11 月，原中组部部长张全景在接受采访时说：“一个省有四五十个省级干部，几百个乃至上千个地厅级干部，一个县几十个县级干部，可以说古今中外没有过。更何况一个省、市除省长、市长外，还有八九个副职，每个人再配上秘书，个别的还有助理。解放初期，一般就是一个县委书记，一个县长，或加一个副职，甚至没有副职。现在讲克服官僚主义，减少事务，减少应酬，就这么一种体制，怎么克服，怎么减少？现在这么多人既增加了开支成本，又滋长了官僚主义。”

② 据媒体报道，在 2012 年的“两会”上，原中纪委副书记刘锡荣说到“买官”、“卖官”的空间时说：“要是只有一个岗位，那还买什么呢？有的地方秘书长就有十几个，这怎么可以啊，官满为患啊！……过去一个县委，百把人以上就是大县委。现在我到乡镇去看，一个乡镇有三四百名干部，小汽车停了好几排。……老百姓再勤劳，也养不起这么多官啊！”

办[①]。如农业领域的事情，都由一个农业部门来管理，否则，扯皮就是必然的。

二是降低级别。能由科管好的事情，就不设处；能由处管好的事情，就不设局。

三是削减人员。能由一个人做的事情，绝不设两个人；能兼职做的事情，绝不设专职的岗位，否则，就会出现“一个人干，一个人看，一个人捣蛋”[②] 的现象。

四是减少职能。机构改革不易，转变职能更难，因为它更深刻。[③] 能不管的事，就坚决不管；能少管的事，就不要多管；企业或个人自己可以管的事，政府就不要插手；市场能办的，多放给市场；社会可以做好的，就交给社会。政府管住、管好它应该管的事，“把错装在政府身上的手换成市场的手”[④]。

每个国家的政府公务员数量总要有个适度的规模，这一规模既能够保证政府有效处理公共事务，提供公共服务和产品的需要，同时也能够避免规模膨胀而导致的行政成本过高。中国拥有庞大的公务员数量，这是被社会诟病的议题之一。媒体曾经广泛报道过，1998 年，原财政部部长助理刘长琨说：“汉朝八千人养一个官员，唐朝三千人养一个官员，清朝一千人养一个官员，现在四十个人养一个公务员。”据统计，中国历代民官的比例为：西汉 7945∶1；东汉 7464∶1；唐朝 2927∶1；元朝 2613∶1；明朝 2299∶1；清朝 911∶1；现代 67∶1。各朝代的前后期也许会有一些不同，但大体的比例具有相对的可信性，这也就是刘长琨说法的根据。“官”里面或许也包括一些办事的“吏”，这就是中国历史上的“公务员”。各国对公务员定义不同，公务员涵盖的范围也不同，财政供养人员可视为最广泛意义上的公务员。我国财政供养人员太多，里面包括了大量的公务员、教育科学卫生等事业单位人员以及行政事业单位离退休人员。关于中国财政供养人员占总人口比重的数

---

① 《朱镕基讲话实录》（第三卷），人民出版社，2011 年 9 月版，第 11 页。

② 同上，第 18 页。

③ 2013 年 3 月 17 日上午，李克强在十二届全国人大一次会议闭幕后的记者招待会上，回答新加坡《联合早报》记者的提问。

④ 同上。

据，有来自不同研究者和部门的多种说法：1/18（约7000万），1/26（约5000万），1/28（约4799万）和1/37（约3500万）等[1]。不论哪种说法，由于我国人口基数大，财政供养人员总数巨大，是一个不争的事实。

正是由于存在着“十羊九牧”[2]的弊端，因此，中国政府自新中国成立以来进行过几次重大改革，国务院组成部门越来越少了，但许多事情并没有因为减少了部门而被耽误，反而将工作效率和治理效果大大地提高了。这件事情其实并没有完，还要继续进行下去。同时也要认识到，“拆庙移神”的背后是一场利益的博弈，真正做起来是非常非常难的，但这件事情又不得不做，可以说，这项工作对于目前的中国来说，是治乱的头等大事，其重要度和紧急度甚至超过了重拳反腐。因为从根子上说，腐败的重要成因还是由于机构臃肿、人浮于事而使一些身居核心位置的人有了混水摸鱼的机会。“拆庙移神”固然会损害一些既得利益者的利益，也会不可避免地伤及无辜，但是，对国家和大多数人民有好处的事情，就应该义无反顾地去做，“这样的事情应抱必胜的信心，因为没有别的选择，这件事不能犹豫，不能妥协，也不能半途而废”，“如果不搞这场革命，不只是四个现代化没有希望，甚至要涉及到亡党亡国的问题，可能要亡党亡国”[3]。因此，以壮士断腕的决心和勇气“拆庙移神”，这是确保国家长治久安的“治乱”之本。

纲举目张：整顿纲纪以规范秩序

在上世纪80年代以前的中国，“纲”这个字眼是政治流行语汇，并且根据当时的政治、经济形势被演绎为各种各样的说法，诸如“以阶级斗争为纲”、“以三项指示为纲”、“以粮为纲”、“以钢为纲”、“抓纲治国”，等等。这些提法，源于一句“纲举目张”的成语。“纲”的本意是鱼网上的总绳，

---

① 蔡红东，“政府‘紧日子’必须‘紧人’”，《学习时报》，2013年7月8日。

② 《隋书·杨尚希传》：“当今郡县，倍多于古。或地无百里，数县并置；户不满千，二郡分领；具寮以众，资费日多；吏卒又倍，租调岁减；清干良才，百分无二；……所谓民少官多，十羊九牧。”

③ 邓小平，《精简机构是一场革命》，1982年1月13日。

比喻事物的主干部分；“目”是网眼，比喻事物的从属部分。这个成语比喻抓住事物的关键，就可以带动其他环节。中国历代的治国理念和哲学思想中，均包含有纲举目张的内容①。

治国安邦的“纲”，首先要确立一些供人们普遍遵守的基本法则，所谓“大圣作治，建定法度，显箸纲纪”②。假如国家没有纲纪，只是任凭统治者一味地蛮干，社会秩序就会紊乱，所谓“勇而寡略，好自称伐，国无纲纪，法不整肃”③。纲纪是需要人为设立的，所谓“立君臣，等上下，使纲纪有序，六亲和睦，此非天之所为，人之所设也”④。纲纪一经确立，就必须得到不折不扣的执行，以达到规范社会秩序的目的，所谓“说皆不足合大道，美风俗，治纲纪”⑤。更有甚者，如果一个国家的纲纪紊乱，还有可能受到外国的嘲笑，所谓“西人之将灭人国也，则必上之于议院，下之于报章，日日言其国政之败坏，纲纪之紊乱，官吏之苛黩；其将灭人种也，则必上之于议院，下之于报章，日日言其种族之犷悍，教化之废坠，风俗之糜烂”⑥，因而有可能干涉其内政，所谓“闻其言也，仁者愀然思革其政，以拯其难，鸷者狡焉思乘其敝，以逞其志。夫然后因众人之欲，一举再举而墟其国，奴其种，而俨然犹以仁义之师自居”⑦。

正是认识到纲纪的重要性，因此，历史上凡是有作为的政治家，都把整顿纲纪作为治乱的重要内容，这就是诸葛亮所说的“先理本，后理末；先理强，后理弱”。为了整顿纲纪和规范秩序，必须坚持以下基本原则。

整顿纲纪，必须解决突出问题。

“文革”后期，邓小平第二次复出，针对当时全国秩序一片混乱、国民

---

① 《韩非子·外储说右下》：“善张网者引其纲，不一一摄万目而后得。”《吕氏春秋·用民》：“壹引其纲，万目皆张”。（汉）班固，《白虎通·三纲六纪》：“若罗网之有纪纲而万目张也”。（汉）郑玄，《诗谱序》：“举一纲而万目张，解一卷而众篇明。”《宋史·职官志八》：“提纲而众目张，振领而群毛理。”

② 《史记·秦始皇本纪》。

③ （唐）玄奘，《大唐西域记·阿耆尼国》。

④ 《汉书·礼乐志》。

⑤ （汉）韩婴，《韩诗外传》（卷四）。

⑥ 梁启超，《论中国之将强》。

⑦ 同上。

经济处于崩溃边缘的状况，大刀阔斧地进行整顿。为了在短期内取得明显的效果，就需要选好整顿的突破口。邓小平首先选择对军队进行整顿[①]。1975年1月25日，四届人大会议闭幕的一周之后，新任中共中央副主席、国务院第一副总理、中央军委副主席兼中国人民解放军总参谋长的邓小平向总参机关团职以上干部发表《军队要整顿》的著名讲话。他还像过去那样，讲话没有客套，而是单刀直入，“我们军队出现了一个新的大问题，就是闹派性，有的单位派性还很严重”；“再一个问题是军队的纪律很差”，“现在是问题成堆”，“根据毛主席的指示，‘军队要整顿，要安定团结，要落实政策’”，“为了做到这些，我们要增强党性，消除派性，加强纪律性，提高工作效率”[②]。邓小平这篇气势不凡、风格凌厉的讲话，打响了全面整顿的“第一枪”。

邓小平在国民经济领域中把恢复铁路运输秩序作为整顿的突破口。1966年冬，上海工人造反派头头王洪文，就因制造震动全国的“安亭事件”[③]而一举成名。之后，在“全面内战”的几年里，一些重点铁路枢纽和路段一直处于瘫痪、半瘫痪状态。后来虽然采取了军事管制、军队护路等办法，但也只能治“标”，不能治“本”。1974年“批林批孔”运动以后，一些造反派重操“旧业”，造成徐州、南京、南昌等地铁路交通严重堵塞，直接影响津浦、京广、陇海、浙赣等重要干线的畅通。为此，邓小平在一次会议上发表了斩钉截铁的讲话：“怎样才能把国民经济搞上去？分析的结果，当前的薄弱环节是铁路。铁路运输的问题不解决，生产部署统统打乱，整个计划都会落空。所以中央下决心要解决这个问题。”“听说现在有的同志只敢抓革命，

---

① 江明武，《周恩来生平全纪录》，中央文献出版社，2009年10月版。

② 邓小平，“军队要整顿”（1975年1月25日），《邓小平军事文集》（第三卷），军事科学出版社，2004年7月版。

③ “安亭事件”是指1966年11月10日赴北京告状的一千名“上海工人革命造反总司令部”（简称“工总司”）成员，在安亭（上海西北郊三十公里嘉定县境内与昆山、青浦交界地方京沪线上一个小站）受阻后卧轨拦截开往北京的14次特快列车，造成京沪线中断二十小时（一说三十小时）的事件。这一事件成为“造反派”全面炮打上海市委，成为后来轰动全国的“一月革命”夺权行动的导火索和转折点。

不敢抓生产，说什么‘抓革命保险，抓生产危险’。这是大错特错的！”[①] 根据邓小平的讲话精神，铁道部部长万里率工作组奔赴各地，对问题严重的路局进行重点整顿，集中力量打“歼灭战”，仅用一个多月时间，就使铁路运输这个“文革”以来的“老大难”问题迅速解决。铁路工作的有效整顿，带动了整个工业生产的明显改观。邓小平后来说：“说到改革，其实在 1974 年到 1975 年我们已经试验过一段”，“那时的改革，用的名称是整顿，强调把经济搞上去，首先是恢复生产秩序。凡是这样做的地方都见效”[②]。后来，毛泽东对邓小平否定“文革”的行为表示不满，于是否定了邓小平整顿工作的指导思想：“什么‘三项指示为纲’，安定团结不是不要阶级斗争，阶级斗争是纲，其余都是目。”[③] 邓小平再一次倒台，“不久，我又被‘四人帮’打倒了，我是‘三落三起’。一九七六年四五运动，人民怀念周总理，支持我的也不少。这证明，一九七四年到一九七五年的改革是很得人心的，反映了人民的愿望。”[④]

邓小平抓整顿取得了明显的成效，得益于他的思路正确，措施有力。当时，毛泽东的威望处于登峰造极的地步，如果没有毛泽东的支持，什么事情也办不成。邓小平手里举的旗帜，就是毛泽东曾经有过的三条指示：“第一，要学习理论，反修防修；第二，要安定团结；第三，要把国民经济搞上去。”邓小平巧妙地把这三条指示概括为“三项指示为纲”的指导原则。他认为，这三条指示互相联系，是个整体，不能丢掉任何一条。这是我们这一时期工作的纲。在实际的执行过程中，他又是有所取舍的，“当前，我们有好多事要办，特别是要把国民经济搞上去”[⑤]。可见，整顿纲纪，必须有正确的方针，采取恰当的措施，解决存在的突出问题，才能取得明显的成效。如果眉

① 邓小平，“全党讲大局，把国民经济搞上去”（1975 年 3 月 5 日），《邓小平文选》（第二卷），1995 年 9 月版。

② 程中原，夏杏珍，《历史转折的前奏：邓小平在一九七五》，中国青年出版社，2004 年 1 月版。

③ 梁效、任明，“评‘三项指示为纲’”，《人民日报》，1976 年 2 月 29 日。

④ 薛庆超，《中国改革的前奏》，河南人民出版社，2007 年 6 月版。

⑤ 邓小平，“加强党的领导，整顿党的作风”（1975 年 7 月 4 日），《邓小平文选》（第二卷），1995 年 9 月版。

毛胡子一把抓，而且抓的方法也不得要领，那是办不成事情的。

整顿纲纪，必须惩治害群之马。

自古以来慈不掌兵，赏罚分明方能令行禁止，令行禁止才有权威，有了权威便可以更加令行禁止。在整顿纲纪的过程中，如果想达到令行禁止的效果，就必须要首先惩治害群之马[①]。就连一个小孩子都知道，治理天下也很简单，就像放牧一群马，只要把危害马群的劣马清除掉就可以了。既然治国如此简单，那还需要去寻找什么“大隗神”吗？其实，这位童子就是“大隗神”，难怪黄帝要向他行叩拜大礼。正是因为深谙这个治国之要，被宋代大儒朱熹称为“有史以来天地间第一流人物”[②] 的范仲淹，在著名的“庆历新政”中，最重要的举措就是清除害群之马。

庆历新政（1043—1044）和王安石熙宁变法（1069—1093）是北宋王朝在开国已久之后，统治集团试图拯救时弊、富国强兵而开展的两次变法活动。北宋王朝和此前的历代王朝一样，在开国近百年之后，虽然仍可称得上国泰民安，但是内部的各种问题也逐渐暴露出来，正如王安石所说的“内则不能无以社稷为忧，外则不能无惧于夷狄，天下之财力日以困穷，而风俗日以衰坏，四方有志之士，諰諰然常恐天下之久不安。此其故何也？患在不知法度故也”[③]。庆历新政前，北宋在对外关系上也受到了极大的挑战，西夏与北宋交战不休，“澶渊之盟”[④] 后一直相安无事的契丹也于 1042 年遣使求关南之地，并且“聚兵幽燕，声言南下”。面对这种内忧外患的局面，宋仁宗责成当时朝中的主要大臣要有所更张以“兴致太平”。范仲淹向宋仁宗上

---

① 《庄子・徐无鬼》：“黄帝将见大隗乎具茨之山，适遇牧马童子，问涂焉，曰：‘若知具茨之山乎？’曰：‘然。’‘若知大隗之所存乎？’曰：‘然。’黄帝曰：‘异哉小童！非徒知具茨之山，又知大隗之所存。请问为天下。’小童辞。黄帝又问。小童曰：‘夫为天下者，亦奚以异乎牧马者哉？亦去其害马者而已矣。’黄帝再拜稽首，称天师而退。”

② （宋）朱熹，《朱子语类》（卷 129）。

③ （宋）王安石，《上仁宗皇帝言事书》。

④ 公元 1004 年（宋真宗景德元年），辽军南下，深入宋境。宋真宗想迁都南逃，因宰相寇准的劝阻，才勉强至澶州督战。宋军坚守辽军背后的城镇，又在澶州城下射杀辽将。辽害怕腹背受敌，提出议和。宋真宗本来就畏敌，历来主张议和，遂于十二月间（1005 年 1 月）与辽订立和约，规定宋每年送给辽岁币银 10 万两、绢 20 万匹。因澶州在宋朝也称澶渊郡，故史称“澶渊之盟”。

书[①]，列举了十件必须“端本澄源”的事务，即“明黜陟、抑侥幸、精贡举、择官长、均公田、厚农桑、修武备、减徭役、覃恩信、重命令”，其中以整顿吏治为核心。随后在范仲淹等人的主持下，“庆历新政”便开始实施。这次变法最终与历次变法一样，都归于失败。但范仲淹的一个具体行为，却在历史上留下了深刻的印记，这就是“一家哭”总比“一路哭”要好的治吏准则[②]。

在变法过程中，范仲淹亲自选派一批精明能干、正直清廉的官吏巡察全国，检视地方官吏的为政情况，并据实报告朝廷。范仲淹根据各人的政绩、才能和品德，对不称职者一律降黜，不徇私情；对精明能干、政绩卓著者加以升赏。有一天，他阅读各地按察使的报告，并翻开各路官员的花名册，看到缺德少才、害民败政的转运使，便大笔一挥，将其名字勾掉，重新安排德才兼备的有为之士。同僚富弼平时对范仲淹十分尊敬，这时见他毫不留情地罢免一个又一个官员，不免有点担心，从旁劝止说：“您一笔勾掉很容易，但是这一笔之下可要使他一家人痛哭啊！”范仲淹听了，用笔点着贪官的名字愤愤地说：“一家人哭总比一路人哭要好吧！”

北宋的“路”，相当于今天的省，监司也就是“省级”干部了，这些人虽然“不才”，但既然能成为地方大员，肯定有其政治背景，在朝中有靠山。范仲淹的时代，朋党现象很严重，政治山头林立，问题严重到皇帝也得亲自过问的程度[③]。诸葛亮曾经对朋党的危害有着清醒的认识：“枝叶强大，比居同势，各结朋党，竞进憸人，有此不去，是谓败征。”[④] 与范仲淹同朝为官的欧阳修，将朋党分为小人的朋党和君子的朋党，“夫兴亡治乱之迹，为人君者可以鉴矣”[⑤]。范仲淹以铁腕整饬吏治的果敢做法，在当时的社会环

---

① （宋）范仲淹，《答手诏条陈十事疏》。

② 朱熹，《五朝名臣言行录·参政范文正公》：“公取班簿，视不才监司，每见一人姓名，一笔勾之，以次更易。富公（弼）素以丈事公，谓公曰：‘十二丈则是一笔，焉知一家哭矣！’公曰：‘一家哭，何如一路哭耶！’遂悉罢之。”《明史·河渠志二》：“语云：‘救一路哭，不当复计一家哭。’”

③ 朱熹，《五朝名臣言行录》（卷七）：“庆历四年四月戊戌，上与执政论及朋党事。”

④ （三国）诸葛亮，《兵要》（八）。

⑤ （宋）欧阳修，《朋党论》。

境下，确实值得称道，至少对那些“不才”的监司，能起到暂时的震慑作用。害群之马不除，整个马群就不得安宁。他的变法最终失败，原因很多，但核心问题还是一个独裁专制体制下根本性的吏治腐败，这就不是一个可以“一笔勾销”的简单问题了。

现实生活中的“打老虎”，就是一种整顿吏治的做法。许多“大老虎”的职位比“路”还要大，他们对社会秩序的破坏也大得多，因此，必须以重拳打击，方能显现出中央澄清吏治的意志和决心，使人民群众看到希望，不再出现“一路哭”的现象。

整顿纲纪，必须坚持取信于民。

汉代大儒董仲舒发展了中国历史上“天人合一”① 的哲学观念，认为人间的政治过失会使上天生气、震怒，天怒则通过自然界的灾异诸如地震、日食、月食、水旱灾害体现，皇帝应该改正错误，免除上天降的灾害。根据这个理论，汉代就出现了很多灾异之赦的事情，几乎占了整个汉朝赦免总数的三分之一②。但是，这种赦免并不能够总是起到笼络人心、安定社会的作用，因此，一些有远见的政治家并不认为这是一种好的治国方略。历史上著名的“凿壁借光”的匡衡，是汉元帝、汉成帝时的丞相，他就不赞成动不动就大赦天下。“大赦之后，奸邪不为衰止，今日大赦，明日犯法，相随入狱，此殆导之未得其务也”③。东汉开国功臣吴汉，临终时对刘秀说：“臣愚无所知，唯愿陛下慎无赦而已。”④ 诸葛亮继承了这种不轻易大赦的治国方略，认为“治世以大道，不以小惠”⑤。治理国事，要用大恩大德，而不能施小

---

① （汉）董仲舒，《春秋繁露·人副天数》：“人有三百六十节，偶天之数也；形体骨肉，偶地之数也；上有耳目聪明，日月之象也；体有空窍理脉，谷川之象也。”《春秋繁露·阴阳义》：“天亦有喜怒之气、哀乐之心，与人相副。以类合之，天人一也。春，喜气也，故生；秋，怒气也，故杀；夏，乐气也，故养；冬，哀气也，故藏。四者天人同有之。”《中华思想大辞典》：“主张‘天人合一’，强调天与人的和谐一致是中国古代哲学的主要基调。”

② 郭金霞、苗鸣宇：《大赦·特赦——中外赦免制度概观》，群众出版社，2003 年版，第 15 页。

③ 《资治通鉴》（卷二十八）。

④ 《后汉书·吴汉传》。

⑤ 诸葛亮，《答惜赦》。

恩小惠，更不能靠赦免几个犯罪的人来获得人们的拥护。他举例说："若刘景升、季玉父子，岁岁赦宥，何益于治"[①]。

无数的事实证明，通过赦免的方式来整顿纲纪，效果常常是不好的。要想取信于民，就必须说到做到。诸葛亮说："统武行师，以大信为本。得原失信，古人所惜。"[②] 这个"信"，就是要做到法律面前人人平等，真正实现"王子犯法，与庶民同罪"[③]。假如同罪不能做到同罚，那么就无法施行法律，"同罪异罚，非刑也"[④]。犯法的人因没有得到惩处，反而可以招摇过市，"一事殊法，同罪异论，奸吏得因缘为市"[⑤]。这样一来，老百姓就会对法律的严肃性产生疑惑，"同罪异诛，观听疑惑"[⑥]。

有一种论调，认为反腐败会导致经济发展停滞不前。其实，这是一个伪命题，原因在于表面上的经济繁荣恰恰是一种反常的状态，不仅对切实提高人民群众的物质生活和精神生活水平没有实质性的好处，反而会带来奢侈浪费、道德沦丧、分配不公、腐化变质的诸多负面影响，反过来会把经济发展的成果消耗殆尽。就以企业的经营效益来说，如果市场规则不起作用，而是主要看谁"牛"，谁"霸"，谁"色"，谁就能挣钱，这种"常态"反而是一种"非常态"。社会所需要的"新常态"，是指会做产品的人能挣钱，而不是会搞关系的人能挣钱；借助网络生人之间可以做生意，而不是知道暗室操作的人能挣钱[⑦]。再比如，因为反腐败，一些干部不作为了，表面上看起来不正常，但现在恰恰要解决的问题是干部的"乱作为"。如果不把"乱作为"的问题整顿好，那么"不作为"的问题就无法解决。反腐败要讲"不敢"、"不能"、"不想"，其中"不敢"是治标，"不能、不想"是治本，如果连标

---

① 同上。

② 诸葛亮，《谕参佐停更》。

③ 《史记·商君列传》："于是太子犯法。卫鞅曰：'法之不行，自上犯之。'将法太子。太子，君嗣也，不可施刑，刑其傅公子虔，黥其师公孙贾。明日，秦人皆趋令。行之十年，秦民大说，道不拾遗，山无盗贼，家给人足。民勇于公战，怯于私斗，乡邑大治。"

④ 《左传·襄公六年》。

⑤ 《后汉书·桓谭传》。

⑥ （宋）陆游，《南唐书·江文蔚传》。

⑦ 万通控股有限公司董事长冯仑在2014年8月22—24日于河南郑州召开的"2014亚布力中国企业家论坛夏季高峰会"上戏说"新常态"。

都治不了，治本就只能是一句空话。正因为如此，以切实贯彻落实“八项规定”为标志的反腐败行动，已经变成一场输不起的战斗，“反腐永远在路上”[①]。因此，要构建社会生活的新常态，就要舍小利取大义，咬定青山不放松，真正做那些可以取信于民的事情。

通过整顿纲纪取信于民，必须抓住人民群众最关心的事情。1976 年，叶剑英问当时主持中央日常工作的华国锋：“你现在的治国方针是什么?”华国锋回答：“举一纲抓两目。”[②] 举一纲，是以阶级斗争为纲；抓两目，就是把国民经济搞上去，安定团结。在当时来说，这个方针有其合理性，因而也成为能够顺利粉碎“四人帮”的一件有力武器。粉碎“四人帮”以后，华国锋继续坚持“以阶级斗争为纲”，就有点不合时宜、不得民心了。与华国锋相反，当时的胡耀邦提出了他的“新隆中三策”：“停止批邓，人心大顺；冤案一理，人心大喜；生产狠狠抓，人心乐开花。”[③] 实践证明，胡耀邦的这个整顿纲纪的思路和办法是完全正确的，真正达到了取信于民的效果。

德以润身：修心养性以引领风气

中国语汇中的“道德”一词，最早可追溯到先秦思想家老子所著的《道德经》：“道生之，德畜之，物形之，器成之。是以万物莫不尊道而贵德。道之尊，德之贵，夫莫之命而常自然。”[④] 道生成万事万物，德养育万事万物。因此，万事万物莫不尊崇道而珍贵德。道之所以被尊崇，德之所以被珍贵，就是由于道生长万物而不加以干涉，德畜养万物而不加以主宰，顺其自然。后世的人们对“道德”的含义做了许多诠释。“天之在我者德也，地之在我者气也，德流气薄而生者也。”[⑤] 天德和地气这两种能量在人体内流动，使

---

① 2014 年 8 月 25 日，中共中央政治局常委、中纪委书记王岐山在全国政协常委会上畅谈反腐败问题。

② 熊蕾，“1976 年华国锋和叶剑英怎样联手的”，《炎黄春秋》，2008 年第 10 期。

③ 李锐，“向胡耀邦学习——《胡耀邦传》序言”，《炎黄春秋》，2009 年第 4 期。

④ 《道德经》(第五十一章)。

⑤ 《黄帝内经·灵枢·本神》。

我们的生命具有活力，德就是滋养人类生命的能量，“有一而未形，物得以生谓之德”[①]。无形的东西是道，使万物生长的东西是德，“虚无无形谓之道，化育万物谓之德”[②]。说来说去，“道”是人对自然的看法，“德”是人的处世准则，两者合起来的“道德”是人们调整人、社会、自然之间关系的根本指导原则，“道德是万事万物的支点，是所有体系的试金石”[③]。

人们对自然的看法多种多样，这是“道”的多样性；人们的处世准则也是多种多样，这是“德”的多样性。人们经过多方面的社会实践和自身的认识思考，形成了对“德”的认知。比如，清代道士刘一明认为“德”就是“恤老怜贫，惜孤悯寡，施药舍茶，修桥补路，扶危救困，轻财重义，广行方便”，称“道者，为己之事；德者，为人之事。修道有尽而积德无穷”，感叹“德者，自己人世之事；道者，师传成仙之事。不积德而欲修道，人事且不能，仙道怎得成”[④]。刘道士的这一番言论，其实已经把“德”的内容与功效都说得很清楚了。作为“治乱”主体的领导者，首先要“治”自己的“乱”，也就是要修德以润身，所谓“富润屋，德润身，心广体胖。故君子必诚其意”[⑤]。根据领导者承担的“治乱”职责来看，修德应从四个方面来着手，可以将其概括为“修身四课”。

第一课：求知。

人有一种内在的精神需要，就是认知的需要。人在生活、学习和工作中面临问题或任务，感到自己缺乏相应的知识时，就产生了探究新知识或扩大、加深已有知识的认知倾向；这种情境多次反复，认知倾向就逐渐转化为个体内在的强烈的认知欲求，这就是求知欲。求知欲强的人自觉地、积极地追求知识，热情地探索知识，以满足精神上的需要。一般的好奇心表现为人追求认识事物的短暂的探索行为；而求知欲则是一种比较稳定的认知欲求、认知需要，表现为人坚持不懈地探求知识的活动。“人之有道也，饱食、暖

---

① 《庄子·外篇·天地》。

② 《管子·心术》。

③ （德）叔本华，《自然界中的意志》，任立、刘林译，商务印书馆，1997 年 12 月版。

④ （清）刘一明，《修真九要》。

⑤ 《礼记·大学》。

衣、逸居而无教，则近于禽兽”①。按照孟子的这个观点来推论，人与动物的主要区别之一，就是人有求知欲，通过追求知识而获得改造自然的能力，而不是被动地适应自然环境。人和禽兽的差异就那么一点儿，一般人抛弃它，君子却保存它。比如，舜就明白一般事物的道理，了解人类的常情，于是从仁义之路而行，而不是为行仁义而行仁义②。

人，如果不接受文明的熏陶，可以成为动物；而动物即使接受文明的熏陶，依然不能成为人。求知是人类文明积淀的内在动力，也是人实现内在超越的主要手段。狭义的求知指对书本知识的渴望，广义的求知指除了书本知识外，还要积极主动地投身于广泛的社会实践活动。两者并不矛盾，而是相辅相成的。强烈的学习兴趣是求知欲的一种表现，如果对学习没有一点兴趣，那就不但学不好，而且会觉得负担很重，产生畏难情绪和厌倦心理。反之，只要有兴趣，思想就集中，容易学得好、记得牢，即使学习时间长些，内容多些，也不会损害身心健康。

通过学习，可以获取知识，这是人实现内在超越的力量。最好的学习方法，就是读书。“惟书有色，艳于西子；惟文有华，秀于百卉。”③ 通过读书，既可以增加知识，又可以改变自己的气质，所谓“腹有诗书气自华”④。作为一个有可能承担“治乱”责任的人来说，什么气质才是最美的气质？书卷气。书卷气并不是书生气，而是一种饱读诗书后形成的高雅的气质和风度，是良好素质的表现。我们从书本中得到的不仅仅是知识，更多的是体验了我们之外的人生，开拓了视野，丰富了经历，从而对世界有更多的见识，而不只是盯着自己的一亩三分地，盘算着身边的是是非非、纷纷扰扰。在书卷气的熏陶之下，浊俗可以变为清雅，奢华可以变为淡泊，促狭可以变为开阔，停滞可以变为平和。拥有了书卷气，便有可能消除傲气、娇气、霸气、激愤气、粗俗气、痞子气、卑微气、小市民气；拥有了书卷气，便有可能增

① 《孟子·离娄下》。

② 《孟子·滕文公上》：“人之所以异于禽兽者几希，庶民去之，君子存之。舜明于庶物，察于人伦，由仁义行，非行仁义也。”

③ （唐）皮日休，《六箴·目箴》。

④ （宋）苏轼，《和董传留别》诗。

加静气、秀气、灵气、自在气、文明气、富足气、高贵气、泱泱大气[①]。

读书除了可以改变自己的气质外，最重要的是可以提高解决实际问题的能力。李瑞环曾经说过："不客气地讲，年轻的一代书读得太少，而且追求学问的劲头不够足，往往满足于一知半解。不读书，不了解情况或者对情况了解不够，缺乏一个思想艰苦的作风，终究成不了气候。"[②] 李瑞环的一席话，可谓点到了现实生活中一些人的"痛处"，这种人平时一个个趾高气扬，以为自己很有"料"，其实，一肚子的酒肉肥肠，哪里还有什么"内在超越"的动力。这些人并不知道读书的妙处，殊不知"养成读书的习惯，了解情况与读书相结合思考问题的习惯，经常不断地总结经验，就会做到知其然，也知其所以然。现在，我们有些同志似乎明白而又糊涂的事太多了。究其原因，主要是没有读书和思考问题的习惯，一件事情办完了，挺好，但不反问自己为什么。加强这方面的工作可以使干部的素质得到提高，可以出人才。"[③]

许多贪官的学历很高，有几种类型：一是真学历、真文凭，当初确实用过苦功，拿到了学位，但只是将其作为一块向上爬的敲门砖，不能学以致用；二是假学历、真文凭，自己没有用过功，别人替自己写作业、写论文而得到了学位；三是假学历、假文凭，编造了一套学历和文凭，以欺骗组织，最后达到加官晋爵的目的。这种种表现，都是源于没有求知的欲望与求知的行为，没有高尚的精神追求，有的只是名利、地位的浅层次享受与追求。这样的官员，哪怕文凭再高，也只能是对知识和学问的一种嘲弄，是对社会风气的"负面"引领。

第二课：内省。

人的知识与经验主要来自于社会实践，这是唯物主义的基本观点。人通过自己的社会实践获得知识与技能，这些知识与技能便会在自己的头脑中留下印迹。这些印迹不会自动起作用，而是要通过人本身的思考与综合，形成

---

① "书卷气才是最好的气质"，《沧海一滴的博客》，2012 年 5 月 19 日。

② 李瑞环，"同天津市政府秘书长及办公厅、研究室主任的谈话要点"（1987 年 1 月 9 日），《看法与说法》，中国人民大学出版社，2013 年 3 月版。

③ 同上。

一套自己的思想体系和行为准则。这个思考与综合的过程，就是内省。进一步说，内省是指人对于自己的主观经验及其变化的观察，不是指在心理现象发生的此时此刻进行观察，而是指对心理现象所遗留的“最初记忆”的观察。因此，内省并不是海阔天空式地瞎想，而是调动大脑中已经存储的（即从外部客观世界接受了的）元素，按照特定的逻辑体系进行思考的过程，并不完全是一种主观唯心主义。

孔子倡导内省，“内省不疚，夫何忧何惧?”[①] 他提倡“见贤思齐焉，见不贤而内自省也”[②]。孔子的学生曾参每日三省其身，“为人谋而不忠乎？与朋友交而不信乎？传不习乎?”[③] 孟子强调“爱人者，人恒爱之；敬人者，人恒敬之”，假如碰到什么“横逆”的事情，“君子必自反也”，通过内省而找到自己的“不仁”、“无礼”、“不忠”的行为和原因，进而成为“有终身之忧，无一朝之患”的君子[④]。荀子主张“见善，修然，必以自存也；见不善，愀然，必以自省也”[⑤]。

孟子认为，只有仁者才适宜处在领导地位，不仁的人如果处在领导地位，就会把他的罪恶传播给天下的百姓[⑥]。在上者没有行为准则，在下者不守法规制度，朝廷不相信道义，工匠不相信尺度，官员触犯义理，百姓触犯刑律，这样的国家还能保存下来，那是侥幸。普通人怎么才能成为“仁者”呢？方法之一便是“内省”，可以使自己原有的思想境界和行为方式得到超越，这样才有可能当自己身处高位时承担起重任。

中国许多哲学家认为[⑦⑧]，对超越的追求，是宗教的一个重要特征，而中西方宗教中超越的表现又有所不同。中国文化与西方文化最大的不同，就

---

① 《论语·颜渊》。

② 《论语·里仁》。

③ 《论语·学而》。

④ 《孟子·离娄下》。

⑤ 《荀子·修身》。

⑥ 《孟子·离娄上》：“惟仁者，宜在高位，不仁而在高位，是播其恶于众也。上无道揆也，下无法守也；朝不信道，工不信度；君子犯义，小人犯刑：国之所存者，幸也。”

⑦ 汤一介，《儒释道与内在超越问题》，江西人民出版社，1991 年 8 月版。

⑧ 郑家栋，“‘超越’与‘内在超越’——牟宗三与康德之间”，《中国社会科学》，2001 年第 4 期。

是后者是外在超越，借助上帝的指引；前者则不需要，完全可以通过自己的修身来达到内在超越，儒释道都是如此。“内在超越”有可能滑向主观唯心主义的泥潭，进而否定任何客观标准和客观有效性，在国家治理体系中的反映，就有可能只讲人治而不讲法治。我们撇开这一点不论，单就领导者的修心养性来说，如果能够把“内在超越”作为一种思想指引，也是可以起到促进或激励作用的。往深层次看，这就是一种“德”的修养过程；通过修德，超越自己的思想境界，以良好的行为方式来引领社会形成良好的风气。

“自天子以至于庶人，壹是皆以修身为本”①。许多官员之所以有腐败行为，其中很重要的一个原因，就是缺乏内省与向善的修身行为，由此而导致心中没有“敬畏”，就没有了廉耻之心，因而就不会主动“致良知”②，这是作为官员的悲哀，更是作为人的悲哀。假如这些人在夜深人静时，多一些独自内观其心，自己的真实面目就会浮现眼前。经常内省，就会觉得真我的显现让平时欺瞒自己的假我原形毕露，于是会觉得羞愧难当，会真正善待灵魂深处的真我。这样形成一种习惯，境界就会不断提高，这就是君子要“独处守正”③。经过内省的人，会变成内心强大的人，也就是真正有思想的人。这样的人，即使身处世俗世界里的所谓逆境或污淖，他的内心也是平和的、自信的、充满快乐的，因为他的世界不再只是世俗的世界，他还拥有自己独有的完美的内心世界。在这个世界里，他有自己的幸福标准与快乐标准，享受着别人无法享受、也无法理解的幸福与快乐。内心强大的人，其实是精神贵族。这样的人，怎么会为了钱物而把自己的灵魂交给腐化的魔鬼呢？

第三课：节俭。

人类不快乐的根源，在于有太多的欲望，所谓“富与贵，是人之所欲也；贫与贱，是人之所恶也”④；因而，“天下熙熙，皆为利来；天下攘攘，

---

① 《四书·大学》。

② 《孟子·尽心上》：“人之所不学而能者，其良能也，所不虑而知者，其良知也。”中国明代哲学家王阳明的心学主旨就是“致良知”。他认为，良知人人具有，个个自足，是一种不假外力的内在力量。“致”本身即是兼知兼行的过程，“致良知”就是在实际行动中实现良知，以达到知行合一。因此，“致”就具有“内省”的含义。

③ 《汉书·刘向传》：“君子独处守正，不桡众枉。”

④ 《论语·里仁》

皆为利往"[①]。为什么如此？因为普通老百姓都有这样的切身体验："贫居闹市无人问，富在深山有远亲。"[②] 尽管如此，自古以来，人们对节俭的好处是有着充分的认识的。从治国的角度来说，"治国之道，富民为始；富民之要，在于节俭"[③]，因此要"克勤于邦，克俭于家"[④]。节俭的好处很多，"俭则足用，俭则寡求，俭则可以成家，俭则可以立身"[⑤]，"岁丰仍节俭，时泰更销兵"[⑥]，"以俭立名，以侈自败"[⑦]。

尽管古贤仁人认为节俭有这么多好处，而且也提出了诸多的要求，但是，要做到节俭实在是太难了，"由俭入奢易，由奢入俭难"[⑧]。即使再难，也要这么做，这是因为"历览前贤国与家，成由勤俭败由奢"[⑨]。不论是治国还是修身，就是倡导人与自身欲望进行斗争，这是人类自我救赎的必然选择。诺贝尔文学奖获得者莫言说过一段话[⑩]：

> 与乡下人比起来，城里人是有罪的；与穷人比起来，富人是有罪的；与老百姓比起来，官员是有罪的，从某种意义上来说，官越大罪越大，因为官越大排场越大欲望越大耗费的资源就越多。与不发达国家比起来，发达国家是有罪的，因为发达国家的欲望更大，发达国家不仅在自己的国土上胡折腾，而且还到别的国家里，到公海上，到北极和南极，到月球上，到太空里去瞎折腾。地球四处冒烟，浑身颤抖，大海咆哮，沙尘飞扬，旱涝不均等等。
>
> 我们要用我们的作品告诉那些有一千条裙子、一万双鞋子的女人们，她们是有罪的；我们要用我们的作品告诉那些有十几辆豪华轿车的男人们，他们是有罪的；我们要告诉那些置买了私人飞机、

---

① 《史记·货殖列传》
② 《增广贤文》。
③ 《史记·平津侯主父列传》。
④ 《尚书·虞书·大禹谟》。
⑤ 《古今图书集成·家范典》。
⑥ （唐）白居易，《太平乐词》（之一）。
⑦ （宋）司马光，《训俭示康》。
⑧ 同上。
⑨ （唐）李商隐，《咏史》诗。
⑩ 莫言在东亚文学论坛上的演讲，"哪些人是有罪的"，2014年6月9日。

私人游艇的人，他们是有罪的。尽管在这个世界上有了钱就可以为所欲为，但他们的为所欲为是对人类的犯罪，即便他们的钱是用合法的手段挣来的。

我们要用我们的作品告诉人们，尤其是那些用不正当手段获得了财富和权势的富贵者们，他们是罪人，神灵是不会保佑他们的。我们要用我们的作品告诉那些虚伪的政治家们，所谓的国家利益并不是至高无上的，真正至高无上的是人类的长远利益。

莫言在演讲的最后说："文学真能使人类的贪欲，尤其是国家的贪欲有所收敛吗？结论是悲观的。尽管结论是悲观的，但我们不能放弃努力。因为，这不仅仅是救他人，同时也是救自己。"确实，人类不能眼睁睁地看着自己走入万劫不复的境地，因此需要自我救赎。作为具有引领社会风气的领导者，自觉地节俭，自觉地克制过度享受的欲望，自觉地抵制和反对"形式主义、官僚主义、享乐主义和奢靡之风"，自觉不做上述种种"罪人"，就是一种修德的行为。节俭，应该成为领导者的行为准则、道德追求和精神财富。

第四课：担当。

儒家讲君子修身，绝不是说君子就是洁身自好而不论其它。在孔子之前，"君子"一词的内涵是与贵族紧密相联的。早期的贵族或者君子，原则上都是肩负着保卫国家职责的武士，这也是在第一次世界大战彻底摧毁西方的贵族系统之前，西方的贵族总是以戎装示人的原因所在。贵族之"贵"，在于其承担责任的重大，而完成这一重大责任，又需要有足够的能力和高尚的品格作为支撑。能力是必要条件，品德是充分条件。有能力而没有奉献精神，也不过是自保而已，虽然值得羡慕，但并不值得尊敬。贵族的真正意义，是其在精神和高尚行为上的拥有，核心价值是荣誉、责任、勇气和自律。后来，富家子弟或贵族子弟们越来越表现出道德的衰退，因为他们已经忘记了自己何以为尊、何以为贵的原因，而仅仅是想享受眼前的尊贵，因而逐渐失去了保护族群与社会稳定安全的能力，也就失去了被人尊重的资格。[1] 现在一些人对贵族的理解是：拥有高档住宅、豪车、美女如云、打高

---

① 朱东，"'君子'——孔子为中国人延续的贵族血脉"，《国学精粹与生活艺术》，2014年8月22日。

尔夫球、消费世界各地的奢侈品、子女在“贵族学校”就学和出国，等等，其实只是一种崇尚贵族式生活方式的“暴发户”行为，充其量只是一种形式主义的贵族生活，与贵族精神格格不入。“凡是一个真正的贵族绅士，他们都看不起金钱……英国人以为一个真正的贵族绅士是一个真正高贵的人，正直、不偏私、不畏难、甚至能为了他人而牺牲自己，他不仅仅是一个有荣誉的、而且是一个有良知的人。”[①] 2014 年 9 月 18 日，苏格兰举行独立公投，最后的结果是 55%的登记选民反对独立。在此之前的 9 月 16 日，英国首相卡梅伦反复劝告苏格兰选民不要选择与英国“离婚”，他讲了一句很绅士、也很能打动人心的话：“如果你不喜欢我，我不会永远从政；如果你不喜欢本届政府，本届政府也不会永远执政；但是，如果你选择离开英国，那就会成为永诀。”[②] 涉及国家统一与分裂的大问题，竟然没有动用武力，只是靠理性、靠选票、靠人们的相互尊重就解决了，卡梅伦的这一席话表达了一种自我牺牲精神，就是一种担当，因而很有绅士风度、很有贵族气概。这件事情印证了储安平讲的另外一段话：“在英国，贵族制度之所以能传至今日，并非由于任何武力上之凭藉，而胥由于人民之同意。英人贵族制度流传至今，乃是得到民众同意。英人不仅不反对他们所处的社会里有这种贵族的成分，且反以此种贵族制度为骄傲，为满足。他们以为‘贵族’代表一种尊严，代表一种高超的品性。”[③]

英国的贵族，就是中国古代的“士”。实际上，先秦时的“士”就是指贵族阶层，春秋末年以后，成为知识分子的统称。士，是“富贵不能淫，贫贱不能移，威武不能屈”[④] 的君子，是一个民族文化的血脉精华，是一个承载着知识和道义的特殊群体，是思想守护神、灵魂工程师，是有良心、有智慧、有担当的君子。君子既然来源于贵族，那么其主要职责就是要承担责任。中国现在的很多官员，都是具有比较高的文化水平的，至少在有形的学

---

① 储安平，《英国采风录》，东方出版社，2005 年 10 月版。

② 卡梅伦（Cameron）讲话的原文：“If you don't like me, I won't be here forever. If you don't like this government, it won't last forever. But if you leave the United Kingdom, that will be forever.”

③ 储安平，《英国采风录》，东方出版社，2005 年 10 月版。

④ 《孟子·滕文公下》。

位上的表现是如此。但是，有多少拥有高学位的官员认识到自己所承担的责任呢？在部分腐败官员追求贵族式的腐化生活时，他们何曾想到贵族的本源究竟是什么？儒家说“学而优则仕”[①]，原本是不错的，就是说学习之余如果还有余力或者闲暇，就去做官，其出发点也是想着以君子的学问来对社会大众产生良好的影响。但这句话前面还有一句“仕而优则学”，就是如果把官做好之后还有余力，就要更广泛地去学习以求更好。如今那些身居官位的人，或许只想着拿一个学位就算是“学而优”了，因而就可以堂而皇之地做官了。他们只知道“仕”是做官，他们可曾想过“仕”与“士”到底有哪些不同？假如中国没有了“士”，又当如何呢？

中国传统文化培养了有知有道的“士”，这是中华文明传承五千年而没有夭折的重要原因。上世纪 80 年代，有人以三句话提醒当政者：“无农不稳，无工不富，无商不活。”后来又有人加了一句：“无兵不安。”著名作家冰心当即着文，尖锐地问道：“无士怎么样呢？”[②] 她得到了两种有代表性的回答：无士不兴，无士不昌。其实，这不是一个新问题，著名国学大师陈寅恪老早就回答过了：“哪个民族把士给打倒了，这个民族就流氓化、卑鄙化了。”[③]

当今社会中，没有士，便没有知识分子，只剩一些所谓的“专家”。专家与知识分子的主要区别，前者只关注小问题，后者才关注大课题。比如一个医生给患者开了很多的抗生素，因为患者发高烧，需要消炎、需要退烧。吃下大剂量的抗生素后不发烧了，医生作为专家，也就完成了他的使命。但是，大剂量的抗生素会不会带来副作用？患者产生抗药性后怎么办？这些问题，他不管了。而知识分子则不同，他要从患者得病的原因、症状和某一类药对整个人类生活环境的利弊得失进行全面的综合判断，最后可能开出的药方就是用湿毛巾进行冷缚，虽然见效慢，但却是治本之策。这就是专家与知识分子的区别。作为医生，假如只是为了眼前患者的发烧而开处方，这其实是没有担当的表现，他没有考虑自己的专业伦理和社会伦理，没有问问什么

---

① 《论语·子张》。

② 冰心，“无士则如何？”《散文世界》，1989 年第 4 期。

③ 许倬云，《历史上的知识分子及未来世界的知识分子》，2006 年 11 月 29 日在台湾大学的演讲。

样的患者该采取什么治疗方法，这就如同“医得眼前疮，剜却心头肉”[①]。如果知识分子发表诸如“全国百分之九十九的上访人员，都是精神病患者”[②] 和“即便是强奸，强奸陪酒女也比强奸良家妇女危害性小”[③] 的言论，这个社会的良心和正义还有吗？法律学家是“拿人钱财、替人消灾”，还是促进法律的公平、正义？经济学家是为了全民的均富，还是只为富人更富？难怪有网民说：“上帝啊，把专家带走吧！路费我掏！”[④]

这种情况的出现，需要检讨我们的教育体系。美国著名智库兰德公司曾经对中国的教育做出了这样的判断[⑤]：

> 在中国人的眼中，受教育不是为了寻求真理或者改善生活质量，而只是身份和显赫地位的象征和标志。中国的知识分子从别人那里得到尊敬并不是因为他们为了别人的幸福做过什么，而只是因为他们获得占有了相当的知识。事实上，他们中的大多数只不过是

---

① （唐）聂夷中，《咏田家》诗。

② 许锡良，“北大教授群体的堕落”，《许锡良的博客》，2009 年 11 月 5 日。发表此观点的是北京大学教授孙东东。该博文还说：“杜光先生评论此事说：‘这个事件也反映出北大的堕落，北大是五四运动的发源地，高举民主科学大旗的运动是在北大发源的。在蔡元培当校长时期，网罗各方面人才，而现在的北大网罗的却是一些像孙东东这样的人。还有前年我们纪念反右 50 周年的时候，有一位孔子的后裔大放厥辞，说反右运动对这些知识分子太宽大了。这样的人，都被北大网罗去，当作宝贝放在北大。’这说明这样类似的事件在北大已经不是偶然的。”

③ 2013 年 7 月 16 日下午，清华大学法学院教授易延友在微博上发表观点：“替李天一的辩护律师说几句：1、无罪辩护是他的权利。引述海淀检察官的说法：让人做无罪辩护天塌不下来。2、未成年人受特殊保护，律师发声明要求大家遵守法律并无不当。3、强调被害人为陪酒女并不是说陪酒女就可以强奸，而是说陪酒女同意性行为的可能性更大；另外，即便是强奸，强奸陪酒女也比强奸良家妇女危害性要小。”

④ 2014 年 4 月 9 日，《竹林深处的博客》发表一篇博文：“有一群脑袋让驴踢的人，除夕不用上班，却研究你的假期；有那么一群杂种，从来不用下岗，却在研究着你的退休；有那么一群孙子，从来不会失业，却在研究着你的下岗；有那么一群蛀虫，从来不交养老金，却在研究着你的社保；有那么一群硕鼠，从来不买油，却在研究着你的油价；有那么一群鳖孙，自己在全世界各地有几套甚至几十套房子，却在研究用你拼搏一辈子最多只能住 70 年的窝居来养老；有那么一群王八蛋，儿孙都在国外，却研究着你该如何爱国。专家建议以房养老，专家建议延迟退休，专家建议收取交通拥堵费，专家建议取消三天以上长假，专家建议男女平等应同龄退休。上帝啊！把专家带走吧！路费我掏！”

⑤ 许锡良，“北大教授群体的堕落”，《许锡良的博客》，2009 年 11 月 5 日。

一群仅仅通晓考试却从不关心真理和道德的食客。

> 中国的教育体系很大程度上已经成为一种失败和耻辱。它已经不能够服务于教育本应所服务的对象:社会。这个教育体系不能提供给社会许多有用的个体。它只是制造出一群投机分子,他们渴望能够受益于社会所提供的好处却毫不关心回报。

兰德公司的这个判断,对中国人来说是非常刺耳的,但是,从上述的几个例子中,我们已经看到了这样的失败与耻辱。最绝望的腐败并不是官僚,而是知识分子。官僚的腐败只能误一个党派,一个朝代,而知识分子的腐败却误国误民,流弊深远。最可怕的堕落也并不是匪盗痞子,而是知识分子。匪盗痞子的堕落都只能贻害一方百姓,坏一家风气,而知识分子的堕落却败坏的是整个文化,是思想,是道德,是一个民族最宝贵的精神操守。知识分子的堕落才是一个社会和一个民族彻底的和最后的堕落。其他人的堕落好比大江大河局部的浑浊,而知识分子的堕落,则是水源浑了。[①] 许多自诩为知识分子的人,其实仅是一些"精致的利己主义者"[②],他们也许就是昔日的"冲动的狂热分子","如今在舒适的公家办公室里享受安逸,很少出以公心去关注国家的进步和人民的福祉,更多考虑的是自己的仕途和财富"[③]。出现这种情况的原因很多,但是,把"做官"与"做事"混为一谈的价值观,应当是一个重要的因素。

"士"就是要担当,而担当的本质是一个实践问题,"天下大事,在局外呐喊议论,总是无益,必须躬自入局,挺膺负责,乃有成事之可冀"[④]。古

---

① 何玉兴,"最绝望的堕落——写给中国的知识分子",《悦读馆》,2014 年 6 月 11 日。

② 据《中国青年报》2012 年 5 月 3 日报道,北京大学历史学教授钱理群先生在武汉大学原校长刘道玉召集的《理想大学》专题研讨会上语惊四座:"我们的一些大学,包括北京大学,正在培养一些'精致的利己主义者',他们高智商、世俗、老到、善于表演,懂得配合,更善于利用体制达到自己的目的。这种人一旦掌握权力,比一般的贪官污吏危害更大。我们的教育体制,正在培养大批这样的'有毒的罂粟花'"。

③ (美)格里德尔,《知识分子与现代中国:他们与国家关系的历史叙述》,单正平译,广西师范大学出版社,2010 年 5 月版。

④ (清)吴永,《庚子西狩丛谈》,中华书局,2009 年 10 月版。

圣先贤的政治理想是“大道之行也，天下为公”①，但是，几千年来，许多人打着“天下为公”的旗号，却做着“天下为私”的事情；有些草莽打着“替天行道”的旗号，干的却是打家劫舍的勾当。“‘以武犯禁’而‘替天行道’的是侠客，打着‘替天行道’的大旗却坏事做绝的是强盗；没有做强盗的危险却有做强盗的收益的则是流氓”②。“流氓”做事的原则从来是“不怕底子不红，只怕良心不黑”③。“士”要做的事情，应以北宋思想家张载的著名“横渠四教”为宗旨，也就是要努力实践对社会有益的四类事情④。

为天地立心，属于理念的维度。上下四方谓之“宇”，古往今来谓之“宙”。解释自然现象和宇宙意义，包括生命的意义、古往今来的意义等。这一类型的知识分子是理念上的哲学家。

为生民立命，属于实践的维度。一般人寻求他们生命的存在，这一类型的知识分子是把理念付诸实践的执行者，也许是官员，也许是社会领袖。

为往圣继绝学，属于实践的维度。扩大并传承所学，盼望后起之秀能学得比自己更好。从事教育工作的人属于这一类型。

为万世开太平，属于理念的维度。这个类型的知识分子能提出一个理想境界，理想的社会、理想的生活或理想的人生态度，并且用这些理想来针砭、批判、矫正眼前所见不合理的地方。这个类型的知识分子，可以是革命者，想把现有的秩序推翻，朝着理想的方向走去。也可以是改革者，认为现状不符合理想，需要改革。

上述四种类型的事情，对于某一个人来说，不可能都做，只要能做好其中的一类事情就很好了，但要有这种“士”的情怀，要有踏实做事的精神，力避好高骛远。

士不可不弘毅，任重而道远⑤。

---

① 《礼记·礼运·大同》。

② 鲁迅，《流氓的变迁》（1930 年 1 月 1 日）。

③ 许倬云，《历史上的知识分子及未来世界的知识分子》，2006 年 11 月 29 日在台湾大学的演讲。

④ 同上。

⑤ 《论语·泰伯》。

教令第十三

率先垂范：桃李不言，下自成蹊
法治建设：以刑去刑，刑去事成
令行禁止：执行到位，结果导向

【原文】

教令之政，谓上为下教也。非法不言，非道不行，上之所为，人之所瞻也。夫释己教人，是谓逆政，正己教人，是谓顺政。故人君先正其身，然后乃行其令。身不正则令不从，令不从则生变乱。故为君之道，以教令为先，诛罚为后，不教而战，是谓弃之。先习士卒用兵之道，其法有五：一曰使目习其旌旗指麾之变，纵横之术；二曰使耳习闻金鼓之声，动静行止；三曰使心习刑罚之严，爵赏之利；四曰使手习五兵之便，斗战之备；五曰使足习周旋走趋之列，进退之宜。故号为五教。教令军阵，各有其道。左教青龙，右教白虎，前教朱雀，后教玄武，中央轩辕，大将军之所处，左矛右戟，前盾后弩，中央旗鼓。旗动俱起，闻鼓则进，闻金则止，随其指挥，五阵乃理。正阵之法，旗鼓为之主；一鼓，举其青旗，则为直阵；二鼓，举其赤旗，则为锐阵；三鼓，举其黄旗，则为方阵；四鼓，举其白旗，则为圆阵；五鼓，举其黑旗，则为曲阵。直阵者，木阵也；锐阵者，火阵也；方阵者，土阵也；圆阵者，金阵也；曲阵者，水阵也。此五行之阵，辗转相生，冲对相胜，相生为救，相胜为战，相生为助，相胜为敌。凡结五阵之法，五五相保，五人为一长，五长为一师，五师为一枝，五枝为一火，五火为一撞，五撞为一军，则军士具矣。夫兵利之所便，务知节度。短者持矛戟，长者持弓弩，壮者持旌旗，勇者持金鼓，弱者给粮牧，智者为谋主。乡里相比，五五

相保，一鼓整行，二鼓习阵，三鼓起食，四鼓严办，五鼓就行。闻鼓听金，然后举旗，出兵以次第，一鸣鼓三通，旌旗发扬，举兵先攻者赏，却退者斩，此教令也。

【译文】

所谓教令，就是上级对下级进行教育。不合乎法令的事不谈论，不合乎道义的事不去做。上级的所作所为，都会被众人所关注。上级放纵自己却教导别人，这是违反天理的；自己做得正派再去教导别人，这是顺乎人情的。因此，君主首先要端正自己的品行，然后才能使命令得到执行。自己的品行不端正，那么他的命令就不会被人遵从，变乱就必然产生。因此，君主应该首先对众人进行教育，然后再执行各项惩罚措施；对士兵不进行教育和训练就投入战场，那就等于让他们白白去送死。因此，在打仗之前，首先要对士兵进行训练，有五项内容：其一，让士兵的眼睛熟悉各色旌旗的指向，明白队列纵横变换的战术；其二，让士兵的耳朵熟悉各种锣鼓的声音，明白自己动静行止的要求；其三，让士兵的心里熟悉各种严厉惩罚的规定，知道各种奖励赏赐的好处；其四，让士兵的双手熟悉各种武器的使用，作好随时投入战斗的准备；其五，让士兵的双脚熟悉各种转向奔跑的队列，明白前进与后退的时机。这五项内容可以称为“五教”。教化政令，排兵布阵，各有其法。左阵称青龙，右阵称白虎，前阵称朱雀，后阵称玄武，中央称轩辕，是军中主帅所处的位置，左侧士兵持矛，右侧士兵执戟，前面是盾牌手，后面是弓箭手，中央是指挥作战的旗帜和锣鼓。当旗鼓都高高举起时，表明战斗就要开始了。士兵听到鼓声就要前进，听到锣声就要停止，全部听从主帅的指挥，就可以使五种阵形变化次序井然。排兵布阵，以旗鼓为核心。听到第一通鼓声，举起青旗，就摆出直阵；听到第二通鼓声，举起红旗，就摆出锐阵；听到第三通鼓声，举起黄旗，就摆出方阵；听到第四通鼓声，举起白旗，就摆出圆阵；听到第五通鼓声，举起黑旗，就摆出曲阵。直阵就是木阵，锐阵就是火阵，方阵就是土阵，圆阵就是金阵，曲阵就是水阵。这五种阵行相互变化，相互演生，相互弥补，相互救援，这样就可以使自己立于不败之地，从而达到克敌致胜的目的。大凡布置五阵的方法，以“五”为单位，互相保护。五人组成一“长”，五“长”组成一“师”，五“师”组成一

“枝”，五“枝”组成一“火”，五“火”组成一“撞”，五“撞”组成一“军”，这样就是一支军队的完整建制。在分配兵器时，应该扬长避短，使士兵使用适合各自身体条件的兵器。个头矮小的士兵适合于使用矛戟一类的长兵器，个头高大的士兵适合于使用弓箭一类的短兵器，身体强壮的士兵适合于高举旌旗，勇敢顽强的士兵适合于敲锣击鼓，身材瘦弱的士兵适合于运送粮草，足智多谋的士兵适合于出谋划策。乡里的基层组织互相支援，军队的基层组织互相保护。一通鼓响，整顿队列；二通鼓响，练习阵法；三通鼓响，全军开饭；四通鼓响，严明军纪；五通鼓响，全军出发。锣鼓响起，旗帜高举，军队按照顺序出发。锣鸣一遍，鼓响三通，旌旗飘扬，在战斗发起后，手执武器率先进攻的有赏，胆怯后退的诛杀，这就是教令。

【解读】

本篇主要是讲如何训练士兵服从命令听指挥，核心是三个方面的内容：一是教官要以身作则，士兵才会服从命令；二是教官的训练方式要正确，士兵的训练才会收到效果；三是必须做到令行禁止，才能在战场上取得胜利。这三个方面的实质，是一个教化与刑罚之间的关系问题，更是一个德治与法治的关系问题。治国安邦，到底是以教化为主，还是以刑罚为主，人们历来是有争议的。中国历史上的“诸子百家”中，儒家主张教化即德治，正如孔子所说的“道之以政，齐之以刑，民免而无耻；道之以德，齐之以礼，有耻且格”①。法家则主张治国安邦应以刑罚为主，如商鞅就认为“禁奸止过，莫若重刑；刑重而必得，则民不敢试，故国无刑民”②。但在实际的执行过程中，这两个方面又都相互作为补充。比如，汉代从汉武帝开始，将董仲舒的“罢黜百家，独尊儒术”的理念作为国家的意识形态，但在行政过程中实际上还是“外儒内法”③，说明汉代统治者已经自觉地把儒法结合起来作为治国的指导思想了。外儒，给统治者披上一层仁德的外衣；内法，则为统治者的专制统治提供了有效的手段。汉宣帝之后的“帝王同行”们，对此都有

① 《论语·为政》。

② 《商君书·赏刑》。

③ 《汉书·元帝纪》：“（太子）尝侍燕，从容言：‘陛下持刑太深，宜用儒生。’宣帝作色曰：‘汉家自有制度，本以霸王道杂之，奈何纯任德教，用周政乎！’”

着近似的看法。唐太宗李世民说："朕虽以武功定天下，终当以文德绥海内。文武之道，各随其时。"[①] 宋太宗赵光义说："治国之道，在乎宽猛得中。宽则政令不成，猛则民无所措手足，有天下者，可不慎之哉！"[②] 明太祖朱元璋说："为天下者，文武相资，庶无偏颇。"[③] 清世宗雍正说："自古为政者，皆当宽严相济。所谓相济者，非方欲宽而杂之以严，方欲严而杂之以宽也。惟观乎其时，审乎其事，当宽则宽，当严则严而已。……总之，宽严适协其宜，乃为相济。"[④] 因此，教化与刑罚，或者德治与法治，一定是一枚"硬币"的两个面，缺少任何一面，都失去了作为"货币"的价值。

率先垂范：桃李不言，下自成蹊

成语"桃李不言，下自成蹊"[⑤] 的意思是，桃树和李树有芬芳的花朵、甜美的果实，虽然它们不会说话，但仍然能吸引许多人到树下赏花尝果，以至于树下走出一条小路出来。司马迁用这个词赞扬著名的"飞将军"李广，说他像乡下人一样的朴实，并不是能说会道的人，但到他去世的那天，天下无论认识他的或不认识他的，都对他的去世表示哀悼，他那种忠实诚恳的品格获得士大夫们的崇敬。

那么，李广到底做了哪些事情，使他在被鲁迅赞誉为"史家之绝唱，无韵之离骚"[⑥] 的《史记》中占有如此重要的位置呢？

首先，武艺高强。李广在抗击匈奴的战斗中，"用善骑射，杀首虏多"；

---

① 《旧唐书·音乐志一》。

② 《宋朝事实·类苑卷第二》。

③ 《明太祖宝训·评古》。

④ 《清圣祖实录》（卷 81）。

⑤ 《史记·李将军列传》："《传》曰'其身正，不令而行；其身不正，虽令不从'。其李将军之谓也？余睹李将军悛悛如鄙人，口不能道辞。及死之日，天下知与不知，皆为尽哀。彼其忠实心诚信于士大夫也！谚曰'桃李不言，下自成蹊'。此言虽小，可以谕大也。"

⑥ 鲁迅，《汉文学史纲要》（1926 年）："（司马迁）恨为弄臣，寄心楮墨，感身世之戮辱，传畸人于千秋，虽背《春秋》之义，固不失为史家之绝唱，无韵之《离骚》矣。"

跟着皇帝出行时，“有所冲陷折关及格猛兽”；跟随周亚夫平定七国之乱时，“取旗，显功名昌邑下”；在担任上谷太守时，“自负其能，数与虏敌战”；在担任其它地方太守时，“皆以力战为名”。李广在镇守右北平期间，匈奴称他为“汉之飞将军”，躲避他好几年而不敢进入右北平。唐代边塞诗人王昌龄根据这段故事，写出了“但使龙城飞将在，不教胡马度阴山”[1]的千古名句。

其次，足智多谋。有一次，李广带着一百名骑兵与数千匈奴骑兵相遇，冷静地命令兵士“下马解鞍”，让匈奴误认为汉军企图诱敌深入，因此也不敢出击。到了晚上，匈奴“以为汉有伏军于旁欲夜取之”，担心汉军的伏兵趁夜进攻他们，因此撤退了，李广于天亮时带队回归大部队。李广有一次兵败被俘，在半路上巧妙逃脱，“行取胡儿弓，射杀追骑，以故得脱”，重新率部回到汉境。

第三，善待士卒。李广平时对士兵的要求不是太严格，“人人自便”，“宽缓不苛，士以此爱乐为用”。匈奴害怕李广的韬略，士兵乐意跟着他作战，“匈奴畏李广之略，士卒亦多乐从李广”。廉洁奉公，与士卒同甘同苦，“廉，得赏赐，辄分其麾下，饮食与士共之”，“乏绝之处，见水，士卒不尽饮，广不近水；士卒不尽食，广不尝食”。李广做了四十多年俸禄为二千石的官，家里却没有多余的财物，他也“终不言家产事”。

在司马迁的笔下，李广是这么一位驰骋疆场、戎马一生，历文帝、景帝、武帝三朝的杰出人物，却一直难以封侯，最后自杀身亡，其原因何在？自古以来，人们对此莫衷一是。有人认为是李广的运气不好，“卫青不败由天幸，李广无功缘数奇”[2]。实际上，司马迁一方面不吝笔墨地赞誉李广，另一方面也在不经意间透露出一些李广难封的原因。主要是三件事情。

第一件事情，杀霸陵尉。李广在家闲居期间，有一次带一名随从夜间骑马外出，与人在乡下饮酒，回来走到霸陵驿亭，霸陵尉喝醉了，不让李广通行。李广的骑从说：“这是前任李将军。”亭尉说：“现任将军尚且不能夜行，何况前任的呢！”李广只好在亭下过了一夜。不久，匈奴入侵，汉武帝下诏

---

① （唐）王昌龄，《出塞》诗。

② （唐）王维，《老将行》诗。

拜李广为右北平太守。李广请霸陵尉同去，一到军中就斩了他。

第二件事情，杀投降的羌人。有一次，李广与星象家王朔私下闲谈，认为自己参加了所有汉朝对匈奴的作战，很多才能不及他的人都因军功而被封侯，他却没有一点功劳用来得到封地。他觉得这或许是他的面相或命运不好的原因。王朔问他做过什么令自己悔恨的事情，李广说，自己在任陇西太守时，诱骗八百余名反叛的羌人投降，然后用欺诈手段当天就把他们杀了，至今想起此事都觉得非常悔恨。王朔说，没有再比杀降更大的灾祸了，这正是你不能封侯的原因。

第三件事情，治军不严。李广的军队没有什么阵式，随地宿营，而且在营地也不置警戒设施，军中的文书也极简单。“无部伍行陈，就善水草屯，舍止，人人自便，不击刁斗以自卫，莫府省约文书籍事”。他对士卒也不苛刻，“宽缓不苛”。他的同事程不识对他这种“军极简易”的做法很担心，敌人一旦来犯便无所措，虽然对“其士卒亦佚乐，咸乐为之死”表示欣赏，但还是主张从严治军，“我军虽烦扰，然虏亦不得犯我”。

我们来分析一下这三件事情说明了什么。

李广夜行违反规定在前，霸陵尉执行规定在后，因此，错在李广。有人说，霸陵尉也是一个势利眼。其实，这种说法是错误的。霸陵尉虽然喝醉了，但他的头脑还是清醒的，明明白白地告诉李广，即使现任的将军也不能在夜里通过驿亭，这反而说明霸陵尉是一个不询私情的人，并不是什么势利眼。李广对此事一直耿耿于怀，当他复出时，竟然公报私仇，要了人家的性命。李广的器量如此狭小，哪里是一个令敌人闻风丧胆的“飞将军”的形象呢？“汉初三杰”之一的韩信当年受辱胯下[①]，被很多人笑话，但当他功成名就后回到老家淮阴时，不仅没有为难那位当年侮辱他的泼皮，反而封他一个中尉的官[②]。韩信做了齐王和楚王，后来即使被削爵，也是淮阴侯，而李广连一个侯都封不上。如果我们将李广的行为与韩信作一个对比，他们的高

① 《史记·淮阴侯列传》：“淮阴屠中少年有侮信者，曰：‘若虽长大，好带刀剑，中情怯耳。’众辱之曰：‘信能死，刺我；不能死，出我胯下。’于是信熟视之，俛出胯下，蒲伏。一市人皆笑信，以为怯。”

② 同上：“召辱己之少年令出胯下者以为楚中尉。告诸将相曰：‘此壮士也。方辱我时，我宁不能杀之邪？杀之无名，故忍而就于此。’”

下就清楚了。

有道是“罚及无罪者酷”[①]，杀降更是残酷无情的事情，因此才有“杀降不祥”的说法。李广平时对士卒的一些表现，似乎很有人情味，但涉及到如何对待降者这样的重大问题时，他的政治智慧和政治胸怀就不够了，也就是他虽然用了政治手段使这些人投降了，但不知道继续用政治手段收容他们，而是采取简单化的一杀了之，这就会激起更大的仇恨。这件事情与前一件事情联系起来，说明李广的性格中确有这种意气用事、不计后果的不良倾向，绝非是一个独挡一面的大将所应有的气度。

李广的个人武功高强，特别是善于使用弓箭，屡屡制敌于死命，这在历次战争中都有精彩的表现。但是，作为一名带兵的将领，仅仅依靠个人的武功，是远远不够的，这或许也是他不能因功而被封侯的“专业水准”的问题，“由其治军不用纪律，此所以勋烈、爵赏皆所不与，而又继之以死也”[②]；“李广非大将才也，行无部伍，人人自便，此以逐利乘便可也，遇大敌则覆矣。……若夫堂堂固阵，正正之旗，进如风雨，退如山岳，广岂足以乎此哉？淮南王谋反，只惮卫青与汲黯，而不闻及广。太史公以孤愤之故，叙广不啻出口，而传卫青若不值一钱，然随文读之，广与青之优劣终不掩”[③]。管理军队，绝非靠“人人自便”这样的小恩小惠而能奏效。历史上所有的名将，都有一个共同的特点，就是治军严格。按照这个要求，李广可能真不是一个独挡一面的大将。

司马迁用“桃李不言，下自成蹊”来评价李广，或许有过誉之处，至少被他冤杀的霸陵尉和八百羌人的亲友不会这么看。但是，撇开李广这个特例不说，司马迁用这个成语说明军事将领率先垂范的良好作风，对治国安邦的启迪作用是相当深刻的，即领导者的率先垂范主要是教化而不是刑罚。这就揭示了德治的作用。

中国人常常把治国与治病、良相与良医联系在一起。“良医者，常治无病之病，故无病；圣人常治无患之患，故无患也。夫至巧不用剑，善闭者不

---

① 《素书·遵义第五》。

② （宋）何去非，《何博士备论·李广论》。

③ （明）黄淳耀，《史记论略·李广》。

用关键。”[1]“圣人不治已病治未病，不治已乱治未乱，此之谓也。夫病已成而后药之，乱已成而后治之，譬犹渴而穿井，斗而铸锥，不亦晚乎。”[2]“圣人为无为之事，乐恬淡之能，从欲快志于虚无之守，故寿命无穷，与天地终。”[3]根据这些观念，唐代著名医药学家孙思邈将疾病分为“未病”、“欲病”和“已病”三个层次，“上医医未病之病，中医医欲病之病，下医医已病之病，若不加心用意，于事混淆，即病者难以救矣”，因此要“消未起之患，治未病之疾，医之无事之前”[4]。这个“治未病”的观念，就是预先采取措施，防止疾病的发生与发展。它的含义非常广泛，大致可以理解为三个层面[5]：

一是未病养生，防病于先。未患病之前先预防，避免疾病的发生，这是医学的最高目标，是“健康未病态”的治疗原则，也是一名高明医生应该追求的最高境界。

二是欲病施治，防微杜渐。在疾病无明显症状之前要采取措施，治病于初始，避免机体的失衡状态继续发展，这是“潜病未病态”的治疗原则。

三是已病早治，防止传变。疾病已经存在，要及早诊断，及早治疗，防其由浅入深，或发生脏腑之间的传变。这是“已病未传态”的治疗原则。

上述三个层次，以“治未病”即预防为先最为高明，这也正是扁鹊评价他们家三兄弟医术高低的标准[6]。治国也是如此，所谓“德治”，其实就是未雨绸缪，采取很多预防的措施，使国家不发生重大问题；一旦问题成堆，到了不得不解决的时候，只能采取“法治”的手段了。因此，司马光认为，

---

① 《淮南子·说山训》。

② 《黄帝内经·素问·四气调冲大论》。

③ 《黄帝内经·素问·阴阳应象大论》。

④ （唐）孙思邈，《千金要方·论诊候第四》。

⑤ 李晓清，“中医‘治未病’的理念”，《李晓清大夫的个人网站》，2012年6月8日。

⑥ 《鹖冠子·世贤》：“魏文侯之问扁鹊曰：‘子昆弟三人，其孰为善？’扁鹊曰：‘长兄最善，中兄次之，扁鹊最为下。’魏文侯曰：‘可得闻耶？’扁鹊曰：‘长兄于病视神，未有形而除之，故名不出于家。中兄治病，其在毫毛，故名不出于闾。若扁鹊者，剖血脉、投毒药、副肌肤间，而名出闻于诸侯。’魏文侯曰：‘善’。使管子行医术以扁鹊之道，曰桓公几能成其霸乎？”

治国的急务应该是教化[①]，这是利益最大、影响最远的事情。德治是治“心”，法治是治“行”；行是人人都看得到的，而心则不一定被别人看到；行是由心主导的，有什么样的心，便会有什么样的行；如果真把“心”治了，那么其“行”自然就变好了。法治也只是一种手段，其出发点与归宿点，仍然是教人向善，最终达到教化的目的，让人们自觉地守法而不违法，执法者也就“轻松”了。即使法家的“鼻祖”级人物商鞅，也是把刑罚当作工具来使用的，他的最终目的还是“以刑去刑”[②]。诸葛亮所主张的“以教令为先，诛罚为后”，就是这种以教化为主、惩罚为辅的治国治军的方针。

敬畏制度：以刑去刑，刑去事成

古希腊哲学家柏拉图在《法律篇》中说：“人类的本性将永远倾向于贪婪和自私，逃避痛苦，追求快乐而无任何理性，人们会首先考虑这些，然后考虑公正和善德。这样，人们的心灵是一片黑暗，他们的所作所为，最后使得他们和整个国家充满了罪行。如果人根据理性和神的恩惠的阳光指导自己的行动，他们用不着法律来支配自己，因为没有任何法律或秩序能比知识更有力量，理性不应该受任何东西的束缚，它应该是万事的主宰者，如果它真的名副其实，而且本质上是自由的话。但是，现在找不到这样的人，即使有也非常之少；因此我们必须作第二最佳的选择，这就是法律和秩序。”[③]

撇开柏拉图思想中的“乌托邦”色彩不谈，仅就这段话来说，他给人们提出另一个问题：如何对待法律和秩序？换句话说，人们是否应该本着理性的态度敬畏制度？

敬畏，是人类对待事物的一种态度。“敬”是严肃、认真的意思；“畏”是谨慎、不懈怠的意思。既敬重又畏惧，从内心中出发对某事物既尊敬而又

① 《资治通鉴》（卷68）：“教化，国家之急务也，而俗吏慢之；风俗，天下之大事也，而庸君忽之。夫为明智君子深识长虑，然后知其为益之大而收功之远也。”

② 《商君书·靳令》：“行罚，重其轻者，轻其重者，轻者不至，重者不来，此谓以刑去刑，刑去事成。”《商君书·去强》：“以刑去刑，国治。”

③ 《西方法律思想史资料选编》，北京大学出版社，1983年6月版，第27页。

不敢逾越界限。“敬”体现出一种认识态度、一种价值追求，是主体由衷地认可并接纳某种外部的权威。“敬”不只是体现对他人的尊敬，主要是一个人的精神意志，是人的人性尊严，促使人有所作为。敬的另一种内涵是畏，正如宋代大儒朱熹所说：“然敬有甚物？只如‘畏’字相似。不是块然兀坐，耳无闻，目无见，全不省事之谓。只收敛身心，整齐纯一，不恁地放纵，便是敬。”① 对某种对象的敬畏，表现在主体对外部事物的一种被迫的尊重。对这种外部对象，主体不可以逃避，也不会无动于衷，而应该收敛自己，接收对象所承当的内容。“畏”表示一种界限、一种自省，是主体被迫地接纳某种外部权威，警示人应有所不为。

那么，人怀有敬畏之心，到底是好事还是坏事？有一种观点认为，中国人一直以来并不缺乏“敬畏”，相反是信得太多了，比如，中国人信神、信命、信祖先、信圣人、信书，乃至信金钱、信风水，等等；“黑手党中很多人在犯罪之后又去忏悔，忏悔完了可能就会觉得心安理得，下一次接着犯罪。类似的例子不胜枚举，在各种文艺作品中也经常能看到，可以说，在这种人身上，敬畏不仅仅是安慰，还给他们提供了支持。美国有一个调查，在美国的罪犯里面，没有敬畏的人不到百分之一，而在普通的美国人中，没有敬畏的占百分之十几。”“敬畏，往往是没有证据、甚至是有相反证据，但他仍旧相信，无条件地信，并且为之辩护。”② 其实，这是把“敬畏”的概念偷换成了“迷信”。敬畏的基础恰恰是理性与科学，迷信的基础才是感性与盲目。罪犯在忏悔之后再去犯罪，恰恰说明不是真正的敬畏规则、敬畏法律、敬畏道德，而是“敬畏”金钱、“敬畏”不劳而获、“敬畏”损人利己；以理性和科学为基础的、发自内心的“敬畏”才是真正的敬畏。在人类社会的发展历程中，敬畏的作用和功能是不可代替的，有学者对此进行了归纳：敬畏是人类最可贵的涵养，敬畏是文明起源的触角，敬畏是文明发展的一种线索，敬畏是文明成熟的尺度，敬畏是文明的重要元素③。如果丧失敬畏，文化就会迷失方向。中国传统文化中的敬畏，完全可以为重建符合时代精神

---

① 《朱子语类·持守》（卷12）。

② 周怀宗，“方舟子称中国人不缺‘敬畏’：是易轻信甚至迷信”，《北京晨报》，2012年2月26日。

③ 方光华，“中国传统文化中的敬畏”，《中国社会科学报刊网》，2009年4月14日。

的敬畏提供有价值的参考。

既然人在生活中不能没有敬畏，那么，应该敬畏什么呢？中华民族敬畏的主要内容是人类内在的道德冲动和与道德冲动有关的事物。[①] 孔子说："君子有三畏，畏天命、畏大人、畏圣人之言。小人不知天命而不畏也，狎大人，侮圣人之言。"[②] 所谓"天命"，就是万物生长发育的本性，当然也包括人的自然禀赋，"天命之谓性"[③]。许多"天命"，比如大自然的运行规则和它的"脾气"，是我们人类还不能完全认识的，如果对其既不"敬"又不"畏"[④]，不仅无助于对它的深入了解，恰恰会因自己的盲目自大而表现出一些"反科学"的行为[⑤]。所谓"大人"，就是那些把内在于人的道德意志和理性潜力发挥得畅快淋漓，充分展现出人性光芒的伟大人物，他们在人性上具有开创示范的作用，"大人者，正己而物正者也"[⑥]，"大人者，不失其赤子之心也"[⑦]。所谓"圣人"，就是在才能和品德上达到极致的伟大人物，"圣人者，人伦之至也"[⑧]，"才德全尽，谓之圣人"[⑨]，他们的言论因其具有开示人性和揭示真理的意义而受到敬畏。可见，儒家敬畏的是内心的道德冲动，是与道德冲动有关的事物，这与西方先哲们的思想是一致的。比如，德国哲学家康德的墓碑上就刻着他的名言："有两种东西，我对它们的思考越是深沉和持久，它们在我心灵中唤起的惊奇和敬畏就会日新月异，不断增

---

① 同上。

② 《论语·季氏》。

③ 《礼记·中庸》。

④ 中国科学院院士何祚庥在其《人类无须敬畏大自然》一文中说："我要严厉批评一个口号，即所谓'人要敬畏大自然'——一种对人和自然的关系无所作为的观点。我认为，该防御要防御，该制止就制止。我们要尽可能减少自然灾害给人类带来的损失，但并不意味着要敬，要畏。"（《环球》，2005 年第一期）

⑤ 科普作家方舟子在其《"敬畏大自然"就是反科学》一文中说："原始人献祭求神免灾，古人见到灾异上书言事要皇帝反省遭到天谴，今人把天灾当成人祸，教训人要敬畏大自然，就都是想用人道影响天道。更极端点的，要人们对大自然敬而远之，反对用科学方法认识大自然，反对应用科学原理利用和改造自然，那当然更是反科学了。"（《新京报》，2005 年 1 月 13 日）

⑥ 《孟子·尽心上》。

⑦ 《孟子·离娄下》。

⑧ 《孟子·离娄上》。

⑨ 《资治通鉴·周纪一》。

长，这就是我头上的星空和心中的道德法则。”①

在孔子的语境里，所谓“天命”、“大人”、“圣人之言”，用今天的话来理解，实质上就是科学、理性、道德、规范以及一切用以维系人类社会正常生活秩序和崇高精神追求的美好事物。俗语说：“没有规矩，不成方圆。”只要有人类活动的地方，制度都是必不可少的。假如人人对制度不当回事，做什么都我行我素，那就没有了纲纪，也就没有了秩序。规则至上，敬畏制度，这是建设法治国家的人文基础。敬畏制度不能单靠人的觉悟，而是要靠严格地执行制度，这就是商殃所说的“以刑去刑，刑去事成”和“以刑去刑，国治”。

本篇是诸葛亮论述如何训练军队的，训练的主要内容是要求士兵严格执行纪律。诸葛亮本人就是执行纪律的典范，突出表现在他第一次北伐失败后“挥泪斩马谡”的行为。

马谡是一个十分难得的政治与军事人才，史称“才器过人，好论军计”②，对军事理论有独到的见解，因此诸葛亮对他“深加器异”。诸葛亮南征出发前，曾就这次战争的战略指导思想征求马谡的意见，马谡提出“攻心为上，攻城为下；心战为上，兵战为下”的正确主张。诸葛亮对马谡的这个建议十分欣赏，历史上所传“七擒孟获”的故事，就是诸葛亮采纳马谡的建议，对西南少数民族进行攻心战的具体体现。马谡这一策略的高明之处就在于以政治手段为主来解决西南少数民族同胞的所谓“反叛”问题，而将军事行动作为一种辅助的手段，这样就可以从根本上解决问题，收到长治久安之效。马谡的这一策略十分成功，史称“亮纳其策，赦孟获以服南方”。诸葛亮运用这一策略比较好地安定了蜀汉政权的后方，使他日后可以一心一意地进行北伐而无后顾之忧。

诸葛亮南征胜利归来后，与马谡的接触更多了，马谡本人在诸葛亮身边也确实表现出了杰出的才华，所以深得诸葛亮的信任与器重，让他担任参军

---

① （德）伊曼努尔·康德，《实践理性批判》，邓晓芒译，人民出版社，2004年5月版。

② 《三国志·蜀书·董刘马陈董吕传》。

之职，而且经常与他交换意见，“每引见谈论，自昼达夜”[①]。正是基于自己对马谡的了解与考察，诸葛亮认为其才可用，因此，在第一次北伐中不听众人的劝告，“违众拔谡，统大众在前”[②]，将街亭这样事关全军安危的战略要地交与他镇守。马谡没有把握好这次建功立业的机会，在战争中“违亮节度，举动失宜”[③]，丢失了街亭这一战略要地，导致诸葛亮“进无所据，退军还汉中”，宣告第一次北伐失败。

诸葛亮率军回到汉中，要追究相关人员的责任，头一个开刀对象便是马谡，“戮谡以谢众”[④]。蒋琬曾经为马谡求情而未果，后来对诸葛亮表达了对斩马谡的惋惜之情：“昔楚杀得臣，然后文公喜可知也。天下未定，而戮智计之士，岂不惜乎！”诸葛亮留着眼泪说：“孙武所以能制胜天下者，用法明也。是以扬干乱法，魏绛戮其仆。四海分裂，兵交方始，若复废法，何用讨贼邪！”[⑤]

蒋琬所举“楚杀得臣而文公喜”的典故，说的是春秋时期有一次楚晋交战，楚国大将成得臣因打了败仗而被楚成王逼迫自杀，晋文公听到这个消息后，比自己打了胜仗都高兴。蒋琬本人德才兼备，具有治国安邦的杰出才能，他对马谡的才智很了解，也很佩服，加之他们二人长期在丞相府工作，个人之间的感情也很深厚。因此，无论是从朋友的角度，还是从国家的角度来说，他为马谡求情，劝说诸葛亮珍惜人才，都是合情合理的，并不说明蒋琬不重视法治或者以私徇情。恰恰相反，出于对蜀汉政权的忠贞，在诸葛亮盛怒之下敢于直言进谏，这正是蒋琬大公无私的表现。诸葛亮当然理解蒋琬的意思，也熟悉他所引用的历史典故，但为了维护法纪的严肃性，他举孙武与魏绛执法严明的例子，向蒋琬说明杀马谡的必要性。

孙武以十三篇兵法作为送给吴王阖闾的见面礼，吴王请他用宫女作为练兵的示范，结果孙武通过斩杀吴王的两个当队长的爱姬来树立军纪的严肃性，最后完成了训练任务，向吴王交差：“兵既整齐，王可试下观之，唯王

---

① 同上。
② 同上。
③ 《三国志·蜀书·诸葛亮传》。
④ 同上。
⑤ 《三国志·蜀书·董刘马陈董吕传》。

所欲用之，虽赴水火犹可也。”[1] 吴王虽然因两个爱姬被斩而心有不快，但已经通过这次“斩姬练兵”而知道孙武的军事才能了，于是任用孙武为将，并在他和伍子胥两个人的辅佐之下，在内政和军事方面都大有起色，“西破强楚，入郢，北威齐晋，显名诸侯，孙子与有力焉”[2]。

魏绛是春秋时期晋悼公的大臣，公元前570年，诸侯在曲梁（今河北省邯郸东北）会盟，晋悼公的弟弟扬干违犯军纪，扰乱军队行列，当时执掌军法的中军司马魏绛执法无私，杀了扬干的战车御士，以示惩罚。事后，魏绛向晋悼公递交了书面“请罪书”，说明他为什么这样做的理由，“师众以顺为武，军事有死无犯为敬。君合诸侯，臣敢不敬？君师不武，执事不敬，罪莫大焉”[3]。晋悼公在其他大臣的劝说下，不仅没有怪罪魏绛，反而承认了自己的错误，“寡人有弟，弗能教训，使干大命，寡人之过也”。后来重用魏绛，让他训练新军，“以魏绛为能以刑佐民矣，反役，与之礼食，使佐新军”[4]。

孙武和魏绛通过严明军纪来整顿秩序，让人形成对规则和制度的敬畏之心，因而才能自觉地遵章守纪。吴王的爱姬不敬畏制度，将列队训练视为儿戏，最后掉了脑袋都不知道是怎么回事。晋悼公的弟弟不敬畏制度，扰乱队列，结果掉了脑袋。孙武和魏绛这种严明治军的精神，无疑在诸葛亮的心目中留下了深刻的印象。因此，当蒋琬为马谡求情时，他不假思索地脱口举出这两个例子来说服蒋琬。马谡也是因为不敬畏制度，“违亮节度”，才掉了脑袋的。马谡死后，诸葛亮深为自责，悔不该不听刘备临终时告诫他的话：“马谡言过其实，不可大用，君其察之。”[5] 对诸葛亮的用人失察之过，后人也有所批评。西晋史学家习凿齿就说过一段很尖锐的话[6]：

> 诸葛亮之不能兼上国也，岂不宜哉！夫晋人规林父之后济，故废法而收功；楚成闇得臣之益己，故杀之以重败。今蜀僻陋一方，

① 《史记·孙子吴起列传》。

② 同上。

③ 《左传·襄公三年》。

④ 同上。

⑤ 《三国志·蜀书·董刘马陈董吕传》。

⑥ （晋）习凿齿，《汉晋春秋》。

才少上国，而杀其俊杰，退收驽下之用，明法胜才，不师三败之道，将以成业，不亦难乎！且先主诫谡之不可大用，岂不谓其非才也？亮受诫而不获奉承，明谡之难废也。为天下宰匠，欲大收物之力，而不量才节任，随器付业；知之大过，则违明主之诫，裁之失中，即杀有益之人，难乎其可与言智者也。

习凿齿用了两个典故，其中的“楚杀得臣而文公喜”在前面说过了。林父即荀林父，也是有名的中行氏，在晋文公建立霸业的事业中崭露头角，在晋景公时出任中军元帅，主持国政，在率军与楚国的作战中惨遭败绩。荀林父回国后，晋景公没有处罚他，而让他官复原职。他认真总结经验教训，在后来的伐郑和灭赤狄的战役中均取得了胜利，这就是所谓的“规林父之后济，故废法而收功”。

刘备是不是“大人”不好说，但在对马谡的了解这件事情上，他显然比诸葛亮高明，还算得上是一位“明主”，这是被事实证明了的。诸葛亮的自责，应该是发自内心的。从诸葛亮斩马谡的这个故事中，我们可以悟出另外一个道理，一个人无论多么具有雄才大略和精力过人，都是注定不能依靠的，必须要靠规则与制度；而规则与制度一旦颁布，就需要采取所有的措施让人们去执行它、敬畏它。通过强制手段要人们服从规则与制度，逐渐让人们理性地敬畏并自觉地服从这些规则与制度，从而感觉不到这些规则与制度的束缚，这才是法治建设的“王道”。

令行禁止：执行到位，结果导向

孔子说“自古皆有死，民无信不立”①，“言必信，行必果”②，“人而无信，不知其可也”③。因此，对于执政者来说，必须采取各种办法来树立诚信的形象。对于“信”，北宋政治家、文学家司马光通过总结历史经验教训，

① 《论语·颜渊》。

② 《论语·子路》。

③ 《论语·为政》。

提出了深刻的见解[1]：

> 夫信者，人君之大宝也。国保于民，民保于信。非信无以使民，非民无以守国。是故古之王者不欺四海，霸者不欺四邻，善为国者不欺其民，善为家者不欺其亲。不善者反之：欺其邻国，欺其百姓，甚者欺其兄弟，欺其父子。上不信下，下不信上，上下离心，以至于败。所利不能药其所伤，所获不能补其所亡，岂不哀哉！昔齐桓公不背曹沫之盟，晋文公不贪伐原之利，魏文侯不弃虞人之期，秦孝公不废徙木之赏。此四君者，道非粹白，而商君尤称刻薄，又处战攻之世，天下趋于诈力，犹且不敢忘信以畜其民，况为四海治平之政者哉！

司马光在文中举了四个历史上的例子。

齐桓公不背曹沫之盟[2]。曹沫担任鲁国将军，与齐国作战，打了三次败仗，鲁庄公因害怕而献遂邑的土地与齐国讲和，但仍以曹沫为将军。后来齐桓公与鲁国在柯地会盟，齐桓公与鲁庄公已经在坛上盟誓，曹沫突然手持匕首劫持了齐桓公，对他说："齐国强大，鲁国弱小，但你们大国欺负鲁国也太过分了，鲁国的城池都被你们攻打得快倒塌了，你看着办吧。"无奈之下，齐桓公便答应归还侵占的鲁国土地。曹沫听后便扔下匕首，走下盟约的高台，回到自己的位置上，脸色不变，言谈如故。齐桓公脱离了危险，勃然而怒，想毁约。管仲说："不能这样。贪图小利而逞一时之快，在诸侯面前不讲信义，就会失去天下的援助，不如把土地给他们。"齐桓公便将侵夺鲁国的土地还给了鲁国。曹沫三次战败而失去的土地都又回到了鲁国。

司马光举这个例子，是为了说明齐桓公言而有信，其实，真正言而有信的是管仲。如果没有管仲的劝说，齐桓公很可能就食言了。

晋文公不贪伐原之利[3]。晋文公出兵讨伐原国，命令士兵携带三天的口粮。到了三天，原国还不投降，文公就下令晋军撤退。这时探子出城来报告说："原国最多再能支持一二天了！"军吏将这一情况汇报给晋文公。文公

---

① 《资治通鉴·周纪》。

② 《史记·刺客列传》。

③ 《国语·文公伐原》。

说："得到原国而失去信义，那又依靠什么来使唤人民呢？信义是人民赖以生存的保障，因此不可失信。"于是晋军便撤离了原国，到了孟门附近地方，原国便宣布投降了。

《吕氏春秋》的记载稍有出入，不是三天，而是七天（与士期七日）。晋文公不是不想得到原国，而是不想以失去诚信的代价来得到原国。这个故事说明，只有诚信，才能成就大事；假如不诚信，做什么事情都不会顺利。

魏文侯不弃虞人之期[①]。魏文侯与掌管山泽的人约定去打猎。这天，魏文侯与百官喝酒喝得很高兴，天下起雨来。文侯要出去赴约，随从的侍臣说："今天饮酒这么快乐，天又下雨了，您要去哪里呢？"文侯说："我与别人约好了去打猎，虽然在这里很快乐，但是怎么能不去赴约呢？"于是自己前往约定地点，与对方当面取消了约会。魏国从此之后变得强大了。

开口相约，是一件最简单不过的事，但要信守约定、践行约定，就不那么容易了。守约是诚信的要求和表现，魏文侯信守约定，冒雨期猎，这是诚信的表现，魏国能成为当时的强国，与魏文侯的个人品质有极大的关系。

秦孝公不废徙木之赏[②]。秦孝公任用商鞅变法，法令已经制定，但还未公布。商鞅担心老百姓不相信，便在国都咸阳集市的南门立起一根三丈高的木杆，承诺谁能把此木杠到北门去，便赏给他十金。老百姓觉得奇怪，也没有人敢去搬运。商鞅再次承诺，有谁能杠过去，赏他五十金。有一个人便将此木扛到了北门，马上就得到了五十金，说明先前的承诺并不是欺诈。于是，下令进行变法，很快在老百姓中得到了实施。

对于商鞅的这个"徙木立信"之举，北宋改革家王安石予以高度评价[③]：

自古驱民在信诚，一言为重百金轻。
今人未可非商鞅，商鞅能令政必行。

毛泽东称商鞅的徙木立信之举为"我国从来未有之大政策"[④]。采取这种在"东西各国文明国民"听说后必定会"捧腹而笑，嗷舌而讥"的政策，

① 《战国策·文侯与虞人期猎》。

② 《史记·商君列传》。

③ （宋）王安石，《商鞅》诗。

④ 毛泽东，《商鞅徙木立信论》（1912年6月）。

反映了“执政者之具费苦心”，原因是“吾国国民之愚”、“数千年来民智黑闇、国几蹈于沦亡”[①]。毛泽东此论，被他的国文老师柳潜先生赞誉为“切实社会立论……是有功于社会文字”。

实际上，商鞅也有过欺诈的行为，有过不守信用的劣迹，“欺魏将卬”[②]，虽然兵不厌诈，但这种公然的欺骗行为，确实为人所不齿。汉代的贾谊就说他“违礼义，弃伦理，并心于进取，行之二岁，秦俗日败”[③]。司马迁认为，商鞅是一个“天资刻薄之人”[④]，为了推行变法而不择手段，因此而结怨甚深。但是，他“去卫适秦，能明其术，强霸孝公，后世遵其法”[⑤]，这大概是他最乐意得到的历史定位。

商鞅的变法成功，除了变法内容切合实际之外，与他的个性与品质是分不开的，“极身无二虑，尽公不顾私，使民内急耕织之业以富国，外重战伐之赏以劝戎士。法令必行，内不私贵宠，外不偏疏远。是以令行而禁止，法出而奸息”[⑥]。尤其是这个“令行而禁止”的评价，可以说是抓住了商鞅变法成功的关键。只有令行禁止，才能把政策和制度执行到位，也才能取得预期的成效，这实际上是一种以结果为导向的“倒逼”机制。

现代社会中，企业的管理是核心问题之一。企业要搞好，战略、制度与文化这三大要素缺一不可，而企业文化的形成，需要企业管理者付出长期艰苦的努力。

所谓文化，就是特定的人群在某一时期中表现出来的普遍的、自觉的行为与规范体系。一种文化的形成，绝不会凭倡导者的想当然，更不会不经过痛苦的历练而自然形成。有一次，我有机会去联想集团参观，发现该公司有一个独特的“称呼文化”，就是内部人与人之间直呼其名，不准称呼职务，

---

① 同上。

② 《史记·商君列传》：“卫鞅将而伐魏，魏使公子卬将而击之。军既相距，卫鞅遗魏将公子卬书曰：‘吾始与公子驩，今俱为两国将，不忍相攻，可与公子面相见，盟，乐饮而罢兵，以安秦魏。’魏公子卬以为然。会盟已，饮，而卫鞅伏甲士而袭虏魏公子卬，因攻其军，尽破之以归秦。”

③ 《贾谊新书·卷三·时变》。

④ 《史记·商君列传》。

⑤ 《史记·太史公自序》。

⑥ （汉）刘歆，《全汉文·卷四十·新序论》。

有违规者，罚款一百元。就连外部来公司调研的咨询公司的人也是如此，接待我们的工作人员特别强调了这一点。那么，企业文化究竟是怎样炼成的呢？大体说来，需要“三气”。

颠覆传统需要勇气。

中国人向来对职务很在意，哪怕是死后，也希望后人不要忘记他的职务。尽管当事人未必有此心愿，但后人出于尊重，也多称其生前的官职。最有代表性的事例就是唐朝著名诗人杜甫，因其曾经担任过剑南节度参谋、检校工部员外郎一职，因此，后人将他的诗集定名为《杜工部集》。

除了职务的神圣性之外，古代还有一个“避讳”的习俗，就是要回避君主和尊长的名字。由于文字是社会生活中不可缺少的工具，因此碰到需要避讳的字时，就要采取不同的方式进行改写。如秦始皇名正，秦代就用“端”来代替“正”。汉高祖名邦，汉代人便用“国”代替“邦”，古代所称的“邦家”，到了汉代便成了“国家”。刘秀作了东汉的皇帝，因此普通老百姓便不能再使用这个“秀”字了，“秀才”便改为“茂才”。司马迁的父亲名谈，他为了避父讳，就在《史记·赵世家》中把张孟谈改成张孟同。清圣祖名玄烨，清代人便以“元”代替“玄”，以“煜”代替“烨”。这种例子还有N多个，不可胜数。

因避讳而不准参加考试、进而逼死人命的例子也有。中唐诗人李贺，才华出众，21岁参加河南府试，获得了“乡贡进士”的资格，但遭小人的嫉妒和攻击，说李贺父名晋肃的“晋”与进士之“进”同音，犯家讳，依据礼法惯例，应避讳不得参试。尽管当时名倾朝野的大文豪韩愈写《讳辩》一文为其辩解，也无济于事。李贺被迫放弃了考进士的权利，断绝了仕途之路，以后他一直陷于抑郁痛苦之中，27岁时便去世了。“吾虽不杀伯仁，伯仁由我而死”[1]，避讳尽管没有直接杀死李贺，但李贺早逝的根本原因之一正是避讳的陋习。

为长者讳、为尊者讳，不论其好坏、对错，总是一种传统。联想集团敢于颠覆传统，这是需要极大的勇气的。

形成文化需要“霸气”。

一种文化的形成，除了精神上的自觉自愿之外，还需要一些强制性的措施。在联想集团内部，如果有谁称呼对方职务，罚一百元钱，就连外面去的咨询公司的专家也不例外。这种措施在外人看来，似乎有点不近情理，但不如此便不能形成风气。人们常说，企业文化是“一把手”的文化，联想集团内部杜绝称呼职务，正是总裁首倡并身体力行的结果。联想人不缺这一百元钱，但这一措施如果要真正得到不折不扣的实行，只有从“头”开始，否则，就成了一种“做秀”。

我与联想集团的这种“称呼文化”产生了强烈的共鸣，这是因为我曾经处理过一件类似的事情。核电站有一些设备编码，其中有字母、也有数字，各有不同的含义。一些员工为了图省事，常常把一些字母或数字省略掉。表面上只是少写一个字母或数字，看起来是一件微不足道的小事，但事情并不是这么简单，这种省略行为的本身就埋下了安全隐患。比如，如果省掉了“1”，别人可能不知道是指“一号机组”还是“二号机组”。另外，这种省略本身反映了工作作风的不严谨。为了促使员工队伍进一步强化严谨的工作作风，我决心以规范书写设备编码为抓手，要求员工在各种文件、报告中把设备编码写齐全，不能省略任何一个字母或数字。我第一次在会上讲这件事情时，是笑眯眯地以规劝的口吻说出来的，但没有效果；第二次是严肃地正式提要求，仍然没有效果。事不过三，第三次就来真格的，有谁少写一个字母

---

① 《晋书·周顗传》：“初，敦之举兵也，刘隗劝帝尽除诸王，司空导率群从诣阙请罪，值顗（字伯仁）将入，导呼顗谓曰：‘伯仁，以百口累卿！’顗直入不顾。既见帝，言导忠诚，申救甚至，帝纳其言。顗喜饮酒，致醉而出。导犹在门，又呼顗。顗不与言，顾左右曰：‘今年杀诸贼奴，取金印如斗大系肘。’既出，又上表明导，言甚切至。导不知救己，而甚衔之。敦既得志，问导曰：‘周顗、戴若思南北之望，当登三司，无所疑也。’导不答。又曰：‘若不三司，便应令仆邪？’又不答。敦曰：‘若不尔，正当诛尔。’导又无言。导后料检中书故事，见顗表救己，殷勤款至。导执表流涕，悲不自胜，告其诸子曰：‘吾虽不杀伯仁，伯仁由我而死。幽冥之中，负此良友！’”

或数字，请交五百元钱，作为大家对集团扶贫助学的自愿捐款。这种做法颇有一点当年孙武“斩姬练兵”的意味。正如马克思所说，一切问题都能从经济中找到它们的根源。在两个月之内，共收到此类被迫的“自愿”捐款26000余元，在此过程中，无人对该不该交钱向我提出异议，最后起到了我原来设想的效果。当然，这期间也有一些使人不愉快的事情，各种议论陆续传到我的耳朵里，主要是对我的工作方法提出质疑，而没有一个人对这件事情该不该抓提出过疑问。

这里就涉及到一个是非与对错的问题。从一般意义上来理解，是非与对错似乎是一回事情。但要深入想一想，这两个概念似乎又有所不同。简单地说，“是非”说的是真不真，属于事实判断，有客观标准，有几分证据，就说几分话；“对错”说的是该不该，属于道德判断，见仁见智，公说公有理，婆说婆有理。设备编码的书写规范问题该不该抓，属于“是非”问题；怎么抓，属于“对错”问题。首先要判断是非，其次才讨论对错。既然大家在是非观念上没有差异，那么就说明这件事情应该抓、必须抓，抓了好处甚多，不抓则坏处甚多。至于什么方法最好，只能由实践来回答，而且也只能在实践中无限渐近在一些人心目中存在的所谓“工作艺术”。基于此，我硬着头皮顶住了各种非议，一直坚持了两个月。虽然这是一种“非常时期的非常手段”，但也是对我抓管理的一种考验。凡事有经有权，不能一条道走到黑。为了不致引起“公愤”，此办法只试行了两个月，后来的文件和报告中还偶尔会看到省略的现象，但总是比以前大大地进步了。当时我就有一个心愿，只要这种做法能够对干部员工改进工作作风、进而促进现场安全生产业绩的提高产生哪怕是微不足道的促进作用，本人即使留下“恶名”，我也愿意承受这种“代价”，这就是“极身无二虑，尽公不顾私”的具体化。

以经济手段强制执行规定的这种做法，真正起到了“以霹雳手段显菩萨心肠”的效果。管理层如果在这个问题上没有一点“霸气”，而且不从自身做起，恐怕是难以起到预期效果的。如果没有切实的措施使员工的行为发生改变，要想形成一种预期的企业文化，岂不难哉！

文化一旦形成，就会产生和气。

联想的那位工作人员在向我们介绍这种直呼其名的文化时，很是自豪。不过，她很清楚环境的因素。在联想内部，这样做是自然的，但对于外人而言，则另当别论。她对我们这些参观者的称呼就很“中国特色”，口口声声说“各位领导”，而没有一次说“各位来宾”。联想内部的小环境与整个社会的大环境，还是有区别的。如果联想的这种“称呼文化”真正彻底地融入每位员工的“骨髓”之中，那就不会有什么“内外有别”了。当然，假如真是如此，联想的员工到外面去做事，难免会吃一些“苦头”。入乡随俗，既是无奈，又是无法。

“称呼文化”的改变，也是一种与国际潮流相适应的具体体现。其实，外国人一向就是直呼其名，这倒是突出了名字的功能。本来嘛，人的名字就是让别人叫的，它的功能很简单，就是将人与人用一个简单的符号区别开来。马克思的女儿称呼父亲就是“卡尔”，叫者和被叫者都没有觉得有什么奇怪。中国人之所以把名字与职务“神圣化”，那是把简单的事物赋予了过分沉重的功能。我国过去有很多由工业部翻牌而成的总公司，不论内外，人们称呼总经理和副总经理仍然用“部长”和“副部长”，双方都觉得很自然，丝毫不觉得别扭。终于，某一天有不了解历史情况的局外人称呼这些官员们为“某某总”的时候，他们才觉得世道变了。原来，在人家的心目中，他们已经是企业管理者而不是政府官员了，至于哪一种称呼更合他们的心思，这就是一个价值取向的问题了。称呼的改变，或许会引发一些人心底的失落感或自豪感，但要从心理上自我改变角色意识，恐怕也非易事。

“称呼文化”的改变，会给人们另外一种启示，就是要形成真正的企业文化，必须从一些看起来是小事、做起来是难事、一旦出现问题就会变成大事的事情上入手，而且要采取行之有效的措施。什么是“行之有效”？触及到每个人的经济利益的措施才是有效的。马克思之所以伟大，是因为他的论述往往触及到问题的本质，认识到经济问题是一切问题的根源。我在前文中所述的“十字码事件”，有一位部门经理就以开玩笑的口吻对我说，他之所以注意书写规范，主要是心疼“弟兄们的钱”。实际上，我看他主要还是心疼自己的钱，“弟兄们”也只是连带“心疼”一下，能起到这样的效果也就够好了。

某种预期的文化一旦形成，说明大多数人的行为会在某一个时期自觉起来、普遍起来，这样，企业的和气也就形成了，大家也就真正感到“自由”了。这正是对“以刑去刑，刑去事成”这一治国方略的极好诠释。

斩断第十四

杀一儆百：以具体事例维护法律尊严
法要责众：以霹雳手段显示菩萨心肠
规矩至上：以强制力量塑造良好习惯

【原文】

斩断之政，谓不从教令之法也。其法有七：一曰轻，二曰慢，三曰盗，四曰欺，五曰背，六曰乱，七曰误，此治军之禁也。当断不断，必受其乱，故设斧钺之威，以待不从令者诛之。军法异等，过轻罚重，令不可犯，犯令者斩。期会不到，闻鼓不行，乘宽自留，避回自止，初近后远，唤名不应，车甲不具，兵器不备，此为轻军，轻军者斩。受令不传，传令不审，迷惑吏士，金鼓不闻，旌旗不睹，此谓慢军，慢军者斩。食不禀粮，军不省兵，赋赐不均，阿私所亲，取非其物，借贷不还，夺人头首，以获其功，此为盗军，盗军者斩。变改姓名，衣服不鲜，旌旗裂坏，金鼓不具，兵刃不磨，器杖不坚，矢不著羽，弓弩无弦，法令不行，此谓欺军，欺军者斩。闻鼓不进，闻金不止，按旗不伏，举旗不起，指挥不随，避前向后，纵发乱行，折其弓弩之势，却退不斗，宜左或右，扶伤举死，自托而归，此谓背军，背军者斩。出军行将，士卒争先，纷纷扰扰，车骑相连，咽塞道路，后不得先，呼唤喧哗，无所听闻，失乱行次，兵刃中伤，长短不理，上下纵横，此谓乱军，乱军者斩。屯营所止，问其乡里，亲近相随，共食相保，不得越次，强入他伍，干误次第，不可呵止，度营出入，不由门户，不自启白，奸邪所起，知者不告，罪同一等，合人饮酒，阿私取受，大言惊语，疑惑吏士，此谓误军，误军者斩。斩断之后，此万事乃理也。

【译文】

所谓斩断，就是对不遵守法令的人进行惩处。不遵守法令的行为有七种：一是轻视军纪，二是怠慢军令，三是贪功邀赏，四是欺哄蒙蔽，五是违背军令，六是胡作非为，七是妨害营规。这些都是军中必须禁止的行为，必须对违法乱纪者果断进行处罚，否则必定会带来祸害。军中设置各种刑罚，用来对付那些违法乱纪者。军法的规定有轻重之分，对轻微的过错施以严厉的处罚，就可以使人不敢违犯军令，否则，定斩不饶。规定了日期却不到达，听到了号令却不行动，借纪律宽松而自行停留，躲避迂回而停止不前，开始紧跟队伍后来远离队伍，点到姓名又不答应，不准备好战车盔甲和兵械器具，这就是轻视军纪，有这种行为的人立斩。接受了命令而不传达，传达的命令又不详尽，因而给官兵造成困惑，鸣锣击鼓却充耳不闻，旌旗高扬却熟视无睹，这就是怠慢军令，有这种行为的人立斩。军粮得不到供应，军官不关心士兵，赏赐分配不公平，袒护自己的亲信，随意取用不属于自己的东西，借人钱财却不归还，抢夺别人手里的敌人首级，非法骗取功劳，这就是贪功邀赏，有这种行为的人立斩。私下改名换姓，衣着服饰不鲜明，旌旗破烂不堪，枪头刀刃不锋利，器械甲杖不坚固，箭头没有羽毛，弩箭没有弓弦，不按照法令条规行事，这就是欺哄蒙蔽，有这种行为的人立斩。听到鼓声不前进，听到锣响不停止，旗帜按下而不卧倒，旗帜举起而不站立，不听从将领的指挥，躲避向前而转身朝后，任意乱穿而扰乱队形，遮掩了弓弩手的射击方向，故意后退而逃避战斗，左躲右避，假装救死扶伤，借机离开战场而回到营中，这就是违背军令，有这种行为的人立斩。军队即将出发时，士兵争先恐后地乱走，使队伍混乱不堪，战车与骑兵混杂在一起，堵塞了道路，使后面的部队无法前进，吵闹喧哗，无法听从指挥，行军队伍次序混乱，兵器误伤他人，长短兵器不加区分，上级与下级都没有规矩，这就是胡作非为，有这种行为的人立斩。部队宿营时，到处打听乡亲熟人，关系亲近的混在一起，吃吃喝喝相互照应，强行进入别人的队伍，扰乱了营区的秩序，上级斥责也不听从，翻越围墙任意出入，而不经过正当的营门，并且不向上级请假，遇到奸邪坏事也不报告，简直是同流合污，聚众饮酒，循私享受，散布耸人听闻的流言蜚语，在士兵中造成疑惑恐慌，这就是妨害营规，有这种行为的人立斩。对这些违法乱纪的行为进行果断处罚之后，各项军务就可以得到恰当的处理了。

【解读】

墨子曾经列举了有可能对国家造成危害的七种祸患[①]，认为“以七患居国，必无社稷；以七患守城，敌至国倾；七患之所当，国必有殃”。本篇所列举的七种违反军令的行为，同样会对军队的战斗力造成危害，因此，必须对其进行“斩断”。当断不断，必受其乱。治军不严，就不可能有战斗力，就无法完成军队的使命，这是显而易见的。同时，这个道理不仅适用于军队，任何一个国家、团体或单位，要想有秩序，要想有效率，要想取得成就，无不需要严格的法律法规、规章制度，这就必须对一切违纪违法行为进行惩罚，否则，就是姑息养奸，必定走上败亡之道。另外，为了严明法纪的严肃性，必须要有正确有效的方法，否则也不可能达到效果。

杀一儆百：以具体事例维护法律尊严

凡是有组织的地方，就需要纪律的约束，这就犹如汽车有动力系统，同时必须有制动系统，而且制动系统必须比动力系统还要可靠、有效才行，否则，车毁人亡的事故是必然要发生的。制定相应的规章和纪律容易，但要得到不折不扣的执行，则要困难得多，这就是所谓的“世不患无法，而患无必行之法”[②]。因此，只有做到“令在必信，法在必行”[③]，才能既可以使组织得以有效运作，又可以维护法律的尊严；而要做到这一点，最好的办法就是

① 《墨子·七患》：“城郭沟池不守，而治宫室，一患也。边国至境，四邻莫救，二患也。先尽民力无用之功，赏赐无能之人，民力尽于无用，财宝虚于待客，三患也。仕者持禄，游者忧反，君修法讨臣，臣慑而不敢拂，四患也。君自以为圣智，而不问事，自以为安强，而无守备，四邻谋之不知戒，五患也。所信者不忠，所忠者不信，六患也。蓄种菽粟不足以食之，大臣不足以事之，赏赐不能喜，诛罚不能威，七患也。”

② （西汉）桓宽，《盐铁论》。

③ （宋）欧阳修，《司门员外郎李公谨等磨勘改官制》。

杀一儆百[①]。要达到“儆百”的目的，就要选准这个“一”，在选择的过程中需要遵循两条基本的原则。

其一，“背景”原则。

一些所谓有“背景”的人，自恃有靠山，常常不把法令当回事情，在平常的行为表现中就是我行我素，不把纪律和上司放在眼里，因而对组织纪律的严肃性构成极大的威胁。如果为政者敢于把这种人当作整顿纪律的目标，那么效果是极其明显的。

春秋时期，齐景公任命司马穰苴为将，带兵攻打晋、燕联军。司马穰苴在领命时，主动要求景公为自己派一位监军，“愿得君之宠臣，国之所尊，以监军，乃可”[②]。所谓监军，就是军队出征时，受朝廷临时派遣，随军行动，代表朝廷协理军务，督察将帅。齐景公派自己的宠臣庄贾作监军。穰苴与庄贾约定，第二天中午在营门集合。第二天，穰苴早早到了营中，命令装好作为计时器的标杆和滴漏盘，等待庄贾的到来。这次出征非比寻常，但庄贾平时骄纵惯了，丝毫没有察觉到紧张的气氛，仍然按照自己的个性行事，直到黄昏时分，才醉醺醺地姗姗来迟。穰苴问他为何不按时到达军营？庄贾或许是因为酒未醒的缘故，仍然没有任何警惕，只是轻描淡写地说自己的亲戚朋友设宴为他饯行，因此来得迟了。司马穰苴对庄贾说了一段大气凛然的话：“将受命之日则忘其家，临军约束则忘其亲，援枹鼓之急则忘其身。今敌国深侵，邦内骚动，士卒暴露于境，君寝不安席，食不甘味，百姓之命皆悬于君，何谓相送乎！”穰苴说完，向军法官问话，“军法期而后至者云何?”军法官说“当斩”。庄贾对这句话听懂了，才知道害怕了，赶忙派人飞快向景公求救。但是已经晚了，还未等求救者返回，他已经被斩首示众了。过了不久，景公派遣使者拿着节杖来赦免庄贾。由于着急，使者驾着马车在军营中飞驰，穰苴说：“将在军，君令有所不受。”他问军法官：“驰三军法何?”军法官说“当斩”，使者闻听此言吓坏了。穰苴还是给他一点面子，“君之使

---

① 《汉书·尹翁归传》：“其有所取也，以一警百，吏民皆服，恐惧改行自新。东海大豪郯许仲孙为奸猾，乱吏治，郡中苦之。二千石欲捕者，辄以力势变诈自解，终莫能制。翁归至，论弃仲孙市，一郡怖栗，莫敢犯禁。东海大治。”

② 《史记·司马穰苴列传》。

不可杀之”，于是斩了这个使者的随从，稍带着砍断了车厢左边的一根木头，杀了左边驾车的马。将士们看到穰苴说话算数，治军有方，有法必依，铁面无私，个个精神振奋、斗志昂扬。晋国的军队听到这个消息，不等交战，就吓得慌忙退走了。燕国的军队听到这个消息，连忙从黄河南岸退到了黄河北岸。齐军乘胜追击，收复了所有的失地。齐军凯旋时，齐景公和文武百官都到郊外迎接，按照礼节慰劳全军将士。齐景公不但没有为杀庄贾的事怪罪司马穰苴，而且还拜他为大司马，让他执掌齐国的军政大权。

司马穰苴能够挂帅出征，得益于齐国宰相晏婴向齐景公的大力推荐，说他“文能附众，武能威敌”[①]。经过实战的检验，司马穰苴确实不辱使命，从严治军、以法治军，通过斩杀有“背景”的监军庄贾，既树立了自己的威信，也教育了将士，从而增强了齐军的战斗力，这是他的杀一儆百策略的成功。一般而言，监军是军队主帅所不喜欢的人，因为他们不懂军事而指手画脚，常常会使将帅无所适从。司马穰苴作为一位著名的军事家，他不可能不懂得监军的负面作用，但他主动要求派遣监军，其中必定另有深意。我们从“事后诸葛亮”的角度来看，这其实就是司马穰苴给庄贾设的一个套，但庄贾没有判断的智慧，仍然我行我素，结果自己撞到了“刀口”上，司马穰苴也就顺水推舟地将他作为祭旗的“牺牲”了。

其二，“亲近”原则。

北宋名将岳飞素以治军严格而著称，他的军纪严格到“冻死不拆屋，饿死不掳掠”[②]，其军队的战斗力之强，使得金人叹道“撼山易，撼岳家军难”[③]。岳飞是怎么做到这一点的？说来也简单，主要靠严明纪律，而且从自己的亲人做起，其中最有名的一个故事就是岳飞“校场鞭子”。

严格练兵是我国古代良将治军的传统。岳飞继承了这个传统，而且注重从实战出发，“止兵休舍，辄课其艺，暇日尤详，至过门不入，视无事时如有事时。如注城、跳壕等艺，皆被重铠，精熟安习”[④]。岳飞平时让士兵身穿厚厚的铠甲练习骑马、爬坡和跳壕等科目，要求士兵一招一式都要严格按

① 同上。

② 《宋史·岳飞传》。

③ 同上。

④ （宋）岳珂，《金佗粹编》（卷九）。

照临战要求进行操演，绝不能马虎，更不能摆花架子。岳飞的长子岳云，12岁时就从军当兵，岳飞对他严格要求，从生活起居、武艺训练到行军作战，和其他士兵一视同仁，不许有一点特殊化。岳云在父亲的严格教导下，也从不以主帅的儿子自居，事事能以高标准要求自己，与普通士兵一样摸爬滚打，刻苦训练。有一天，岳云在校场练习骑马，“尝以重铠习注坡，马踬而踣”[①]，身被厚重的铠甲，手握兵器，在走下坡路时没有注意坡陡路滑，疾驶而下，结果马失前蹄，连人带马摔下了山坡。在一旁督操的岳飞看到后非常生气，大声喝到：“前驱大敌，亦如此耶?”“遽命斩之”。在场的将领连忙“叩头祈免”。但岳飞对岳云是死罪饶过、活罪不免，“犹杖之百，乃释之”。主帅对儿子要求如此严厉，使全军上下大为震动，将士们训练得更加刻苦认真了。

岳云校场被鞭责之后，牢记父亲的教诲，更加勤奋训练，几年后练就了一身健壮的体魄，十八般武艺也样样精通，跟随父亲南征北战，屡立战功，由一名普通士兵成长为一员勇猛善战的武将。1134 年，16 岁的岳云参加了攻打随州的战斗，他挥舞 80 斤重的铁锤，勇冠三军，率先登城，“先诸军登城，攻下邓州，又攻破随州”，“功第一”[②]。1140 年，金兵统帅兀术以优势兵力围困岳家军驻地河南郾城，岳飞命令岳云带骑兵冲入敌阵，并严厉地对他说：“必胜而后返，如不用命，吾先斩汝矣!”[③] 岳云以少击众，杀得金兵尸横遍野。郾城之战刚结束，岳飞又命令岳云火速去颍昌增援部将王贵，抗击金兵的反扑。岳云发扬连续作战的精神，带兵直奔战场，与数万金兵展开厮杀，负伤一百多处，人成了血人，马成了血马，仍然奋勇前行，亲手斩了兀术的女婿，再立大功。由于岳云每次打仗都冲锋在前，屡建殊勋，岳家军的将士都称他为常胜小将军。

岳飞治军，历来赏罚分明，但对岳云则是有功不赏，有过必罚，这种高尚品质就是严于律己[④]。岳云屡立战功，但岳飞多次隐瞒不报。岳飞的同事

---

① 同上。

② （宋）岳珂，《金佗粹编·诸子遗事》。

③ 同上。

④ （宋）陈亮，《谢曾察院君》：“严于律己，出而见之事功；心乎爱民，动必关天治道。”

张浚说：“岳侯避宠荣一至此，廉则廉也，然未得为公也!”[①] 岳飞则说：“士卒冒矢石立奇功，始升一级，男云遽躐崇资，何以服众?”[②] 由于岳飞屡次从中作梗，使岳云的职位“终左武大夫、提举醴泉观”[③]，直到与父一起被冤杀时，职级也一直不高。岳飞对自己手下将士所立功劳奖赏甚是严格，绝非滥用国家名器以向部下买好之人。岳飞正是以这种严于律己的作风而赢得老百姓的拥护，因此岳家军所到之处，民众无不欢欣围观，“举手加额，感慕至泣”[④]。

司马穰苴与岳飞都是我国历史上杰出的军事统帅，后人对他们予以极高的评价。

晏子说司马穰苴“文能服众，武能威敌”，后来的事实也证明了这一点。司马迁说：“余读司马兵法，闳廓深远，虽三代征伐，未能竟其义，如其文也，亦少褒矣。若夫穰苴，区区为小国行师，何暇及司马兵法之揖让乎？世既多司马兵法，以故不论，著穰苴之列传焉。”但是，这么一位杰出的人物仍然逃脱不了小人的谗言，齐景公后来解除了他的兵权。司马穰苴被贬后心情忧郁，不久便病故了[⑤]。

岳飞的遭遇更是让后人唏嘘不已。南宋大儒朱熹曾经与其门生讨论过对岳飞的评价[⑥]：

门生：“岳侯若做事，何如张（俊）、韩（世忠）?”

朱熹：“张、韩所不及，都是他识道理了。”

门生：“岳侯以上者，当时有谁?”

朱熹：“次第无人。”

在朱熹的眼里，南宋的文武大臣中，没有一个超过岳飞的。这个评价是够高的了。南宋学者曹彦约称赞岳飞：“若夫智略足以料敌，鉴裁足以用人，

---

① 《宋史·岳飞传》。

② 同上。

③ 同上。

④ （宋）曾敏行，《独醒杂志》（卷 7）。

⑤ 《史记·司马穰苴列传》：“既见穰苴，尊为大司马。田氏日以益尊于齐。已而大夫鲍氏、高、国之属害之，谮于景公。景公退穰苴，苴发疾而死。”

⑥ （宋）朱熹，《朱子语类·孝宗朝》（卷 127）。

纪律严而下不忍怨，粮运竭而众不忍叛，身死八十年，闻风者犹且悦之，其惟岳飞呼！古之所谓名将，不过于此。然而南北分合，应有定时，忠邪生死，应有定数，岂权臣一日所能自为之？哀哉！”[①] 文天祥评价岳飞：“岳先生，我宋之吕尚也。建功树绩，载在史册，千百世后，如见其生。至于笔法，若云鹤游天，群鸿戏海，尤足见干城之选，而兼文学之长，当吾世谁能及之。”[②] “惟中兴之初，先武穆王手扶天戈，忠义与日月争光，名在旗常，功在社稷，天报勋劳，克昌厥后，虽百世可知也。”[③]

《宋史·岳飞传》中说：“西汉而下，若韩、彭、绛、灌之将，代不乏人，求其文武全器、仁智并施如宋岳飞者，一代岂多见哉。史称关云长通春秋左氏学，然未尝见其文章。飞北伐，军至汴梁之朱仙镇，有诏班师，飞自为表答诏，忠义之言，流出肺腑，真诸葛孔明之风，而卒死于秦桧之手。盖飞与桧势不两立，使飞得志，则金仇可复，宋耻可雪；桧得志，则飞有死而已。昔刘宋杀檀道济，道济下狱，嗔目曰：‘自坏汝万里长城！’高宗忍自弃其中原，故忍杀飞，呜呼冤哉！呜呼冤哉！”《宋史·高宗本纪》中说：“岳飞父子竟死于大功垂成之秋。一时有志之士，为之扼腕切齿。帝方偷安忍耻，匿怨忘亲，卒不免于来世之诮，悲夫！”元朝史官把秦桧列入《奸臣传》，并对其杀害岳飞、与金议和等卖国行径进行鞭鞑，说明元朝官方在此问题上的是非观念是很明确的，对正义与邪恶的看法也是符合中国传统道德标准的，并没有因为岳飞是汉人而诋毁其成就；同时，也未因南宋曾为敌国，而曲解前代宋金之战的性质与意义。

司马穰苴和岳飞这样的人才，都不得善终，何也？独裁专制制度使然！他们固然由于个人的品质高尚而可以通过以身作则、严于律已和杀一儆百而维护纪律的严肃性，但他们无法创造一个公平、公开的法律环境，不仅不能，他们自己也是这个环境的受害者和牺牲者。在现代社会中，像司马穰苴和岳飞这样的人，永远是需要的，但在执法过程中也不可过度迷信杀一儆百的效果，还是要靠制度来监督和约束干部队伍。上世纪50年代，通过枪毙

① （宋）曹彦约，《昌谷集·中兴四将赞》（卷17）。

② 据载，文天祥观看了岳飞手书的唐朝李华《吊古战场》一文后，写下了这段肺腑感言。杭州岳庙现存文天祥手迹拓片。

③ 《汤阴县志》。此段话摘自文天祥给岳飞曾孙岳觌的回信。

刘青山和张子善来遏制腐败现象，但实际上的作用也是有限的[①]，还是要通过制度设计来解决问题，而不能寄希望一些“能吏”甚至是“酷吏”[②]来解决问题。事实上，汉代的武帝和唐代的武后当权时，任用了很多酷吏，虽然解决了一些枝节问题，但酷吏往往打着法律的幌子，实际干的是一些如“请君入瓮”[③]式的骇人听闻的事情，“逼供信”所导致的不良后果可能更为严重。即使是杀一儆百，也要纳入法治的轨道，绝对不能有意或无意地搞一些选择性的运动。国家的长治久安，不能依靠所谓“觉悟”，而要依靠法治环境；不靠制度，仅相信个别清官廉吏，终究是人治而非法治。

法要责众：以霹雳手段显示菩萨心肠

所谓“法”，是以国家强制力作后盾的行为规范，其最主要的特点是公开性、公平性、权威性和不可侵犯性。但是，强制也好、权威也好，都必须建立在多数人意愿的基础上，这才是法的基石。多数人不愿意做，或经过努力也做不到的事，用法去强制、去“督办”也很难奏效。“法律不外乎人

---

① 唐智诚，“杜导正：评周永康案”，《凤凰网》，2014 年 7 月 29 日。《炎黄春秋》杂志社原社长杜导正在接受《凤凰网》历史频道采访时说：“运动式的反腐，好处是一发动群众，情况很快就搜集起来了，处理的手段很快捷，有一定的效果，但是副作用经常是扩大化。所以我说刘青山、张子善这个案件，对当时中国共产党的领导和政权来说，起了好的作用，但是不能说处理了这个，就能够保证共产党廉洁 20 年，不要把它的作用看得太大。”

② 酷吏是君主专制政治的产物，也是其牺牲品。皇帝用酷吏，是为了维护专制统治之威；杀酷吏，也是为了维护专制制度。酷吏的好处：首先，酷吏专门与豪强作对，用今天的话说就是热衷“打黑”。第二，酷吏的政绩大都相当突出，尤其是善于强化治安。第三，酷吏不仅“能干”，而且大多相当清廉。因为替主子出头卖命，酷吏的官运一般都相当好，经常越级升迁，深得皇帝喜爱。说白了，就是一种政治投机。不过，酷吏投机，这条路也不是那么好走的，虽然他们在官场常能平步青云，但最终的结局往往很悲惨。皇帝主子经常要把他们抛掉，来假装好人。

③ 《资治通览·唐纪·则天皇后天授二年》：“或告文昌右丞周兴与丘神勣通谋，太后命俊臣鞫之。俊臣与兴方推事对食，谓兴曰：‘囚多不承，当为何法？’兴曰：‘此甚易耳！取大瓮，以炭四周炙之，令囚入中，何事不承？’俊臣乃索大瓮，火围如兴法，因起谓兴曰：‘有内状推兄，请兄入此瓮！’兴惶恐，叩头伏罪。”

情”，说的也是这个意思。这就涉及一个对“法不责众”这个词的理解，一般来说，有两种含义。第一种含义，制定法律时要考虑到可操作性，不能使大多数人无法执行，因为惩罚总是针对少数人的，而不是针对大多数人的，否则，这种“法”就属于专制或暴政的范畴。第二种含义，当某项行为具有一定的群体性或普遍性时，即使该行为含有某种不合法或不合理因素，法律对其也难予惩戒。对于大多数中国人来说，一般情况下都是用第二种含义来解释这个词的，而且将其当作一种“潜规则”，就像过马路闯红灯一样，大家一起闯，警察也没有什么办法，只好听之任之。这样做的结果，就是马路上一片混乱，没有规则，没有秩序，没有礼让，谁身强力壮，谁就能挤出人群而走在前头。正是这种“法不责众”的思维，才衍生出干部队伍中诸如“五十九岁”现象和“窝案”现象，前者是说领导干部快要到退休年龄了，有权不用，过期作废，此时不捞白不捞，退下来后进入人大或政协，也就是进入了“避风港”，算是“软着陆”了；后者是说一个地区或一个部门的领导班子集体腐败，或者上下勾结串通，反正有事大家一起扛，即使天塌下来也会有“高个子”先顶着。这些现象，都是亡国的征兆，不可不察。

说起对亡国之兆的论述，中国自古以来就不乏目光如炬的高士。例如，战国时法家代表人物韩非曾经罗列了可以导致亡国的47个征兆[①]。韩非并不是对社会现状做出简单的罗列，而是从政治、经济、军事、文化以及对君主的修养爱好等方面进行了广泛而深入的研究后得出的理论概括。“亡征者，非曰必亡，其言可亡也”。“木之折也必通蠹，墙之坏也必通隙”。“然木虽蠹，无疾风不折；墙虽隙，无大雨不坏”。“万乘之主，有能服术行法以为亡征之君风雨者，其兼天下不难矣”。

韩非讲的是一般性的情况，清末民初的老同盟会员于右任，曾经写过一篇百余字的时评短文，对清朝灭亡的原因做了准确的概括[②]：

> 民穷财尽，社会破产，国家破产。国有金，吝不与人，为他人藏。此其一。善不能举，恶不能退，利不能兴，害不能除。化善而作贪，使学而为盗。此其二。宫中、府中、梦中，此哭中、彼笑

① 《韩非子·亡征第十五》。

② 于右任，“亡国三恶因”，《民立报》，1910年10月23日。

> 中，外人窥伺中、胥小拨弄中，国际侦探金钱运动中，一举一动，一黜一陟，堕其术中。此其三。

于文所列的三点，非常清楚地说明了清王朝灭亡的原因：一是老百姓贫穷，物价飞涨，社会呈败落之象。二是行善的不能受到褒扬，作恶的不能受到制止，社会道德急剧下滑。三是腐败政权只能用卖国的手段来维持自己的统治。这是当时于右任眼中的清王朝，但康熙盛世时的清王朝是这个样子吗？或许有这些因素，也有一些具体的表现，但总体上肯定不是如此，而是欣欣向荣的景象。为什么从盛世而转衰，直到一发而不可收拾呢？其中最重要的原因，就是统治者的穷奢极欲带来社会风气的恶化，最后出现了“善不能举，恶不能退，利不能兴，害不能除”的局面。曾是清朝举人出身的于右任对清王朝的“脉”是“号”准了，在这篇短文发表后不到一年，他身处的那个“国”即大清帝国，果真土崩瓦解，不复存在了！于右任先生见微知著，可谓“春江里的知水鸭”[1]。

其实，早在40多年前，另一位高人——素有清王朝“中兴名臣”之誉的曾国藩的幕僚赵烈文，就已经把清王朝灭亡的日子“算”出来了[2]。同治六年（1867年）六月二十日，曾国藩与赵烈文聊天，忧心忡忡地说：“得京中来人所说，云都门气象甚恶，明火执仗之案时出，而市肆乞丐成群，甚至妇女亦裸身无裤。民穷财尽，恐有异变，奈何?”曾国藩当时看到的“民穷财尽”的现象，40年之后的于右任也看到了，说明在此期间，此一景象没有改观，而是愈演愈烈了。赵烈文作了预言式的回答：

> 天下治安，一统久矣，势必驯至分剖。然主威素重，风气未开，若非抽心一烂，则土崩瓦解之局不成。以烈度之，异日之祸，必先根本颠仆，而后方州无主，人自为政，殆不出五十年矣。

赵烈文说的“方州无主，人自为政”，指的是中央政府垮台，地方军阀割据。他最后说的“殆不出五十年”的预言，着实把曾国藩吓了一跳。他是既不想承认，又无法否认，于是说出一些理由，试图与赵烈文讨论一番。遗憾的是，他举出的全部理由，在赵烈文的分析中都不成立。赵烈文看出了天

---

① （宋）苏轼，《惠崇春江晚景》诗：“竹外桃花三两枝，春江水暖鸭先知。”

② （清）赵烈文，《能静居日记》，岳麓书社，2013年7月版。

下的“大势”，也就是民间常说的“气数”，大势已去，气数将尽，什么“好亲王”、“好太后”、“好皇帝”，都解决不了根本问题，何况在赵烈文眼里，这些人也没有表现出什么“好”来。曾国藩沉默很久后，说了一句颇无奈的话：“吾日夜望死，忧见宗祏之陨。”[①] 两年之后的同治八年（1869 年）五月二十八日，曾国藩对奉调到直隶做官、头一天才来到保定直隶总督府的赵烈文说：“吏治风俗颓坏已极，官则出息毫无……余一筹莫展！”曾国藩这么一位“中兴名臣”，终于说出了真心话，承认自己“一筹莫展”了。其实他是真不愿意承认这个现实，因为当时的清王朝正处于所谓的“同光中兴”[②]，洋务运动刚刚开始，一切都呈现出欣欣向荣的景象。高人之所以“高”，主要表现在他能看到别人看不到的东西，能预见到别人无法想象的趋势和结果。赵烈文从当时官府明火执仗、社会两极分化、百姓穷困潦倒、朝中大臣无能的情况，当然还有列强虎视眈眈的外部背景，得出了清王朝将在 50 年内灭亡的结论。颓废不振的清王朝于 1911 年土崩瓦解，赵烈文的预言果然应验了。而曾国藩和赵烈文已分别于 1872 年和 1893 年去世，对他们来说，这或许倒是一种解脱和幸运。赵烈文睿智明察，可谓“乱局中的清醒客”。

赵烈文和于右任准确地预言了清王朝的灭亡，而且也分析了原因。可惜，他们都不是当权者，不可能采取任何可以改善局势的措施。曾国藩则不然，他是当朝重臣，本是可以采取一些措施的，但面对局势却“一筹莫展”。事实上，清王朝走到灭亡的地步，曾国藩这些人难辞其咎，他统帅的湘军在打败太平军后，军纪极度松驰，大肆抢劫[③]，以他的弟弟曾国荃为代表的一

① “祏”（shi）是宗庙中藏神主的石屋，《说文》：“祏，宗庙主也。”“宗祏之陨”即指王朝覆灭，曾国藩也预感到清王朝正面临灭顶之灾。

② 清朝自乾隆中后期就一直走下坡路，以后没有可以称为“治世”或者是“盛世”的。咸丰之后的同治和光绪两朝，统治者以休养生息为主要目的，采取了一些缓和措施，使清朝的经济得到恢复，并且逐步引入了西方的生产技术，我国进入了历史上第一次对外开放、引进外资的发展阶段，这就是“洋务运动”，中国进入一个特定时期，史称“封建社会的最后一次回光返照”。

③ 赵烈文在其《能静居日记》中记载，湘军攻下天京后，纷纷入城抢劫，“傍晚闻各军入城后，贪掠夺，颇乱伍。余又见中军各勇留营者皆去搜括，甚至各棚厮役皆去，担负相属于道。余恐事中变，劝中丞（指曾国荃）再出镇压。中丞时乏甚，闻言意颇忤，张目曰：‘君欲余何往？’余曰：‘闻缺口甚大，恐当亲往堵御。’中丞摇首不答。”

批军官大肆收敛财宝，然后送回湖南老家[①]，他本人却落得一个清名[②]。面对这种形势，无人整顿纲纪，真是名副其实的“法不责众”。假如当时真像胡林翼送他的那两句话“用霹雳手段，显菩萨心肠”，又何至于此呢？相传曾国藩在与太平军作战期间，一度因为内疚难当，有过退隐之念，这时他的好友兼学生胡林翼送了他这副寿联，对他进行鼓励，据说曾国藩为之感激流泪。

胡林翼最擅长的是治乱，无论是早年在贵州任知府，还是后来在湖北当巡抚，均能在很短时间内，将战争之所变为百姓安居之地，尤其是将湖北变成湘军稳固的大后方，使得曾国藩和左宗棠等人与太平军作战时毫无后顾之忧，“新政雷厉风行，陈年积弊一扫而空，当年即大见成效”[③]，“用一糜烂众弃之鄂，缔造支持，变为富强可宗之鄂”[④]，曾国藩自己说，湘军“水陆数万人，皆仗胡公以生以成”[⑤]。

胡林翼自诩的治乱手段就是“以霹雳手段，显菩萨心肠”[⑥]。这句话本是一句中国古语，用来警喻为人处世要刚柔并济。佛教认为，只要满怀慈悲，不起嗔恨，威即是德，大威即是大德，制恶、伏恶即是导善、行善，霹雳手段即是菩萨心肠的表现。菩萨或为了调伏顽劣的众生，或为了遏制恶人的恶行，有时应机示现金刚怒目之相[⑦]。杀恶不仅为了保护良善，同时也是对作恶者的怜悯。严守杀戒，是小慈悲；敢开杀戒，才是大慈悲。必要时勇于杀人者，不是凶恶到极点，就是慈悲到极点。胡林翼深谙此道，他理解霹

① 《湘乡曾氏文献》记载，曾国藩的女儿曾纪芬回忆：“九叔（指曾国荃）每克一名城，奏一凯战，必请假回家一次，颇以求田问舍自晦。”

② 曾国藩曾说：“九舍弟手笔宽博，将我分内应做之事一概做完，渠得贪名，而偿我素愿，皆意想所不到。”“余兄弟姊妹各家，均有田宅之安，大抵皆九弟扶助之力。”（赵烈文，《能静居日记》）

③ 刘忆江，《胡林翼评传》，河北大学出版社，2009 年 1 月版，第 203 页。

④ 梅英杰，《胡林翼年谱》，岳麓书社，1987 年版，第 308 页。

⑤ 朱孔彰，《中兴将帅别传（二）》，岳麓书社，1989 年版，第 21 页。

⑥ 刘忆江，《胡林翼评传》，河北大学出版社，2009 年 1 月版。

⑦ 在藏传佛教的格鲁派密宗中，大威德金刚是文殊菩萨的愤怒化身，大威有伏恶之势，大德谓护善之功，故名大威德金刚。可见佛法并非绝对禁杀。据佛经上的记载，波斯匿王有一天禀告释尊：佛陀啊，我国中有大盗贼，我领兵讨伐，把贼人杀死了，犯了杀业。释尊回答：善哉善哉，你并没有做错。

雳手段就是快刀斩乱麻，除恶务尽。在这一点上，他严酷无情，与有着“曾剃头”之称的曾国藩如出一辙。胡林翼认为杀人是治乱世不可少的手段，只要居仁爱之心，无可非议，“以杀人之政，行其不嗜杀人之心，而归于生道，杀人而已矣”[①]。何为生道杀人？就是以杀止杀，除暴安良，才能彰显正义，维护社会秩序。从这个意义上来说，身处乱世的胡林翼的行为与孟子的“不嗜杀人者能一之”[②] 的仁政思想也无本质上的区别，只是方法的不同而已。

1945 年 7 月，黄炎培到延安考察，与毛泽东作了著名的“历史周期律”的谈话[③]，其中说到“因为历时长久，自然地惰性发作，由少数演为多数，到风气养成，虽有大力，无法扭转，并且无法补救”，这里面自然少不了“法不责众”的弊端；“政怠宦成”、“人亡政息”和“求荣取辱”则是弊端所产生的结果。毛泽东说已经找到了跳出这个周期律的新路，就是民主。民主是对的，但民主的“孪生子”是法治，民主与法治结合起来，才构成一枚完整的“硬币”。只有民主而没有法治，岂不真的成了“和尚打伞，无发（法）无天”了。所谓法治，就是法要责众，不管是何人、何事，一旦违法，必须追究。这里要坚持两条原则：一是法无二门，二是法不阿贵。所谓“法无二门”[④]，就是“法网恢恢，疏而不漏”[⑤]，不论什么人，一旦犯法，就必须受到追究，而绝不能有例外。反腐败不设名额、没有句号，就是这种法无二门理念的体现，否则，就会疏而有漏，有人就会侥幸逃脱法律的制裁。所谓“法不阿贵”[⑥]，就是在法律面前人人平等，“王子犯法，与庶民同罪”[⑦]。反腐败就是要“老虎、苍蝇一起打”，这就使腐败分子没有藏身之地，不存侥

---

① 《胡文忠公遗集》。

② 《孟子·梁惠王上》。

③ 1945 年 7 月，黄炎培、傅斯年、章伯钧等六位国民参政员受邀访问延安。在窑洞中，黄炎培与毛泽东进行了一次著名的“历史周期律谈话”。

④ 《金史·高德基传》：“有犯罪当死者，宰相欲从末减。德基曰：‘法无二门，失出犹失入也。’不从。”

⑤ 《道德经》（第七十三章）：“天网恢恢，疏而不失。”《魏书·任城王传》：“天网恢恢，疏而不漏。”

⑥ 《韩非子·有度》：“法不阿贵，绳不绕曲。法之所加，智者弗能辞，勇者弗敢争，刑过不免大臣，赏善不遗匹夫。”

⑦ 《左传·襄公六年》：“同罪异罚，非刑也。”《后汉书·桓谭传》：“一事殊法，同罪异论，奸吏得因缘为市。”（宋）陆游，《南唐书·江文蔚传》：“同罪异诛，观听疑惑。”

幸之心。“法必责众”，也是依法治国的必然要求。只有“有法可依，有法必依，执法必严，违法必究”，才能维护法律的权威和尊严。绝不能搞“松一阵、紧一阵”的“运动式”的执法活动，更不能搞“选择性”的执法活动，而是要把“法无二门”和“法不阿贵”的基本原则常态化、程序化、具体化，斩断所有的亡国恶因，这样才能形成依法治国和国泰民安的“新常态”。

规矩至上：以强制力量塑造良好习惯

经济学家马歇尔说过一句话：“习惯本身大都基于有意识的选择。”[①] 这大概是对于人性的一种总结，不论是好的习惯，还是坏的习惯，都是如此。对于大多数人而言，能够舒适，就不会选择受苦；能够懒惰，就不会选择勤劳。不过，好习惯的选择有时候是被动的，比如军队的纪律约束，会培养士兵遵守纪律的习惯。普通人良好习惯的形成，除了靠良好的家庭教育和道德熏陶之外，必须辅之以外界的强制力量。这就需要制定必要的规矩，并通过强制力量让全体社会成员予以遵守。

韩非说：“万物莫不有规矩。”[②] 荀子说：“规矩诚设矣，则不可欺以方圆。”[③] 孟子把规矩的重要性与治国安邦相提并论[④]：

> 离娄之明、公输子之巧，不以规矩，不能成方圆；师旷之聪，不以六律，不能正五音；尧舜之道，不以仁政，不能平治天下。

孟子提到的几个人，都有过人之处。离娄，相传为黄帝时人，目力极强，能于百步之外望见秋毫之末。公输子，即鲁班，约生活于鲁定公或鲁哀公的时代，年岁比孔子小，比墨子大，是古代著名的巧匠，是木匠的祖师。师旷，春秋时晋国的乐师，古代极有名的音乐家。尧舜，传说中上古年间的贤明君主。他们之所以取得杰出的成就，都是因为他们遵循了各自领域内的

---

① （英）阿弗雷德·马歇尔，《经济学原理》，廉运杰译，华夏出版社，2005 年 1 月第 1 版，第 17 页。

② 《韩非子·解老》。

③ 《荀子·礼论》。

④ 《孟子·离娄上》。

准则。即使有离娄那样好的视力、公输子那样好的技巧，如果不用圆规和曲尺，也不能准确地画出方形和圆形；即使有师旷那样好的审音能力，如果不用六律[①]，也不能校正五音[②]；即使有尧舜的学说和品德，如果不实施仁政，也不能治理好天下。为什么是这样呢？因为“徒善不足以为政，徒法不能以自行”[③]，治国者仅有善良之心是不足以治理政治的；法律本身不会自动起作用，还是需要人按照规矩去执行。

孟子主张凡事遵循规矩，是以维护公共秩序为出发点的。庄子从保持事物天性的角度出发，提出了相反的观点[④]：

> 且夫待钩绳规矩而正者，是削其性者也；待绳约胶漆而固者，是侵其德者也。屈折礼乐，呴俞仁义，以慰天下之心者，此失其常然也。天下有常然，常然者，曲者不以钩，直者不以绳，圆者不以规，方者不以矩，附离不以胶漆，约束不以墨索。故天下诱然皆生而不知其所以生，同焉皆得而不知其所以得。故古今不二，不可亏也，则仁义又奚连连如胶漆？索而游乎道德之间为哉？使天下惑也！

靠曲尺、墨线、圆规、角尺来端正事物的形态，这就损害了事物的本性；靠绳索、胶漆使事物相互紧紧粘固，这就侵害了事物的天然禀赋。运用礼乐对人民生硬地加以改变和矫正，运用仁义对人民加以抚爱和教化，从而抚慰天下民心，这就失去了人的常态。天下的事物都各有它们固有的常态，所谓常态，就是弯的不依靠曲尺，直的不依靠墨线，圆的不依靠圆规，方的不依靠角尺，分开的东西不能靠胶和漆将它们粘在一起，靠拢的东西不能靠绳索将它们捆绑在一起。天下万物都不知不觉地生长而不知道自己为什么生长，同样都不知不觉地有所得而不知道自己为什么有所得。因此，古今道理并没有两样。那么仁义又为什么无休无止地像胶漆、绳索那样人为地夹在天

① 六律：中国古代将音律分为阴律和阳律两部分，六律即阳律的六音，分别是太簇、姑洗、蕤宾、夷则、无射、黄钟。

② 五音：中国古代音阶名称，即宫、商、角、徵、羽，相当于简谱中的 1、2、3、5、6 这五个音。

③ 《孟子·离娄上》。

④ 《庄子·骈拇》。

道和本性之间呢?这就使天下人大惑不解了。

应该说,庄子的论辩还是有一定的逻辑性的。但是,庄子所看到的一些自然现象,即所谓的“常然”,其形成和演变都是有一定的条件和规律的,庄子由于本身科学知识的缺乏,因此对这些“常然”反而是“不知其所以生”,“不知其所以得”。

要不要规矩的问题,不是一个纯粹的哲学论辩的问题,而是一个急迫的社会治理问题。对于维护社会正常运转秩序来说,“没有规矩,不成方圆”是一个公认的真理;对于参与社会运转的每个人来说,遵守规矩与确定规矩同样重要。撇开规矩是否人性化、是否具有进步性、是否符合大多数人的利益不说,单就规矩的严肃性与权威性来说,遵守规矩就是好习惯,反之是坏习惯。按照马歇尔的观点,人们会有意识地选择不同的习惯。那么,人是怎么选择好习惯,又是怎么选择坏习惯的呢?这绝不是一个简单的“行相近、习相远”的问题,而是要有一个来自于外界的强制力,也就是强迫遵守规矩的法律约束力。

谈到法律约束力,人们又会自然将其与严刑峻法相联系。其实,这两者之间还是有所区别的,而且人们一直以来也有着不同的看法。有人认为“峻法严刑,非帝王之隆业”①,有人则认为“严刑峻法,破奸宄之胆”②。实际上,严刑峻法作为一个描述执法程度的形容词,是没有什么实际意义的,比如,“严”和“峻”到什么程度,完全取决于当时的社会环境。对严刑峻法的正确理解,应该是“执法必严,违法必究”。从这个角度来看,通过严刑峻法来塑造人们恪守规矩的良好习惯,是一个可行的办法。

人们一说起新加坡,都认为新加坡公民最守法,社会最有秩序。须知,新加坡正是实行严刑峻法的国家,主要表现在这么几个方面:

一是刑罚形式多样。不仅坚持了绞刑、鞭刑等形式,而且对腐败官员还采取有罪推定:如果一个官员被发现生活阔气,消费明显超过收入,或拥有与收入不相称的财产,法院就可以此作为受贿的证据。公务员一旦因贪污被开除公职,不仅丧失岗位津贴,而且历年积累的相当于每月工资40%的公

---

① 《三国志·吴书·陆逊传》。

② 《后汉书·崔骃传》。

积金也将被没收，这使公务员们非常怕被开除公职[①]。

二是严格执行“法律面前人人平等”的原则。本国公民一旦犯罪，毫无私情可徇，不管是职位显赫的高官，还是普普通通的平民百姓，一样受到惩罚。外国公民或法人在新加坡犯法，处罚一视同仁，绝不宽恕[②]。新加坡政府告诫国人：“如果任何人被证明在新加坡触犯法律，不论他在什么地方都会引渡他。”[③]

三是以刑罚来规范公共秩序。新加坡卫生规章规定，发现谁家有蚊子，第一次即可罚款50新元，最高罚款达1000新元或处三个月徒刑。在公交车上吸烟、喝饮料，可罚款2000新元（相当于一个人一个月的工资）。在公共场所乱扔橡皮糖、乱吐痰，最高罚款1000新元；酒后开车罚款10000新元，并监禁1年[④]。

四是对犯罪行为严惩不贷。法律规定，只要拥有15克海洛因或30克吗啡，一经查获，即视为贩毒，判处绞刑；作案时开枪的案犯一律判处绞刑；非法持有枪支者，判处监禁5到10年，或至少处以6下鞭刑。

由于新加坡的罚款规定比较多，因此，人们又把新加坡称为“A fine place”，一语双关，意思是新加坡是“一个美好之地”，也是“一个罚款之地”。但是，我们能够把上述新加坡的法律规定和执法行为与人们平常所想象的所谓“严刑峻法”联系起来吗？新加坡的这些做法，不仅不是什么“严刑峻法”，反而是塑造公民良好行为习惯和美好道德品质的“良方”和“善法”。律师出身的新加坡前总理李光耀在上世纪60年代的一次演讲中，对新加坡为什么要实施严格的法律做了说明[⑤]：

严格的法律是社会秩序的先锋，有了良好的法律，社会才能产

① 吕元礼，《亚洲价值观：新加坡政治的诠释》，江西人民出版社，2002年6月版。

② 冯超，“新加坡为何要实行‘严刑峻法’”，《央视网评》第412期，2012年10月18日。1994年，新加坡高等法院以“涂鸦和破坏公物案”判决美国少年迈克·菲坐牢6个月和鞭刑6鞭，尽管当时的美国总统克林顿屡屡求情，新加坡仍不受干扰，依据新加坡法律认真执行。

③ 陆军传，“新加坡司法体制的成功经验对我国执行工作之借鉴——以廉政治理为主视角”，《金华法院执行网》，2011年9月2日。

④ 信力健，“为什么新加坡秩序良好”，《信力健的博客》，2011年7月23日。

⑤ 同上。

生良好的秩序，但是，如果没有良好的社会秩序，法律则不可能发挥效用。现在的社会日益混乱，必须制定严厉的新条规，以便维持秩序，否则，社会就会变成无政府状态。

在新加坡的法律体系下，人民相当守纪律，犯罪率非常低，成为世界上治安最好的国家之一，政府的廉洁程度历年列于亚洲首位和世界前茅。

制度和法律是一种权威，是一种诚信，不认真执行就会动摇人们的信念。[①] 这个道理，就连《红楼梦》中的王熙凤都知道，而且将此原则付诸实践。

《红楼梦》第十三回“秦可卿死封龙禁尉，王熙凤协理宁国府”，说的是宁国府主人贾珍之子贾蓉的媳妇秦可卿死了，需要办丧事，但贾珍由于自己的夫人“尤氏又犯了旧疾，不能料理事务，惟恐诰命来往，亏了礼数，怕人笑话，因此心中不自在”。贾珍的叔伯弟弟贾宝玉对他说：“这有何难，我荐一个人与你，权理这一个月的事，管保妥当。”于是，贾宝玉就向他推荐了王熙凤。贾珍采纳贾宝玉的建议，聘请王熙凤帮助料理内务。王熙凤受任后，出手不凡，将整个丧事期间的内务料理得井井有条，充分显示了她的管理才能。王熙凤上任后的第一件事就是立规矩——先造各类册簿；然后宣布纪律，把丑话说在前头：“既托了我，我就说不得要你们嫌了。我可比不得你们奶奶好性儿，遇事由得你们。再别说你们‘这府里原是这么样’的话，如今可要依着我行。错我一点儿，管不得谁是有脸的，谁是没脸的，一例清白处治。如今都有了定规，以后那一行乱了，只和那一行算账。”说完之后，按照自己的思路，一一分配任务，并且申明纪律，特意告诫管家赖升的媳妇：“你要徇情，叫我查出来，三四辈子的老脸，就顾不成了。”这天，王熙凤点名，有一个迎送亲友的人迟到了，她即令传来。那人恐惶不安，王熙凤冷笑道：“原来是你误了，你比他们有体面，所以不听我的话!”那人回答：“奴才天天都来得早，只有今儿来迟了一步，求奶奶饶过初次。”王熙凤说：“明儿他来迟了，后儿我也来迟了，将来都没有人了。本来要饶你，只是我头一次宽了，下次就难管别人了，不如开发了好。”登时放下脸来，叫道

---

① 旅人，“开始与后来——谈廉政建设中人格的可变性”，《旅人的博客》，2010 年 2 月 22 日。

“带出去打他 20 板子!” 众人见王熙凤真得动怒了，不敢怠慢，抬出去照数打了，进来回复。王熙凤又掷下宁国府对牌：“说与赖升，革他一个月的钱粮。” 这时，宁国府中人才知王熙凤的厉害，彼此俱各兢兢业业，不敢偷安。经王熙凤这么一调理，宁国府内的秩序井然，大家职责明确，各干各的，过去那种混乱的局面很快就改变了。

新加坡的做法，与王熙凤的做法并无本质的不同，对犯法者抽 6 鞭子与打 20 板子的效果是一样的。从中可以看出维护秩序的“三步曲”：首先是制定规矩；其次是做到“规矩面前人人平等”；最后是通过严格的执法使众人敬畏规矩并自觉地遵守规矩。这也没有什么“秘诀”，无非是一个执行到位的问题。

法国作家莫里哀说：“对于聪明人来说，劝告是多余的；对于愚昧人来说，劝告是不够的。”① 我们不能把普通大众设想为愚昧的人，但也绝不能统统设想为聪明的人，因此一定要通过严格的执法来使人们形成遵守规矩的习惯。尽管做出这种“选择”有点不情愿，但一旦做出了“选择”，规矩至上的好习惯就会慢慢形成。这也正是“斩断”的本意。

① 《迷你商报》(总第 12 期)，2013 年 1 月 16 日。

思虑第十五

思不出位：在其位谋其政的职业操守
居安思危：深谙祸福相倚的辩证关系
避免二过：肤浅的经验与深刻的教训

【原文】

思虑之政，谓思近虑远也。夫人无远虑，必有近忧，故君子思不出其位。思者，正谋也；虑者，思事之计也。非其位不谋其政，非其事不虑其计。大事起于难，小事起于易。故欲思其利，必虑其害；欲思其成，必虑其败。是以九重之台，虽高必坏。故仰高者不可忽其下，瞻前者不可忽其后。是以秦穆公伐郑，二子知其害；吴王受越女，子胥知其败；虞受晋璧马，宫之奇知其害；宋襄公练兵车，目夷知其负。凡此之智，思虑之至，可谓明矣。夫随覆阵之轨，追陷溺之后，以赴其前，何及之有？故秦承霸业，不及尧舜之道。夫危生于安，亡生于存，乱生于治。君子视微知著，见始知终，祸无从起，此思虑之政也。

【译文】

所谓思虑，就是思考谋划眼前和长远的问题。人如果没有长远的考虑，就一定会有眼前的忧患。因此，君子在思考问题时不会超出自己所处的地位和职责范围。所谓“思”，是琢磨正确的方法；所谓“虑”，是谋划办事的策略。不在那个职位上，就不去考虑那个职位上的事情；不该自己管的事情，就不要去操心处理那个事情的办法。处理重大事情应从难处着眼，处理细小事情应从易处入手。因此，在思考某事带来的利益时，必须考虑它可能同时带来的危害；要想使某事成功，必须考虑可能导致失败的因素。高耸入云的筑台也必然会倒塌毁坏，所以向高处仰望时不能忽视下面的根基，向前方张望时不要忽视后面的情形。正因如此，秦穆公讨伐郑国，百里奚和蹇叔已经预见到了秦军的危险；吴王接受越国进献的美女时，伍子胥就已经分析出了吴国的失败；虞王接受了晋国的璧玉骏马，宫之奇就知道这样会深受其害；宋襄公以小国之力想与强大的楚国争夺霸主的地位，公子目夷就知道这种做法是不自量力。百里奚、蹇叔、伍子胥、宫之奇和目夷之所以表现出高超的智慧，是因为他们善于深思熟虑，可见他们都是一些明达睿智之士。已经有了前车之鉴，仍然重蹈覆辙，历史的悲剧不断地重演，难道还有比此更悲哀的事情吗？因此，秦国虽然完成了霸业，但治国的方法仍然不及尧舜高明。危险在安逸中产生，灭亡在现实中产生，混乱在治理中产生。明智的人看到事物的苗头就已经知道它的本质和发展趋势了，看到事物的开端就已经知道它的结局了，这样灾祸就没有产生的地方和机会了。这就是思虑的本质。

【解读】

所谓“思虑”，就是思索考虑，也就是思考。人会在什么时候思虑？“曾歔欷之嗟嗟兮，独隐伏而思虑”[①]，就是在心里有事而长吁短叹时，独自一人关起门来思考。人在思虑时会是一种什么状态？“夙夜无寤，思虑惓心”[②]，就是整夜睡不着觉，搞得心神疲惫。人为什么要通过思考来自找苦吃？“从古祸患来，每在思虑外”[③]，就是通过思虑来避免祸患。对于人来说，如果只是四肢发达，而没有思考，那么生命之灯就不能照亮这个黑暗的世界，当然也不会照亮自己的心灵。思考并不是海阔天空式的胡思乱想，有价值的思考必须是独立的和理性的。经济学家马歇尔认为，独立思考是“人对自然控制的主要源泉”，因此，需要“增加那些善于独立思考的人的数

① 《楚辞·九章·悲回风》。

② （汉）董仲舒，《春秋繁露·正贯》。

③ （清）黄遵宪，《杂感》诗。

量”[①]。法国哲学家笛卡尔提出过一个著名的哲学命题：“我思故我在。”[②] 理性思考是人之所以为人的根本特征，理性思考的结果，就表现为发现知识和创造知识，进而使人类拥有了与动物世界根本不同的文明演进。我们经常说要解放思想，这里就涉及两个问题：什么是解放思想？如何解放思想？所谓解放思想，就是“破除由于习惯惰性而一直扎根于头脑深处的既定看法”[③]。要想破除“既定的看法”，就需要独立的和理性的思考，这就意味着不盲从某一书本、某一理论或某一权威，而是要认识到我们原来自以为是“主见”和“定见”的东西，很多或许就是一些“成见”和“陈见”。虽然在上帝面前，人类的思考是如此的可笑，但正是这令上帝发笑的思考使人类的文明一天天进步与发展。从这个意义上来说，思考既是一种状态，又是一种能力，更是一种道德勇气。我们所要注意的问题就转换成了“思考什么”和“怎样思考”。

思不出位：在其位谋其政的职业操守

犹太人有一句格言：“人类一思考，上帝便会发笑。”[④] 这句话中蕴含着人们不要过分地为自己是能思考的智慧生灵而得意。但是，假如人类不思

---

① （英）阿弗雷德·马歇尔，《经济学原理》，廉运杰译，华夏出版社，2005 年 1 月第 1 版，第 556 页。

② （法）勒内·笛卡尔，《谈谈方法》，王太庆译，商务印书馆，2000 年 11 月版，第 27 页。

③ 1989 年 2 月 24 日，王元化为顾准的《从理想主义到经验主义》作的序言中有一段话：“作者（顾准）才气横溢，见解深邃，知识渊博，令人为之折服。许多问题一经作者提出，你就再也无法摆脱掉。它们促使你思考，促使你去反省并检验由于习惯惰性一直扎根在你头脑深处的既定看法。”（《顾准日记：一个思想家的心路历程》，经济日报出版社，1997 年 9 月版。）

④ 捷克作家米兰·昆德拉于 1986 年 5 月获耶路撒冷文学奖，在颁奖典礼上的演讲中说：“我很喜欢一句犹太谚语：人们一思索，上帝就发笑。这句谚语带给我灵感。……为什么人们一思索，上帝就发笑呢？因为人们愈思索，真理离他愈远。人们愈思索，人与人之间的思想距离就愈远。因为人从来就跟他想象中的自己不一样。”（《小说的艺术》，上海译文出版社，2004 年 8 月版）。

考，上帝他老人家就要发愁了，因为人类再也不会知晓上帝创造万物的用意了。人类的思考，除了哲学上的高深奥妙之外，还有实用性的价值，就是通过思考来解决自身碰到的问题，这就是所谓的“君子思不出其位”[①]，就是说考虑事情不要超过自己的职责和能力范畴，不要把精力浪费在自己其实并不了解、也无法施加影响的事情上。

实际上，“思不出位”的命题，并非如“两耳不闻窗外事，一心只读圣贤书”[②] 那样的简单，而是有着深刻的内涵。我们应从三个方面来理解“思不出其位”。

从职责上讲，“思不出位”就是“不在其位，不谋其政”[③]。儒家历来讲究所谓“名分”，就是“名不正则言不顺，言不顺则事不成”[④]。不在其位而谋其政，就会有僭越之嫌，属“违礼”之举，此所谓“君子素其位而行，不愿乎其外”[⑤]，提倡安于现在所处的地位，并努力做好应当做的事情。孟子说“位卑而言高，罪也”[⑥]，地位低下却议论朝廷大事，这是罪过。这当然是为维护封建专制独裁统治而开出的一剂“迷魂汤”，让老百姓安分守己，不要过问政治，从而就不会对统治者构成从思想到行为的各种威胁。但孟子同时又说“立乎人之本朝，而道不行，耻也”[⑦]，身在朝廷做官而不能实现自己的抱负，这是耻辱。孟子这两句话表面上似乎有点矛盾，其实是统一的、辩证的。我们倡导的是“不在其位，不谋其政”的反义，即“在其位，谋其政”，也就是说“欲各专一于其职”[⑧]，这与很多人连自己的事情也做不好却喜欢去插手别人的事情的行为是相反的。如果“立乎人之本朝”的主要目的还不是“为贫而仕”[⑨]，不是为了拿工资谋生，而是为了实现自己的政

① 《论语·宪问》。

② （清）周希陶，《增广贤文》。

③ 《论语·泰伯》。

④ 《论语·子路》。

⑤ 《礼记·中庸》。

⑥ 《孟子·万章下》。

⑦ 同上。

⑧ （清）刘宝楠，《论语正义》。

⑨ 《孟子·万章下》：“仕非为贫也，而有时乎为贫；娶妻非为养也，而有时乎为养。为贫者，辞尊居卑，辞富居贫。”

治抱负，那么就应该关心国家大事，发表自己的政见，尽到自己的一份责任。不然的话，“道不行”，就是耻辱。

“不在其位，不谋其政”还有另外一种含义，就是某一种志向和抱负无法得到实现时，可以退而求其次，努力做好另外一种工作。孔子周游列国，推行自己以仁义和周礼治国的理念，但得不到世人的认同，自己感到很郁闷，于是借用《诗经》中“匪兕匪虎，率彼旷野”[①]（远行的人既不是犀牛，又不是老虎，为何使其在旷野中悠荡）这句话表达自己不得志的心情，问自己的几个学生：“吾道非邪？吾何为于此？”[②] 难道我所坚守的大道错了吗？不然的话，为什么会落到如此地步呢？几个学生的回答都各不相同。子路说，别人或许认为老师的德行还不合乎仁的要求，老师的才学还未达到知的程度，因此人家不相信，“意者吾未仁邪？人之不我信也。意者吾未知邪？人之不我行也”。子贡说，老师的道太深、太大了，以至于天下容不得老师，或许老师可以把自己的志向稍微降一降，“夫子之道至大也，故天下莫能容夫子。夫子盖少贬焉”。对于子路和子贡的说法，孔子都不认同，向他们说明了自己坚持既定理念的理由，志向终不可屈，并且认为他们反而是没有远大的志向。颜回则“恭维”了孔子，认为是世人不能容老师，这是老师的光荣，因此不应该被眼前的困境所障碍，要坚守自己的理想信念，“夫子之道至大，故天下莫能容。虽然，夫子推而行之，不容何病，不容然后见君子”。孔子听了颜回的“恭维”话后高兴了，于是甘于自降身份，愿意为颜回当账房先生，“使尔多财，吾为尔宰”。

孔子虽然是在与颜回开玩笑，但他说的道理是正确的。自己的远大理想不能实现，那么为别人当一当管家，也未尝不可。要想当好管家，也需要必要的知识与才能，这个时候的“思不出位”就变成了想办法当好管家，而不是继续天马行空式地设想自己是一只志存高远的“鸿鹄”了。正如苏轼所说：“人不可以苟富贵，亦不可以徒贫贱。有大贤焉而为其徒，则亦足恃矣。”[③]

---

① 《诗·小雅·何草不黄》。

② 《史记·孔子世家》。

③ （宋）苏轼，《上梅直讲书》。

从伦理上讲，“思不出位”就是“在上位，不陵下；在下位，不援上”[①]。君子居于较高的地位，也不欺凌地位较低的人；居于较低的地位，也不逢迎地位较高的人。简单地说，就是既不欺下，也不媚上，而是端正自己的工作态度，做好自己份内的工作，不必乞求别人，这样别人也就没有怨恨之心了。春秋时齐国的晏婴和司马穰苴就是这样的人[②]。有一天，齐景公在宫中饮酒，一直喝到晚上，意犹未尽，便带着随从来到相国晏子的宅第。晏子听到通报，穿着朝服站在门口迎接景公，说：“诸侯得微有故乎？国家得微有事乎？君何为非时而夜辱？”齐景公说只想与他一起喝酒取乐。晏子说，陪您喝酒这类事情不是我该做的事情，“夫布荐席，陈盅簋者，有人，臣不敢与焉”。齐景公吃了闭门羹，对随从说到司马穰苴家。司马穰苴听到通报，身穿铠甲、手持兵器站在门口，说了与晏子几乎一模一样的话。齐景公又碰了一鼻子灰，转身来到大臣梁丘据的家。梁丘据左手拿着瑟，右手举着竽，唱着歌出来迎接。齐景公说：“乐哉！今夕吾饮也。微此二子者，何以治吾国；微此一臣者，何以乐吾身。”

“景公夜饮”这个故事所揭示的道理非常深刻，“圣贤之君，皆有益友，无偷乐之臣，景公弗能及，故两用之，仅得不亡”[③]，圣贤的君主都有良师益友，没有苟且取乐的大臣，景公比不上圣贤的君主，所以两种大臣都有，只保住了他没有亡国。春秋时候没有电话，更没有手机，晏子与司马穰苴事先根本来不及相互通报信息，而是各自按照自己的思维逻辑与行事原则，对齐景公提出相同的劝告，说明英雄所见略同，他们非常清楚自己的职责是什么。与他们的行为相反的梁丘据，由于缺乏作为国之栋梁的伦理基础，因此经常做一些欺下媚上、陷害忠良、祸国殃民的事情，司马穰苴就死在他的谗言之下。

从晏子和司马穰苴的身上，我们看到了君子思不出位的伦理基础，他们是国家的栋梁，是帮助国君治理和保卫国家的，而不是陪君主喝酒取乐的，

---

① 《礼记·中庸》：“在上位，不陵下；在下位，不援上。正己而不求于人，则无怨。上不怨天，下不尤人。”

② （汉）刘向，《说宛·正谏》。

③ 同上。

在他们的身上表现出高尚的政治品德。接待上级已经成为今天中国官场的一项极其奢侈的事情了，对接待与被接待双方都造成了一些不必要的负担。一些官员为了讨好上级而不择手段，陪吃、陪喝、陪玩等“三陪”实在是不新鲜了，除了搭进时间不说，还衍生出诸如察颜观色、投其所好、劳民伤财等等不良习气，真是老百姓的一大负担。这类问题也要从政治制度的层面来解决，而不能只是依靠晏子、司马穰苴这类人刚直不阿的个性。朱镕基说过，国务院领导去地方视察，都是代表政府工作的，省委书记就不必陪了①。假如这类规定坚决付诸实施，那么会解决许多问题。

“景公夜饮”的故事，还给我们提出一个相反的伦理问题，就是尊重老前辈。我曾经亲身经历过一件事情。有一次，我因陪一位离休的老前辈，与另一个我本来可以不参加的会议发生了冲突。有人就说：“他已经离休了，你根本不必陪他；假如他仍然在职，你可以去陪他。”我当场表达了不同的看法：“我与你的价值观不同。这位前辈在位期间，为我们的事业打下了坚实的基础，如果不是他当年卓有成效的工作，我们今天就不会有这个项目，你我也就没有今天的用武之地。再者说，假如他仍然在位，能轮得到我去陪他吗?”这实际上提出一个如何对待中华民族尊老爱幼的传统美德的问题，绝不能认为对方已经“不在其位”了，后人就可以怠慢了。现在一些官员搞小团伙、小圈子、小利益的人身依附，这是一种势利思想和市侩作风，是我们应当坚决反对和摒弃的。

从境界上讲，“思不出位”并不否定“位卑未敢忘忧国”②。南宋淳熙二

---

① 1998年3月24日，朱镕基与国务院全体会议组成人员“约法三章”，其中的第一条是：“在国内考察工作，要轻车简从，减少随行人员，简化接待礼仪，不陪餐、不迎送。我们带头做起，国务院的总理、副总理、国务委员下去考察工作，只带一个副部长以上的干部，其他有关的部门最多去一个司局长。很多问题在下面根本解决不了，没有必要带那么多人。……我们下去都是代表政府工作的，省委书记就不必陪了。(朱镕基，“在国务院第一次全体会议上的讲话”，《朱镕基讲话实录》第三卷，人民出版社，2011年9月版，第9页。)

② (宋)陆游，《病起抒怀》诗：“病骨支离纱帽宽，孤臣万里客江干。位卑未敢忘忧国，事定犹须待阖棺。天地神灵扶庙社，京华父老望和銮。出师一表通今古，夜半挑灯更细看。”

年（1175 年），“中兴四大诗人”[1] 之一的范成大担任四川制置使，举荐陆游为锦城参议。二人以文会友，成莫逆之交。南宋主和势力诋毁陆游“不拘礼法”、“燕饮颓放”。但陆游不为所动，反而自号为“放翁”，以回击主和派对他的攻击[2]。范成大迫于压力，于第二年将陆游免职。陆游被免官后病了二十多天，病愈后写了二首诗，其中一首就有这一句“位卑未敢忘忧国”。诗人想到自己一生屡遭挫折，壮志难酬，自然有着深深的慨叹和感伤；但他在诗中说一个人盖棺方能论定，表明诗人对前途仍然充满着希望。从此，“位卑未敢忘忧国”成了后世许多忧国忧民的寒素之士用以自警自励的名言。这句诗与顾炎武的“天下兴亡、匹夫有责”[3] 的意思相近，虽然自己地位低微，但是从来没有忘记忧国忧民的责任。可以说，这句诗是对“责任”二字的透彻诠释。对于普通公民来说，虽然一生没有轰轰烈烈的壮举，但只要立足自身的岗位，多工作，多奉献，就是爱国，就是忧国，也就是体现了“思不出位”的本质。

黑格尔说：“一个民族有一些仰望星空的人，他们才有希望；一个民族只是关心脚下的事情，那是没有未来的。”这句话与许多人的思想产生了强烈的共鸣[4]。仰望星空的人，历来寥若晨星！但是，这类人是国家与民族的希望，他们的“仰望星空”，表现出更高层次上的“在其位，谋其政”，理应

---

① “中兴四大诗人”，南宋前期对尤袤、杨万里、范成大、陆游四位诗人的合称，又称“南宋四大家”。他们的作品在思想性和艺术性方面各有特色，在当时的影响很大，代表了宋代诗歌第二个最繁荣的时期。

② 《宋史·陆游传》：“范成大帅蜀，游为参议官，以文字交，不拘礼法，人讥其颓放，因自号放翁。”陆游，《和范待制秋兴》诗：“策策桐飘已半空，啼螿渐觉近房栊。一生不作牛衣泣，万事从渠马耳风。名姓已甘黄纸外，光阴全付绿樽中。门前剥啄谁相觅，贺我今年号放翁。”

③ （清）顾炎武，《日知录·正始》：“有亡国，有亡天下。亡国与亡天下奚辨？曰：‘易姓改号，谓之亡国；仁义充塞，而至于率兽食人，人将相食，谓之亡天下。是故知保天下，然后知保其国。保国者，其君其臣，肉食者谋之；保天下者，匹夫之贱与有责焉耳矣。’”梁启超，《饮冰室合集·论幼学》：“夫以数千年文明之中国，人民之众甲大地，而不免近于禽兽，其谁之耻欤？顾亭林曰：天下兴亡，匹夫之贱，与有责焉已耳！”

④ 2007 年 5 月 14 日，时任国务院总理的温家宝在同济大学建筑城规学院钟厅向师生们作了一个即席演讲，其中讲到：“我们的民族是大有希望的民族！我希望同学们经常地仰望天空，学会做人，学会思考，学会知识和技能，做一个关心世界和国家命运的人。”

受到人们更多的尊崇与敬爱！

综上所述，我们可以对“思不出位”的三层含义作一小结。第一层含义是忠于职责，就是本位思考，所谓“在其位，谋其政”；第二层含义是坚守伦理，就是换位思考，所谓“不媚上，不欺下”；第三层含义是提升境界，就是上位思考，所谓“不谋全局者，不足以谋一域；不谋万世者，不足以谋一时”①。这三个层次只要缺少其中任何一个，都不能算是真正的“思不出位”。

居安思危：深谙祸福相倚的辩证关系

清朝咸丰五年（1855年），与太平军作战的湘军领袖曾国藩的江西南昌大营中来了一位年轻的幕僚赵烈文，曾国藩首先让他去参观驻扎在樟树镇的湘军水陆各营。赵烈文看后回到大营，向曾国藩提出自己的看法：“樟树营陆军营制非常松懈，军气已老，恐不足以倚重。”② 曾国藩听后不以为意，但不久之后，前方传来消息，曾国藩的手下大将周凤山所部在樟树大败。曾国藩请赵烈文讲讲其中的原因，赵烈文谦虚地说自己只是不幸而言中。实际上，赵烈文已经说了他的理由，就是看到周部的“营制非常松懈”，制度不严，纪律松懈，“军气已老”，骄兵悍将的心思已经不在打仗，没有士气了。按理说，曾国藩也非等闲之辈，不该不了解自己军队的状况，他的手下都是能征惯战的悍将，也不会看不到这种现象，但他们怎么就没有预见到会打败仗呢？原因不外乎有二：其一，周凤山对自己军队的问题是见怪不怪、熟视无睹；其二，曾国藩要么视察军营少了，要么袒护部下多了。总之，他们“如入鲍鱼之肆，久而不闻其臭”③，没有居安思危的心态，对已经存在的危险的现象视而不见，侥幸心理在作怪，可谓“当局者迷”，赵烈文则是“旁

① （清）陈澹然，《寤言二迁都建藩议》。

② （清）赵烈文，《能静居日记》，岳麓书社，2013年7月版。

③ （三国）王肃，《孔子家语·六本》（卷四）：“与善人居，如入芝兰之室，久而不闻其香，即与之化矣。与不善人居，如入鲍鱼之肆，久而不闻其臭，亦与之化矣。丹之所藏者赤，漆之所藏者黑，是以君子必慎其所与处者焉。”

观者清”[①]，因其“少见多怪”而一语中的，戳到了湘军的痛处。在赵烈文眼中的湘军，根本就没有什么“安”，而恰恰相反，处于十分危险的境地。

居安思危，是极富辩证法的一种思维方法，中国典籍中对此有着很丰富的论述[②]。诸葛亮在本篇中讲了四个历史典故，都是为了说明居安思危的辩证关系。

“秦穆公伐郑，二子知其害”[③]。春秋时期，秦穆公即位后，国势日盛，已有图霸中原之意，但东出道路被晋所阻。周襄王二十四年（公元前628年），秦穆公得知郑、晋两国国君新丧，认为机会来了，于是准备越过晋境偷袭郑国。他征求大臣百里奚和蹇叔的意见，但他们都表示反对。蹇叔说：“劳师以袭远，非所闻也。师劳力竭，远主备之，无乃不可乎！师之所为，郑必知之。勤而无所，必有悖心。且行千里，其谁不知?”蹇叔认为，劳师远征是保不住密的，对方肯定有所准备，因此认为不能打这一仗。但是，大夫郑甘却附和秦穆公，支持东征。于是，秦穆公不听劝告，派遣百里奚的儿子孟明视、蹇叔的儿子西乞术和大将白乙丙率军出征。蹇叔哭着为他们送行，在城门口对孟明视说：“我看着你率军出此门，却看不到你再入此门了。”

这场历史上有名的秦晋“郩山之战”，有一些偶然性，比如秦军在行军途中，恰好与赴周贩牛的郑国商人弦高相遇，机警的弦高断定秦军必是袭郑，于是一面冒充郑国使者犒劳秦军，一面派人回国报警。主帅孟明视认为对方已经有了防备，再进军也无取胜把握了，于是决定撤退。在回国的必经之地郩山遭到晋襄公率军伏击，结果大败。但是，在此之前，有人已经看到这场战争结局的必然性了，这个人就是周的一个王孙满。秦国军队经过周的北门，前后相续的战车有三百辆之多，车上的武士都除去头盔下车行礼，然

① 《旧唐书·元行冲传》：“当局称迷，傍（旁）观见审。”

② 《左传·襄公十一年》：“居安思危，思则有备，有备无患，敢以此规。”（唐）魏征，《全唐文·谏太宗十思疏》：“人君当神器之重，居域中之大，不念居安思危，戒奢以俭，斯亦伐根以求木茂，塞源而欲流长也。”（宋）郭茂倩，《乐府诗集·隋元会大飨歌·皇复》：“居高念下，处安思危，照临有度，纪律无亏。”（清）钱彩，《说岳全传》（第六十回）：“得宠思辱，居安思危。”

③ 《左传·僖公三十二年、三十三年》。

后跳跃上车。王孙满看后，回来对周襄王说："秦军肯定会吃败仗。"周襄王问为什么，王孙满答道："秦军轻佻而骄横，轻佻就少谋，骄横就无礼。无礼就没有纪律，少谋就将自陷险境。既入险境又无军纪，能不失败吗？秦军不吃败仗，世上就没有天理了。"①

这场战争最后以秦军惨败、三位主帅被俘而告结束。事实上，战争在处于动员阶段时，百里奚与蹇叔就看到了结局，王孙满则是从军队行军过程中的一个细节看到了秦军准备不足的弱点。他们三人可谓"英雄所见略同"。

"吴王受越女，子胥知其败"②。公元前 514 年，阖闾登上吴国王位，任用逃亡到吴国的楚国贵族伍子胥和齐国人孙武改革内政，"立城郭，设守备，实仓廪，治兵库"，扩充军队，加强战备，并制定了"西破强楚，北威齐晋，南服越人"的战略方针。公元前 506 年，吴王阖闾以伍子胥为大将，在吴楚"柏举之战"③ 中击溃楚军，占领楚国都城郢（今湖北省荆州市东北），称霸东南④。公元前 496 年，吴王阖闾在吴越"槜李之战"⑤ 中战死，其子夫差

---

① 《国语·周语·王孙满观秦师》："二十四年，秦师将袭郑，过周北门。左右皆免胄而下拜，超乘者三百乘。王孙满观之，言于王曰：'秦师必有谪。'王曰：'何故？'对曰：'师轻而骄，轻则寡谋，骄则无礼。无礼则脱，寡谋自陷。入险而脱，能无败乎？秦师无谪，是道废也。'是行也，秦师还，晋人败诸崤，获其三帅丙、术、视。"

② 《史记·越王勾践世家》："于是勾践乃以美女宝器令种间献吴太宰嚭。嚭受，乃见大夫种于吴王。种顿首言曰：'愿大王赦勾践之罪，尽入其宝器。不幸不赦，勾践将尽杀其妻子，燔其宝器，悉五千人触战必有当也。'嚭因说吴王曰：'越以服为臣，若将赦之，此国之利也。'吴王将许之。子胥进谏曰：'今不灭越，后必悔之。勾践贤君，种、蠡良臣，若反国，将为乱。'吴王弗听，卒赦越，罢兵而归。"

③ "柏举之战"是公元前 506 年（周敬王十四年），由吴王阖闾率领 3 万吴国军队深入楚国，在柏举（今湖北省麻城市境内，一说湖北省汉川县北）击败楚军 20 万主力、继而占领楚都的远程进攻战。在战争中，吴军灵活机动，因敌用兵，以迂回奔袭、后退疲敌、寻机决战、深远追击的战法而取胜。此战是中国古代军事史上以少胜多、快速取胜的成功战例。

④ 《史记·吴太伯世家》。

⑤ "槜李之战"是公元前 496 年（周敬王二十四年），吴王阖闾与越嗣王勾践各自率军在槜李（今浙江省嘉兴县西）进行的一场战争，吴军战败，阖闾身受重伤而死，临终时命其子夫差一定不要忘记战败的仇恨。当时吴国领土广大，兵强马壮，实力远超过越国，然而，越国却战胜了吴国。这就教育了吴国的执政者，要争霸中原，必先灭掉越国，以扫除后顾之忧。

继位后发誓为父报仇。公元前494年，越王勾践先发制人，趁吴兵未出，抢先伐吴。大夫范蠡劝谏，勾践不听。吴王夫差闻讯，征发全部水陆军迎战，双方在夫椒（今江苏省苏州市西南太湖中的椒山）展开激战，结果越军大败。吴军乘胜直捣越都会稽，越王勾践率残兵五千人退保会稽山，吴军将勾践团团围住。勾践采纳范蠡的建议，向夫差求和，献上美女西施、郑旦，并重金贿赂吴太宰伯嚭。虽然伍子胥认为“今不灭越，后必悔之”，但急于北上与齐国争霸的夫差最终采纳了伯嚭的意见，答应与越国议和。为安抚民心，勾践下诏罪己：“寡人不知其力之不足也，而又与大国执仇，以暴露百姓之骨于中原，此则寡人之罪也，寡人请更”，并下令“葬死者，问伤者，养生者，吊有忧，贺有喜，送往者，迎来者，去民之所恶，补民之不足”[①]，将国内事务托付以文种为首的大臣们打理，自己带着范蠡等人去吴国给夫差当奴仆。

勾践在吴国忍辱负重，历尽艰辛，终于得到夫差的信任，三年后被释放回国，采取各种办法增强国力，以图灭吴报仇。吴国在降服越国以后，开始向中原地区扩张势力。当吴国出兵伐齐时，勾践亲率文武大臣去吴国进贡朝贺，向吴王及将士馈赠礼品，吴人都欢欣鼓舞，只有大夫伍子胥谏阻吴王出兵伐齐，吴王夫差不听。夫差胜齐归来，听信伯嚭的谗言而逼死了伍子胥[②]。公元前475年，勾践倾全国之力，发动灭吴战争。经过多年的苦战，最后范蠡率兵攻下姑苏城，吴王夫差被俘后自杀，吴国随即灭亡[③]。

吴越战争，双方经过长期较量，一波三折，极富于戏剧色彩。勾践卧薪

---

① 《史记·越王勾践世家》。

② 《史记·吴太伯世家》：“越王勾践率其众以朝吴，厚献遗之，吴王喜。唯子胥惧，曰：‘是弃吴也。’谏曰：‘越在腹心，今得志于齐，犹石田，无所用。且盘庚之诰有颠越勿遗，商之以兴。’吴王不听，使子胥于齐，子胥属其子于齐鲍氏，还报吴王。吴王闻之，大怒，赐子胥属镂之剑以死。将死，曰：‘树吾墓上以梓，令可为器。抉吾眼置之吴东门，以观越之灭吴也。’”

③ 《史记·越王勾践世家》：“勾践怜之，乃使人谓吴王曰：‘吾置王甬东，君百家。’吴王谢曰：‘吾老矣，不能事君王！’遂自杀。”《史记·吴太伯世家》：“越王勾践欲迁吴王夫差于甬东，予百家居之。吴王曰：‘孤老矣，不能事君王也。吾悔不用子胥之言，自令陷此。’遂自刭死。越王灭吴，诛太宰嚭，以为不忠，而归。”

尝胆[①]，“十年生聚，十年教训”[②]；范蠡与西施的故事，代代相传，佳话千秋；夫差因胜而骄，纵敌贻患，处安忘危，最终身败国亡。其中最令人哀叹的是伍子胥，因其明察事理的预见性而死于非命，实在是中国历史上最大的悲剧人物之一。面对吴国的灭亡，他真是死不瞑目啊。吴国的灭亡，有人将其归为西施这个弱女子，认为是“红颜祸水”[③] 的缘故，但唐代诗人罗隐在他的《西施》一诗中把问题的实质点破了：

家国兴亡自有时，吴人何苦怨西施，
西施若解倾吴国，越国亡来又是谁？

“虞受晋璧马，宫之奇知其害”[④]。春秋时期，晋献公想要扩充自己的实力和地盘，就找借口说邻近的虢国（今河南省三门峡市）经常侵犯晋国的边境，准备派兵灭了虢国。可是，在晋国和虢国之间隔着一个虞国（今山西省平陆县），讨伐虢国必须经过虞国。晋献公手下的大臣荀息说，虞国国君是个目光短浅、贪图小利的人，只要我们送他价值连城的宝马与璧玉，他不会不答应借道的。晋献公采纳了荀息的计策，将这两样宝物送到虞国。虞国国君见到这两样珍贵的礼物，顿时心花怒放，听到荀息说要借道虞国之事时，就满口答应下来。虞国有一位杰出的人物叫宫之奇，明于料事，具有远见卓识，忠心耿耿辅佐虞君，并推荐百里奚共同参与朝政，对外采取了联虢拒晋的策略，使国家虽小而强盛。如今，他看到晋国送来了这两样宝物，马上就识破了晋国这个“假虞伐虢”的诡计，力劝虞君千万不要上当受骗：“虢，虞之表也。虢亡，虞必从之。晋不可启，寇不可玩，一之为甚，其可再乎？谚所谓‘辅车之依，唇亡齿寒’者，其虞、虢之谓也。”[⑤] 不幸的是，虞君贪图宝物，不采纳宫之奇的正确意见。宫之奇知道虞国离灭亡的日子不远了，于是就带着一家老小离开了虞国。临行前留下了这样的话：“虞不腊矣。

---

① 《史记·越王勾践世家》：“越王勾践反国，乃苦身焦思，置胆于坐，坐卧即仰胆，饮食亦尝胆也。”（明）李贽，《咏古》诗（之一）：“卧薪尝胆为吞吴，铁面枪牙是丈夫。”

② 《左传·哀公元年》：“越十年生聚，而十年教训，二十年之外，吴其为沼乎！”

③ 《汉书·外戚传》：“既激感而心逐兮，包红颜而弗明。”

④ 《左传·僖公二年、五年》。

⑤ 同上。

在此行也，晋不更举矣。”① 虞国不能举行年终的腊祭了，这一次虞国就灭亡了，晋国用不着再发兵了。果然，晋国军队借道虞国，消灭了虢国，随后又把亲自迎接晋军的虞君和百里奚抓住，灭了虞国。

在这个“假虞灭虢”的故事中，晋献公可谓雄才大略，荀息可谓老谋深算，宫之奇可谓目光如炬。虞君则是鼠目寸光，大祸临头还如在梦中。可惜，宫之奇身怀绝智，但所辅非人，实在是历史与他开了一个大大的玩笑。

“宋襄公练兵车，目夷知其负”②。春秋时期第一位霸主齐桓公死后，齐国发生内乱，野心勃勃的宋襄公率领卫国、曹国和邾国等四国人马打到齐国，齐人里应外合，拥立齐孝公，宋襄公此举受到了各诸侯国的称赞，宋国的地位也得到了提高。宋襄公自恃定齐有功，野心越来越大，妄图称霸中原，多次组织诸侯国的会盟。周襄王十三年（公元前639年）春，宋襄公在鹿地首次会合诸侯，齐国、楚国国君相聚在一起，襄公以盟主之位自居，引起齐君和楚王的不满。宋襄公又自作主张，没有经过齐国、楚国的同意就约定当年的秋天再次在盂地会盟。宋襄公的哥哥公子目夷劝他说：“小国争盟，祸也。”③ 但宋襄公不听，仍然坚持原定计划。在到盂地前，公子目夷又劝他要带上军队，以防有变，楚国人是不讲信用的。宋襄公说：“我自己提出来不带军队，与楚人已约好，怎能不守信用呢？”于是，宋襄公轻车简从赴会，以争取与会诸侯的信任，结果在会场上遭到楚成王的突袭而被擒。楚成王挟持他进攻宋都商丘，但由于目夷率领宋军顽强抵抗，楚军围攻宋都数月而不能攻克。后经鲁僖公的调解，宋襄公才被楚国释放。

纵观宋襄公的一生所为，实乃志大才疏之人。在诸侯中想做霸主，却因自身实力不够而无果；在战争中想讲仁义道德④，却兵败身死而为天下人所

---

① 同上。

② 《左传·僖公二十一年》。

③ 《史记·宋微子世家》。

④ 同上：“襄公与楚成王战于泓。楚人未济，目夷曰：‘彼众我寡，及其未济击之。’公不听。已济未陈，又曰：‘可击。’公曰：‘待其已陈。’陈成，宋人击之。宋师大败，襄公伤股。国人皆怨公。公曰：‘君子不困人于厄，不鼓不成列。’子鱼（目夷）曰：‘兵以胜为功，何常言与！必如公言，即奴事之耳，又何战为？’”

耻笑，被毛泽东讥笑为“蠢猪式的仁义”[①]。与此相反，他的庶兄目夷则是一个很有眼光、很有实际能力的人，但总是得不到他的信任，可见他是一个欺世盗名的昏君[②]。

上述四个典故说明一个哲学道理，就是事物的众多偶然性构成了必然性，而事物发展的必然性是以一个或几个偶然性表现出来的。假如人的智慧足够，是可以从一些偶然性中预见到必然性的。“人无远虑，必有近忧”[③]。秦穆公不伐郑，没有事；吴王不受越女，没有事；虞君不借道，没有事；宋襄公不争霸，没有事。这个时候是“安”。一旦事情朝着相反的方向发展，也就是由原来的相安无事变为“伐郑、受女、借道、争霸”，客观上的“危”就会伴随而来，只是这时的“危”是潜在的，还没有明显地表现出来，明白人可以预见到，愚昧人则鼠目寸光，对即将到来的危险连一点警觉都没有。蹇叔、百里奚、伍子胥、宫之奇和目夷这几个人，深知“欲思其利，必虑其害；欲思其成，必虑其败”的道理，因此，他们的眼光就远大，见解就超人，预见就准确。这样的智慧，就是来源于居安思危。

避免二过：肤浅的经验与深刻的教训

思不出位与居安思危，既是方法，又有内容。通过思考，总结一些正面的经验，固然很好；但是，生活中常常有这样的情形，就是别人的经验是肤浅的，自己的教训才是深刻的，此所谓“纸上得来终觉浅，绝知此事要躬

① 毛泽东，《论持久战》：“我们不是宋襄公，不要那种蠢猪式的仁义道德。我们要把敌人的眼睛和耳朵尽可能地封住，使他们变成瞎子和聋子，要把他们的指挥员的心尽可能地弄得混乱些，使他们变成疯子，用以争取自己的胜利。”（《毛泽东选集》第二卷，人民出版社，1991 年 6 月版。）

② （宋）苏轼，《宋襄公论》：“宋襄公非独行仁义而不终者也。以不仁之资，盗仁者之名尔。……齐桓、晋文得管仲、子犯而兴，襄公有一子鱼不能用，岂可同日而语哉。自古失道之君，如是者多矣，死而论定，未有如宋襄公之欺于后世者也。”

③ 《论语·卫灵公》。

行”[1]。不管是总结正面的经验，还是吸取负面的教训，目的只有一个，就是避免二过。

所谓“二过”，就是第二次犯错误。第二次是相比较第一次而言的，就是个人在现实生活中碰过壁、吃过苦头、走过弯路；如果第二次遇到相同或相似的事情而仍然碰壁、吃苦、走弯路，这就是“二过”。所谓的“贤人”，并不是说从来不犯“一过”，而是“不二过”。孔子认为自己最好的学生是颜回，他的最大优点就是“不迁怒，不二过”[2]。在孔子看来，这两条是君子的极高修养。不迁怒，就是自己有什么烦恼和愤怒，不发泄到别人身上去，因此不伤害别人；不二过，就是知错就改，不犯两次同样的错误，因此保护了自己。毛泽东在总结中国共产党人的奋斗历程时说：“错误和挫折教训了我们，使我们比较地聪明起来了。”[3] 陈毅元帅在抗日战争时期曾对黄克诚说，毛泽东的伟大之处，在于他不二过[4]。颜回是贤人，毛泽东是伟人，他们有这种修养和能力，但对于一般人来说，恐怕被同一块石头绊倒两次的事例也是不少的。因此，“不二过”也好，“吃一堑、长一智”[5] 也罢，看似简单的一句话，真正做到则非常不容易。这里就有一个如何看待自己、如何看待自己的“一过”的态度和方法问题。

首先，人都会犯错误。在这个世界上，任何人在其一生中总会有失败的记录，即使是那些绝顶聪明的人也会犯错误。“没有可憎的缺点的人是没有的。”[6] “君子之过也，如日月之食焉。过也，人皆见之；更也，人皆仰之。”[7] “聪明人并不是不犯错误的人。不犯错误的人是没有而且也不可能有

① （宋）陆游，《冬夜读书示子聿》诗（之三）：“古人学问无遗力，少壮工夫老始成。纸上得来终觉浅，绝知此事要躬行。”

② 《史记·仲尼弟子列传》：“回年二十九，发尽白，蚤（早）死。孔子哭之恸，曰：‘自吾有回，门人益亲。’鲁哀公问：‘弟子孰为好学？’孔子对曰：‘有颜回者好学，不迁怒，不二过。不幸短命死矣，今也则亡，未闻好学者也。’”

③ 毛泽东，《论人民民主专政》（1949 年 6 月 30 日）。

④ 金一南，《苦难辉煌》，华艺出版社，2009 年 1 月版，第 316 页。

⑤ （明）王阳明，《与薛尚谦书》：“经一蹶者长一智，今日之失，未必不为后日之得。”

⑥ （法）让·雅克·卢梭，《忏悔录》。

⑦ 《论语·子张》。

的。聪明人是不犯重大错误同时又能容易而迅速地纠正错误的人。”[①] “任何政党，任何个人，错误总是难免的，我们要求犯得少一点。犯了错误则要求改正，改正得越迅速，越彻底，越好。”[②] “伟人从来不是不犯错误的人，而是犯了错误都能够迅速纠正的人。”[③] “败”是人生常事，关键是怎样对待失败。梁漱溟先生对成功和失败有一句独到的见解：“成功是巧，在天；失败在我，是自己。”[④] 这个“巧”，可理解为机遇，没有天赐的良机，就没有成功的可能，因此巧即是天。在一切成功的例子中，才华、勤奋、人品、能力均具备了，但无天机，仍无事可成；而在一切失败之中，无论有多少客观因素，无论有多少别人的过失，总有一条是自己的过错，至少是没有克服这些不利成功的因素。

其次，要勇于承认错误。明代的夏寅说过一句名言：“君子有三惜：此生不学，一可惜；此日闲过，二可惜；此身一败，三可惜。”[⑤] 前两个“惜”就是鼓励人们要努力学习，不要白白地浪费时光；第三个“惜”中的“败”并不是针对人首次犯错误的那个“败”，而是针对不知改过自新而导致“身败名裂”的这个“败”。对于君子来说，失败并不可怕、可悲、可耻，可怕的是唯恐失败而碌碌无为，可悲的是失败之后没有吸取教训而重蹈覆辙，可耻的是失败之后还要百般虚饰美化。梁漱溟所说的“失败在我”，是对人在追求成功过程中的一种鞭策。如果失败后便一蹶不振，那才是真正的“败”。因此，人在犯了错误之后只要勇于承认，便是有了改正错误的第一步。承认错误的途径有两条：一条是自己通过反思认识到自己的错误；另一条是别人

① 列宁，“共产主义运动中的‘左派’幼稚病”，《列宁选集》（第 4 卷），人民出版社，2012 年 9 月版，第 192 页。

② 毛泽东，《论人民民主专政》（1949 年 6 月 30 日）。

③ 金一南，《苦难辉煌》，华艺出版社，2009 年 1 月版，第 316 页。

④ 金成，“梁漱溟论成败”，《中华英才》，2009 年第 10 期。

⑤ 《明史·夏寅列传》。

指出自己的错误。毛泽东经常反思自己历史上犯过的错误[①]，不失为一种伟人的气度和情怀；孔子的弟子能够做到“闻过则喜”[②]，这既是一种君子的态度和修养，更是一种承认并改正错误的方法和途径。

再次，要正确地吸取教训。总结经验和吸取教训，既是态度与方法，更是能力与水平。总结经验教训，也有正确与错误之分。我亲耳听一位在“文革”中被整的老前辈讲过一个真实的故事。上世纪70年代初期，邓小平第二次出山，进行各方面工作的整顿，但很快就受到“四人帮”的干扰。这时，另外一位被解放出来工作的老干部，机械地吸取“文革”的教训，工作作风变得谨小慎微，对社会生活中的一些不正确的事情不敢抓、不敢管，不唯实、只唯上，上面让干什么就干什么，不让干什么就不干什么。比如，上面要求“批邓、反击右倾翻案风”[③]，他就赶紧部署落实；报纸上说要批评

---

① 1956年9月10日，毛泽东在中国共产党第八次全国代表大会预备会议第二次全体会议上讲了一段话：“我是犯过错误的。比如打仗，高兴圩打了败仗，那是我指挥的；南雄打了败仗，是我指挥的；长征时候的土城战役是我指挥的，茅台那次打仗也是我指挥的。在井冈山时我提的那个土地法很蹩脚，不是一个彻底的土地纲领。肃反时我犯了错误，第一次肃反肃错了人。如此等等。”（杨庆旺，《毛泽东的自我批评》，中共党史出版社，2012年6月版。）

② 《孟子·公孙丑上》：“子路，人告之以有过，则喜。禹闻善言，则拜。大舜有大焉，善与人同，舍己从人，乐取于人以为善。自耕稼、陶、渔以至为帝，无非取于人者。取诸人以为善，是与人为善者也，故君子莫大乎与人为善。”

③ 1975年8月，清华大学党委副书记刘冰等人给毛泽东写信，揭发清华大学党委书记迟群和副书记谢静宜在思想、工作和生活方面的问题，由邓小平转交毛泽东。毛泽东认为：“清华大学刘冰等人来信告迟群和小谢。我看信的动机不纯，想打倒迟群和小谢。他们信中的矛头是对着我的。我在北京，写信为什么不直接写给我，还要经小平转？小平偏袒刘冰。清华大学所涉及的问题不是孤立的，是当前两条路线斗争的反映。”从此开始所谓“批邓、反击右倾翻案风”运动。

“唯生产力论”[①]，他就“只抓革命，不促生产”[②]。这个例子说明，这位老干部表面上是吸取了过去的教训，其实从内容到方法都是错误的，不是真正地吸取教训，而是把“文革”中挨整的教训庸俗化。这种态度和方法，不要说“不二过”，今后恐怕还会“三过”、“四过”乃至“N过”。正确的方法应该是，坚持真理、修正错误。自己曾经正确的，哪怕受过委曲，也要坚持，这才是真正的“不二过”。另外，作为领导者，如果能够给别人提供“不二过”的机会，说明自己具备了“不二过”的思想基础，这也是一种正确吸取教训的方式。[③]

最后，要勇于向失败者求教。电视连续剧《亮剑》里的主人公李云龙不愿意在南京军事学院学习，而总想着到朝鲜战场前线领兵作战。军事学院的院长意味深长地对他说：“人不可能经历世界上所有的热闹，但可以用眼睛去看，用心去感受，用胸去扩张。”事实上，从别人的失败来看、感受和扩张，可以更好地借鉴别人的经验教训，往往会收到事半功倍的效果。楚汉相

---

① 按照字面理解，所谓“唯生产力论”就是把生产力看作是历史过程中“唯一”决定性的因素，也就是一种庸俗的“生产力论”。“文革”期间，“四人帮”及其舆论工具在不少文章中把发展生产力歪曲为“唯生产力论”，指责这种“唯生产力论是不要阶级斗争，不搞上层建筑和生产关系的社会主义革命，把发展生产力作为唯一的决定性的东西”。由此衍生出一些十分荒谬的观点，诸如“宁要社会主义的草，不要资本主义的苗”，“越穷越光荣、越穷越革命、越富越变修”，“政治可以冲击一切”，等等。

② “文化大革命”全面爆发后，全国大多数工矿交通企业、甚至农村的生产也受到了极大的干扰，有的企业生产陷入完全停顿状态。1966年9月7日，《人民日报》发表了题为《抓革命，促生产》的社论；同年12月9日，中共中央政治局扩大会议讨论并通过了《关于抓革命、促生产的十条规定（草案）》，认为“开展无产阶级文化大革命，就是为了促进人的思想革命化，带动生产的发展”。“抓革命，促生产”从此成了“文革”中的一个主要口号，后来还发展成“抓革命，促生产，促工作，促战备”以及“狠抓革命，猛促生产”等口号。

③ 我以前工作过的某企业，有一位在工作中闯过“大祸”的年轻员工受了处分，被调离原工作岗位。许多员工说此人今后在本企业再无出头之日了。我通过与该员工当面交谈，结合我对他闯的“祸”的来龙去脉的了解，认为这个“祸”对他本人、对企业都是一个深刻的教训，假如正确吸取教训，不失为一份宝贵的财富。于是，我创造一些让该员工重返工作岗位的条件，最后如愿。现在，这个员工在企业里发展得很好。对该员工的恰当使用，就是一种组织用人的导向，可以更好地起到激励和教育其他员工的作用，是为了让更多的人“不二过”。

争时期，刘邦派韩信率军进攻赵国，赵王歇的幕僚李左车献奇计，建议派兵抄小路截断汉军的辎重，“奇兵绝其后，使野无所掠，不至十日，而两将之头可致于戏下（即麾下）”[①]。赵王歇没有采纳这条计策。韩信探听到这个消息，心中大喜，“使人间视，知其不用，还报，则大喜，乃敢引兵遂下”，同时悬赏千金，要求活捉李左车，“令军中毋杀广武君（李左车），有能生得者购千金”。不久，汉军大败赵军，李左车被俘，韩信在大帐内亲手为他松绑，让他面朝东而坐，以师礼相待，“信乃解其缚，东乡坐，西乡对，师事之”，十分诚恳地向他请教征讨燕国和齐国的方略。李左车因自己已经成为败军之将，不愿意多谈，“败军之将，不可以言勇，亡国之大夫，不可以图存。今臣败亡之虏，何足以权大事乎”。韩信举春秋时百里奚不受虞君重用而受秦王重用的例子[②]，说明赵王歇主要败在不听他的正确意见，希望他大胆发表自己的意见。李左车深受感动，说了一句千古的名言：“智者千虑，必有一失；愚者千虑，必有一得。”[③] 然后，他分析了目前的形势，提出了自己的看法。汉军士卒疲惫，战斗力大减，如果与齐、燕军队硬拼，胜负很难预料。不如按甲休兵，镇赵安民，派人以兵威说降，燕、齐可定。韩信认为李左车说得有理，遂用其计，不久就取得了燕、齐的国土。韩信本人是一位杰出的军事统帅，这是无人怀疑的，但他从赵王歇的失败教训中知道了李左车的价值，因此虚心向他请教，避免自己的“二过”。这就是把别人的教训变成自己的经验，是高明中的高明、贤能中的贤能。

“人不能两次踏进同一条河流”，这是希腊哲学家赫拉克利特的一句名言，他是表达一种“变”的哲学观念。假如事物是绝对的运动或绝对的静止，那就没有什么“二过”。但是，变与不变、运动与静止都有相对性，因此，“二过”的发生就具有客观现实性，事实上，许多人被同一块石头绊倒两次的经历是很多的。人生总是这样：登过山，才知道有高有矮；做过事，才知道有繁有简；趟过河，才知道有深有浅。“历史，往往需要经过岁月的

① 《史记·淮阴侯列传》。

② 同上：“仆闻之，百里奚居虞而虞亡，在秦而秦霸，非愚于虞而智于秦也，用与不用，听与不听也。诚令成安君听足下计，若信者亦已为禽矣。以不用足下，故信得侍耳。”

③ 这句话最初出自《晏子春秋》。

风雨才能看得更清楚。”[①] 人最悲哀的，并不是昨天失去得太多，而是沉浸于昨天的悲哀之中；人最愚蠢的，并不是没有发现眼前的陷阱，而是第二次又掉了进去。避免二过的基础，就是要面对失败与承认失败。人生最大的失败，就是永不失败和永不敢败。如果能够把失败当成人生必修的功课之一，那么几乎所有的失败经历都会给人带来一些意想不到的益处。把失败当作人生成功的基础，这是最现实、最好的选择。从这个意义上来说，我们可以说，经验总是肤浅的，教训才是深刻的。

① 习近平在国庆65周年招待会上的讲话，《新华网》，2014年10月1日。

阴察第十六

反思忏悔：自我解剖才是明智的表现
物腐虫生：内外因相互作用的辩证法
回归常识：理论的原则性必须生活化

【原文】

阴察之政，譬喻物类，以觉悟其意也。外伤则内孤，上惑则下疑，疑则亲者不用，惑则视者失度；失度则乱谋，乱谋则国危，国危则不安。是以思者虑远，远虑者安，无虑者危。富者得志，贫者失时，甚爱太费，多藏厚亡，竭财相买，无功自专，忧事众者烦，烦生于怠。船漏则水入，囊穿则内空，山小无兽，水浅无鱼，树弱无巢，墙坏屋倾，堤决水漾，疾走者仆，安行者迟，乘危者浅，履冰者惧，涉泉者溺，遇水者渡，无楫者不济，失侣者远顾，赏罚者省功，不诚者失信。唇亡齿寒，毛落皮单，阿私乱言，偏听者生患。善谋者胜，恶谋者分，善之劝恶，如春雨泽。麒麟易乘，驽骀难习。不视者盲，不听者聋。根伤则叶枯，叶枯则花落，花落则实亡。柱细则屋倾，本细则末挠，下小则上崩。不辨黑白，弃土取石，虎羊同群。衣破者补，带短者续。弄刀者伤手，打跳者伤足。洗不必江河，要之却垢；马不必骐骥，要之疾足，贤不必圣人，要之智通。总之，有五德：一曰禁暴止兵，二曰赏贤罚罪，三曰安仁和众，四曰保大定功，五曰丰挠拒谗，此之谓五德。

【译文】

所谓阴察，就是比较事物的不同类型，以便在认识事物的过程中逐渐悟出其中的道理。如果受到外界的伤害，内心就会感觉孤立，上层疑虑重重，下层就迷惘困惑；迷惘困惑时亲近的人就得不到重用，疑虑重重时办事的人在分析问题时就失去分寸；失去分寸，就会胡乱谋划；胡乱谋划，就会使国家面临危险；国家面临危险，百姓就不得安宁。因此，考虑问题时一定要有长远打算；有了长远打算，国家就会安定；没有长远打算，国家就会出现危机。这样一来，富裕的人志得意满，贫困的人丧失机会。越是喜爱某一种东西，就越要付出更大的代价；越是想多多收藏珍宝，就越会遭受更大的损失。为购买物品而花尽积蓄，没有功劳又独断专行，考虑事情越多就越会使自己思绪紊乱，思绪紊乱就容易懈怠。船底有了漏洞，水就会侵入舱内；布袋有了破口，里面的物品就会漏掉。山小没有野兽，水浅没有鱼虾，矮树没有鸟巢。围墙坏了，房屋也要倾倒；河堤决口，河水就会外溢。快跑的人容易摔倒，慢走的人容易迟到，身处险地的人不会长久，行走冰面的人容易恐惧；徒步过泉水的人容易被淹，遇到河水的人就想横渡。没有木桨的船就无法过河，失去同伴的鸟就眺望远方，执掌赏罚权力的人就要审查别人的功劳，不诚实的人就会失信于他人。嘴唇破损就会使牙齿感到寒冷，毛发脱落就会使皮肤变得单薄。怀有私心就会胡言乱语，偏听偏信就会产生祸患。善于策划的人容易取胜，出馊主意的人容易失败；用好的谋略修正错误的计划，就好像沐浴在春风里一样。麒麟容易骑乘，劣马难于驾驭。不善于观察事物的人就像瞎子一样，不善于听取意见的人就像聋子一样。树根受到损伤，树叶就会枯败，树叶枯败后花朵就会脱落，花朵脱落就无法结出果实。栋梁的支柱细小，房屋就会倒塌；树木的主干细小，树梢就会扰动；墙壁的根基太窄，墙体就会崩塌。不能分辨黑白，就如同丢弃土地而拾取石头，将老虎与羊圈在一起。衣服破了要补一块，带子短了要接一段。玩弄刀子容易伤手，打闹跑跳容易崴脚。洗涤不一定非去江河，关键是去掉污垢；骏马不一定非选麒麟，关键是腿脚灵便；贤才不一定都是圣人，关键是智慧通达。总而言之，平时要注意五种品德的修养：一是禁绝暴行，制止战争；二是奖赏贤能，惩罚罪恶；三是仁义爱人，和顺百姓；四是确保大局，建功立业；五是典雅大方，不听谗言。

【解读】

从字面理解，“阴察”就是悄悄地观察事物，以了解其本质。人们在社会生活中，经常需要对存在怀疑或者情况不明的问题进行调查、分析，以辩明真象，做出正确的决断，其中最重要的手段就是自省。从春秋时曾子的名言“吾日三省吾身”，到当今的自我批评，都是同一见解，同一主张。自省的目的，是了解事物的本质，即“觉悟其意”，通过自省悟出道理，从而采取正确的解决问题的办法。中国儒家追求的最高境界是“内圣外王”[①]，其实质就是回归到理性和常识。

反思忏悔：自我解剖才是明智的表现

老子说：“知人者智，自知者明。”[②] 智，是自我之智；明，是心灵之明。“知人者”，知于外；“自知者”，明于道。智者，知人不知己，知外不知内；明者，知己知人，内外皆明。智是显意识，形成于后天，来源于外部世界，是对表面现象的理解和认识，具有局限性和主观片面性；明，是对世界本质的认识，具有无限性和客观全面性。只有自知之人，才是真正的觉悟者。如何才能“自知”？只能通过自省。孔子倡导内省，“内省不疚，夫何忧何惧？”[③] 因此要“见贤思齐焉，见不贤而内自省也”[④]。孔子的学生曾参对自省予以具体化：“为人谋而不忠乎？与朋友交而不信乎？传不习乎？”[⑤] 孟子强调“君子必自反也”，通过内省而找到自己的“不仁”、“无礼”、“不忠”的行为和原因，进而成为“有终身之忧，无一朝之患”[⑥] 的君子。荀子主张

---

① 《庄子·天下》：“是故内圣外王之道，暗而不明，郁而不发，天下之人，各为其所欲焉，以自为方。”

② 《道德经》（第三十三章）。

③ 《论语·颜渊》。

④ 《论语·里仁》。

⑤ 《论语·学而》。

⑥ 《孟子·离娄下》。

“见善，修然，必以自存也；见不善，愀然，必以自省也”[①]。

任何一个人在思想上的任何进步和升华，都必须通过自我思想斗争，这是因为，从认识问题的角度来看，任何人的认识视界都可能受局限，从而使认识总带有或多或少的片面性；从思想意识的角度来看，人都生活在现实的社会环境里，生活在一定的利益关系中，社会上各种各样的思想，对每个人都可能产生影响；从思想方法的角度来看，每个人都不能在任何时候都符合唯物辩证法，总会存有这样或那样的片面性、形而上学或主观主义。对于当政者和当权者，因为其有权力、有地位，别人出于种种原因，就不好、不愿或不敢指出其失误或错误，如果自己又不能勇于自省，那么就难于发现和纠正所存在的问题。因此，自省不仅是一个道德修养的问题，而且是一个为政手段的问题。

古语说“察见渊鱼者不祥，智料隐匿者有殃”[②]，意思是能知道深水里有鱼的人会有灾祸，能看透事物隐情的人会有危险。这个谚语的本意，是告诫人们不要总是盯着别人的隐私，不要耍一些小聪明；自省作为“阴察”的一种，仅针对自己而不针对别人，是严于律己的表现，因此，总体上是有积极和正面意义的。

鲁迅先生说：“我的确时时解剖别人，然而更多的是无情面地解剖我自己。”[③] 那么，他是如何解剖自己的呢？首先，作者承认，自己写文章也不是想写什么就写什么，“有人以为我信笔写来，直抒胸臆，其实是不尽然的，我的顾忌并不少”。其次，自己虽然不想欺骗人，但也“未尝将心里的话照样说尽，大约只要看得可以交卷就算完”。再次，自己“还没有这样勇敢”的原因也是人所共知的，那就是“还想生活，在这社会里”。最后，鲁迅不认为自己可以为别人引路，因为“倘说为别人引路，那就更不容易了，因为连我自己还不明白应当怎么走”。鲁迅先生这些解剖自己内心世界的话，在他的一些作品中都不同程度地有所体现。

---

① 《荀子·修身》。

② 《列子·说符》。

③ 鲁迅，“写在《坟》后面”，《鲁迅全集·坟》（第一卷），人民文学出版社，1980年9月版。

在《一件小事》中，作者一开始以为故事中的“伊”是故意摔倒的，但车夫搀着那个女人一步一步地走向一所巡警分驻所的大门时，他的内心“突然感到一种异样的感觉，觉得他满身灰尘的后影，刹时高大了，而且愈走愈大，须仰视才见”。反观自己，似乎看到了“皮袍下面藏着的‘小’来”。正是因为窥视到自己内心里的“小”，他才“几乎怕敢想到自己”。但这件事情对他造成的影响是巨大的，它“总是浮在我眼前，有时反更分明，教我惭愧，催我自新，并且增长我的勇气和希望”。作者解剖自己的参照对象，是一个生活在社会底层的人力车夫，社会地位并不高，但他的行为表明他的品质是高尚的，人格是高贵的，因而其形象是高大的。在这个高尚、高贵、高大的人力车夫面前，作者皮袍下的“小”也藏不住了，终于慢慢地“大”起来了。

在《风筝》中，作者说自己“向来不爱放风筝的，不但不爱，并且嫌恶他”，因为他认为“这是没出息孩子所做的玩艺”，于是把弟弟快要制作好的风筝部件“掷在地下，踏扁了”。他“得到完全的胜利”，原因是“论长幼，论力气，他是都敌不过我的”。后来，他从一本外国的讲论儿童的书，才知道“游戏是儿童最正当的行为，玩具是儿童的天使”，回想起二十年前的这件往事，感觉这是对弟弟的“精神的虐杀”，因此自己的心“仿佛同时变了铅块，很重很重的堕下去了”。从“我”对风筝的态度和破坏风筝的粗暴行为，我们清楚地看到了“我”的精神上和心理上某种鲜明的印记——被扼杀儿童天性的封建教育思想和老幼尊卑的陈腐观念打下的烙印。应该说，“我”的所作所为，既是个性化的，同时也具有时代的特点，这就使这一场关于风筝的纠纷有了深刻的社会意义。

上述两个故事中的“我”，不一定就是鲁迅本人，但鲁迅先生对假“我”的解剖，绝不能与真“我”断然分开。鲁迅先生的“解剖自己”，其实是在解剖我们的民族。对个人、对社会，都需要这种触及灵魂的解剖，否则，我们的社会总会罩着一层假面具。这种勇于解剖自己的精神，永远都是社会所需要的“正能量”。

对自己做了无情的解剖之后，接下来需要忏悔。忏悔原来是佛教用语，来源于梵文 ksama，音译为“忏摩”，省略为忏，意译为悔，合称为“忏悔”[①]。佛教规定，出家人每半月集合举行诵戒，给犯戒者以说过悔改的机会。后来演变为自陈已过、悔罪祈福的一种宗教仪式，引申为认识了错误或罪过而感到痛心[②]。

基督教鼓励教徒们忏悔，而且还规定了一种仪式，在教堂的密室里向“上帝”的代言人神父作“自我检讨”，以求得“上帝”的谅解。其实，对于这种形式上的忏悔本身，也需要忏悔。法国著名文学家、思想家卢梭在其伟大的自传体作品《忏悔录》中，对自己的一生进行了回顾，不但彻底剖解自己，毫不掩饰自己的过错，而且还揭露了他人的虚伪及上流社会的狡诈，认为教会人物几乎都有“伪善或厚颜无耻的丑态”。在卢梭的眼中，就连宗教仪式这类带有神秘性的活动和教会人员这类带有神圣性的人物，也是需要忏悔的。可见，忏悔对于每一个人来说，都是与生俱来的权利和义务，人们绝不能将其丢弃。卢梭在《忏悔录》中充分地行使了自己的权利，也尽到了自己的义务。这部伟大著作的开篇，就展示出一种震撼人心的力量[③]：

> 这是世界上绝无仅有、也许永远不会再有的一幅完全依照本来面目和全部事实描绘出来的人像。不管你是谁，只要我的命运或我的信任使你成为这本书的裁判人，那么我将为了我的苦难，仗着你的恻隐之心，并以全人类的名义恳求你，不要抹煞这部有用的独特的著作，它可以作为关于人的研究——这门学问无疑尚有待于创建——的第一份参考材料；也不要为了照顾我身后的名声，埋没这部关于我的未被敌人歪曲的性格的唯一可靠记载。最后，即使你曾经是我的一个不共戴天的敌人，也请你对我的遗骸不要抱任何敌意，不要把你的残酷无情的不公正行为坚持到你我都已不复生存的时

① 《六祖坛经》：“忏者，忏其前愆。从前所有恶业、愚迷、骄诳、嫉妒等罪，悉皆尽忏，永不复起，是名为忏。悔者，悔其后过。从今以后，所有恶业、愚迷、骄诳、嫉妒等罪，今已觉悟，悉皆永断，更不复作，是名为悔。”

② （晋）郗超，《奉法要》：“每礼拜忏悔，皆当至心归命，并慈念一切众生。”《法苑珠林》（卷一〇二）：“积罪尤多，今既觉悟，尽诚忏悔。”（宋）郭彖，《睽车志》（卷一）：“当往求善秀长老，说忏悔可以灭罪。”（清）袁枚，《新齐谐·石揆谛晖》：“夫儒家之改过，即佛家之忏悔也。”

③ （法）让·雅克·卢梭，《忏悔录》，焦文逸译，北京燕山出版社，1999 年 9 月版。

代，这样，你至少能够有一次高贵的表现，即当你本来可以凶狠地进行报复时，你却表现得宽宏大量；如果说，加害于一个从来不曾或不愿伤害别人的人，也可以称之为报复的话。

卢梭在《忏悔录》的第一段就这样宣布："我现在要做一项既无先例、将来也不会有人仿效的艰巨工作。我要把一个人的真实面目赤裸裸地揭露在世人面前。这个人就是我。"卢梭在书中确实这样做了，不仅解剖了他自己，而且对社会也有着深刻的洞察，"为什么我年轻的时候遇到了这样多的好人，到我年纪大了的时候，好人就那样少了呢？是好人绝种了吗？不是的，这是由于我今天需要找好人的社会阶层已经不再是我当年遇到好人的那个社会阶层了。"卢梭的话，间接地解答了鲁迅先生"未尝将心里的话照样说尽"的原因了，这就是他们"还想生活，在这社会里"。可见，古今中外的思想家的心灵是息息相通的。

卢梭说："人是生而自由的，但却无往不在枷锁之中。"之所以出现这种现象，既有个人的原因，也有社会的原因，因此需要我们进行解剖和忏悔，其目的并不是为了使"自己"或"别人"难堪，而是分析事物的本质，找到解决问题的办法。换言之，就是要通过解剖和忏悔自己以及社会环境，进而促使自己勇于担当社会责任，否则，与社会现实相脱节的"闭门修养"，最终是没有什么现实意义的。卢梭是这样描述当时的社会现实的："只有在庄稼人的粗布衣服下面，而不是在廷臣的绣金衣服下面，才能发现有力的身躯。装饰和德行是格格不入的，因为德行是灵魂的力量。""在一般平民中间，虽然只是偶尔流露出热情，但自然感情却是随处可见的。在上流社会中……只受利益或虚荣心的支配。"鲁迅先生开出了治疗这种"社会疾病"的药方，那就是"剜烂苹果"①。如果有人认为"这苹果有烂疤了，要不得，一下子抛掉"，这是不正确的做法，应该采取的态度是"倘不是穿心烂，就说：这苹果有着烂疤了，然而这几处没有烂，还可以吃得"，因此，"希望刻苦的批评家来做剜烂苹果的工作"。鲁迅先生的态度，才是修养人生、改造社会的正确态度。

---

① 鲁迅，"关于翻译（下）"，《鲁迅全集·准风月谈》（第五卷），人民文学出版社，1980年9月版。

从个人推及到一个民族、一个国家，都需要解剖和忏悔的态度，更需要改正错误的行动。不解剖、不忏悔，就意味着不知错、不知罪，就意味着那些非人道的做法可能卷土重来。二战之后，德国人忏悔了，赢得了世界的宽容；日本人不自省，至今被世界人民揪住不放。中国经历过“文化大革命”这一惨痛的浩劫，当时参与其中的人尤其需要反思、需要忏悔，而不能成为“沉默的大多数”[①]。无数事实证明，假装什么也没有发生过的“鸵鸟”做法并不利于总结历史的教训，当然就更不利于改正错误以更好地前进。

物腐虫生：内外因相互作用的辩证法

孟子说：“人必自侮，然后人侮之；家必自毁，而后人毁之；国必自伐，而后人伐之。”[②] 孟子紧接着在这段话的后面引用《尚书》中的“天作孽，犹可违；自作孽，不可活”[③] 来进一步强调这个观点。苏轼从孟子的观点中引申出另外一句话：“物必先腐也，而后虫生之；人必先疑也，而后谗入之。”[④] 这些观点都充满了辩证法，将内因与外因的关系讲得很清楚。

毛泽东在其著名的哲学著作《矛盾论》的结尾，讲了一段有关矛盾转化的话：

> 事物矛盾的法则，即对立统一的法则，是自然和社会的根本法则，因而也是思维的根本法则。它是和形而上学的宇宙观相反的。它对于人类的认识史是一个大革命。按照唯物辩证法的观点看来，矛盾存在于一切客观事物和主观思维的过程中，矛盾贯串于一切事物的始终，这是矛盾的普遍性和绝对性。矛盾着的事物及其每一个侧面各有其特点，这是矛盾的特殊性和相对性。矛盾着的事物依一定的条件有同一性，因此能够共居于一个统一体中，又能够互相转化到相反的方面去，这又是矛盾的特殊性和相对性。然而矛盾的斗

① 王小波，《沉默的大多数》，中国青年出版社，1997 年 10 月版。

② 《孟子·离娄上》。

③ 《尚书·太甲》。

④ （宋）苏轼，《范增论》。

争则是不断的，不管在它们共居的时候，或者在他们互相转化的时候，都有斗争的存在，尤其是在他们互相转化的时候，斗争的表现更加显著，这又是矛盾的普遍性和绝对性。当着我们研究矛盾的特殊性和相对性的时候，要注意矛盾和矛盾方面的主要和非主要的区别；当着我们研究矛盾的普遍性和斗争性的时候，要注意矛盾的各种不同的斗争形式的区别；否则就要犯错误。

这段论述之所以重要，在于它具有普遍性，能够对我们分析事物发展变化的趋势发挥指导性的作用。根据孟子、苏轼和毛泽东的上述论述，结合一个现实生活的具体对象——核电站的大修工作，我们来分析事物的内因与外因之间相互作用和转化的辩证规律是如何指导实际工作的[①]。

首先，主要矛盾决定着事物的内禀特征。

中国古代的重要典籍《易经》，通过八卦的相互交错，表明世间事物是互相渗透、互相交织的，事物的运动发展不是孤立进行，而是互相联系的。老子的“祸兮，福之所倚；福兮，祸之所伏祸”[②] 的哲学思想就是对事物间这种相互联系、相互转化规律的精辟概括。人们每天都会遇到一些问题，也可以说矛盾存在于一切过程中，并贯穿于一切过程的始终。有时候人们有幸能够在错综复杂的矛盾之中梳理出一些脉络，仔细辨识它们也许能够看清问题从而解决问题。找到线索只是第一阶段，在进行最后判断的时候，只有进一步分辨出主要矛盾并予以足够的重视才能做出正确的判断。

在复杂的事物发展过程中，有许多的矛盾存在，其中必有一种是主要的矛盾，由于它的存在和发展，规定或影响着其他矛盾的存在和发展。核电站的主要任务就是发电，也就是说，核电站的基本属性是“电”。但是，既然前面有一个“核”字，说明它不同于一般的电站，有其特殊性。这个特殊性就是“核安全”，正是这个因素决定着核电站不同于其它电站的内禀特征。核电站经过一个燃料循环的运行，必须停下来进行大修，其目的是消除设备缺陷，使机组达到或保持原设计标准，以便在下一个燃料循环中继续安全、

---

① 殷雄，“从胶布的掉落看矛盾的转化”，《知与行：核电站大修管理思辨录》，原子能出版社，2007 年 3 月版。

② 《道德经》（第五十八章）。

可靠、稳定地生产电力。大修要解决的问题和矛盾很多,其中必定有一种是主要的,起着领导的、决定的作用,其它则处于次要和服从的地位。这个矛盾的主要方面就是维修质量高于其它一些工作指标,它是确保核安全的第一要务。因此,大修虽然是一个存在着两个以上矛盾的复杂过程,但只要全力抓住"核安全"这个主要矛盾,以提高大修质量为第一位的任务,大修过程的脉络也就清楚了,其它矛盾的解决也就有了明确的原则和方向。具体地说,所谓抓主要矛盾,就是"安全与质量摆中间,成本与工期放两边",这也是核安全文化的题中应有之义。

其次,次要矛盾影响着事物的发展方向。

既然主要矛盾或矛盾的主要方面与次要矛盾或矛盾的次要方面是共存的,那就存在一个如何处理这两类矛盾的地位的问题。我在工作实践中有两条基本的体会:

一是打开工作局面时要抓主要矛盾。如果不能够抓住主要矛盾,就是牵不住一项工作或一个活动的"牛鼻子",工作局面就无法打开。为了搞好大修工作,首先要组织队伍,只有把队伍组织好了,大修工作才能启动。在这个时候,组织队伍就是抓住了事物的主要矛盾,也惟有如此才能够尽快打开大修工作的局面。

二是提高工作质量时要抓次要矛盾。一旦打开工作局面,各项工作基本走上轨道后,就要抓次要矛盾了,也就是对队伍的合理分工和严格管理等方面,因为在这个时候,此类次要矛盾或矛盾的次要方面往往成为影响工作质量的主要因素了,或者说矛盾已经发生转化了。

我们在前面说过,主要矛盾和矛盾的主要方面决定着事物的内禀特征。比如,鸡蛋里面存在着的遗传基因决定着它具有能够在一定的条件下孵化出小鸡的内禀特征,而一块石头则不具备这样的内禀特征。另一方面,在很多情况下恰恰是次要矛盾与矛盾的次要方面对事物的发展方向产生决定性的影响。鸡蛋虽然具备变为小鸡的内禀特征,但如果没有合适的温度等客观条件,它是不能自然而然地变为小鸡的。这就是毛泽东所说的"内因是变化的根据,外因是变化的条件,外因通过内因起作用"①。对于核电站而言,确

① 毛泽东,《矛盾论》(1937年7月)。

保核安全永远是第一位的任务，这是由核电站的特殊性所决定的。但与此同时，决定核电站能否正常运行的关键因素，往往不是核岛，而是常规岛。根据世界核运营者协会（WANO）① 的资料，影响核电运行业绩的主要原因是发电机和变压器发生了问题。与核岛中的主要设备相比，发电机和变压器居于次要的地位，但就是这些居于次要地位的设备所发生的问题，导致整个核电机组处于不可用状态。这个事实充分说明，虽然事物的主要矛盾决定着事物的内禀特征，但在现实生活中往往是事物的次要矛盾影响着、甚至决定着事物的发展方向。在核电站的大修过程中，反应堆顶盖起吊是关键路径上的关键点，但恰恰是核燃料水池里漂着的几块胶布这样的"小事"会影响整个工作进度，而且如果处理不当的话，还会对设备的安全性留下隐患。胶布掉进水池这件事情虽然不大，但我们从中可以思考是什么环节出了问题；在解决了一部分问题之后，可能随之而来出现另外的问题，这就要求我们除了有辩证思维之外，还要强调系统观念，这样才能不割裂事物之间的普遍联系。因此，大修不仅要修设备，更为重要的还要"修"管理和"修"人。

再次，矛盾的转化是事物运动变化发展的普遍规律。

一切矛盾着的事物，互相联系着，不但在一定条件下共处于一个统一体中，而且在一定条件下互相转化，这就是矛盾的同一性的全部意义。无论什么矛盾或者矛盾的诸方面，其发展是不平衡的，也就是说，矛盾运动、变化、发展的基本形态是不平衡。矛盾的主要和非主要的方面互相转化着，事物的性质也就随着起变化。在矛盾发展的一定过程或一定阶段上，主要方面属于甲方，非主要方面则属于乙方；到了另一发展阶段或另一发展过程时，就互易其位置，这是依靠事物发展中矛盾双方斗争的力量的增减程度来决定的。

---

① 世界核电运营者协会（World Association of Nuclear Operators，WANO）。1979 年 3 月 28 日的美国三哩岛事故，特别是 1986 年 4 月 26 日的前苏联切尔诺贝利核事故，严重扭曲了核电的形象，动摇了公众对核电的信任感。有识之士一致认为核事故的影响是没有国界的。因此，无论是哪家核电站，都有责任保证其核电站安全可靠地运行，而整个核电界则有共同的责任来不断地改善核电站的安全可靠性。在美国核动力运行研究所（INPO）和国际电力生产和配电者协会（UNIPEDE）的大力支持下，由英国中央电力管理局主席马歇尔爵士倡议，于 1989 年 5 月 15 日在莫斯科成立了 WANO 这一世界性组织。

关于主要矛盾与次要矛盾的关系问题，实际上并不是一个哲学上的理论问题，更重要的是一个现实中的实践问题，因为我们在日常工作中经常都会碰到矛盾的转化问题。比如，假如核电站的核岛没有重大问题，那么发电机定子线圈泄漏问题的处理就成为一个主要矛盾；在解决这个主要矛盾的过程中，又会碰到许多具体的问题，例如，使用什么方法来检验是否发生了泄漏，采取哪种技术手段来处理泄漏问题，判断处理效果的标准又是什么，等等。这个分析、判断与决策的过程就是一个抓住主要矛盾、并正确处理矛盾转化的过程。在实际工作中，常常会碰到这样的问题，就是在解决了一个问题之后，会引起其它一些问题的发生。比如，大修刚刚开始的时候，参与大修的人员精神振奋，情绪饱满，工作热情和效率都比较高，但在连续作战一段时期以后，就会自然出现人员疲劳现象，情绪上有可能出现松懈，这就增加了发生风险的可能性，在这个时候，矛盾发生了转化。再比如，大修刚开始时，如何把各个单位的队伍组织好，使其尽快进入工作状态，成为大修管理中要解决的主要问题。但随着检修工作的深化，设备缺陷问题可能会越来越暴露，这是另外一个主要矛盾的转化。诸如此类的矛盾运动与转化，可以说是贯穿于整个大修全过程的一种常态。在这些矛盾转化的关键时刻，大修指挥部就要特别关注主要矛盾的转化过程中可能出现的问题，应该适当转移大修管理工作的重点，并且根据以往的经验，采取一些预防性的措施，不能使经验反馈“失效”。因此，从管理的角度来看，为了使整个大修工作顺利向前推进，就要努力推动各类问题的解决，这就需要在思维方式上随时注意主要矛盾或矛盾的主要方面与次要矛盾或矛盾的次要方面的转化，并相应地转变工作方法与工作重点。

矛盾的转化体现了辩证法。由于矛盾无处不在，因此辩证法也无处不在，这就要求我们无处不讲辩证法，无时不关注矛盾的运动、变化与发展的规律。核电发展的整个历程，就是这种矛盾运动、变化和发展的一种体现。世界核电的发展初期，不是一种技术或经济上的必然选择，因为核电一开始并不具备参与市场竞争的基本条件，而是政治因素在起主导作用。随着时代的发展，情况正在发生着变化。我国核电站建设的成功，是四种历史性转变的缩影：国际上从核对抗转向核合作；我国从计划经济体制转向市场经济体制；国有企业从作为政府附属物的工厂转向现代企业制度；核工业从政府主导和行业垄断转向市场竞争。这几个方面的转变之所以发生，正是由于各种矛盾运动、变化、发展所促成的，没有矛盾的转化，便没有这种结果。经过几十年来的持续发展，加之经济和社会发展对清洁能源的需求，核电的发展已经成为一种不可逆转的历史潮流。这就要求我们正确理解并处理在核电发展过程中碰到的主要矛盾、次要矛盾以及它们之间在一定阶段、一定条件下相互转化的规律。

思维是“纲”，行动是“目”，纲举则目张。以辩证思维和系统观念看待事物的矛盾运动、矛盾变化和矛盾发展的规律，对于提高我们的思维能力与工作水平，具有极端重要的意义。事物的发展是内外因共同起作用的结果，内因是事物发展的根据，它是第一位的，决定着事物发展的基本趋向；外因是事物发展的外部条件，它是第二位的，对事物的发展起着加速或延缓的作用，外因必须通过内因而起作用。在现实生活中，我们一定要关注事物的内因和外因相互作用和转化的问题，进而对其中的规律性进行更加深入的思考。

回归常识：理论的原则性必须生活化

诸葛亮在本篇末尾提出“五德”：一是禁绝暴行，制止战争；二是奖赏贤能，惩罚罪恶；三是仁义爱人，和顺百姓；四是确保大局，建功立业；五是典雅大方，不听谗言。用今天的眼光来看，这些其实都是政治与社会生活中的常识，一点也不高深莫测。类似这样的常识，在诸葛亮的著作中比比皆是，可见，他的思想观念是很接“地气”的。

说到常识，又是一个从来都不会停止的话题。在进行具体分析之前，我先讲一个亲身经历的生活片断。有一次，在家里随便翻阅女儿的小书桌上放着的一本《花季·雨季》杂志，其中有一页登的是中国、日本、美国和英国四个国家的《小学生守则》[①]。既然是《小学生守则》，那么它所约束的对象应该是小学六年级及以下年级的孩子，一般的年纪应该不超过12岁，当然会高于6周岁的孩子。因此，《小学生守则》就应该针对这个年龄段的孩子们。在除中国之外的其它三国的《小学生守则》中，除了英国守则中第一条“平安成长比成功更重要”和日本守则中第三条“勤奋学习”一词稍微抽象一些，其它条款有哪一条是小孩子看不懂的？有哪一条不是具体的行为？又有哪一条不是可以测量的？反观中国的十条守则中，哪一条是小孩子可以完全理解、并且可以对照自己的行为的？比如，什么叫“热爱祖国”？做了哪些事情后就表明他的行为是热爱了祖国？再比如，什么叫“热爱大自然”？做了哪些事情就表明他热爱了大自然？这十条行为守则看起来很美，守则中什么都包括了，表明我们不仅是在培养杰出的公民，简直是在塑造“圣人”。但悲哀的是，这十条中没有哪一条告诉孩子们究竟该做什么、怎么做，每一条都透出我们的做事风格：假大空，因此这十条守则几乎等同于无。在假大

① **中国的《小学生守则》**：“热爱祖国，热爱人民，热爱中国共产党；遵守法律法规，增强法律意识。遵守校规校纪，遵守社会公德；热爱科学，努力学习，勤思好问，乐于探究，积极参加社会实践和有益的活动；珍爱生命，注意安全，锻炼身体，讲究卫生；自尊自爱，自信自强，生活习惯，文明健康；积极参加劳动，勤俭朴素，自己能做的事自己做；孝敬父母，尊敬师长，礼貌待人；热爱集体，团结同学，互相帮助，关心他人；诚实守信，言行一致，知错就改，有责任心；热爱大自然，爱护自然环境。”**英国的《小学生守则》**：“平安成长比成功更重要；背心、裤衩覆盖的地方不许别人摸；生命第一，财产第二；小秘密要告诉妈妈；不喝陌生人的饮料，不吃陌生人的糖果；不与陌生人说话；遇到危险可以打破玻璃，破坏家具；遇到危险可以自己先跑；不保守坏人的秘密；坏人可以骗。”**日本的《小学生守则》**：“不迟到，进校后不随便外出；听到集合信号时，迅速在指定场所列队，进教室开门窗要轻，在走廊和楼梯上保持安静，靠右行；上课铃一响即坐好，静等老师来，听课时姿势端正，不讲闲话，勤奋学习；遇迟到、早退、因故未到等情况，必须向老师申明理由，有事事先请假；严格遵守规定的放学时间，延长留校时间要经老师许可；上学放学时走规定的路线，靠右行，不要绕道和买零食；遇地震、火灾等紧急情况时不惊慌，按老师指示迅速行动。”**美国的《小学生守则》**：“称呼老师职位或尊姓；按时或稍提前到课堂；提问时举手；可以在你的座位上与老师讲话；缺席时必须补上所缺的课业，向老师或同学请教；如果因紧急事情离开学校，事先告诉你的老师并索取耽误的功课；所有作业必须是你自己完成的；考试不许作弊；如果你听课有困难，可以约见老师寻求帮助，老师会高兴地帮你；任何缺勤或迟到，需要出示家长的请假条；唯一可以允许的缺勤理由是个人生病、家人亡故或宗教节日，其他原因呆在家里不上课都是违规；当老师提问且没有指定某一学生回答时，知道答案的都应该举手回答。”

空的氛围中，人们能够期望我们的小学生遵守些什么呢？

从《小学生守则》联想到世上的很多理论、原则、原理，如果没有将这些理论、原则、原理变成可操作性的条款，所有的这些东西就可能变为陈词滥调。这就告诫我们，所有理论的原则性，如果不能结合实际，也就是如果不能生活化，不接“地气”，都是一堆没有用处的东西。这应该成为指导人类生活的常识。中国的《小学生守则》之所以作用不大，就是因其违背了常识，即使调门高到天上，也只能是一种虚张声势。

所谓“常识”，可以分为狭义和广义两种。狭义的常识有两层含义，一是指人的与生俱来、无须特别学习的判断能力，或是众人皆知、无须解释或加以论证的知识；二是指对一个理性的人来说是合理的知识，即“日常知识”，包括生活、习惯、劳作等一些常见事物。广义的常识，是指科学真理被人们所普遍接受，因而成为一般性的知识；获取广义常识的方法应该是理性的。

科学知识的普及，应该是人类社会由愚昧逐渐到文明的常识的普及。但是，人们为了追求常识，曾经付出过沉重的代价，有人甚至付出了生命。以“日心说”为例，现在人们都知道地球是围绕着太阳旋转的，这似乎是不可置疑的常识。但是，在那个“哲学成了神学的婢女”① 的年代，许多学说都被歪曲和阉割了，人们没有途径获得常识，有的只是宗教神学强迫人们接受的教条，认为地球才是宇宙的中心。直至波兰天文学家尼古拉·哥白尼提出“日心说”，才有部分人开始相信地球不是宇宙的中心，但要大声地说出这句话，则是“犯忌”的事情。不幸的是，很多人为维护真理、捍卫常识而付出了生命的代价。1327 年，意大利天文学家采科·达斯科里被活活烧死，他的“罪名”就是违背圣经的教义，论证地球呈球状，在另一个半球上也有人类存在。1600 年，意大利科学家乔尔丹诺·布鲁诺由于批判经院哲学和神学，反对地心说，宣传日心说，先是被捕入狱，最后被宗教裁判所判为“异端”而烧死在罗马鲜花广场。至于因反对黑暗的宗教势力而遭受杀戮、坐

---

① 意大利经院哲学家托马斯·阿奎那（1225—1274 年）在其《神学大全》中主张，虽然哲学和神学都可以存在，理性和信仰也可以并存，但神学是高于哲学的，哲学是神学的婢女；信仰是高于理性的，理性是信仰的补充。

牢、流放等刑罚的人就更多了。

人们为追求自然科学领域的真理或常识会失去生命，同样，在社会或政治领域为追求真理或常识，也会失去生命。“文革”期间，“血统论”盛行，参加造反的红卫兵组织在学生中“组织阶级队伍”，按家庭出身分为“红五类”[①] 子弟和“黑五类”或“黑七类”[②] 子弟。“黑七类”子弟被称为“狗崽子”，不仅没有任何权利，人身安全都得不到保障。在不少学校，“红五类”子弟可以任意殴打“黑七类”，而且后者必须与自己的家庭划清界限，甚至被强迫殴打自己的长辈。血统论的对联“老子英雄儿好汉，老子反动儿混蛋”成为红卫兵的信条，被谱成歌曲传唱。在这种背景下，因出身资产阶级、右派家庭而长期受歧视的北京青年工人遇罗克，以极大的政治和道德勇气撰写并散发了《出身论》一文，从理论上对“血统论”进行批判。他的主要论点是从马克思主义的社会实践观点出发，论证社会影响大于家庭影响，因此家庭出身对于决定一个人是否革命并不重要。“不管是什么出身的青年放弃思想改造，都是错误的，对于改造思想来说，出身好的青年比出身不好的青年并没有任何优越性”，他认为一切青年都享有平等的社会政治权利，“任何通过个人努力所达不到的权力，我们一概不承认”。在今天看来，《出身论》只是用最简单的事例、理论说明了最平常的道理，但在当时，却需要极大的勇气，年仅 27 岁的遇罗克只因说出常识而付出了宝贵的生命。[③]

对于常识重要性的认识，即使像黑格尔这样的圣哲，也有失偏颇。比如，黑格尔对孔子和《论语》作过一段评价：“我们看到孔子和他的弟子们的谈话，里面所讲的是一种常识道德，这种常识道德我们在哪里都找得到，在哪一个民族里都找得到，可能还要好些，这是毫无出色之点的东西。孔子只是一个实际的世间智者，在他那里思辨的哲学是一点也没有的——只有一些善良的、老练的、道德的教训，从里面我们不能获得什么特殊的东西。”[④]

---

① 指“革命烈士、革命军人、革命干部、工人、贫下中农”。

② 指“地主、富农、反革命、坏分子、右派、黑帮、资本家”，后来又加上“走资派、知识分子”，因“知识分子”排在第九位，因此又被蔑称为“臭老九”。

③ 雷颐，“捍卫常识为什么要以生命为代价”，《同舟共进》，2008 年第 2 期。

④ （德）黑格尔，《哲学史讲演录》（第一卷），贺麟译，商务印书馆，1959 年版，第 119—120 页。

有人认为这显示出黑格尔“对中国学问的无知”，“对东方的文化不了解”[①]。也有人认为，黑格尔的错误之处在于“孔子学说主要不是反映在《论语》中”，“自汉唐迄于北宋，《论语》只是一部提供给幼稚学童启蒙的非主流读物”[②]。我倒是以为，这反映了黑格尔对于“常识”的看法。其实，真理是朴素的，常识是简单的。故弄玄虚，其实是不懂常识。常识往往因其“平常”而不被注意，其实常识才是生活中最重要的东西。在人类历史上，不乏伟大的思想家因提出“异端”思想而受迫害，但这些思想家毕竟是少数英雄人物，起码在开始，接受这些“异端”思想而受迫害的只是少数精英，大多数平民百姓还可以相安无事“过日子”。但是，一旦常识遭到普遍的破坏，仅仅因为说出“常识”就要受迫害，使多数人感到人人自危，生活就会极其可怕，此时人们才会感到常识的重要和可贵；捍卫常识竟要以生命为代价，则是最为可怕的。

马克思说：“批判的武器当然不能代替武器的批判，物质力量只能用物质力量来摧毁。但是理论一经掌握群众，也会变成物质力量。理论只要说服人，就能掌握群众；而理论只要彻底，就能说服人。所谓彻底，就是抓住事物的根本。”[③] 所谓“事物的根本”，就是常识。“骏马能致远，犁田不如牛”是常识，“尺有所短，寸有所长”是常识；农民种好地是常识，工人做好工是常识，学生读好书是常识，和尚念好经也是常识；各行各业遵守各自的职业操守，就是常识。不管理论是如何深奥与完美，如果不能成为人们（包括一些特殊领域的专家们）的常识，终究是不接“地气”的无源之水、无本之木。人们对常识的捍卫，就是体现在使深奥的理论生活化，使其为人们的日常生活服务。这不仅是普及常识的手段，更是接受常识的目的。

---

① 范曾，《国学开讲》，中信出版社，2014 年 6 月版，第 53 页。

② 何新，“评黑格尔论所谓‘孔子的著作《论语》’”，《大参考》网站，2014 年 5 月 4 日。

③ 马克思，“黑格尔法哲学批判”，《马克思恩格斯选集》（第一卷），人民出版社，1995 年版，第 9 页。

后记：生活没有回程

十五年前，当我完成《诸葛亮心书探微》一书时，就着手开始研究诸葛亮的《便宜十六策》。值此书付梓之际，终于有一种如释重负的感觉，也有一些事项需要向读者作个交代。

对于《心书》与《便宜十六策》两本书的研究方法，有着较大的区别。前者是“我注六经”，后者是“六经注我”。我于1990年开始学习钻研《心书》，那时从事共青团工作。当时感觉自己的知识背景偏重于理工科，需要补一补文史哲方面的课程。泛泛的读书当然也是一个办法，或者报个什么班，读个什么学位，几年后拿到一个烫金的高级文凭，也是选项之一。但是，我当时的想法是，不能在意那些装门面的东西，而要自己下功夫，打好基础。于是给自己列了一个长长的书单，准备按照钱钟书的办法，“一本一本地读过去”，其中就有《三国志》和诸葛亮的《心书》（也叫《将苑》）和《便宜十六策》。开始时，只是试着把《心书》翻译成现代汉语，并没有对其进行钻研的想法。但随着思考的深入，对诸葛亮这本著作的“含金量”的认识越来越清晰，于是下决心完成对该书的解读工作。我花了近十年的业余时间，终于完成了《心书探微》，1999年9月由长春出版社出版，新华出版社于2013年7月重新出版，并把书名改为《诸葛亮治军方略》。这本书虽然也有自己的思想包含其中，但“注经”的味道更浓一些。

《便宜十六策》可以看作是《心书》的姊妹篇，后者主要讲治军，前者主要讲治政。在《心书探微》出版后的七年即2006年，这本书的初稿大体完成，本来加把劲就可以很快出版的，但当时正逢我的工作岗位发生较大的变动，适应新岗位、新环境需要花费大量的时间和精力，因此就把这件事情暂时搁置一边了。五年前，重新拾起这件工作，当时以为可以很快完成，却发现无论从内容上还是形式上都存在着较大的问题，最主要的问题就是仍然沿着《心书探微》的路子走，“注经”的味道仍然浓厚，把每一篇原文分成几个段落，讲了什么，自己是怎么理解的，诸如此类的内容写了一大堆。那个时候，我正在攻读法国哥诺贝尔商学院的工商管理博士学位，需要对经济学和企业管理进行钻研，于是再次把此事放下了。2008 年 5 月，我通过了博士论文答辩，可以稍微地松一口气了，于是再次拾起这件未完成的工作。经过几起几落，这时的思路已经清晰很多了，下决心走“六经注我”的路子，只是把诸葛亮的原文当作一个引子，主要说自己想说的话。因此，这本书“六经注我”的味道更浓一些。

已故历史学家、复旦大学历史学教授朱维铮先生说：“写作和出书只是业余时间做的事，教书才是第一。”朱先生的后半句话适合他，因为他是大学教授，以“传道、授业、解惑”为志业。对于我而言，工作岗位几经变动，用某一级组织为我所作的鉴定中的话，就是“既在中央部委工作过，又在地方工作过；既做过党团工作，又做过经济工作；既在研究机构和企业工作过，又在地方政府工作过；既在发达地区工作过，又在相对落后的地区工作过”，可谓杂而不专、博而不精；但朱先生的前半句话则是非常适合我的，我的本职工作也不是写书、出书，因此做这类事情也只能利用业余时间。

说起业余时间，又是一个极有意思的话题。大家熟悉鲁迅先生说过的一句话：“我是把别人喝咖啡的时间用在工作上的。”鲁迅先生的这个话怎么理解？他不喝咖啡吗？不是。别人喝咖啡就是喝咖啡，他在喝咖啡时脑子里还在思考工作；别人喝完咖啡也许就去玩、就去睡了，他可能喝完咖啡后又在想、又去写了。我国著名语言文字学家周有光先生于 1947 年在美国两次见到过爱因斯坦，成为为数不多的见过爱因斯坦的中国人。其中一次谈话中，爱因斯坦对周有光说：" 一个人活到六七十岁，大概有 13 年做工作，有 17 年是业余时间，此外是吃饭睡觉的时间。一个人能不能成才，关键在于利用你的 17 年，能够利用业余时间的人就能成才，否则就不能成才。" 爱因斯坦的成就摆在那里，无须说什么；周先生今年已经 108 岁了，每天仍然思考不止，笔耕不辍，最新的著作是 104 岁时的《朝闻道集》（世界图书出版公司，2010 年 3 月版）。他们两位大师的人生历程，都印证了爱因斯坦所说这段话的正确性及可行性。对于我来说，业余时间是最好的读书、写书的时间。李白在《春夜宴从弟桃花园序》中写道:" 夫天地者，万物之逆旅也；光阴者，百代之过客也。而浮生若梦，为欢几何。古人秉烛夜游，良有以也。……不有佳咏，何伸雅怀?" 随着生活经历的增加，我尽管对“浮生若梦”也有所感触，但还是愿意像古人那样“秉烛夜游”，虽然没有“佳咏”，也可以聊伸“雅怀”。

业余时间里还有一项活动，就是参加形形色色的应酬。我参加过很多的应酬，也组织过很多的应酬。世界上的许多事物，总有利弊的两重性，应酬也是如此。假如一直拒绝所有的应酬，也未必能保证书稿的质量更好，甚至也不能保证思考的深度和写作的广度。凡事总要有所投入，比如时间，参与应酬也并不全是坏处，有时也会听到许多高论或信息。但总的来说，我虽然也浪费过许多宝贵的业余时间，但又从其它的业余时间里弥补了回来；虽然经常自我责备和后悔，但也有自我谅解和欣慰的时候，那就是有所收获的时候。

曾经有一位老前辈问过我，是否可以通过著书立说来克服浮躁？我的回答是肯定的。所谓浮躁，无非是屁股下面长了刺，坐不住冷板凳。要治这个“病”，需要两个字：一个是“静”，一个是“冷”。冷静这个词极有道理，只要能够静下来，自然也就冷下来了。关于“静”，并不是指性格，或者主要不是性格，而是人的内心世界，是思想，是境界。诸葛亮说过一句有名的话：“静以修身，俭以养德。”只有通过修身和养德，才能达到一定的境界。冷，是与热相对应的，有三层含义。其一，众星捧月是热，孤独自处是冷；其二，时髦跟风是热，谨守原则是冷；其三，慌张急躁是热，持重内敛是冷。不论是哪种含义，读书、著书这种事情都需要冷而不需要热。现在的“温室效应”严重，大气环境日益变热，社会生活中还是多一些“冷”为好，这也是一种另类的“天人合一”吧。

其实，每个人在自己的职业生涯中，工作状态绝不会是一条直线，而是起起伏伏，时而忙碌，时而清闲。忙碌时，可视之为“热”；清闲时，可视之为“冷”。每个人处理这种冷热交替状态的方式各不相同。我的做法是，当处于“热”状态时，就分析和解决微观的问题；当处于“冷”状态时，就研究和思考宏观的问题。我的一些著作表面看来，似乎与本职工作关系不大，其实不然。就其结果来说，这种差异就是处理冷热状态的产物；就其根源来说，是一种自我修炼，也就是陆游说的“汝果欲学诗，功夫在诗外”。对于从事管理工作的人来说，没有哪一种学问和知识是多余的。人处于热状态时，是无法关注“诗外功”的；只有处于冷状态时，才有这样的时间与心境。从这个意义上来说，人既不可以与自己较劲，又应该与自己较劲，前者说的是不要特别在意所处的环境，而只关注自己的心境；后者说的是人要有所作为，就必须克服外界对自己的内心所产生的干扰，所谓“分明了了千年事，不动如如八面风”。

本书提供了大量的“脚注”，使得本书看起来有点“学术味”了。能够找到如此数量的脚注（计算机的自动统计显示为 1195 条），主要得益于互联网强大而快速的检索功能，可以大量减少“青灯黄卷”式的查寻工作量，这也是本书中的一些引文未注明原著中的页码的原因。尽管我没有掠人之美的动机，但由于本书引证工作量巨大，有些引文未注明来源，在此一并向原作者们表示道歉，特别要向一些网络作者们道歉。事实上，我在书稿完成之后，花费了大量的时间查找一些引证的出处，有时为了一条引语，可能整个晚上都搭进去了，有时甚至要花费好几天、好几个月的功夫，即使如此也不能时常如愿。假如哪位读者发现本书引用了自己的原创作品而没有注明，千万不要认为我是在抄袭，因为没有这个必要，只是查证的功夫还不到家。

曾国藩说：“欲宏其量，必扩其识。”但不论怎么去扩自己的“识”，总不能满足宏“量”的需要。网上流传一篇《不是人家装逼，只因我们太LOW》的文章，列举了很多别人炫耀而自己受不了的例子后开悟了，得出如标题所说的结论。“我们在乎的不是他们有什么，而是跟他们比我们没有什么。我们评定一个人是否在炫耀不是根据他说的内容本身，而是根据我们对他所拥有东西的稀缺程度。我们对他的愤怒以及衍生出来的敌意，根源于我们的欲求不满。”“一个十恶不赦的学霸面对九十九分时候的纵横老泪，只有另一个恶贯满盈的学霸才能理解。”“不要去攻击别人的炫耀，不管他是否是真的炫耀，因为这只会暴露我们的软弱而已。”这些论述给我们的启示是，那些总看着别人跳在半空中的人，其实从来没有想一想是因为自己趴在地上。我们自己既不要趴在地上，更不要嫉妒那些跳上半空的人。假如真是羡慕，那就自己也跳上去；假如真是不屑，那就闭上嘴而保持安静，或者也可以选择转身离开。

在完成《心书探微》时，我曾经写了两首《七律·诸葛亮》，并放在书的扉页上；后来重新以《诸葛亮治军方略》的书名出版时，将那两首诗放在了后记里。在这本《诸葛亮治政方略》出版之际，我有感而发，作《五律·诸葛亮》一首，以表达我对诸葛亮的敬仰之情：

卧龙诸葛亮，尽瘁一生忙。
出将安边境，还朝辅幼郎。
眼中无艳景，笔下有华章。
久作梁园客，回家路更长。

诸葛亮的一生，是鞠躬尽瘁的一生，他的精神世界极其广阔，他的精神财富也极其丰富。在世俗的社会里，他也是一个久居梁园的客人。他的离世，或许也是结束作客的最好方式。我们不知道他的最终归宿在哪里，他的精神家园在何方，但我们可以感知，他的回家之路是漫长而艰辛的。

我在对本书进行最终修改时，曾经请求原广东省委常委、广东省政府常务副省长、广东省核电领导小组组长钟阳胜同志惠赐一篇序言，钟省长当时欣然应允。我与钟省长之间，正如他在序言里所说，是因为核电而结缘，也因为相似的文化“基因”而相缘。2014 年 3 月 25 日，阳江核电项目一号机组正式投入商业运行，我曾经作了一首诗，其中有两句是“乘凉不忘遮荫树，饮水常思掘井人”，当时的脑子里涌现出包括钟省长在内的一大批对该项目予以大力支持的社会各界人士。知恩、感恩、谢恩，这是我们中华民族的光荣传统，也是后人不断进取的精神力量。在本书付梓之际，钟省长惠赐了这篇序言，这是对我的莫大鼓励与鞭策，我将铭记着钟省长的嘱托，继续上路前行！

偶尔从网上看到一篇《中国当代最厉害的预言家》的文章，讲的是著名经济学家何新的故事，列举了他自 1988 年以来对中国政治经济局势发展的惊人预见。我对这些预见说不出什么，但对文章结尾时引用何新本人的《六十岁感言》产生了浓厚的兴趣，兹摘录几段：

当今并不是什么读书向学的时代，外部没这个氛围，没这种环境。当今的俗文化，叫做什么“读图时代”，“全娱乐时代”，其实就是搞笑的时代，忽悠的时代，恶搞的时代——所谓末法时代。一切严肃的东西到此都会变形，一切神圣的东西都被打成粉碎。在这个时代，认真做学问，谈论真学问，那就是一种自渎和自亵，是一种愚憨。所以我做学问，相当程度上只是为了自娱、游戏。当然还想留点好东西传之后世，留给将来，给后人。

……十几年来，我好孤独。没有对手，也没有值得与之对话一谈的人。那些曾经知我、诲我、提携我、奖掖我，令我尊敬的长者、能者、德者，于今多已逝去了。

……当今中国已无文化人——只剩下些衰人，只怕以后再过一两代，连能读《古文观止》原文的人也不多了。当今文化表面富丽堂皇，可惜金玉其外，败絮其中！都是徒有泡沫。价值之没落，无过今日！真令人悲哉痛也！

网上发表的文章，有时候真假难辨，到底是不是作者的文章，我无法判断，对上述言论也无法置评，但由此联想到清末外交家郭嵩焘的一首《戏书小像》诗：

傲慢疏慵不失真，唯余老态托传神。

流芳百代千龄后，定识人间有此人。

人们已经在千年之后知道人间曾经有诸葛亮这个人，在百年之后知道人间曾经有郭嵩焘这个人，将来是否还知道何新这个人，只能留待历史来作答了！

历史上的名人可以不管，但自己的亲人不能不顾。昨天晚上，从广东的深圳赶到内蒙古的包头市北方医院，陪侍生病住院的父亲。今天上午，父亲在输液过程中睡着了，我趁着这个空档完成了这篇后记，就算是送给病中的父亲的一件礼物，以此祝他早日康复！

殷雄

2014 年 11 月 9 日于内蒙古包头市北方医院